教育部法学学科教学指导委员会推荐用书

高等教育非法学专业公共课教材

知识产权法通识教材

主　编　吴汉东

知识产权出版社

图书在版编目（CIP）数据

知识产权法通识教材／吴汉东主编．—北京：知识产权出版社，2007.1（2013.06 重印）

Ⅰ．知…　Ⅱ．吴…　Ⅲ．知识产权法－中国－高等学校－教材　Ⅳ．D923.4

中国版本图书馆 CIP 数据核字（2006）第 152660 号

高等教育非法学专业公共课教材

知识产权法通识教材

主　　编：吴汉东

责任编辑：刘　睿　张　静

封面设计：段维东　　　　责任出版：杨宝林

出版发行：知识产权出版社

社　　址：北京市海淀区马甸南村 1 号	**邮　　编：**100088
网　　址：http：//www. ipph. cn	**邮　　箱：**bjb@ cnipr. com
发行电话：010－82000893　82000860 转 8101	**传　　真：**010－82000893
责编电话：010－82008113	**传　　真：**010－82000889
印　　刷：知识产权出版社电子制印中心	**经　　销：**新华书店及相关销售网点
开　　本：720mm×960mm　1/16	**印　　张：**24.5
版　　次：2007 年 1 月第一版	**印　　次：**2013 年 6 月第三次印刷
字　　数：486 千字	**定　　价：**38.00 元

ISBN 978－7－80198－659－7/D·444（1713）

编委会

主　编

吴汉东　中国人民大学法学博士，教育部高校人文社科重点研究基地、国家保护知识产权工作研究基地、中南财经政法大学知识产权研究中心主任、教授，博士生导师。兼任教育部社会科学委员会委员、教育部高校法学学科指导委员会副主任委员、中国法学会民法研究会副会长、中国法学会知识产权法研究会副会长。出版《著作权合理使用制度研究》、《无形财产权制度研究》（合著）等著作8部；另在《中国社会科学》、《法学研究》、《中国法学》等刊物发表文章80余篇。其论文曾获首届全国优秀博士论文奖、司法部优秀科研成果一等奖、湖北省政府社会科学优秀科研成果一等奖、教育部人文社科优秀科研成果二等奖等。撰写本书第一章。

委　员

曹新明　中南财经政法大学法学博士，中南财经政法大学知识产权研究中心常务副主任，教授，博士生导师，中国法学会知识产权法研究会理事、中国版权协会理事。出版《中国知识产权法典化研究》、《西方诸国著作权制度研究》（合著）、《中国区域著作权制度比较研究》（合著）等著作，主编或参编了知识产权法学教材十余部，在《法学研究》、《著作权》、《法商研究》等期刊上发表论文70余篇。撰写本书第二章。

张　平　北京大学法学博士，北京大学法学院教授，博士生导师，中南财经政法大学知识产权研究中心兼职研究员，中国高校知识产权研究会秘书长，中国科技法学会常务理事。出版《知识产权法详论》、《网络知识产权及相关法律问题透析》等著作。撰写本书第三章。

张　今　中南财经政法大学民商法学博士，中国政法大学教授，中南财经政法大学知识产权研究中心兼职研究员，中国法学会知识产权法研究会理事、北京仲裁委员会仲裁员。出版《知识产权新视野》、《市场竞争法概论》、《技术贸易壁垒与我国应对战略》等著作。撰写本书第四章。

王莲峰 华东政法学院知识产权学院教授，商标与品牌管理教研室主任，在读法学博士；兼任中国法学会知识产权法研究会理事、中南财经政法大学知识产权研究中心兼职研究员；入选国家知识产权战略专家库。出版著作和教材十余部，著有《商标法学》、《商标法》等教材和著作多部；公开发表论文65篇，论文曾获得中国高校知识产权研究会第十三届年会“优秀论文奖”及其他奖项；主持并完成国家级、省部厅级等知识产权科研项目十余项。撰写本书第四章。

杨建斌 黑龙江大学教授，中南财经政法大学法学在读博士，中南财经政法大学知识产权研究中心兼职研究员，出版《知识产权法原理与实务》、《论计算机网络中信息权的法律保护》等著作。撰写本书第五章。

胡开忠 中国人民大学法学博士，中南财经政法大学知识产权研究中心副主任、副教授，硕士生导师，中国高校知识产权研究会理事。出版《无形财产权制度研究》（合著）、《权利质权制度研究》、《知识产权法比较研究》等著作，曾获2002年度司法部法学教材和法学科研优秀成果奖一等奖、武汉市科技进步奖二等奖。撰写本书第六章。

郭　禾 中国人民大学法学博士，中国人民大学教授，博士生导师。现任中国人民大学法学院院长助理、民商法研究中心副主任，兼任中国法学会知识产权研究会理事、中国版权协会理事等职，发表《集成电路与知识产权》、《信息技术对著作权制度影响》、《信息、信息流及其知识产权》、Information Infrastructure and Privacy 等文章。撰写本书第七章。

马　琳 德国汉堡大学法学博士，中南财经政法大学知识产权研究中心教授，硕士生导师。在德国和中国国内专业期刊上发表《德国著作权法中的私人复制与反复制问题》、《私人复制 CD 、光碟和反复制保护措施之间的法律关系》等论文。撰写本书第八章。

单晓光 德国慕尼黑国防军大学经济暨社会学博士，同济大学知识产权学院副院长、教授，博士生导师，中国知识产权研究会理事，中国法学会知识产权法学会理事，中国高校知识产权研究会常务理事。出版《中国新合同法中的技术转让合同——与德国法的比较研究》、《专利和技术秘密的转让和许可——与德国法的比较研究》、《2010年上海世博会知识产权保护问题研究》等著作。撰写本书第九章。

马治国 西安交通大学管理学博士，西安交通大学人文学院副院长，教授，博士生导师，中国科技法学会副会长，“陕西省优秀法学工作者”，国务院“享受政府特殊津贴专家”。出版《知识产权法学》(主编)、《科技与经济法律新问题研究》等著作。撰写本书第十章。

王　兵　美国富兰克林·皮尔斯法学院知识产权法学硕士，清华大学教授、知识产权法学研究中心主任。完成了14项知识产权方面的研究项目，合著、主编4本著作，发表论文70多篇。撰写本书第十一章。

朱雪忠　华中科技大学管理学博士，中南财经政法大学知识产权学院院长、教授，博士生导师。兼任中国知识产权研究会理事、中国法学会知识产权法研究会理事、中国高等学校知识产权研究会学术委员会副主任委员。在《中国法学》、《法学评论》、《法商研究》、IIC等刊物上发表论文70余篇，其中一篇被SSCI收录。撰写本书第十二章。

陶鑫良　上海大学知识产权学院院长，教授，博士生导师，律师，专利代理人。从事知识产权教学、研究与法律服务二十多年，曾参加多项知识产权立法研究和国家知识产权战略研究等。出版《技术合同法》、《科学技术与知识产权法》（主编）等著作。撰写本书第十三章。

编写说明

中共中央总书记胡锦涛在中共中央政治局第三十一次集体学习时强调，要充分发挥知识产权在增强国家经济科技实力和国际竞争力、维护国家利益和经济安全方面的重要作用，为我国进入创新型国家行列提供强有力的支撑。因此，今后我国要加强知识产权专门人才的培养，特别是要加大知识产权高层次人才培养的力度。教育部和国家知识产权局在《关于进一步加强高等学校知识产权工作的若干意见》中指出，今后我国应当“普及知识产权知识，提高广大师生的知识产权素养。高等学校要在《法律基础》等相关课程中增加知识产权方面的内容并积极创造条件为本科生和研究生单独开设知识产权课程”。根据以上精神，应知识产权出版社之邀，由主编吴汉东教授约请北京大学、中国人民大学、清华大学、中国政法大学、同济大学、上海大学、西安交通大学、黑龙江大学、中南财经政法大学从事知识产权教学与研究的学者，编写了《知识产权法通识教材》，以此作为全国高校非法学专业学生的读本。该书以我国现行知识产权法律法规为依据，结合国际知识产权制度发展趋势，力图采用生动的表达方式、流畅的语言文字、活泼的框架图表、翔实的资料数据，将知识产权制度的总体形象与基本面貌呈现给各位读者。虽有意于此，恐力不从心。由于时间仓促，能力有限，书中疏漏、错谬之处难免，敬请读者指正。本书由主编吴汉东教授草拟大纲及编写体例，集体讨论确定；各章作者分头撰稿，主编修改审定。曹新明博士、胡开忠博士协助统稿，梅术文、何华同志在资料收集、技术处理上做了大量工作，在此并致谢。

编者

2006 年 8 月

目　　录

第一章　知识产权概述

【学习目的与要求】 通过本章的学习，要求学生掌握知识产权、知识产品的概念和特征，了解知识产权的范围；掌握知识产权制度体系，理解知识产权与民法的关系；理解知识产权的产生、发展与变革趋势，了解当前我国知识产权工作状况。

【内容提要】 知识产权是由人类智力劳动成果依法产生的专有权利，具有独占性、地域性和时间性的特点；知识产权包括著作权、专利权、商标权、商业秘密权、集成电路布图设计权、植物新品种权等权利；当代知识产权制度的发展出现了现代化、国际化、体系化、战略化的趋势；建国后我国知识产权法制建设取得了很大的成就，但也存在一些问题，需要进一步完善。

【关键词】 知识产权　知识产品　知识产权制度体系

自20世纪70年代以来，世界进入了以生物技术和信息技术为代表的高新技术蓬勃发展的时期。社会经济的发展在经历了农业经济时代和工业经济时代后，正在向知识经济时代迈进。在知识经济时代，以知识产品为保护对象的知识产权法必将发挥越来越重要的作用。要了解知识产权，就必须先了解知识产权的产生、发展、演化过程以及知识产权的制度体系等内容。

第一节　知识、知识财产与知识产权

一、知识产权的概念

知识产权的英文"Intellectual Property"、法文"Propriété Intellectuale"、德文"Gestiges Eigentum"，其原意均是"知识（财产）所有权"或者"智慧（财产）所有权"。将一切来自知识活动领域的权利概括为"知识产权"，最早见于17世纪中叶法国学者卡普佐夫的著作。后来，这一概念被著名比利时法学家皮卡第所发展。皮卡第认为，知识产权是一种特殊的权利范畴，但有异于对物的所有权。[1] 这一学说在国际上广泛传播，得到世界上多数国家和众多国际组织的承

[1] ［前苏联］E. A. 鲍加赫特等著："资本主义国家和发展中国家的专利法"，见：《国外专利法介绍》，知识产权出版社1980年版，第12页。

认。在我国，法学界曾经长期采用“智力成果权”的说法。1986年《中华人民共和国民法通则》颁布后，开始正式使用“知识产权”的称谓。我国台湾地区则把知识产权称为“智慧财产权”。

关于知识产权的定义方法，主要有“列举主义”与“概括主义”两种。“列举主义”的方法，通过系统地列举所保护的权项，即划定权利体系范围来明确知识产权的概念。“概括主义”的方法，通过对保护对象的概括抽象的描述，即简要说明这一权利的“属加种差”来给出知识产权的定义。

“列举主义”的方法广泛见于知识产权国际条约。按照《成立世界知识产权组织公约》第2条第8款的规定，下列权利构成知识产权：著作权与邻接权、专利权、发明权、发现权、外观设计权、商标权及其他标记权、反不正当竞争权以及其他由于智力活动产生的权利。世界贸易组织的《知识产权协定》第一部分第1条规定，该协定所保护的知识产权是指该协定第二部分第1～7节中所列举的著作权与邻接权、商标权、地理标记权、外观设计权、专利权、集成电路布图设计权、商业秘密权。“列举主义”的方法，表述清楚、明确，但用以说明概念，则失之繁琐；此外，由于知识产权是个动态的、开放的法律制度体系，“列举主义”难免有遗漏之处。

我国法学界主要采取“概括主义”的方法来说明知识产权的概念。在20世纪90年代，学者基于知识产权保护对象即为智力成果的抽象认识，多将知识产权概称为人们对其创造性的智力成果所依法享有的专有权利。[1] 目前对知识产权定义的代表性观点主要有三种：(1)“知识产权是基于创造性智力成果和工商业标记依法产生的权利的统称”；[2] (2)“知识产权是人们对于自己的智力活动创造的成果和经营管理活动中的标记、信誉依法享有的权利”。[3] (3)“知识产权是民事主体依据法律的规定，支配其与智力活动有关的信息，享受其利益并排斥他人干涉的权利”。[4] 上述定义方法，对知识产权的属性及对象进行了抽象与概括，虽表述不一，但反映了知识产权的概念特征：第一，知识产权是区别于传统所有权的另类权利，是产生于精神领域的非物质化的财产权，即是基于智力成果、经营标记或知识信息所产生的权利；第二，知识产权不等于是智力创造性成果权，以知识产权名义所统领的各项权利并非都是来自知识领域，亦非都是基于智力成果而产生。从权利来源来看，主要发生于智力创造活动与工商经营活动；

---

[1] 郑成思主编：《知识产权法教程》，法律出版社1993年版，第1页。

[2] 刘春田主编：《知识产权法》，高等教育出版社2000年版，第3页。

[3] 吴汉东主编：《知识产权法学》，北京大学出版社2000年版，第1页。

[4] 张玉敏主编：《知识产权法教程》，西南政法大学出版社2001年，第1页。

从权利对象来看，则由创造性成果、经营性标记、信誉以及其他知识信息所构成；第三，知识产权是法定之权，其产生一般须由法律所认可。换言之，并非所有的知识产品，都可以成为知识产权的保护对象。在不同历史时期的不同国家，受经济、科技、文化等因素影响，知识产权的范围也有所差异。“概括主义”的方法高度抽象，表述简要，但其问题关键在于概括是否准确恰当，且具有最大包容性。目前，对知识产权的“概括主义”定义尚未形成完全一致的看法。

二、知识产权的保护对象

（一）知识与知识产品

知识，作为一个被广泛使用的词，其内涵和外延因使用者不同而异。一般可区分为狭义和广义的两种概念。广义的知识概念认为，知识是人类积累的关于自然和社会的认识和经验的总和。广义的知识又可以分为认识类知识和经验类知识。狭义的知识即指认识类知识，又称科学知识，它是关于自然和社会的运动规律、原理方面的理论体系，即关于“知道是什么”和“知道为什么”的知识，这类知识我们可以形象地将其形容为“知其然而且知其所以然”。而经验类知识是人类社会生产实践经验的总和，即关于“知道怎么做”的那类“只能意会，不能言传”的知识，这类知识我们也可以将其形容为“知其然但不知其所以然”。

人类社会的发展过程实际上就是一个知识不断积累的过程，知识在人类社会的发展过程中也发挥了巨大的作用。在前资本主义时期，知识大都表现为经验类的知识。此时的科学知识和技术知识一般是分离和脱节的，知识应用于生产还只是偶尔的和不自觉的行为。此时的技术知识一般由平民工匠掌握，技术的进步全凭经验摸索和传统技艺的提高和改进。而科学知识则属于贵族、绅士或者有钱有闲的人士，科学理论常常落后于生产实践，只是概括和总结实践过程中积累的经验材料。这时在劳动产品的生产中占主导地位的还是体力因素，或者说是体力因素掩盖了智力因素，知识的作用难以被人们清楚和直观地认识。在这一阶段，运用科学技术知识生产的物质产品可以作为商品，但科技知识本身却不是商品，知识的财产性也不能明显地体现出来。（知识链接如下页框）

近代社会以来，随着人类科学活动的发展以及对自然和社会规律的逐渐揭示，知识也越来越多地表现为认识类的科学知识。此时，科学知识被广泛地运用于社会生产，以往在劳动产品的生产中占主导地位的体力因素逐渐让位于智力因素，科学知识开始直接为生产过程服务，从而为社会创造了巨大的财富。根据马克思的劳动价值理论分析，智力劳动也是一种生产劳动，作为智力劳动成果的知识也是一种劳动产品，知识产品本身与采用知识生产的物质产品一样都具有有用性和稀缺性，从而具备了使用价值和交换价值。知识产品的有用性表现在它能够满足人们精神生活的需要，也能够投入生产领域转化为有形的物质产品，满足人们物质生活的需要。知识产品的稀缺性表现在知识产品生产的长期性、复杂性和高成本化以及知识产品创造者的高素质，相对于社会需求而言，知识产品常常存在着供给不足。

知识产品的马克思劳动价值理论分析

根据马克思的劳动价值理论分析，智力劳动也是一种生产劳动，作为智力劳动成果的知识也是一种劳动产品，知识产品本身与采用知识生产的物质产品一样都具有有用性和稀缺性，从而具备了使用价值和交换价值。

知识产品的有用性表现在它能够满足人们精神生活的需要，也能够投入生产领域转化为有形的物质产品，满足人们物质生活的需要。

知识产品的稀缺性表现在知识产品生产的长期性、复杂性和高成本化以及知识产品创造者的高素质，相对于社会需求而言，知识产品常常存在着供给不足。

随着知识的财产性被鲜明地显现出来，知识产品也成为可以在市场上自由交换的产品。整个社会财富的结构也由以往单纯的物质财产（例如土地、粮食、矿藏、机器、房屋等）而延伸到无形的知识财产（例如知识、技术、信息等），并且无形的知识财产的比重还在逐渐增大，开始成为社会财富的主要组成部分。

需要注意的是，并不是所有的知识产品都可以受到法律的保护。法律出于对公共利益和社会道德等因素的考虑，特别规定某些知识产品不受法律保护。例如，在著作权领域，法律保护期限届满的作品就进入了公共领域，可以由公众自由使用；依法禁止出版、传播的作品不受法律的保护；历法、通用数表、通用表格和公式是人类的公共财产，其本身是为了让人们加以运用推进社会发展的，它们也不受法律保护。

（二）知识产品的特点

知识财产或者说知识产品是知识产权的保护对象，是人们在科学、技术、文化等知识形态领域中创造的精神产品，主要包括文学艺术作品和科学作品、发明创造、商业标志、商业秘密等等。与物质产品相比，知识产品具有如下特点。

1. 创造性

与物质产品不同，知识产品不可能是现有产品的简单重复，而必须有所创新、有所突破。创造性是知识产品取得法律保护的条件，而一般财产法并不要求这样。创造性说明知识产品不是被轻而易举地生产出来，其中凝结了生产者的大量劳动。就某类具体的知识产品来说，其创造性程度的要求是各不相同的。一般来说，专利发明所要求的创造性最高，它必须是该项技术领域中先进的科学技术成就，它所体现的技术思想、技术方案必须使某一领域的技术发生质的飞跃。著作权作品所要求的创造性次之，它要求作品必须是作者创造性劳动的成果，但任何作品只要是独立构思和创作的，不问其思想内容是否与他人作品相同或类似，均可取得独立的著作权。而商标所要求的创造性仅达到易于区别的程度即可，即商标应当具有显著特征，便于识别，其文字、图形或其组合应避免与他人的商标构成混同。(知识链接如右框)

> **知识产品的创造性要求**
>
> 专利权要求发明具有“技术先进性”(或称为“非显而易见性”)，著作权要求作品具有“独创性”(或称为“原创性”)，而商标权则要求商标具有“可识别性”(或称为“易于区别性”)。

2. 非物质性

知识产品的非物质性是指知识产品的存在不具有一定的形态（如固态、液态、气态等），不占有一定的空间。人们对它的“占有”不是一种实在而具体的控制，而表现为认识和利用。某一物质产品，在一定的时空条件下，只能由某一个人或社会组织来实际占有或使用，所有人能够有效地管领自己的有形财产，以排除他人的不法侵占。比如说一支钢笔，一般情况下不可能同时由两个人占有或使用；而一项知识产品则不同，它可以为若干主体同时占有，被他们共同使用。例如一项技术，既可以被甲地的企业在生产中运用，在该企业毫不知情的情况下，也可以同时被乙地的企业运用。知识产品虽然具有非物质性特点，但总是要通过一定的客观形式表现出来的，这种客观表现形式是对其进行知识产权保护的条件之一。例如，作品表现为文字著述、舞台表演、绘画、雕塑、音像制品等；发明创造表现为文字叙述、设计图表、形状构造等；商标表现为图案、色彩、符号、文字等。(知识链接如右上框)

> **知识产品的客观表现形式**
>
> 知识产品虽然具有非物质性特点，但总是要通过一定的客观形式表现出来，这种客观表现形式是对其进行知识产权保护的条件之一。例如，作品表现为文字著述、舞台表演、绘画、雕塑、音像制品等；发明创造表现为文字叙述、设计图表、形状构造等；商标表现为图案、色彩、符号、文字等。

3. 公开性

与物质产品不同，知识产品必须向社会公示、公布，使公众知悉。公开性是知识产品所有人取得无形财产权的前提，而依民事法律的一般规定，有形财产所有人并无将其财产公开的义务。在各项知识产权中，其客体都表现了公开性特征。作者创造作品的目的之一，就是使之传播，并在传播中得以行使权利、取得利益；发明创造者要划定自己的权利范围，就必须公布专利的技术内容；商标所有人为了将自己的商品同他人的商品区别开来，就要公开使用自己的商标标志。但需要指出的是，属于知识形态财产的技术秘密并不具有公开性，它是依靠保密来维持其专有权利的。

三、知识产权的性质与特征

（一）知识产权的性质

知识产权是一种新型的民事权利，是一种有别于财产所有权的无形财产权。

权利本体的私权性是知识产权归类于民事权利范畴的基本依据。私权是与公权相对应的一个概念，指的是私人（包括自然人和法人）享有的各种民事权利。知识产权的产生、行使和保护，适用于民法的基本原则和制度。离开了民事权利体系，知识产权制度就会面目全非、无法存在，私人就会失去获取知识财产的民事途径。就知识产权立法例而言，某些国家将知识产权归入了民法典，某些国家编纂了单独的知识产权法典，大多数国家则对知识产权采取单行立法的方法。尽管有上述立法差异，现代各国并不讳言知识产权的民事权利或私人财产权利的基本属性。正因如此，世界贸易组织的《知识产权协定》在序言中宣示“知识产权为私权”，在强调有效保护知识产权的必要性时，要求各缔约方确认知识产权是一项“私权”。在诸多知识产权国际公约中，《知识产权协定》第一次明确界定了知识产权的本质属性，即以私权名义强调知识财产私有的法律形式。这一规定不仅说明了知识产权在私法领域中的地位，而且厘清了知识产权与相关法律制度的差异。

知识产权为私权，在制度层面上为私人提供了获取财产的新方式。知识产品是独立于传统意义上的物的另类客体，以知识产品作为保护对象的知识产权是与有形财产所有权相区别的崭新财产法律制度。正是由于商品经济和科学技术的发展与推动，才产生了一种与有形财产不同的新型财产形式。这一制度，最先为近代资本主义国家所承认，尔后为现代各国普遍接受。我们说，知识产权是私权，这种私权实际上是一种无形财产权。将知识产权理解为无形财产权，对于我们准确把握知识产权的体系范围是有重要意义的，这主要涉及发现权、发明权的归属问题。有的学者主张将一切智力创造活动所产生的权利列入知识产权，包括发现权、发明权，其理由是《成立世界知识产权组织公约》已有规定，且我国《民法通则》明确对上述权利给予保护。❶ 有的学者甚至认为，不应简单地将知识产权定义为无形财产权，它应该包括无形财产权的知识产权与精神权利的知识产权。发现权、发明权即属于后者。❷ 也有学者持相反意见：有的认为，科学发现

---

❶ 刘春茂主编：《中国民法学·知识产权》，中国人民公安大学出版社 1997 年版，第 2～4 页。

❷ 郭庆存：“知识产权的属性、范围及有关问题的哲学思考”，载《北大知识产权评论（第 1 卷）》，经济出版社 2002 年版。

不宜作为知识产权的保护对象，世界上绝大多数国家的法律及国际公约都没有对科学发现授予私权性质的财产权利；❶ 有的进而认为，诸如发现权、发明权以及其他科技成果权并非是对智力成果的专有使用权，而是一种取得荣誉及获取奖励的权利，该项制度应归类于科技法。❷ 我们认为，从“知识产权为私权”这一基本属性出发，发现权、发明权等都不具有“知识（财产）所有权”的专有权利性质，知识产权立法以不涵盖上述权利制度为宜。

（二）知识产权的特征

权利客体的非物质性是知识产权区别于财产所有权的本质特征。知识产权的客体即知识产品（或称为智力成果），是一种没有形体的精神财富，客体的非物质性是知识产权的本质属性之所在。除此之外，知识产权还具有如下特点。

1. 独占性

知识产权的独占性可以概括为“合法垄断，赢家通吃”。独占性主要表现在两个方面：第一，知识产品为权利人所独占，权利人垄断这种专有权利并受到严格保护，没有法律规定或未经权利人许可，任何人不得使用权利人的知识产品，否则就是侵权；第二，对同一项知识产品，不允许有两个或两个以上同一属性的知识产权并存。有两个人在相互毫不影响、毫不知情的情况下作出了相同的发明创造，但依专利法的规定，也只能由一个人就该发明创造获得专利权（一般情况下是由先申请人获得专利权）。但是两项不同属性的知识产权则可以同时存在于同一知识产品上，比如某人设计了一个图案，并把该图案当作商标使用，则在这个图案上同时存在着著作权和商标权这两项知识产权。

2. 地域性

知识产权作为一种专有权，其效力受地域限制，即具有严格的法域性。知识产权的这一特点有别于有形财产所有权。一般来说，对财产所有权的保护原则上没有地域性的限制。无论是公民从一国或地区移居另一国或地区的财产，还是法人因投资、贸易从一国或地区转入另一国或地区的财产，都照样归权利人所有，不会发生所有权失去法律效力的问题。知识产权则不同，按照一国或地区法律获得承认和保护的相关权利，只能在该国或地区范围内发生法律效力，其他国家或地区对这种权利没有保护的义务，任何人均可在自己的国家或地区内自由使用该知识产品，既无须取得权利人的同意，也不必向权利人支付报酬。一国的知识产品要想在他国也获得保护，就必须参加知识产权国际保护体系。对于作品而言，

---

❶ 刘春田主编：《知识产权法教程》，中国人民大学出版社1995年版，第3页。

❷ 吴汉东主编：《知识产权法学》，北京大学出版社2000年版，第2页；张玉敏主编：《知识产权法教程》，西南政法大学2001年出版，第14页。

由于著作权是作品在创作完成之后自动获得的权利，所以只要该国加入了相应的著作权国际公约，作品就可以在公约的全体成员国受到保护。而对于专利和商标而言，由于它们需要经过申请注册才能产生权利，所以要想在他国获得保护，就必须在其他国家也提出专利申请或者商标注册申请。（知识链接如右框）

> **中国知识产品如何获得海外保护**
>
> 中国的知识产品要想在他国也获得保护，就必须参加知识产权国际保护体系。对于作品而言，由于著作权是作品在创作完成之后自动获得的权利，所以只要中国加入了相应的著作权国际公约，作品就可以在公约的全体成员国受到保护。而对于专利和商标而言，由于它们需要经过申请注册才能产生权利，所以要想在他国获得保护，就必须在其他国家也提出专利和商标的注册申请。

3. 时间性

知识产权既不是无限空间的绝对垄断权利，也不是没有时间限制的永恒权利。知识产权时间性的特点表明，这种权利仅在法律规定的期限内受到保护，一旦超过法律规定的有效期限，这一权利就自行消灭，相关知识产品即成为整个社会的共同财富，为全人类所共同使用。知识产权在时间上的有限性，是世界各国为了促进科学文化发展、鼓励智力成果公开所普遍采用的原则。知识产权的目的在于采取特别的法律手段调整因知识产品创造或使用而产生的社会关系。这一制度既要促进文化知识的广泛传播，又要注重知识产品创造者的合法利益，协调创造者个人利益和社会公共利益之间的协调发展。知识产权时间限制的规定，正好为两种利益的协调发展提供了一个平衡器。（知识链接如右框）

> **我国法律对知识产权保护期限的规定**
>
> 我国法律规定，著作权的保护期限一般为作者终身加死后50年，截止于第50年的12月31日；专利权的保护期限为：发明专利20年，实用新型和外观设计为10年，从申请之日起算；商标权的保护期限为10年，从核准之日起算。

知识产权的时间性也存在例外，对于商标权而言，法律虽然规定了保护期，但同时也规定了一个续展制度，每续展一次可以将商标权的保护期延长。从理论上说，商标权人可以通过无数次的续展而使商标权的保护期无限延长。同样，针对商业秘密而言，只要权利人的保密措施到位，商业秘密永远不泄露，那么商业秘密权的法律保护期也是可以无限延长的。

四、知识产权的范围

知识产权可以分为广义和狭义两类。广义的知识产权包括著作权及其邻接权、商标权、商号权（企业名称权）、商业秘密权（未公开信息权）、专利权、集成电路布图设计权、植物新品种权、地理标志权等权利，上述知识产权制度体系，目前已为两个主要的知识产权国际公约即1967年签订的《成立世界知识产权组织公约》和1994年世界贸易组织成员国签订的《与贸易有关的知识产权协定》所认可。而狭义的知识产权，即传统意义上的知识产权，包括著作权（含邻接权）、专利权、商标权三个主要组成部分。

上述广义的各类知识产权按照不同的标准又可以进行不同的分类。如果按照所适用的领域不同为标准，知识产权可以分为两个类别：一类是文学产权，是指关于文学、艺术、科学作品的创作者和传播者所享有的权利，包括著作权以及与著作权有关的权利。它将具有原创性的作品及传播这种作品的媒介纳入了保护范围，从而在创造者"思想表达形式"的领域内构造了知识产权保护的独特领域；另一类是工业产权，是指工业、商业、林业和其他产业中具有实用经济意义的知识产权，主要包括专利权、商标权、商号权、商业秘密权、集成电路布图设计权、地理标志权和植物新品种权等。

如果按照权利来源不同，知识产权又可以分为创造性成果权和经营性标记权，如图1－1所示。创造性成果权包括著作权（含邻接权）、专利权、商业秘

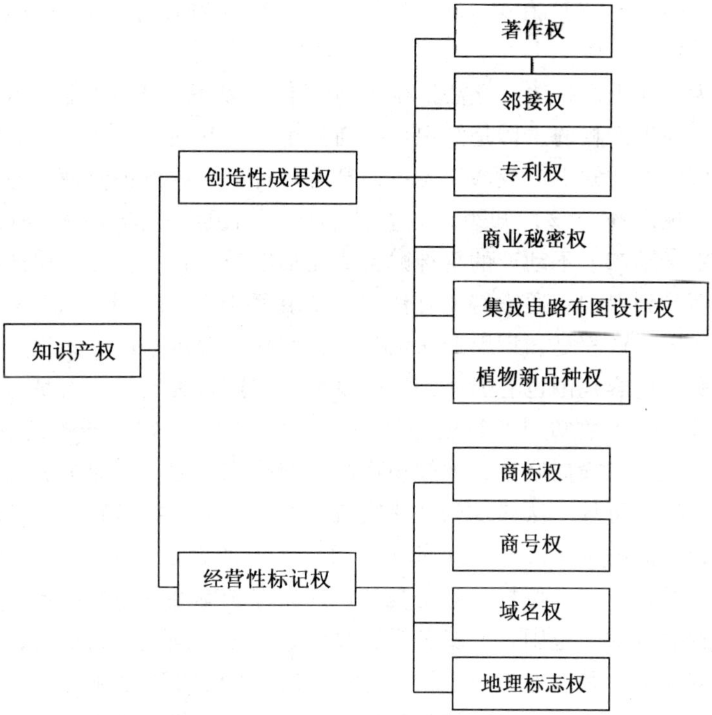

图1－1 知识产权的范围

密权、集成电路布图设计权、植物新品种权。该类权利保护的知识产品都是人们智力活动创造的成果，一般产生于科学技术、文化等领域，一定程度的创造性是该类知识产品取得法律保护的必要条件。而经营性标记权则包括商标权、商号权、域名权、地理标志权等，该类权利保护是标示产品来源或经营厂家的区别性标记，主要作用于工商业经营活动之中。可区别性是该类标记的基本特征，法律保护的目的是防止他人对该类标记的仿冒。

第二节　知识产权制度体系

一、知识产权法的体系

知识产权法是调整因知识产品而产生的各种社会关系的法律规范的总和，它是国际上通行的确认、保护和利用著作权、工业产权以及其他智力成果专有权利的一种专门法律制度。几百年来，根据智力劳动成果和社会关系的性质不同，各国立法者先后建立了专利法、著作权法、商标法等一整套法律制度。这些法律规范相互配合，构成了调整有关知识产品的财产关系和人身关系的法律规范体系——知识产权法。

一般认为，知识产权法在立法框架上应当包括以下基本制度：（1）知识产权主体制度。知识产权的主体是知识形态商品生产者和交换者在法律上的资格反映。什么人可以参加知识产权法律关系，享有何种权利或承担何种义务，是由国家法律所直接规定的。（2）知识产权客体制度。知识产权的保护对象即知识产品是一种有别于动产、不动产的精神财富或无形财产，什么样的知识产品能够成为权利客体而受到保护，通常需要有法律上直接而具体的规定。（3）知识产权的权项制度。知识产权是知识财产法治化、权利化的表现。由于知识产品的类型不同，其权利的内容范围也有所区别。除少数知识产权类型具有人身与财产的双重权能内容外，大多数知识产权就是知识财产权。（4）知识产权的利用制度。知识形态商品关系的横向联系，即知识产品的交换和流通在法律上表现为知识产权的转让及使用许可等。法律承认文化交流、图书贸易、技术转让等各种流转形式，保护知识产品的创造者、受让者、使用者各方的合法权益。（5）知识产权的保护制度。知识产权的侵权与救济是知识产权保护制度的核心内容。知识产权法明文规定权利的效力范围，制裁各类直接侵权行为和间接侵权行为，并提供民事、行政及刑事的多种法律救济手段。（6）知识产权的管理制度。知识产权的取得、转让及消灭，必须遵守法律的规定，并接受主管机关的管理，法律一般规定有相关管理机关的职责，并赋予其对有关知识产权问题以行政调解、管理和处罚的权力。

根据我国现行立法，参照国外有益经验和国际通行做法，知识产权法律体系一般包括以下几种法律制度：（1）著作权法律制度。以保护文学、艺术、科学作品的创造者和传播者的专有权利为宗旨，其客体范围除一般意义上的作品外，还包括民间文学艺术和计算机软件。（2）专利权法律制度。以工业技术领域的发明创造成果为保护对象，其专有权利包括发明专利权、实用新型专利权和外观设计专利权。（3）工业版权法律制度。兼有著作权、专利权双重因素的新型知识产权，表现为集成电路布图设计专有权。一般采取独立于著作权法与专利法之外的单行法规形式。（4）商标权法律制度。该制度为一种主要的工业产权法律制度，其保护对象包括商品商标和服务商标。（5）商号权法律制度。即对工商企业名称或字号的专用权进行保护的法律制度。其立法形式可采取单行法规形式，也可以采取与商标权合并立法的形式。（6）产地标记权法律制度。以货源标记或原产地名称为保护对象，禁止使用虚假产地标记的法律制度。其立法形式一般规定在反不正当竞争法中，也可以制定单行法规。（7）植物新品种权制度。其为种植业领域的知识产权制度，以人工培育的新植物品种或人力开发的野生植物品种为保护对象，在立法例上可采取专利权保护、专有权保护或兼采两种方式。（8）商业秘密权法律制度。其为以未公开的信息包括经营秘密和技术秘密为保护对象的法律制度。可以制定单行法规，也可以列入反不正当竞争法中。（9）反不正当竞争法律制度。即制止生产经营活动中不正当损害他人知识产权行为的专门法规，适用于各项知识产权制度无特别规定或不完备时需要给予法律制裁的侵害事实。

二、知识产权法在法律体系中的地位

知识产权法的地位，是指它在整个法律体系中所处的地位，即它是否作为一个独立的法律部门，或是归类于何种法律部门。对此，我国学者曾有不同的看法。

有的学者认为，知识产权法是一种综合性的法律制度，与民法、经济法、行政法、国际法都有着广泛的联系，因此，不能简单将其划归哪一法律部门。有的学者认为，知识产权法是一个独立的法律部门。因为各项知识产权制度已经构成一个相对完整的族系，《法国知识产权法典》的出现即是未来知识产权法与民法普遍分离的征兆。

多数学者认为，知识产权法属于民法的范畴。但对于知识产权制度与我国未来民法典的关系，却存在不同的看法。不少学者主张在民法典的框架内，整合一个包括知识产权在内的大一统财产权体系。其理由是：知识产权的保护手段基本

是民事性质的，应将这一权利与其他财产权等同看待，并纳入民法典进行规范；国外已有民法典规定知识产权之立法例，《中华人民共和国民法通则》（以下简称《民法通则》）在“民事权利”中，亦专节规定了各类知识产权，因此这一制度应成为民法典的组成部分。❶

我们对此有不同看法：第一，相关立法例并非民事立法之范式。1942 年《意大利民法典》、1994 年《蒙古民法典》和 1995 年《越南民法典》对“知识产权”的规定，并未涵盖现代知识产权的全部内容。1992 年《荷兰民法典》拟在第 9 编专门规定知识产权，后来由于各种原因而放弃。这说明，世界上尚无一个在民法典中成功规范知识产权的立法例。第二，现代知识产权法尚处于急剧变革之中。知识产权是一个发展的、变化的、动态的权利制度体系，受一国乃至国际的科技革命、经济发展、社会文化变革等影响甚大，总处于不断修订更迭的状态之中。例如，法国自 1992 年颁布《知识产权法典》后，不到 4 年即修改两次。我国《专利法》颁布 10 余年也两次加以修正。因此，将一部频频变动的法律制度置于需要相对稳定、注重系统化的民法典中是不妥当的。第三，知识产权法的规范内容与其他法律制度规范不相协调。知识产权法本为保护创造者权利之实体法，但在立法中一般规定有权利取得程序、权利行使程序、权利维持程序、权利变动程序、权利救济程序等，即在实体法中规定了程序法规范，程序法依附实体法而存在；知识产权法本为规范民事权利之私法，但在立法中多设有行政管理、行政处罚以及刑事制裁等公法规范，具有公法与私法相结合的立法特点。知识产权的上述规范是不宜置于民法典的。

我们认为我国未来的民法典应当仅对知识产权制度作一般规定，其单行法依然保留。这主要是出于以下考虑：第一，知识产权是私权。对此世界贸易组织的《知识产权协定》在其前言中已作明确宣示。知识产权是知识类无形财产的权利形态，应归类于民事权利的范畴。将无形财产权在民法典中作出反应，有助于与有形财产权形成完整的、丰富的财产权利体系；第二，知识产权是受民法典保护的权利。知识产权法虽含有若干程序法、公法性的规定，但依然是以实体法为基础的私法制度，隶属于民法这一法律部门。民法典作为民事基本法，在法律分类上具有更高的位阶和权威。在民法典中对知识产权进行明确定位，有助于维系这一权利体系的完整性。第三，知识产权已在我国民事基本法中作出原则规定。1986 年《民法通则》第五章第三节专门规定了知识产权，仅为著作权、商标权、

❶ 有关观点参见翟云岭等：“中国法学会民法经济法研究会 1999 年年会综述”，载《中国法学》1999 年第 6 期；赵中孚等：“1999 年民商法研究的回顾与展望”，载《法学家》2000 年第 1 期。

专利权及其他科技成果权的列举性、宣示性条款，无其他实体性规定内容。《民法通则》集中而概括地描述了知识产权基本制度，并将其与其他财产权及人身权合为民事权利专章，在当时被称为是民事立法上的创举。考虑到立法体例的传承性，未来中国民法典对知识产权作出一般性规定，并无不可。

民法典中的“知识产权编”，仅是一般性规定，其相关条款的规定应考虑遵循以下规则：首先，民法典所规定的基本原则与一般制度，应适用于各项权利制度，包括知识产权制度。基于上述规范的普遍适用性，“知识产权编”不另作规定；其次，“知识产权编”所规定的一般性条款，应是从各项知识产权制度中抽象出来且共同适用的，该编并不影响相关民事特别法的独立存在；再次，“知识产权编”着力描述的应是该类制度与其他民事权利制度的不同之处，即基于知识产权制度特性所体现的一般性规范。具体说来，可包括知识产权的性质、范围、效力、利用、保护等。

第三节　知识产权制度的产生与发展

一、知识产权制度的产生

知识产权制度虽然产生于近代西方，但在人类历史上，很早就存在保护智慧成果的思想萌芽。例如，古罗马时期产生了抨击他人“剽窃”图书的观念，奴隶社会时期的埃及以及古代希腊、罗马社会都存在对类似商标的标记进行保护、管理的习惯法，但它们在保护方式、保护对象上都明显不同于近代知识产权制度。

到了封建社会，产生了一系列保护智慧成果的特许权制度，它们与近代知识产权制度之间存在着“源”与“流”的关系。[1] 例如，15世纪末，威尼斯共和国授予印刷商冯·施贝叶为期5年的印刷出版专有权，这被称为西方第一个保护翻印之权的特许令。在技术保护方面，1421年意大利城市国家佛罗伦萨对建筑师布伦内莱希发明的“装有吊机的驳船”授予了3年的垄断权。

作为私权的知识产权制度是伴随着近代资产阶级革命的兴起、资本主义经济的发展以及科学技术的进步而逐步形成、发展和完善起来的。一般认为，英国于1623年制定世界上第一部专利法（《垄断法规》）、1709年制定第一部著作权法（《为鼓励知识创作而授予作者及购买者就其印刷成册的图书在一定时期之法令》，即《安娜法令》）、法国于1857年制定第一部商标法（《关于以使用原则和

---

[1] 郑成思：《知识产权论》，法律出版社2003年版，第2~3页。

不审查原则为内容的制造标记和商标的法律》）是近代意义的知识产权制度的开端。此后在专利领域，继1623年英国制定的《垄断法规》后，美国于1790年、法国于1791年也分别颁布了本国的专利法。进入19世纪后，越来越多的国家相继制定了专利法，专利制度走向繁荣。在著作权领域，继英国于1709年制定世界上第一部著作权法起，美国于1790年、法国于1793年、普鲁士于1837年、日本于1899年也分别制定了本国的著作权法。在商标领域，继法国于1857年制定世界上第一部注册商标法起，英国于1862年、美国于1870年、德国于1874年也纷纷制定了自己的成文商标法。[1]（知识链接如右上框）

> **各国专利法制定时间表**
>
> 荷兰在1809年、奥地利在1810年、俄罗斯在1812年、巴伐利亚在1812年、普鲁士在1815年、瑞典在1819年、西班牙在1826年、巴西在1859年、印度在1859年、阿根廷在1864年、加拿大在1869年、英国在1852年、德国在1877年、日本在1885年通过了专利法。

二、现代知识产权制度发展的基本特点

进入20世纪以后，知识产权法从草创走向成熟，并成为世界各国普遍推行的法律制度。在这一时期，人类社会发生了深刻的变化：现代科学技术的飞跃发展，对人类社会的知识生活与文化生活产生空前巨大的影响；现代商品经济的高度发达，推动着新的国际经济秩序与世界市场的形成。为了回应这一情势的发展，各国立法者不得不“修纲变法”，着力于本国知识产权法律的变革。

（一）传统知识产权的保护范围不断扩大

著作权、专利权、商标权是传统知识产权法的三大基本制度，在保护对象方面，三大知识产权制度都发生了引人注目的变化。

就著作权而言，早期的著作权保护领域，拘泥于书籍、地图等狭小客体范围。正是在这个意义上，有人将著作权称为“印刷出版之子”。至19世纪末，各国著作权法才先后在保护对象范畴增加了音乐作品、戏剧作品、摄影作品等，延伸了“印刷作品”的含义。进入20世纪后，特别是该世纪下半叶以来，“电子版权”取代“印刷版权”，各种“电子作品”进入传统著作权的保护范围。此外，民间文学表现形式作为著作权的另类客体，也是现代著作权法发展的一个重要表现。

专利权的客体范围，是随着科学技术的进步和经济发展的需要而不断扩大和逐渐明确的。早期的专利制度，其保护对象都表现为技术解决方案的发明。到

[1] 郑成思：《知识产权论》，法律出版社2003年版，第9页。

19 世纪，各国专利法开始对实用新型给予保护。1883 年《保护工业产权巴黎公约》将发明、实用新型和外观设计纳入保护范围。除此之外，有些国家还保护植物品种和微生物等。随着形势的发展，非专利客体的范围也大大缩小，保护化学物质和药品已经成为现代各国专利立法的一种趋势。

商标法所保护的对象，是知识产权诸客体中变动最少的一个范畴。主要有以下动向值得注意：（1）传统的商标仅限于可视性商标，到现代，许多国家开始对声音商标和气味商标等进行保护；（2）为了推动第三产业的发展，通过商标立法保护服务性行业的区别标记，世界各国大多对服务商标与商品商标给予同等保护；（3）对于在公众中享有较高声誉，具有较高知名度的驰名商标，不管其是否注册，许多国家给予其特殊保护。

（二）新的财产权权项和新的财产权制度陆续出现

著作权的内容大大扩张，除了传统的“出版之权”外，又新增加了各项“电子版权”，例如以传送广播与电视为技术内容的“播放权”，以机械光学为技术特征的“机械复制权”，以摄影、录像、放映为技术表现形式的“制片权”等。专利权则在已有的独占性的制造权、使用权和销售权以外，又增加了禁止他人非法从境外引入专利产品的进口权。

与此同时，除了传统的著作权、专利权、商标权外，又出现了一些新的知识产权形式，如与集成电路技术有关的布图设计权、与生物工程技术有关的新植物品种权等。现代知识产权制度已经是一个十分庞大的法律体系，借用《成立世界知识产权组织公约》的规定来表述，它是一切在工业、科学、文学或者艺术领域由智力活动产生的权利制度的总和。

三、当代知识产权制度变革的主要趋势

自人类社会进入 20 世纪下半叶后，知识产权制度也产生了巨大的变化，主要表现在现代化、国际化、体系化、战略化四个方面。

（一）知识产权制度的现代化

从 20 世纪下半叶以来，以微电子技术、生物工程技术与新材料技术为代表的新技术革命对知识产权制度造成了巨大的冲击，使得知识产权制度进行了一系列的创新和改革。从 20 世纪末开始，知识产权制度更受到了以网络技术和基因技术为代表的高新技术的挑战。

因特网对知识产权制度的挑战主要表现在：（1）网络版权的保护问题。具体而言，就是数字化作品的权利保护、版权技术措施的法律保护以及数据库保护等问题。（2）网络标记的保护问题。经营标记以数字化的形式出现在网络空间，这既涉及传统商标制度的变革，也涉及域名保护制度的创新（主要问题有域名

登记与审查、域名权的性质与内容、域名权与商标权及商号权的冲突、域名权的保护与域名纠纷的处理等)。(3)"网络不正当竞争"问题。当代竞争法需要解决网络传播及电子商务出现的诸多问题，如屏幕显示和网站界面的商业包装、对网上商业秘密采取的保密措施、网上虚假宣传等。(知识链接如右框)

> **因特网**
>
> 因特网又称国际计算机互联网，它的前身是美国国防计算机互联网(ARPA)，现已发展为一个全球性的计算机互联网络。从信息资源的观点来看，因特网是一个集各个部门、各个领域的各种信息资源为一体的供网上用户共享的多媒体资源网。

与网络技术相媲美，基因技术被认为是21世纪最伟大的技术之一，人类可能正处在基因可以解释和决定一切的时代的开端。诸如"基因食物""基因药品""基因疗法"，以及对动植物基因乃至对人类基因的开发和利用，将会导致人类本身以及与人类生存环境相关的一系列变化。尽管对基因技术存在着民族习俗、社会道德以及宗教等方面的争议，但许多国家趋向于对这一新兴技术给予专利与其他知识产权的保护。基因专利主要涉及两大问题：(1)界定基因专利保护范围，包括基因方法、基因产品、转基因动植物新品种、转基因微生物以及"脱离人体或者通过技术方法获得"的基因本身等；(2)明确基因专利的排除领域，特别是克隆人的方法、对胚胎商业利用的方法以及基因序列的简单发现等。(知识链接如右框)

> **基因**
>
> 基因由人体细胞核内的DNA(脱氧核糖核酸)组成，变幻莫测的基因排序决定了人类的遗传变异特性。破解人类自身基因密码，以促进人类健康、预防疾病、延长寿命，其应用前景都是极其美好的。人类10万个基因的信息以及相应的染色体位置被破译后，将成为医学和生物制药产业知识和技术创新的源泉。

(二)知识产权制度的国际化

随着全球经济一体化的进程不断加快，知识产权法也呈现出国际化的趋势。国际贸易的不断发展，使得许多知识产品打破一国或地区界限流入其他国家或地区，这对知识产权的地域性特征形成了挑战。根据知识产权的地域性特点，在一国或地区内取得知识产权保护的作品、注册商标或专利技术，并不必然在其他国家或地区受到保护。这样就可能出现一国或地区的知识产权在其他国家或地区受到严重侵权的情况。有鉴于此，从19世纪末

> **知识产权法的国际化**
>
> 知识产权法的国际化是指各国通过缔结、加入知识产权国际条约而实现在实质内容和申请审批程度上逐步简化一致和统一。这样，一个国家和地区的知识产品在其他国家或地区也可以得到保护。

20世纪初开始，各主要国家就开始寻求建立一个知识产权国际保护体系，先后签订了一系列保护知识产权的国际公约，成立了一些全球性或地区性的国际组织，进而在世界范围内形成了一套国际知识产权保护制度。比如说1883年签订的《保护工业产权巴黎公约》、1886年签订的《保护文学艺术作品伯尔尼公约》以及1967年成立的世界知识产权组织等。到了20世纪下半叶，《关贸总协定》及其后继组织——世界贸易组织开始在经济全球化方面扮演的重要角色。世界贸易组织的《知识产权协定》的生效，标志着知识产权正式进入国际贸易领域，同时也标志着知识产权的国际化进入了一个较高的阶段。《知识产权协定》要求所有成员都必须按照协定的要求制定或修改其内部法律，这样各国或地区的知识产权制度就出现了一体化、趋同化的趋势。世贸组织成员如何在《知识产权协定》的调整下加强知识产权的国际保护，将是知识产权法未来发展的一个显著特点。知识产权的地域性与国际保护之间的关系，可以用两句话来形容，即“地域性画地为牢”，一个国家或地区授予的专利权、授予的商标权只在本国或本地区受到保护；但是由于有了国际公约就形成了“国际保护绿卡通行”，知识产权国际保护体系的形成使得一个国家或地区的知识产品在其他国家或地区也可以得到保护。(知识链接如上页下框)

（三）知识产权制度的体系化

知识财产法治化带来了财产的“非物质化革命”，这是罗马法以来财产权领域的一场深刻的制度创新与变革。非物质财富成为社会的重要财产类型，非物质财产的法律制度仍处于不断的发展变革之中。与此同时，新民事立法浪潮激活了知识产权制度的变革与发展，知识产权法典化以及知识产权与民法典的关系成为理论上关注的重要课题。在这样的背景下，各国的知识产权立法出现体系化和法典化的趋势。

首先，各国加快了知识产权立法的进程，并且修改完善现有的知识产权法律和法规，使其成为相互呼应的制度体系。例如，日本在2003年和2004年度，新立和修改了21项知识产权法案，包括2003年5月修订反不正当竞争法、2003年6月和2004年6月两次修改著作权法、2004年5月制定专利审查迅速化法、2003年修改海关关税法、2004年11月修改专利审查指南等。

其次，20世纪以来，大陆法系的一些国家尝试将知识产权法编入民法典，成为知识产权立法体系化的重要途径。其中，《荷兰民法典》原规定第9编为“知识产权”，由于知识产权法含有许多行政法、刑法以及程序法的规范，考虑到立法技术上的困难而取消。《俄罗斯民法典》原规定第5编为“著作权和发明权”，没有包括专利权和商标权。事实上，其“著作权和发明权编”至今未能完成，而专利权和商标权早已以特别法的方式颁布。1995年1月1日开始实施的

《蒙古民法典》将知识产权作为一种无形物权，与普通物所有权进行糅合，使其与普通物权结合成一个有机的整体，从而使知识产权完全融入民法典。1995年10月通过的《越南民法典》第六编规定知识产权和技术转让，含“著作权”“工业所有权”、“技术转让”三章，将知识产权作为独立一编纳入其中。

最后，通过编纂专门法典实现知识产权立法的体系化，成为一些国家立法者整合本国的知识产权法律规则的生动实践。这又主要包括两种途径：一种是以法国、斯里兰卡、菲律宾等国家为代表，制定了《知识产权法典》；另一种是意大利、巴西、西班牙、罗马尼亚等国以《工业产权法典》名义实现工业产权法律规则的体系化。例如法国在1992年将23个与知识产权有关的单行法规整理汇编成统一的法典，这是世界上知识产权领域的第一个专门法典。

（四）知识产权的战略化

所谓战略，是重大的、带有全局性的或决定全局的谋划。当知识产权从纯粹的法律事务上升至国家性事务层面，成为国家发展和参与国际竞争的基本手段和战略选择之时，各国知识产权立法更加关注本土利益、本国利益和本区域利益，在很大程度上实现立法的战略化考量。

（1）各国在知识产权立法中确立了符合本国实际和国家利益的战略目标。美国作为“科技领先型国家”，建立了完善的知识产权法律和制度，在本国立法中不断提高知识产权保护标准，扩大知识产权保护范围，在知识产权国际规则的形成和发展中具有重要影响，在国际上强制推行本国的知识产权价值标准。日本属于“技术赶超型国家”，制定了“知识产权战略大纲”，出台了《知识产权基本法》，通过知识产权促进本国经济的持续发展。以韩国为代表的“引进创新型国家”通过修纲变法保护本国的优势产业和高技术行业，逐渐重视本国知识产权的海外保护，在立法上接近美、欧、日的基本立场。以印度、巴西为代表的“发展调整型国家”，通过立法遵守国际条约所确定的最低保护标准及一般义务，在调整本国的知识产权制度时强调各国的知识产权制度应当与其发展阶段相适应。

（2）各国的知识产权关联立法和具体制度设计体现了战略上的利益考虑和本国的特色。例如美国是世界上最早采用知识产权战略的国家，在知识产权立法方面充分体现了维护其在世界上的经济、技术霸主地位的战略目标。美国在1996年开始实施《美国联邦商标反淡化法》，对驰名商标给予更严格的保护；同年还制定了《联邦商业间谍法》，加强对商业秘密的保护。1997年通过《数字千年版权法》，加强互联网上的版权保护。1998年的《技术转让商业化法》、1999年的《美国发明人保护法》更是全面加强专利保护。2005年通过《打击假冒制成品法案》和《保护美国货物及服务法案》，加大对假冒标志的保护范围和打击力度。与此相对应，菲律宾、厄瓜多尔、巴西、委内瑞拉、阿根廷等发展中国家强化了传统知识、遗传资源等方面优势资源的立法，已着手通过设立“社区权”、“社区知识权”、“传统资源权”等制度来保护土著文化社区的传统知识。

（3）各国的立法者日益注意到知识产权作为国家公共政策选择与贸易政策、产业政策、教育政策、文化政策等之间的紧密联系，注重知识产权立法与其他公共政策之间的呼应与配套。例如美国在1988年通过的《综合贸易竞争法》，确定“特别301条款”，在修改的关税法中规定“337条款”，并且经常利用出口管制法和国家安全法等，作为维护美国对外贸易利益和产业利益的“大棒”，对自行确定的重点国家或地区等进行知识产权方面的调查，对本国的尖端技术产业进行特别保护，以保持其贸易优势和技术优势。

第四节　我国知识产权制度概述

对于我国而言，知识产权制度是一个舶来品。一般认为，我国近现代意义上的知识产权制度始于清朝末年，以1898年的《振兴工艺给奖章程》、1904年的《商标注册试办章程》、1910年的《大清著作权律》等法令为标志。此后，北洋政府于1915年颁布过著作权法、1923年颁布过商标法。国民政府也于1928年颁布著作权法、1930年颁布商标法、1944年颁布专利法。至此，我国现代知识产权制度基本建成。但限于中国当时的历史条件，这些知识产权法律规范并没有发挥其应有的作用。

新中国成立后，在建国初期也曾经颁布过一些知识产权法律法规。例如，1950年政务院颁布的《商标注册暂行条例》和《保障发明权与专利权暂行条例》、1963年国务院发布的《商标管理条例》和《发明奖励条例》等。但总的来说，在当时的特殊历史条件下，我国在这一时期的知识产权制度建设远离国际条约，是不完备的。

改革开放以后，我国迎来了知识产权法律建设的春天。这一历程可以分为三个阶段。

第一阶段为制度初建阶段。从20世纪70年代末到90年代初，我国先后颁布了《中华人民共和国商标法》（以下简称《商标法》）、《中华人民共和国专利法》（以下简称《专利法》）、《中华人民共和国著作权法》（以下简称《著作权法》）、《中华人民共和国反不正当竞争法》（以下简称《反不正当竞争法》）等法律法规，并加入了一系列重要的知识产权国际公约。经过短短十多年的建设，我国知识产权法律和制度的基本框架已经初步完成。世界贸易组织前总干事鲍格胥在回顾该组织与中国合作20年的历史时指出："在知识产权史上，中国完成所有这一切的速度是独一无二的。"

第二阶段为制度发展阶段。从20世纪90年代初至90年代末，我国在对已有知识产权法律进行修订的基础上，颁布了《计算机软件保护条例》、《音像制品管理条例》、《植物新品种保护条例》、《中华人民共和国知识产权海关保护条例》、《特殊标志管理条例》等知识产权法律法规，并颁布了一系列相关实施细则和司法解释，使中国知识产权保护的法律法规体系不断趋于完善。

第三阶段为制度完善阶段。为了对知识产权实行切实有效的法律保护，2001年我国加入世界贸易组织前后，对已有知识产权法律法规和司法解释进行了全面修改，并颁布了《集成电路布图设计保护条例》和《奥林匹克标志保护条例》。我国知识产权法律法规不但在立法精神、权利内容、保护标准、法律救济手段等方面更加突出了促进科技进步与创新的目的，而且实现了与《知识产权协定》以及其他知识产权国际规则相一致，如表1-1所示。

表1-1　　中国知识产权立法概表

法律名称	发布、施行日期及修正情况
《专利法》	1985年4月1日施行；1992第一次修正；2000年第二次修正。与《专利法》的修正相适应，2001年对旧《专利法实施细则》进行了修改
《商标法》	1983年3月1日施行；1993年第一次修正；2001年第二次修正
《著作权法》	1991年6月1日施行；2001年第一次修正
《计算机软件保护条例》	1991年发布了第一部；2002年实行新的《计算机软件保护条例》
《植物新品种保护条例》	1997年10月1日施行
《集成电路布图设计保护条例》	2001年10月1日施行
《知识产权海关保护条例》	1995年10月1日实施；2004年3月1日起施行新的《知识产权海关保护条例》
《音像制品管理条例》	1994年8月25日发布；2002年2月1日起施行新的《音像制品管理条例》
《反不正当竞争法》	1993年12月1日施行
《奥林匹克标志保护条例》	2002年4月1日施行
《信息网络传播权保护条例》	2006年7月1日施行

自改革开放以来，中国不仅加强了知识产权立法工作，迅速建立了知识产权法律体系，而且积极参加知识产权国际保护体系，加强知识产权国际事务的合作与交流。到目前为止，中国已参加了一系列重要的知识产权国际公约，成为知识产权国际保护体系中的重要成员，如表1－2所示。

表1－2　中国加入国际公约概表（以时间先后为序）

所加入公约名称	加入时间
《成立世界知识产权组织公约》	1980年
《保护工业产权巴黎公约》	1985年
《商标国际注册马德里协定》	1989年
《保护文学艺术作品伯尔尼公约》	1992年
《世界版权公约》	1992年
《保护录音制品作者防止未经许可复制其录音制品公约》	1993年
《专利合作条约》	1994年
《知识产权协定》	2001年

为了促进知识产权法律的实施，我国建立了较为齐全的知识产权管理和执法体系。在行政管理和行政执法方面，我国目前有多个部门负责知识产权的行政管理，主要包括国家知识产权局、国家工商总局商标局、国家版权局、文化部等国家机关。在司法执法方面，我国由各级人民法院、人民检察院负责知识产权的司法保护，一些人民法院设立了专门审理知识产权纠纷案件的知识产权审判庭。

为了进一步加大知识产权保护力度，推动知识产权制度建设，中国于2004、2005年分别成立了“国家保护知识产权工作组”和“国家知识产权战略制定工作领导小组”。以此为契机，中国知识产权制度建设迈入了战略主动的新阶段。2006年1月，胡锦涛总书记在全国科学技术大会上提出了建设创新型国家的战略目标。同年5月，胡锦涛总书记在中央政治局集体学习时强调：“加强知识产权制度建设，提高知识产权创造、运用、保护与管理能力，是增强自主创新能力、建设新型国家的迫切需要”。这一论断表明，中国已经站在战略全局的高度，重新审视知识产权制度的功用和地位。基于当今国际科技、经济的发展趋势和创新型国家的发展经验，中国将通过制定和实施国家知识产权战略，有效利用知识产权制度，以此作为缩小与发达国家的差距，实现跨越式发展的政策抉择。

结　语

知识产权制度是近代科学技术与商品经济发展的产物，也是私法领域制度创新的结果。进入20世纪以后，知识产权制度不断发展完善，新技术革命引发的现代化、新国际贸易体制带来的一体化，是当代知识产权法变革的主要趋势。中国已经建立了比较完善的知识产权制度，以此作为实现创新型国家建设目标的战略支撑，实现从“中国仿造”到“中国制造”再到“中国创造”的转变，对于中国未来的发展具有重要的意义。

资料链接

[1] 吴汉东．知识产权制度基本问题研究［M］．北京：中国人民大学出版社，2004.

[2] 郑成思．知识产权论［M］．北京：法律出版社，2003.

[3] 胡开忠编著．知识产权法比较研究［M］．北京：中国人民公安大学出版社，2004.

[4] 张玉敏主编．市场竞争与知识产权［M］．北京：法律出版社，2005.

[5] 富田彻男．市场竞争中的知识产权法［M］．廖正衡等，译．北京：商务印书馆，2000.

[6] 中国知识产权研究网：www. iprcn. com.

思考题

1. 简述知识产品的概念和特征。
2. 简述知识产权的概念和特征。
3. 简述知识产权的范围及分类。
4. 简述知识产权的社会作用。
5. 试述知识产权在当代社会的发展趋势。

第二章　文化创作、传播与著作权制度

【学习目的与要求】 本章的学习，要求学生了解著作权的概念和特征，理解著作权主体和客体的基本内容，掌握著作权的权利内容以及对著作权的限制方式，把握著作权的利用、管理和保护。

【内容提要】 著作权是由作品依法产生的专有权。著作权法律关系由著作权主体、客体和内容组成。法律除了对著作权进行保护以外，还对著作权进行了各种限制。著作权可以通过转让和许可使用等方式进行利用。著作权人可以采用民事救济、行政救济和刑事救济等方式来保护其权利。

【关键词】 著作权　保护　限制

1992年5月5日，北影录音录像公司（以下简称“北影公司”）与小说《受戒》的作者汪曾祺订立了“电影、电视剧改编权、拍摄权许可使用合同”。合同约定汪曾祺允许北影公司对其版权作品《受戒》等进行影视改编和拍摄。1992年10月，北京电影学院（以下简称“电影学院”）文学系学生吴琼为完成课程作业，将汪曾祺的小说《受戒》改编成电影剧本，并上交电影学院。经审查，电影学院选定该剧本用于当届学生毕业作品的拍摄。1993年4月，电影学院出资5万元，组织该院89级学生联合摄制电影《受戒》，当年7月完成后期制作。1994年11月，经有关部门批准，电影学院组团携《受戒》等影片参加了法国朗格鲁瓦学生电影节。在电影节上，《受戒》影片共放映两次，观众主要为参加电影节的各国学生和教师，亦不排除有当地市民。电影节组委会曾对外公开销售过少量门票。影片的放映场所系对外公开售票的电影院中的某一放映厅。电影学院未举证证明电影节组委会曾对进入该放映厅的观众采取过限制措施。北影公司得知上述情况后，即诉至北京市海淀区人民法院。❶ 本案所涉及的即是作品的著作权保护问题。那么，什么是著作权，哪些人享有著作权，著作权的内容是什么，本章将对上述问题作出分析。

❶ 本案摘引自宿迟主编：《知识产权名案评析》，人民法院出版社1996年版，第27～29页。

第一节　著作权概念及其特征

一、著作权解读

著作权，是指自然人、法人或者其他组织对文学、艺术和科学作品依法享有的财产权利与精神权利的总和。具体而言，著作权是由作品依法产生的专有权。

在我国，著作权即版权。我国使用的“著作权”概念，是清朝立法者从日本引入的，最早出现在我国1910年的《大清著作权律》中。当我国在20世纪80年代起草现行《著作权法》时，虽然有两种主张，但是，立法者最后以折中方式使两者之间的分歧得以协调，以“著作权”作为法律名称，然后在第56条规定“版权与著作权系同义语”。经修改后的《著作权法》第56条更是明确规定“本法所称的著作权即版权”。

二、著作权的特征

作为知识产权之一种的著作权，除具有知识产权共有之基本特征外，与专利权、商标权等其他种类的知识产权相比，著作权还有自己的独特性质。

1. 内容的双重性

著作权内容的双重性，是指由文学、艺术和科学作品能依法同时产生财产权和人身权两个方面的权利。

2. 具体化的专有性

著作权的专有性就是禁止他人对其作品进行复制、抄袭、剽窃、翻译或者其他形式的利用，而不能阻止他人独立地创作出相同或者相似的作品，并因此而获得著作权；其他种类知识产权（商业秘密权除外）的独占性所针对的都是抽象对象。

三、著作权的取得

著作权的取得可分为原始取得和继受取得。但此处所指的“著作权取得”，仅指原始取得，不包括继受取得。

根据《著作权法》第2条之规定，中国自然人、法人或者其他组织的作品，自创作完成之日起自动产生著作权，不必办理任何法律规定的手续；外国人或者无国籍人的作品，可依据其所属国或者惯常居住地国与我国共同参加的国际条约或者互惠原则等，自动取得著作权，不必办理任何法律规定的手续。该项原则称为自动取得原则，与《伯尔尼公约》和《知识产权协定》的规定相一致。（知识

链接如右框）

著作权自动取得原则，并不是无条件取得原则。换言之，并不是任何人的作品或者任何种类的作品都能在我国自动取得著作权。具体而言，适用著作权自动取得原则，应当符合以下条件。

1. 作品适格

根据《著作权法》及其实施条例的规定，能够自动取得著作权的作品须为《著作权法》第3条规定的种类之一，而且不属于《著作权法》第5条规定的对象。

2. 作者适格

根据《著作权法》第2条第1款、第2款的规定，能够自动取得著作权之作品的作者须为中国自然人、法人或者其他组织，或者为《伯尔尼公约》成员国国民或者世界贸易组织成员之国民，无国籍人以其惯常居住地国作为标准。根据《著作权法》第2条第3款、第4款的规定，其他的外国人或者无国籍人，以其作品的首次出版地国与中国的关系为标准，即其作品首次在中国境内出版或者其出版地国为《伯尔尼公约》成员国或者世界贸易组织成员的，其作品可以在中国自动取得著作权；否则不然。

著作权非自动取得原则

著作权自动取得原则，也称为无手续主义原则或者创作主义原则，与非自动取得原则相对。著作权非自动取得原则，是指作品创作完成后，作者或者其他相关人必须依照法律规定办理相应手续，才能取得著作权。如原《美国版权法》规定，作品创作完成后，必须首先在美国出版，而且必须将该版本中两本最好的样书向国会图书馆交存，办理相应的交存手续后方能取得版权。又如《世界版权公约》规定，作品出版后，应当在作品每一本复制件上做上版权标记，才能取得版权。此外，也有国家规定采用其他手续才能取得著作权。但是，凡世界贸易组织成员或者《伯尔尼公约》成员国，无论对其本国国民取得著作权作出什么样的要求，对其他成员或者成员国的国民，只能实行自动取得原则，否则就与《知识产权协定》或者《伯尔尼公约》的要求不符。

第二节 著作权法及其演进

一、著作权法

著作权法，是国家制定或认可的调整由文学、艺术和科学作品所产生之社会关系的法律规范的总和。形式的著作权法，就是由国家立法机关依照立法程序制定的《著作权法》；实质的著作权法，则是由国家制定或认可的所有调整著作权法律关系的法律规范，例如《著作权法》、《著作权法实施条例》、《计算机软件保护条例》、《作品自愿登记试行办法》等法律、法规、条例、规章等。

我国现行《著作权法》于1990年9月7日通过，2001年10月27日经由第九届全国人大常委会第二十四次会议修改。该法共6章60条，基本符合《知识产权协定》关于版权保护的规定。

二、我国著作权法律制度的发展历程

早在印刷术发明以前，我国文人墨客、诗仙词圣利用其聪明才智创作了许许多多的优秀作品。但是，在刀刻、手抄、口传的时代，不太可能出现大规模复制销售复制品而获利的情况，因此，客观上没有产生著作权制度的可能，主观上没有保护其著作权的需求。到了宋代，印刷术、造纸术的发明，使得书籍的印制出版、传播变得精美、快捷，不仅价格低廉，而且数量也很多，随之便逐渐出现了为追求利润而冒名盗印他人作品的现象。这时虽已出现官府特许专有印刷的制度，但尚无近代意义上的著作权法。

尽管在客观上已有保护作者权利的可能，但人们在主观上仍然未提出这种要求，所以，直到清朝末年（1910年），我国的第一部著作权法即《大清著作权律》才诞生。此时，世界上第一部版权法（英国的《安娜法令》）刚好施行200年。

中华人民共和国成立后，虽然并未立即制定《著作权法》，但宪法和其他一些法规、规章、条例等对公民的版权也有保护性规定。1990年9月7日，第七届全国人民代表大会常务委员会第15次会议通过了《中华人民共和国著作权法》，并于1991年6月1日实施。这是新中国历史上的第一部著作权法，也是我国历史上的第四部著作权法。经过整整10年的施行，该部《著作权法》的作用越来越重要，但问题也越来越多。为了适应社会主义市场经济条件下文学艺术事业的发展，适应网络技术的普及和广泛运用，适应高新技术对著作权保护的要求以及满足加入世界贸易组织的需要，2001年10月27日，第九届全国人民代表大会常务委员会第二十四次会议通过了《全国人大常委会关于修改著作权法的决定》，完成了我国现行《著作权法》的第一次修订。

修订后的《著作权法》，与《知识产权协定》对其成员关于版权与相关权保护的要求全面接轨了，也使我国的著作权保护水平上了一个新的台阶。

除了《著作权法》外，我国著作权法律体系中还有《著作权法实施条例》、《计算机软件保护条例》、《计算机软件登记办法》等。

第三节　著作权主体

一、著作权主体的概念

著作权主体，也称著作权人，是依法对文学、艺术和科学作品享有著作权的自然人、法人或者其他组织。

二、著作权主体的确定

著作权主体的确定，实际上就是关于著作权原始主体的确定。就著作权继受主体而言，虽然也会产生确定的问题，例如，张某主张自己是李某著作权的继受者，就应当向有关当事人提供相应证据（如转让合同书、继承权证明文件等），但相对比较容易。

著作权原始主体的确定有两个标准，即实质标准和形式标准。此处所指的"实质标准"，就是"作者身份"或者符合享有原始著作权的法律依据或合同依据。此处所指的"形式标准"，就是有关作品原件或者复制件上是否有以作者身份的署名。只有著作权原始主体的主张者能证明"有关作品原件或复制件上有自己作为作者身份的署名"，又能证明自己的确创作了该作品，且自己所创作的作品不属于特殊职务作品和委托创作合同约定著作权不属于自己的，才可能成为原始著作权主体。

（一）作者的确定

我国《著作权法》第11条第2款规定："创作作品的公民是作者。"依此规定，一般情况下，作品的创作者就是作者。如有特殊规定，创作作品的公民也可能不是作者，如"由法人或者其他组织主持，代表法人或者其他组织意志创作，并由法人或者其他组织承担法律责任的作品，法人或者其他组织视为作者"。

就具体作品而言，如果能确定某自然人对某作品所为的行为是创作，那么就可以初步证明该自然人就是该作品的作者。解决该问题的关键在于：该自然人对该作品所为的行为是否属于"创作"？著作权法所称的创作，是指直接产生文学、艺术和科学作品的智力活动。

（二）视为作者的情形

视为作者的情形，就是法律规定，将法人或者其他组织视为作品之作者的情形。我国《著作权法》第11条第3款对此作了明确规定。根据此规定，将法人或者其他组织视为作者，应符合三个条件：（1）法人或者其他组织是创作作品的组织者；（2）创作者所创作的作品须代表法人或者其他组织的意志；（3）由作品所产生的法律责任由法人或者其他组织承担。此三个条件为并列关系，须同时具备。如某大学对外发布的“招生简章”，就是将该大学视为作者的作品。在创作该“招生简章”的过程中，该大学是组织者；该作品所代表的是该大学的意志，决不是创作者本人的意志；该“招生简章”所产生的责任由该大学承担，而不是由该招生简章的创作者承担。

法人或者其他组织一旦被视为某作品的作者，即成为该作品的原始著作权主体，享有完整著作权，而该作品的创作者对该作品不享有任何权利。

（三）合同约定的情形

我国《著作权法》第17条规定：“受委托创作的作品，著作权的归属由委托人和受托人通过合同约定。合同未作明确约定或者没有订立合同的，著作权属于受托人。”依此规定，委托创作合同当事人双方在委托创作合同中可以明确约定委托作品著作权归委托人所有，也可以约定著作权的一部分归属于委托人，另一部分归属于受托人。在此情形下，委托人虽然并未直接创作作品，但却能够成为委托作品著作权的原始主体。

三、某些作品著作权主体的确定

以上讲述的是作品著作权主体的确定原则，本部分所述的则是某些作品著作权主体的特别确定规则。

（一）演绎作品著作权主体

演绎作品（derivative works），是对现有作品进行改编、翻译、注释、整理而产生的作品。创作演绎作品的人为演绎者，即演绎作品的作者。判断某人是否为演绎作品的作者，也应当遵循上述确定著作权主体的一般原则。

如无特殊规定，演绎作品的著作权归演绎作者享有。所以，演绎作品的创作者为著作权主体。演绎作品著作权人只能对其演绎之作品享有著作权，对被演绎之作品不享有任何权利。因此，演绎作品著作权人不仅要尊重被演绎作品著作权人的权利，而且不得无故阻止他人对同一作品进行同样的演绎。

（二）合作作品著作权主体

合作作品（co-operation works），是两个以上的人合作创作的作品。判断某作品是否为合作作品，应当把握以下要素：

（1）合作作品的创作者须为两人或者两个以上的人，一个人单独创作的作品不是合作作品。

（2）两个或者两个以上的人须有共创作品的合意。如果两个或者两个以上的人之间没有共创作品的合意，其所创作的作品就不是合作作品。

（3）两个或者两个以上的人须有共创作品的行为。合作作品的创作者与个人单独创作作品的创作者所进行的创作行为，在本质上是一致的，但存在一定的差异。无论如何，每个人都必须有创作作品的行为。

（4）将彼此的贡献融合为一个整体。合作作品的创作者称为合作作者，没有参加创作的人，不能成为合作作者。合作作品的著作权由合作作者共同享有。因此，合作作品的创作者是其著作权主体。但是，合作作品可以分割使用的，作者对各自创作的部分可以单独享有著作权。

由此可知，合作作品的创作者可能享有两个方面的著作权，一是整体作品之著作权，二是自创部分之著作权。例如，甲乙二人合作创作一首歌曲，甲、乙不仅共同享有该歌曲作品的著作权，而且作为词作者的甲和作为曲作者的乙又分别对自己创作的词、曲享有独立的著作权。但各创作者对自创部分行使著作权时，不得侵犯合作作品整体的著作权。

（三）汇编作品著作权主体

汇编作品（compiling works），是将若干作品、作品片断或者不构成作品的数据或者其他材料，对其内容的选择或编排体现独创性的作品。《著作权法》规定的汇编，包括由整体作品构成的汇编、由作品片断构成的汇编、由不构成作品的数据或其他材料编纂的汇编以及由作品、作品片断、不构成作品的数据或其他材料等构成的汇编。无论哪一种汇编，要成为著作权法意义上的作品，都必须符合作品构成之实质条件，即独创性。无论哪一种汇编，若能成为著作权法意义上的作品，就能依法产生著作权。

进行汇编行为的人，称为汇编人。汇编作品著作权由汇编人享有。如无特殊情况，汇编人就是汇编作品的著作权主体。汇编人行使其汇编作品著作权时，仅能及于自己具有独创性的汇编作品本身，不能及于被汇编的资料。换言之，汇编人无权禁止他人对相同的资料进行汇编，在行使其著作权时也不得侵犯被汇编资料之著作权。

（四）职务作品著作权主体

职务作品，是公民为完成法人或者其他组织工作任务所创作的作品。它可分普通职务作品和特殊职务作品两种。普通职务作品，就是公民为完成法人或者其他组织的工作任务所完成的作品，并且该公民在完成作品过程中基本没有利用法人或者其他组织的物质技术条件。例如，某报社的记者每月必须向报社完成若干篇稿件。该记者为报社撰写的稿件，就是普通职务作品。普通职务作品的创作者是该职务作品的完整著作权主体，其所属之法人或者其他组织则有权在其业务范围内优先使用。其优先使用时间为自作品交付之日起的两年。在优先使用期限内，未经作者所属单位的同意，作者不得许可第三人以与其所属单位使用作品的相同方式使用该作品。但是，在此期限内，经单位同意，作者可以许可第三人以与单位使用的相同方式使用该作品；由此使用所获得的报酬，由作者与单位按约定的比例分配。另一方面，即使在单位的优先使用期限内，作者也可以许可他人以与单位不相同的使用方式使用其作品。如记者为报社撰写的稿件，在单位的两年优先使用期限内，记者不得许可其他报社使用该作品，但是，该记者可以授权他人将该作品收集到汇编作品中去。

特殊职务作品，即公民主要是利用法人或者其他组织的物质技术条件创作，并由法人或者其他组织承担责任的工程设计图、产品设计图、地图、计算机软件等职务作品，或者法律、行政法规规定或者合同约定著作权由法人或者其他组织享有的职务作品。该职务作品之著作权主体有两个：一个是作品的创作者，另一个是创作者之所属单位。作品创作者仅享有署名权，著作权中的其他权利由法人或者其他组织享有。

第四节　著作权客体

一、作品是什么

作品（works），是文学、艺术和科学领域内具有独创性并能以某种有形形式复制的智力创作成果。《美国版权法》第101条规定，版权保护的对象是：以已知或将来开发的某种有形载体固定的，能够直接或者借助机械或设备感知、复制或以其他方式传播的，来源于作者的独创成果。“独创性”和“可复制性”是某种表达形式成为著作权作品的实质条件。

对作品的理解应掌握：（1）作品必须是已经表达出来的形式。如果只是在作者大脑中形成的理念，没有以任何方式表达出来，就不能作为作品受保护。（2）作品必须是文学、艺术和科学领域内的表达形式。（3）作品必须表达出作者的综合理念。总而言之，没有任何意义的表达形式，常用的标语、口号等，都不是著作权法意义上的作品。（实例链接如右框）

文学艺术表达形式

文学艺术表达形式，是指由文字、语言、符号、数字、图形、代码、音符、节奏、光线、颜色等要素，按照某种顺序、规则、规律和方法构成的一种组合。例如以下这个图案就是由文字、数字、图形、颜色等要素构成的一种表达形式。

二、作品的构成条件

作品的条件可分为形式条件和实质条件。作品的形式条件，就是著作权法所规定的作品的种类。我国《著作权法》第3条列举了8类作品，并规定了一个兜底条款，即“法律、行政法规规定的其他作品”。凡不符合此形式条件的作品，不适用著作权法。例如，我国修订前的《著作权法》未规定“杂技艺术作品”，所以，这一时期的杂技艺术作品不受保护。《著作权法》修正案第2条明确规定“杂技艺术作品”是一种作品，即作为受保护的对象。作品的实质条件，就是独创性（originality）或称原创性和可复制性。不符合实质条件的对象，不是著作权法意义上的作品。

（一）独创性

独创性，就是指作品是作者独立运用自己的智慧、资金、时间和劳动创作出来的，不是或者基本不是对现有作品的复制、抄袭、剽窃或模仿。具有独创性的作品，并不一定具有新颖性。作者独立创作出来的作品，可能与现有作品相同或基本相同，但这并不妨碍该作品获得自己的著作权，并受保护。

> **“独创性”案例**
>
> 1997年3月24日，一家“掌中宝”制造商向社会征集广告语，并要求应征广告语“短小、新颖、贴切、生动”；而且承诺被选定为广告宣传用语的应征作品，其作者将获得5万元人民币的奖励。在发送给该制造商的应征广告语中有4条是完全相同的：“××掌中宝，新潮又轻巧”。
>
> 在此，这四位应征者对自己独立创作的广告语，各自享有自己的著作权，而且每一位作者可以依其意志行使自己的著作权，不受其他三位作者的干涉。

独创性所强调的是，作者必须独立地运用自己的智慧、资金、时间和劳动进行创作。独立创作作品的表现形态是：作者自己选择构成作品的品素，按照自己确定的规律、规则和排列顺序来组织作品，表达出自己内心真实的体验和感受、真实的立场和观点、真实的思想和情感。因此，偶然或巧合地与他人的现有作品相同或相似，完全不影响自己的权利。（实例链接如上框）

（二）可复制性

可复制性，是指著作权法意义上的作品，可以被人们直接或者借助某种机械或设备感知，并以某种有形物质载体复制。根据我国《著作权法实施条例》第2条规定可知，可复制性是构成作品的实质条件之一。

作品构成的形式要件和实质要件必须同时具备，方可成为著作权法意义上的作品，否则，某对象尽管可能具有作品的外形，但并不是著作权法意义上的作品。

然而，构成作品的形式要件和实质要件，只是判断某一种表达形式是否为作品的必要条件，并不是充分条件。例如，时事新闻，具有作品的外形，也可能具有独创性，但它是我国《著作权法》第5条的排除对象，故不适用著作权法。受《著作权法》保护作品的分类如表2-1所示。

表2-1 受保护作品的分类

序号	分类
1	文字作品
2	口述作品
3	音乐、戏剧、曲艺、舞蹈、杂技艺术作品
4	美术、建筑作品
5	摄影作品
6	电影作品和以类似摄制电影的方法创作的作品
7	工程设计图、产品设计图、地图、示意图等图形作品和模型作品
8	计算机软件
9	法律、行政法规规定的其他作品

三、不受保护的对象

（一）超过保护期的作品

著作权同时包括财产权利和精神权利两个方面的内容。根据我国《著作权法》第20条和第21条的规定，发表权和财产权利的保护有时间限制，署名权、修改权和保护作品完整权则不受时间限制。

已经超过著作权保护期限的作品，人们在充分尊重作者的署名权、修改权和保护作品完整权的前提下，可以自由使用，既不必经任何个人或者组织许可，也不必向任何个人或者组织支付使用费。换言之，已超过著作权保护期限的作品，不再是《著作权法》的保护对象，而是人类的公共财富。

此处所称的“已超过著作权保护期限的作品”，需符合三个基本条件：（1）作者身份是具体的、明确的、确定的；（2）作品属于我国《著作权法》第3条规定的范围；（3）其保护期限已确定地超过了我国《著作权法》第21条规定的保护时间。

对于民族民间传统文化或者民间文学艺术作品，因为不符合上述三个条件，所以不属于已超过著作权保护期限的作品。对民族民间传统文化或者民间文学艺术作品的保护，应当适用特别法，而不是《著作权法》。我国《著作权法》第6条规定：“民间文学艺术作品的著作权保护办法由国务院另行规定。”国务院根据此授权制定的《民间文学艺术作品保护条例》，即属于特别法之范畴。

（二）不适用著作权法的对象

我国《著作权法》第5条规定了三种不适用的对象。

1. 法律及法律性文件

法律、法规，国家机关的决议、决定、命令和其他具有立法、行政、司法性质的文件及其官方正式译文。

此类对象，单纯从作品的构成条件上看，完全符合独创性和可复制性。第一，任何一件法律、法规，都是国家立法机关或地方立法机关根据本国、本地现阶段的实际情况制定的，是专门人员花费时间、精力编纂出来的。第二，国家机关的任何决议、决定、命令和其他具有立法、行政、司法性质的文件及其官方正式译文，是国家机关针对某具体事项、具体人员、具体行为、具体案件等作出的，是经过字斟句酌产生的结果。然而，法律明确将这样的对象排斥于著作权保护之外，就是由这些对象的性质所决定的，其目的就是让它们最大限度地向广大公众传播，最大限度地为广大公众所知晓，最大限度地被广大公众所利用。

2. 时事新闻

吕某诉A鞋店侵犯著作权案

原告吕某在1953年拍摄了摄影作品《毛主席与周总理在中央人民政府第24次会议上》。1999年10月，被告中华老字号“A”鞋店在展示橱窗中以涉案摄影作品为背景照片，展示了四双为领导人订制的皮鞋鞋样。被告在使用该摄影作品前未征得吕某的同意，亦未署作者姓名。原告认为被告侵犯了其著作权，故起诉至法院。被告则认为：该作品属于时事新闻，不属于著作权法保护的客体。法院认为原告拍摄的国家领导人出席会议时的工作照片属于新闻摄影，而不是单纯的事实消息，不属于我国著作权法规定的不受该法调整的“时事新闻”的范围，应当受到我国著作权法的保护。被告未经原告许可在该店的展示橱窗中使用涉案摄影作品的商业性行为，侵犯了原告的著作权。

时事新闻，是指通过报纸、期刊、广播电台、电视台等媒体报道的单纯事实消息。具而言之，时事新闻就是媒体在发布消息时，该消息所披露之事实是近期内发生的，且为广大公众所关注的，涉及社会大众利益的纯事实报道。如果媒体在报道事实时，融入了媒体或有关人员的评论、观点等，这样的报道就不能简单地作时事新闻对待。例如，某月某日某地下了一场大暴雨，降雨量达多少毫米，持续了多长时间，造成了多少间房屋倒塌，人员伤亡等。这样的报道就是时事新闻。如果在此报道之中，还融入有原因分析、各方面进行的救灾工作、如何解决灾民的生活等，就不能看作是时事新闻。随意扩大时事新闻的范围，将直接影响到有关个人或者单位的著作权。（案例链接如上页框）

3. 历法、通用数表、通用表格和公式

历法，就是人们通常用于计年计月计日的方法。例如，公元 2002 年 8 月 6 日，就是公元计年方法之结果。若按我国农历计年方法，应为壬午年六月二十八日。这样的计年方法不是作品；由此方法产生的日历表，因无独创性，故不能适用著作权法。

通用数表，是《著作权法》修正案规定的概念，原法所用的是“数表”。显然，“数表”这个概念所包含的外延太宽，不仅包括通用数表，而且还包括有独创性的数表。因此，《著作权法》仅将“通用数表”排除于著作权保护之外，是正确的。

通用表格，就是人们在日常生活、工作活动中使用的一般表格。如果某人为解决某实际问题，专门设计制作了表格，因其具有独创性和可复制性，可获得著作权保护。

公式，如正方形的周长等于边长的四倍（$c=4a$）、正方形的面积等于边长乘以边长（$s=a\times a$）、正方体的体积等于边长的立方（$v=a\times a\times a$）等，不论其是否具有独创性，都不能受著作权保护。

（三）违禁作品

违禁作品，就是依法禁止出版、传播的作品。

一方面，因违禁作品符合作品的实质条件，又因为著作权实行自动取得原则，所以，违禁作品自创作完成之日起，能依法自动产生著作权。另一方面，如果某作品被有关机关依法认定为“禁止出版、传播的作品”，也就成为不受著作权法保护的对象。

（四）作品所表达的综合理念

著作权法所称的作品，不仅需要具有独创性和可复制性，而且还必须表达出作者的某种综合理念。否则，单纯的表现形式也不是著作权法意义上的作品。能产生著作权的对象，既不是作品的表现形式，也不是作者在作品中所表达出来的综合理念，而是具有综合理念的表现形式。

四、计算机软件

（一）概述

在国际上，计算机软件保护制度发端于 20 世纪 60 年代，以计算机软件与计算机硬件相分离为起点。起初，人们就以什么方式给软件提供知识产权保护，分歧较大。[1] 有的国家建议采用专利法来保护，因为计算机程序既具有技术特征，且具有实用性。于是，包括美国在内的许多国家开始尝试此种方式，有许多软件开发者便向自己的国家申请专利保护。但是，这种办法适用不久，其弊端就显露出来，于是便将其转向版权制度。世界上第一个以版权法保护计算机程序的国家是菲律宾，它于1972年在版权法中承认计算机程序是其保护对象。在此之后，有20多个国家相继修改其版权法，将计算机程序作为一种新型作品纳入保护之中。美国1980年修改其版权法，给计算机程序以版权保护。[2]

我国1990年通过的《著作权法》明确将计算机软件作为一种作品，给予版权保护。尽管如此，我国《专利法》并未将计算机软件排除于保护之外。具而言之，对于那些符合专利条件的计算机软件，软件开发者也可以申请专利，授予专利权。事实上，我国也给计算机软件授予了一些专利。同时，国务院于1991年6月4日制定了《计算机软件保护条例》，凸显计算机软件不同于一般作品的个性，使计算机软件得到了较好的保护。

（二）保护定位

尽管国际上曾就计算机软件的知识产权保护问题争论不休，但是，基于我国当时的历史原因，对这个问题未作回应。直到20世纪70年代末，我国在制定《专利法》和《著作权法》过程中，才着手研究计算机软件保护的问题。

我国在制定《专利法》时，专家曾经提出两种截然相反的意见：一是坚决主张对计算机软件给予专利保护，认为专利保护不仅时间长短适宜，而且强度是最大的，有利于打击侵权行为，激励人们进行软件的开发投资；另一种意见反对给软件提供专利保护，其理由有三个：（1）许多软件并不可能同时符合专利法所要求的新颖性、创造性和实用性，如果以专利法来保护软件，实际上可获得专利权的只是其中的一少部分；（2）专利保护的前提条件是专利申请人需要将其技术方案充分、完整、清楚地公开，因此，如果一项软件符合了专利法的“三性”条件，那么在其获得专利权以前需要将其技术方案公开，这样做的后果等于免费地告诉那些投机钻营的人，为他们进行模仿提供了便利，对软件开发者不利；（3）专利申请的审批期限过长，等到软件专利申请被批准授予专利权时，一项软件的最佳市场期可能已经过去了，与专利保护之宗旨相背离。如果以版权对软件进行保护，则可以避免这些明显的不足。

《专利法》草案的起草者采取了折中方案，既没有在《专利法》中明确地将软件排除在专利保护范围之外，也没有肯定对软件授予专利权。即对符合专利

---

[1] 应明：《计算机软件的版权保护》，北京大学出版社1991年8月版，第19页。

[2] 应明：《计算机软件的版权保护》，北京大学出版社1991年8月版，第20~23页。

"三性"条件的软件，可以授予专利权；对于不符合专利"三性"条件的，或者软件开发者不申请专利的，则可依据其他的法律法规给予保护。

在同时起草的《著作权法》中则明确地将计算机软件作为一种作品，给予著作权保护。这一规定，至少具有以下两个方面的意义：（1）与国际上的主流做法相一致，使我国的软件保护态度得以明确；（2）《著作权法》的这一定位，既没有否定软件的可专利性，也没有让软件保护空位。

鉴于计算机软件的特殊性，国务院于1991年6月4日颁布了《计算机软件保护条例》❶，使计算机软件的特殊性得以法律化。（知识链接如右框）该条例在以下几个方面凸显了其个性。

计算机软件的特殊性

计算机软件虽然是一种作品，能够依法获得著作权，但与其他种类的作品相比，计算机软件又具有较强的个性。首先，计算机软件是为了得到某种结果而可以由计算机等具有信息处理能力的装置执行的代码化指令序列，或者可以被自动转换成代码化指令序列的符号化指令序列或者符号化语句序列。如果不借助计算机等具有信息处理能力的装置，人们就不可能直接认读或者认知计算机软件，因为计算机软件是由非人类可读的代码化指令序列，或者符号化指令序列或语句序列构成的。其次，计算机软件需要固定才能产生其设计之功能。换言之，如果仅仅是口述的非人类可读的代码化指令序列，或者符号化指令序列或语句序列构成的，则无法被计算机等具有信息处理能力的装置来执行。

1. 将"固定"（fixation）作为计算机软件创作完成的标准

我国《著作权法》并没有将"固定"作为作品创作完成的标准。换言之，在我国，著作权实行自动取得原则，即中国公民、法人或者其他组织的作品，不论是否发表，也不论其表现形式和表达方式如何，均可依据《著作权法》自动产生著作权。❷ 判断一件作品是否为我国著作权法的保护对象，能否自动产生著作权的条件有三个：（1）主体适格：中国公民、法人或者其他组织以及符合《伯尔尼公约》规定的国家的国民或者世界贸易组织成员的国民；（2）客体适格：作品属于文学、艺术和科学领域、具有独创性并能以某种有形形式复制的智力创作成果；（3）具有独创性。除此之外，不必考虑作品是否已经固定。

然而，计算机软件则以"固定"为创作完成的条件。"旧条例"第5条规定："受本条例保护的软件必须由开发者独立开发，并已固定在某种有形物体上。"这是充分体现计算机软件个性的规定。

---

❶ 为了与2001年11月22日颁布的《计算机软件保护条例》相区别，我们将1991年6月4日的《计算机软件保护条例》称为"旧条例"，将2001年的条例称为"新条例"。

❷ 参见我国《著作权法》第2条第1款的规定。

2. 将“登记”（register）作为计算机软件侵权诉讼的前提

该条例第24条规定：“向软件登记管理机构办理软件著作权的登记，是根据本条例提出软件权纠纷行政处理或者诉讼的前提。”这一规定现在已被“新条例”废止，但它所具有的意义应当得到充分的肯定。该规定不仅体现了计算机软件版权保护所具有的个性，而且表明了我国在版权保护方面所具有的国际视野，具有培养国民增强版权保护意识的宣教性和引导性。

3. 对软件著作权的合理使用作了特殊规定

该条例在第21条和第22条对软件进行合理使用的规定中，并未强调被合理使用的软件是已发表的软件，而且还允许软件复制品的合法持有者为了把该软件用于实际的计算机应用环境或者改进其功能性能而进行必要的修改。

（三）新条例的规定

国务院于2004年12月22日对《计算机软件保护条例》作了修订，并于2005年1月1日起生效。此次修订对“旧条例”作了许多方面的修改，但最重要的修改有三个方面：(1)废止了“旧条例”关于软件登记管理的规定，尤其是废止了“旧条例”第24条关于“软件著作权登记是软件著作权人请求行政保护或者提起侵权诉讼的前提”的规定；（2）关于对软件进行合理使用的规定；（3）增加了软件出租权和信息网络传播权的内容等。（案例链接如上框）

迪斯克瑞特公司诉中乐公司侵犯其软件著作权案

原告迪斯克瑞特公司开发的Flame7.0软件被广泛运用于影视广告制作、设计领域。该软件版权在美国注册，迪斯克瑞特公司享有这一软件的著作权。被告中乐公司未经许可，在该公司的计算机上安装了迪斯克瑞特公司的Flame7.0软件，并作商业性使用。原告向上海市第二中级人民法院起诉被告因擅自复制使用侵犯其软件著作权。法院认为，中乐公司在未经原告许可的情况下，擅自安装原告的软件，并作商业使用，构成对原告计算机软件著作权的侵害，应当承担停止侵害、赔礼道歉、赔偿损失的民事责任。

第五节　著作权的内容

一、著作权内容概述

在知识产权领域，著作权的内容最丰富，它同时包括著作财产权和著作人身权，是知识产权领域少有的几个同时具有财产权和人身权内容的权利。（知识链接如下页框）

著作权的内容与时俱进

最初著作权或版权的主要内容仅有复制权、翻译权、表演权等，这种状态一直持续了近两个世纪。20世纪上半叶，人们已经普遍认识到，著作权不再是一个单一权利的概念，而是一系列独立权利和特殊利益的组合。著作权内容的丰富和发展，首先归因于传播技术的革命。在著作权的概括名义下，各项财产权相继出现。随着无线电和有线电技术用于传播载有节目的信号，产生以传送广播与电视为内容的“播放权”；随着留声机、录像机、录音机的发明，产生了以机械光学电磁为技术特征的“机械复制权”；随着摄影机、放映机以及活动照相技术的出现，产生了摄制电影、电视、录像的“制片权”；随着电子技术、网络技术的发明和应用，数字化权、信息网络传播权等应运而生。

在法、德、俄等国家，著作权法明确规定了著作权的双重内容。但是，日本著作权法没有赋予著作权双重内容，而是将它界定为纯财产权利，同时另行规定著作权人的人格权。英国版权法明确规定“版权是一种财产权利”。因此，在肯定著作权内容双重性特征时，我们应当以我国著作权法的规定为基础，否则，其结论是不准确的。

在我国，著作权制度虽有近百年历史，但新中国成立后，著作权制度有一个时期的停滞，所以，其权利内容并非十分明确。现行《著作权法》给著作权人授予的权利内容丰富，基本符合《伯尔尼公约》和《知识产权协定》的规定。

二、著作人身权

（一）著作人身权的定义

著作人身权，也称精神权利，是著作权原始主体，尤其是作品的创作者，依法享有的与其人身不可分离的非财产性权利。《法国知识产权法典》第一卷著作权部分第L. 121－1条规定：“作者对自己的姓名、作者身份及作品享有受尊重的权利。该权利系于作者人身。该权利永远存在、不可剥夺且不因时效而丧失。”

（二）著作人身权的特征

1. 无期限性

著作人身权的无期限性，是指法律对著作人身权的保护没有时间限制。我国《著作权法》第20条规定：“作者的署名权、修改权和保护作品完整权的保护期不受限制。”即我国《著作权法》给作者授予的四项人身权，除发表权外，其余三项权利的保护期不受限制。

2. 不可分离性

著作人身权的不可分离性，是指作者或者原始著作权人依法享有的精神权利为其终生享有，不得与之相分离。实际上，不可分离性也可以理解为不可转让性。我国《著作权法》虽然没有直接规定著作人身权不得转让，但可以根据第10条第3款的规定，从反面推知，这个结论是成立的。英国版权法第94条明确规定，第四章所赋予的精神权利不得转让。精神权利虽不能转让，但可以依法移转于合法继承人等保护其不受侵犯。不仅法国《知识产权法典》对此作了明确规定，而且英国版权法也有明确规定。

3. 不可剥夺性

著作人身权的不可剥夺性，是指随着作品的创作完成，著作人身权即归属于作者或者原始著作权人，任何人不得以任何理由剥夺这种权利。但在特殊情况下，著作人身权可能不归作者，或者不全部地归作者所有。

（三）著作人身权的内容（见表2－2）

1. 发表权

发表权，即决定作品是否公之于众的权利。它包括四个方面的基本含义：（1）决定作品公之于众的权利；（2）决定作品不公之于众的权利；（3）决定作品公之于众的方式的权利；（4）决定作品公之于众的时间和地点的权利。

2. 署名权

署名权，即表明作者身份，在作品上署名的权利。它包括五个方面的内容：

（1）决定在作品原件或者复制件上以作者方式署实名的权利。（2）决定在作品原件或者复制件上以作者方式署假名的权利。（3）决定在作品原件或者复制件上匿名的权利。此时，作者决定在作品上匿名，实际上是作者的一种署名方式，是作者行使署名权的一种形式，不是放弃署名权。（4）变更其署名方式的权利。当作者选择了一种署名方式后，未经作者同意，其他人不得擅自更改作者的署名方式，在可能的情况下，作者自己可以随时变更其署名方式。因此造成他人损失的，作者应当负赔偿责任。（5）同意他人在自己创作的作品上署名的权利。一般情况下，只有作者有权在作品原件或者复制件上以作者方式署名。未经作者同意，任何人无权在他人创作的作品上署名。但是，在某些特殊情况下，作者有权许可他人在自己创作的作品原件或者复制件上以作者方式署名。但是，被许可署名者只是该作品的形式作者，并不是该作品的实质作者，法律另有规定或者合同另有约定的除外。

3. 修改权

修改权，即修改或者授权他人修改作品的权利。

修改权包括四个方面的内容：（1）自己修改作品的权利；（2）授权他人修改作品的权利；（3）禁止他人修改作品的权利；（4）承认他人对作品已作之修改的权利。

一般情况下，任何人未经作者许可，不得对作品进行修改。最好的做法是要求作者自己对作品进行修改。但是，在某些特殊情况下，报社、期刊社可以对作品作文字性修改。报社或者期刊社对作品作文字性修改，也有所限制。具而言之，报社、期刊社只能对明显的文字错误进行校正，对明显多余、重复的文字进行删减，对明显遗漏的文字进行添加。报社、期刊社所能修改的仅仅是文字性的东西，决不能对作品的内容作任何修改。也就是说，作者在作品中所表达出来的综合理念，除作者之外，任何人都不得修改。作者许可或授权的修改，须经作者同意才可以。未经作者许可或授权对作品所作的修改，若事后得到了作者的认可，也是可以的。但是老师对学生作文的批改，不发生修改权的问题，而是教学环节和教学行为。

4. 保护作品完整权

保护作品完整权，即保护作品不受歪曲、篡改的权利。

保护作品完整权包括三个方面的内容：（1）禁止他人对作品进行歪曲、篡改的权利；（2）禁止他人对作品进行割裂或更改的权利；（3）禁止他人对作者声誉进行诋毁、贬损的权利。

表 2－2　　著作人身权的内容

权利种类	基本含义
发表权	决定作品是否公之于众的权利
署名权	表明作者身份，在作品上署名的权利
修改权	修改或者授权他人修改作品的权利
保护作品完整权	保护作品不受歪曲、篡改的权利

三、著作财产权

著作财产权，也称经济权利。它是每一个国家或地区著作权法或版权法等都共同保护的对象。各个国家对精神权利的保护相互间存在着很大的差异，有保护的，有不保护的；有授权种类多的，也有授权种类少的；有保护不受限制的，也有保护同于或短于财产权保护期的。但各国立法对经济权利的保护，其权利种类、权利名称差不多，保护期限等规定都相差无几，基本上是《伯尔尼公约》和《知识产权协定》所要求的，如表 2－3 所示。

著作财产权，是指著作权人依法享有的自己利用或者许可他人利用其作品并获得报酬的权利。著作财产权是一种包含有若干具体权项的权利体系，而且这个权利体系不是静态的，而是动态的，随着科学技术的发展而不断丰富。到现在为止，世界各国或者地区的著作权法或版权法所规定的具体权项到底有多少，恐怕难以定数。

我国《著作权法》第10条第1款第（5）~（17）项和第2款、第3款给著作权人共授予了15项权利。它们分别是：复制权、发行权、出租权、展览权、表演权、放映权、广播权、信息网络传播权、摄制权、改编权、翻译权、汇编权和其他法律赋予的权利。

1. 复制权

复制权，即以印刷、复印、拓印、录音、录像、翻录、翻拍等方式将作品制作一份或多份的权利。

进而言之，复制权就是著作权人自己复制或者许可他人复制其作品并获得报酬的权利。关于复制方式，现行著作权法列举了7种，即印刷、复印、拓印、录音、录像、翻录、翻拍，然后再加上一个“等”字，使其具有一定的弹性。

2. 发行权

发行权，即以出售或者赠与方式向公众提供作品原件或者复制件的权利。

作品本身是无形的，但除口述作品、舞蹈作品和杂技艺术作品外，其他作品一般都是以某种有形物质形式固定的作品。著作权人依法享有的发行权，实际上就是向不特定的社会公众提供作品原件或复制件的权利。

著作权人依法享有的发行权是著作权领域中惟一可“穷竭”的权利，即无论是作品原件或复制件，一经合法投放市场，著作权人就不能对该原件或复制件的销售、出租、出借或批发等享有控制权，但对电影等作品的出租除外。我国《著作权法》对此未作规定，但著作权理论和实践都是如此。英国版权法对此作了明确规定。

3. 出租权

出租权，即有偿许可他人临时使用电影作品和以类似摄制电影的方法创作的作品、计算机软件的权利，计算机软件不是出租的主要标的的除外。

出租权是《知识产权协定》第11条明确规定的一项权利。除出租权外，该协定没有再直接规定其他的权利。由此可见，《知识产权协定》将出租权看得非常重要。

出租权的适用对象

关于适用出租权的对象，我国《著作权法》与《知识产权协定》的规定基本相同，即出租权的适用对象是：（1）电影作品；（2）以类似摄制电影的方法创作的作品，主要是电视、录像、多媒体等作品；（3）计算机软件。除此之外，其他形式的作品都不是出租权的客体。

上文曾经说过，著作权人依法享有的发行权是可以穷竭的，而以出租方式发行作品的权利不穷竭。因此，有学者将出租权等称为对著作权限制的反限制。但是，出租权并不是普遍适用于一切形式的作品，而是仅适用于少数特殊对象。（知识链接如上页框）

4. 展览权

展览权，即公开陈列美术作品、摄影作品的原件或者复制件的权利。具体表现为著作权人自己展览或者许可他人展览作品原件或复制件而获得报酬的权利。

展览的对象可以是作品原件或复制件。一般而言，不仅美术作品、摄影作品可以公开陈列，其他作品也可以被公开陈列、展示。但法律只列举了美术作品和摄影作品，并且没有使用“等”字。

另一方面，关于作品载体所有权与作品著作权的关系，我国《著作权法》第18条作了明确规定，即美术等作品原件所有权的转移，不视为作品著作权的转移，但美术作品原件的展览权由原件所有人享有。由此规定可知，展览权是一项特殊的权利，它与美术等作品原件所有权相伴。事实上，如果美术等作品原件所有权转移，且该原件的受让人不能对该原件进行展览，那么，作品原件所有权的购买者所实施的购买行为就没有什么意义。因此，《著作权法》规定，作品原件的购买者享有该原件的展览权。

5. 表演权

表演权，即公开表演作品以及用各种手段公开播送作品的表演的权利。

现行法对表演权的规定比原《著作权法实施条例》的规定有很大改进，主要体现在：原条例规定的表演仅限于“以声音、表情、动作公开再现作品”的形式，而现行法规定的表演，不仅包括原条例所规定的表演形式，而且增加了“用各种手段公开作品的表演”之形式。

根据现行法的规定，不仅任何人未经著作权人许可不得擅自公开以声音、表情、动作等方式再现受著作权保护的作品，而且任何人未经著作权人许可，也不得以任何方式直接或者借助某种技术设备公开播送“作品的表演”。如车站、码头、机场、旅店、餐厅、商场、超市、卡拉OK厅、夜总会等未经许可，擅自播放录制在录音录像制品上的歌曲、相声、小品、曲艺等，就是对著作权人之表演权的侵犯，应当承担相应的法律责任。前述各种场所花钱购买的音像制品等，只是取得了该载体的所有权，并未获得著作权中的表演权，因此，不得以营利目的擅自播放他人享有版权或邻接权的音像制品。

6. 放映权

放映权，即通过放映机、幻灯机等技术设备公开再现美术、摄影、电影和以类似摄制电影的方法创作的作品等的权利。

放映权所针对的主要是美术作品、摄影作品、电影作品和以类似摄制电影的方法创作的作品等；放映所借助的是放映机、幻灯机等技术设备。显然，放映权不同于表演权。

任何人需要放映美术、摄影、电影和以类似摄制电影的方法创作的作品的，应当获得有关作品著作权人的许可，并支付适当报酬，否则，其行为可能构成侵权。

7. 广播权

广播权，即以无线方式公开广播或者传播作品，以有线传播或者转播的方式向公众传播广播的作品，以及通过扩音器或者其他传送信号、声音、图像的类似工具向公众传播广播的作品的权利。

8. 信息网络传播权

信息网络传播权，是随着网络技术的发展和应用而诞生的一项权利，它由1996年缔结的《世界知识产权组织版权条约》和《世界知识产权组织表演与唱片条约》创设，此后被许多国家的国内立法所接受。该权利称为网络时代的权利，其基本含义是：以有线或者无线方式向公众提供作品，使公众可以在其个人选定的时间和地点获得作品的权利。

王蒙等诉世纪互联通讯技术有限公司侵犯著作权案

1998年4月，世纪互联通讯技术有限公司在其网站上建立了“小说一族”栏目，在该栏目中刊载了王蒙等6位作家的作品。1999年5月31日，王蒙等6位作家以世纪互联公司侵犯著作权为由，分别向北京市海淀区人民法院起诉。北京市海淀区人民法院经审理认为，世纪互联公司作为网络内容提供服务商，其在国际互联网上将原告的作品进行传播，是一种侵权行为。

著作权人有了信息网络传播权，就能有效地阻止他人未经许可，擅自将其作品上载到网络上，以有线或无线方式向公众提供。信息网络传播权与广播权的区别在于：（1）传播媒介不同。网络传播所借助的媒介是互联网；而广播所借助的媒介是广播电台、电视台。（2）传播的信息不同。网络所传输的是电子信息，而广播所传输的是电波信息。（3）接收方式不同。网络传播信息的接收者可以在自己选定的时间和地点获得信息，而广播信息的接收者只能在广播组织播送节目的时间获得信息。（4）相互间的关系不同。网络传播者与信息接收者之间是交互式的，而广播信息的传播者与接收者之间是单向度的，接收者只能按广播节目的传播时间被动地接受，无法交流。（5）容量的大小不同。网络传播的信息量十分巨大，内容极其丰富，而广播所传播的信息量非常有限。（6）使用方式不同。接收者可以将网络上的信息进行下载、存贮，可按接收者的意愿进行编辑、处理，但难以将广播的信息下载、存贮，并有效地利用。（案例链接如上框）

9. 摄制权

摄制权，是指著作权人依法享有的以摄制电影或者以类似摄制电影的方法利用其作品固有的权利。该项权利包括以下内容：（1）著作权人自己以摄制电影或者以类似摄制电影的方法利用其作品的权利；（2）许可他人以摄制电影或者以类似摄制电影的方法利用其作品并获得报酬的权利；（3）禁止他人未经许可擅自以摄制电影或者以类似摄制电影的方法利用其作品的权利。

任何人未经著作权人许可，不得擅自以摄制电影或者以类似摄制电影的方法利用他人版权作品。获得摄制权的人，通常需要按照摄制的目的和方法对相应的作品进行改编，以便完成摄制工作。

表 2-3　著作财产权的内容

权利种类	基本含义
复制权	以印刷、复印、拓印、录音、录像、翻录、翻拍等方式将作品制作成一份或多份的权利
发行权	为满足公众需要而提供作品原件或复制件的权利
出租权	著作权人有偿许可他人临时使用电影作品和以类似摄制电影的方法创作的作品、计算机软件的权利，计算机软件不是出租的主要标的的除外
展览权	著作权人自己或者授权他人公开陈列作品原件或者复制件的权利
表演权	公开表演作品，以及用各种手段公开播送作品的表演的权利
放映权	著作权人依法享有的通过放映机、幻灯机等技术设备公开再现美术、摄影、电影和以类似摄制电影的方法创作的作品等的权利
广播权	著作权人依法享有的以无线方式公开广播或者传播作品，以有线传播或者转播的方式向公众广播的作品，以及通过扩音器或者其他传送符号、声音、图像的类似工具向公众广播作品的权利
信息网络传播权	著作权人依法享有的以有线或者无线方式向公众提供作品，使公众可以在其个人选定的时间和地点获得作品的权利
摄制权	著作权人依法享有的以摄制电影或者以类似摄制电影的方法利用其作品固有的权利
改编权	著作权人依法享有的对其作品进行改编的权利
翻译权	将作品从一种语言文字转换成另一种语言文字的权利
汇编权	自己汇编其作品，或者许可他人将其作品或者作品之片断进行汇编，创作出新作品并获得报酬的权利

10. 改编权

改编是一种以现有作品为基础而进行的再创作方式。对现有作品进行改编而创作的作品，是一件具有独创性的作品，能依法产生独立的著作权。例如，将小说改编成电影文学剧本或者戏剧，或者改编成连环画等；反之亦然。

改编权是指著作权人依法享有的对其作品进行改编的权利。该项权利包括以下内容：（1）自己对其作品进行改编的权利；（2）许可他人对其作品进行改编并获得相应报酬的权利；（3）禁止他人未经许可擅自对其作品进行改编的权利。

改编权是一种系列权，每一种改编方式所对应的就是一项子权利。例如，将小说改编成电影文学剧本，是改编权的一项子权利；将小说改编成戏剧则是改编权的另一项子权利，等等。

11. 翻译权

翻译，是将作品从一种语言文字转换成另一种语言文字。翻译者对原作进行翻译时，要尽量做到信、达、雅，既不能改变原作的表现形式，也不能改变原作所表达的综合理念。

翻译权是将作品从一种语言文字转换成另一种语言文字的权利。翻译权也是一种系列权，涉及一种语言文字，就产生一项子权利。例如，著作权人可同时许可不同的人将中文作品翻译为英文作品、法文作品、日文作品、德文作品等。

12. 汇编权

汇编，就是将若干作品、作品的片断或者不构成作品的数据或者其他材料，对内容进行选择、编排，汇集成新作品的行为。

汇编权是指著作权人依法享有的对其作品或者作品片断通过选择或编排，汇集成新作品的权利。著作权人依法享有的汇编权，就是自己汇编其作品，或者许可他人将其作品或者作品之片断进行汇编，创作出新作品并获得报酬的权利。

13. 应当由著作权人享有的其他权利

著作权的具体权项是与时俱进的，因此，当科学技术的发展使作品能够以新的方式加以利用时，相应的权项就可能产生。

四、著作权保护期

（一）著作人身权保护期

我国《著作权法》将著作人身权的保护期分为两种：一是发表权的保护期与著作财产权的保护期相同；二是署名权、修改权和保护作品完整权的保护期不受时间限制。换言之，署名权、修改权和保护作品完整权为作者终生享有。作者生前，依法享有此三项人身权；作者死后，由此三项权利所产生的人身利益仍然受保护。

但是，其他国家著作权法或版权法所作的规定与我国《著作权法》的规定并不完全相同。法国《知识产权法典》规定作者的精神权利“永远存在”，包括发表权在内。英国版权法则规定精神权利的保护期是有限的，均不超过版权保护期，其中，某些照片或影片的隐私权的保护期甚至短于版权保护期。

因此，我们不能简单地说，精神权利的保护期不受限制，而只能具体地说哪些精神权利的保护期不受限制，哪些受限制；哪些国家规定不受限制，哪些国家规定受限制。

（二）著作财产权保护期

（1）著作财产权保护期的一般原则：作者有生之年加上死后若干年。

我国《著作权法》第 21 条第 1 款规定，公民的作品，其发表权和著作财产权的保护期为作者终生及其死亡后 50 年，截止于作者死亡后第 50 年的 12 月 31 日；如果是合作作品，截止于最后死亡的作者死亡后第 50 年的 12 月 31 日。例如，某作者于 1998 年 3 月 19 日去世，那么其发表权和著作财产权的保护期将于 2048 年 12 月 31 日届满。从 2049 年 1 月 1 日起不再受保护。

（2）著作财产权保护期的特殊规定

著作财产权保护期的特殊规定是法律规定不可适用或者不便适用上述一般原则的情况。具体情形有：①法人作品、特殊职务作品的著作权保护期；②电影作品和以类似摄制电影的方法创作的作品、摄影作品的著作权保护期；③作者身份不明作品的著作权保护期；④计算机软件的著作权保护期。

应当注意：①适用特殊规定的作品，自创作完成之日起 50 年内未发表的，不再受著作权法保护。这样的作品即使以后再发表，也不计算著作权保护期，不再受著作权保护。②作者身份不明的作品包括假名作品和匿名作品。假名作品，是指作者以假名方式在作品原件或者复制件上署名的作品。匿名作品，是指作者未在作品原件或者复制件上用真名或假名署名的作品。就假名作品而言，如果作者所署之假名为公众所知，该作品为作者身份明确的作品；如果作者所署之假名不为公众所知，该作品即为作者身份不明的作品。就匿名作品而言，因为作者未在作品原件或复制上署真名或假名，所以，作者身份不明。由于这样的假名或匿名作品的作者身份不明，无法适用一般原则，所以只能适用特殊规定。③特殊规定的保护期截止于作品首次发表后第 50 年的 12 月 31 日。

表 2－4　著作财产权的保护期限

保护原则	著作权归属	作品的种类	保护期限	终止时间	说明
一般原则	自然人	电影和以类似摄制电影方法创作的作品、摄影作品除外	作者终生加死亡后50年	死亡后第50年的12月31日	合作作品著作权中的发表权和财产权利的保护期，以最后死亡的自然人为标准计算
	法人或者其他组织	所有作品	50年	首次发表后第50年的12月31日	自创作完成后50年内未发表的，以后不论是否发表不再受保护
特别原则	自然人	电影和以类似摄制电影方法创作的作品、摄影作品	50年	首次发表后第50年的12月31日	自创作完成后50年内未发表的，以后不论是否发表不再受保护
		作者身份不明的作品	50年	首次发表后第50年的12月31日	在此保护期限内，作者身份确定的，分别情况适用上述规定

第六节　相关权

一、相关权概念及其特征

（一）相关权的概念

相关权（related rights），是《知识产权协定》使用的概念。此前，国际上通用的概念是邻接权（neighboring rights）。最早对相关权以法律保护的国家是意大利，它于1941年率先制定《相关权法》，授予表演者、照片拍摄者等以异于著作权的保护。我国《著作权法》既未使用相关权的概念，也未使用“邻接权”的概念，而是独创性的使用了“与著作权有关的权利”（rights relating to copyrights）。这个概念虽然字数略多，但所涵盖的内容丰富，既可包括邻接权的内容，也可包括相关权的内容，还可以包括新产生的与著作权有关的权利。1961年10月26日在意大利罗马缔结的《保护表演者、唱片制作者和广播组织的罗马公约》（以下简称《罗马公约》），标志着邻接权保护正式得到了国际社会的承认。《罗马公约》保护的邻接权有三项：表演者权、唱片制作者权和广播组织权。它所保护的主体仅仅是传播作品的人，即只有表演现有作品的人、将现有作品制作成唱片的人和广播现有作品的广播组织才能享有邻接权，其他的表演者、唱片制作者和广播组织并不能获得邻接权保护。因此，也有人将邻接权称为“传播者权”（rights to disseminators）。

（二）相关权的特征

与著作权相比，相关权有以下基本特点：

(1) 相关权主体以法人或者其他组织为主，以自然人为辅。一般情况下，著作权主体是自然人——作品的创作者；只有在少数特殊情况下，著作权主体才是法人或者其他组织。而相关权主体则正好相反，即一般情况下是法人或者其他组织，只有在特殊情况或者少数情况下，才是自然人。

(2) 相关权主体通过传播现有作品获得权利，而著作权主体则是通过创作作品获得权利。

(3) 相关权的客体是自然人、法人或者其他组织在传播作品的过程中产生的智力创造性成果，而著作权的客体则是人们运用其智慧、资金、时间和劳动创作的独创性成果。众所周知，著作权的客体为作品，而相关权的客体，到目前为止，还没有明确而概括的说法。

(4) 相关权的内容很有限。除表演者权包含有人身权和财产权的内容外，其他权利只有少数几个权项。

(5) 相关权保护期的计算方法是自传播成果公开之日起的若干年，因为其主体主要是法人或者其他组织，故不宜采主体有生之年加上死亡后若干年的计算方法。

二、出版者权

出版者权，是图书出版者和报刊出版者对其编辑出版的图书和报刊依法享有的权利。出版者权可分为图书出版者权和报刊出版者权。

《出版管理条例》规定，在我国，报纸、期刊、图书、音像制品和电子出版物等应当由出版单位出版，包括报社、期刊社、图书出版社、音像出版社和电子出版物出版社等。上述各出版社都必须经各省级新闻出版局审查，经国家新闻出版署批准，才能成立。法人出版报纸、期刊，不设立报社、期刊社的，其设立的报纸编辑部、期刊编辑部视为出版单位。因此，无论是图书出版者还是报刊出版者，只能是法人单位，不能是个人。没有取得出版资格的单位或者个人，擅自从事出版业务的，属于非法行为，其出版的图书、报刊，属于非法出版物。对于这样的非法出版物，出版者不仅不能享有相关权利，还要承担相应的法律责任。

依据出版合同约定，图书出版者获得的专有出版权包括以下内容：(1) 在合同约定的期限和地域范围内，图书出版者有权出版并发行约定的作品；(2) 在合同约定的期限和地域范围内，图书出版者享有以同种文字的原版、修订版出版图书的专有权利。但该图书脱销后，图书出版者拒绝重印、再版的，著作权人有权终止合同。(3) 图书出版者对其出版的图书的版式设计，享有专有使用权，即有权许可或者禁止他人使用其版式设计。

报刊社对其编辑发行的报刊享有汇编作品著作权。在编辑作品时，依法可以对所编辑的作品作文字性修改、删节。但对作品内容的修改，应当经作者许可。对其发行之报刊的版式设计享有专有使用权，即有权许可他人使用其版式设计，有权禁止他人使用其版式设计。

图书出版者、报刊社对图书、报刊的版式设计权的保护期为10年，截止于使用该版式设计的图书、期刊首次出版后第10年的12月31日。

三、表演者权

（一）表演者权的概念

表演者权是表演者对其表演依法享有的专有权利。

表演者权的主体是表演者。表演者，是指演员、歌手、音乐演奏者、舞蹈者以及表演、歌唱、演说、朗诵、演奏或以其他方式再现文学艺术作品的人。我国《著作权法》没有规定具体的表演者，而只是抽象地规定表演者可以是演员、演出单位或其他表演文学、艺术作品的人。

在我国，体育运动员所进行的体育活动不属于表演活动，因此运动员或者体育活动的组织者也就不是表演者，不能取得表演者权。但是，我国《著作权法》已经将杂技艺术作品列入著作权法的保护对象，所以，杂技演员是表演者，他们能对其进行的杂技艺术表演享有表演者权。

具而言之，表演者是对现有文学、艺术作品进行表演的自然人、法人或者其他组织，进行其他表演活动的人不是表演者。例如，某人在朋友联欢会上即席朗诵一首诗，那么该朗诵者所进行的是口头创作，其结果是口述诗歌作品而不是表演。如果他朗诵的是李白的一首诗，其结果就是表演而不是创作。

另外，表演者所进行的表演必须是公开的，在家庭范围内、在私人聚会上、在单位内部进行的表演，不产生表演者权。

（二）表演者权的内容

表演者对其表演依法享有以下权利。

（1）表演者人身权

①表明表演者身份的权利。表明表演者身份，就是表演者有权以适当的方式指明自己的真名、艺名等，表明自己是该表演的表演者。

②保护表演形象不受歪曲的权利。表演形象，是表演者在表演活动中向观众或听众展现出来的艺术形象，包括形体形象和声誉形象。保护表演形象不受歪曲的权利，就是表演者禁止他人以任何形式或方式捏造不实之词，歪曲、篡改其表演，诋毁、诽谤其声誉，损害、破坏其艺术形象的权利。

（2）表演者财产权

①对表演的现场直播许可权。广播电台、电视台或者其他组织未经表演者许可，不得对其表演进行现场直播。

②对表演进行录音录像许可权。音像制品制作者或者视听制品制作者需要对表演者的表演进行录音录像的，应当取得表演者的许可。

③音像制品复制、发行许可权。此处所称的音像制品，是指录制有表演者之表演的录音录像制品。任何单位或个人需要对该音像制品进行复制、发行的，应当取得表演者的许可。在此应当注意：需要复制、发行该音像制品的单位或个人，不仅要取得表演者的许可，同时还要取得该音像制品制作者的许可，可能还要取得相关著作权人的许可。因此，该音像制品复制、发行者应当取得多重许可。

④信息网络传播许可权。该项权利的基本含义是：自然人、法人或者其他组织需要通过信息网络向公众传播表演者之表演的，应当取得该表演者的许可。此处所指的表演，包括现场表演和录制在音像制品上的表演。将表演者进行的表演现场通过信息网络向公众传播的，可以适用上述第二项许可权；将录制在音像制品上的表演通过信息网络向公众传播的，可以适用上述第三项许可权。《著作权法》将信息网络传播许可权单独作为一项权利，主要是为了突出该项权利的独特个性。

表演者行使上述四项许可权时，都有权获得相应的报酬。

（三）表演者权的保护期

表演者权的保护期分两种情况：（1）表演者人身权的保护期不受限制；（2）表演者财产权的保护期为 50 年，截止于该表演发生后第 50 年的 12 月 31 日。

四、唱片制作者权

（一）唱片制作者权的概念

唱片制作者权，是《罗马公约》最早使用的一个概念，此后有的国家称之为视听制品制作者权，我国《著作权法》将它称为“录音录像制作者权”。

唱片制作者权，是指录音录像制作者对其制作的录音录像制品依法享有的专有权利。唱片制作者权的主体为录音制品制作者和录像制品制作者。录音制品制作者，也称录音制作者，是制作录音制品的人；录像制品制作者，也称录像制作者，是制作录像制品的人。录音制品，指任何声音的原始录制品；录像制品，指电影作品和以类似摄制电影的方法创作的作品之外的任何有伴音或者无伴音的连续相关影像的原始录制品。

由此可见，唱片制作者与表演者有一个明显的区别，即只有表演已有作品的人才是表演者，而唱片制作者所制作的音像制品，并不必然是对已有作品之表演进行录制的人。因此，唱片制作者的范围比表演者的宽泛。

由上所述，唱片制作者并不一定是对已有作品进行表演的录制品，因此，唱片制作者权与著作权没有必然的联系，这也是唱片制作者权与表演者权的一个不同点。表演者权需要依赖于表演权，而唱片制作者权并不一定依赖于著作权中的摄制权。当然，唱片制作者权也不是完全与著作权无关，在绝大多数情况下，唱片制作者不仅要取得表演者的授权，更要取得著作权人的授权。

（二）唱片制作者权的内容

（1）复制、发行音像制品许可权

唱片制作者享有许可他人复制、发行其音像制品的权利。任何人未经唱片制作者许可，不得复制、发行其制作的音像制品，但法律另有规定的除外。

（2）出租音像制品许可权

音像制品所有人不得擅自以营利为目的出租其所购买的音像制品。如果允许音像制品所有人擅自出租其所购买的音像制品，将对音像制品的潜在市场造成影响。根据《伯尔尼公约》创设的“三步检测法”，为了保护音像制品制作者的合法利益，法律就应当禁止音像制品所有人出租其音像制品。鉴于此，《著作权法》给音像制品制作者授予了音像制品出租权。因此，音像制品所有人只有取得了音像制品制作者的许可，才能进行出租音像制品的业务。

（3）通过信息网络传播音像制品许可权

只有取得音像制品制作者的许可，网络经营者才可以将音像制品上录制的内容通过信息网络向公众传播，否则就是对音像制品制作者权利的侵犯。

音像制品制作者行使上述三项许可权时，可以获得相应的报酬。另一方面，被许可人复制、发行、通过信息网络向公众传播音像制品，可能还需要取得著作权人或者表演者的许可，并支付报酬。

（三）唱片制作者权的保护期

唱片制作者权的保护期为50年，截止于音像制品首次制作完成后第50年的12月31日。

五、广播组织权

（一）广播组织权概述

广播组织权是广播组织对其制作的广播、电视节目依法享有的专有权利。

广播组织权的主体是有线或无线广播电台、电视台。根据我国有关法律法规的规定，广播电台、电视台必须依照规定的程序进行审批。经批准设立的广播电台、电视台才能从事广播活动。现代广播，不仅包括有线广播，而且包括无线广播；不仅包括声音广播，而且包括声音、图像的广播。

广播组织权的客体是广播组织制作的广播电视节目，例如，中央电视台对其制作的《新闻联播》节目、《焦点访谈》节目等享有广播组织权。（知识链接如右框）

> **英国法关于“广播”的规定**
>
> 英国版权法将“广播”规定为一种作品，依法享有版权。它规定“广播”系指用无线电系统对可视影像、声音或者其他信息的传输，这种传输应当：（1）能够被公众成员合法地接收；或者（2）为向公众成员呈现而进行。它将有线系统传输的节目称为“电缆节目”（cable programs），受版权保护。

（二）广播组织权的内容

（1）转播权

广播电台、电视台有权禁止他人未经许可，将其播放的广播、电视节目进行转播。

（2）录制权

广播电台、电视台有权禁止他人未经许可，将其播放的广播、电视节目录制在音像载体上。

（3）复制权

广播电台、电视台有权禁止他人未经许可，复制录制有其播放的广播、电视节目的音像制品。

（三）广播组织权的保护期

广播组织权的保护期为50年，截止于广播、电视节目首次播放后第50年的12月31日。

除了上述四种相关权外，是否还有新的相关权？目前尚无肯定性意见。但值得讨论的是，网站经营者对其所经营之网站能否享有权利？享有什么权利？现在带倾向性的意见是网站经营者对其所经营的网站享有著作权；对其在网站上发布的所有信息，也享有著作权。这种意见当然有其合理性。但是，网站经营者在其网站上建立的电子图书馆、公告板以及其他许多链接方式，并不能享有著作权。而如果对网站付出了巨大成本、智力和代价创建的图书馆、公告板和链接方式等不给予保护，显然是不公平的。对此，应当授予什么类型的权利给予保护最符合其实际效果呢？我们认为，将网站经营者作为一种新的相关权主体，将其所创建的网站作为其权利的客体，授予其相关权保护，可能是一种较好的选择。

第七节　著作权限制

一、著作权限制概述

著作权限制，就是法律规定自然人、法人或者其他组织可以不经著作权人许可，使用其版权作品且不构成侵权的制度。

一般情况下，未经著作权人许可，任何人不得擅自利用其版权作品（copyrighted works），否则就可能构成侵权，要依法承担相应的法律责任。著作权限制，就是法律限制著作权人对某些特定的行为行使著作权的制度。

二、合理使用

合理使用（fair use），是指自然人、法人或者其他组织，根据法律规定，可以不经著作权人许可而使用其版权作品，也不必支付报酬的制度。

我国《著作权法》规定了12种合理使用，它们分别是：

1. 为个人学习、研究或欣赏，使用他人已经发表的作品。个人学习、研究或欣赏他人已经发表的作品，之所以被规定在合理使用的第一位，是因为它是人类社会生存、发展、进步的需要，也是促进知识运用和传播的需要。

2. 为介绍、评论某一作品或者说明某一问题，在作品中适当引用他人已经发表的作品。对某一作品进行评介而适当引用该作品，应当是评介行为本身决定的。为了说明某一问题，适当引用他人已经发表的作品，是以理服人或以事实服人的需要，但引用必须是适当的。

3. 为报道时事新闻，在报纸、期刊、广播电台、电视台等媒体中不可避免地再现或者引用已经发表的作品。除了此处列举的四种媒体外，还应当包括网站。如果已经发表的作品与某时事新闻具有密不可分的关联，且在报道时事新闻时有关媒体又无法将它与其他事实相分离，或者分离后无法产生应有的效果，或者分离之成本过巨等，而再现或者适当引用该作品，则为合理使用。

4. 报纸、期刊、广播电台、电视台等媒体刊登或者播放其他报纸、期刊、广播电台、电视台等媒体已经发表的关于政治、经济、宗教问题的时事性文章。这样的使用方式有其合理性，但也有其弊端，因为转载媒体可能影响被转载媒体的潜在市场。正因为如此，《著作权法》第22条第1款第（4）项的“但书”，给被转载媒体以支配权，即“但作者声明不许刊登、播放的除外”。

5. 报纸、期刊、广播电台、电视台等媒体刊登或者播放在公共集会上发表的讲话。此种合理使用形式与上一种合理使用形式类似，所以《著作权法》也作了

“但书”规定，即“作者声明不许刊登、播放的除外”。

6. 为学校课堂教学或者科学研究，翻译或者少量复制已经发表的作品，供教学或者科学研究人员使用，但不得出版发行。应当注意的是：(1) 此处所指的“学校”应当限于《中华人民共和国教育法》和《中华人民共和国高等教育法》等法律设立的全日制学历教育学校，例如，幼儿园、小学、中学、大学等。其他一些虽然有“学校”的名称，但不是进行全日制学历教育的，则不属于此。(2) 使用行为仅限于翻译或者少量复制。若进行翻译行为，则没有数量限制；若进行复制，则只能是少量的。如何确定“少量”，应视具体情况而定。(3) 供教学或科研人员使用。即限定了使用人员的范围。除有关的教学或科研人员外，其他人不得使用。(4) 不得出版发行。如果将其翻译的材料用于出版发行，其行为就不是合理使用，而是翻译行为。对他人作品进行翻译，应取得著作权人的许可，否则其行为构成对著作权人翻译权的侵犯。(知识链接如右上框)

美国 ETS 诉“新东方”案

美国教育考试服务中心（ETS）主持开发了 TOEFL 及 GRE 考试，并将其开发的试题在美国版权局进行了著作权登记。2001 年 1 月，ETS 以侵犯著作权为由，将新东方学校告上法院。新东方学校则辩称其复制的试题是用于课堂教学，应属于我国著作权法规定的合理使用。北京市第一中级人民法院一审认为，每一道考题均需多人经历多个步骤并且付出创造性劳动才能完成，具有独创性，属于我国著作权法意义上的作品，应受我国法律保护。新东方学校未经 ETS 许可，以商业经营为目的，以公开销售的方式复制发行了 TOEFL 试题，其使用作品的方式已超出了课堂教学合理使用的范围，其行为已侵犯了美国 ETS 的著作权，应承担相应的法律责任。

7. 国家机关为执行公务在合理范围内使用已经发表的作品。一般情况下，国家机关使用他人已经发表的作品，也应当取得著作权人的许可，并按规定支付报酬。但是，国家机关为执行公务，在合理范围内使用已经发表的作品，就是合理使用。

8. 图书馆、档案馆、纪念馆、博物馆、美术馆等为陈列或者保存版本的需要，复制本馆收藏的作品。与其他各种合理使用行为相比，此种合理使用最特别之处在于，被使用的对象可以是已经发表的作品，也可以是尚未发表的作品。

9. 免费表演已经发表的作品，该表演未向公众收取费用，也未向表演者支付报酬。我国《著作权法》第 36 条第 1 款规定，表演者使用他人作品进行演出，应当取得著作权人许可，并支付报酬。但是，免费表演已经发表的作品，则为合理使用。“免费表演”是指表演组织者不向观众、听众收取费用，也不向表演者支付费用，表演组织者也不得收取广告费、赞助费等。免费表演的作品只能是已经发表的作品，不能对未发表作品进行免费表演。某些单位组织的扶贫义演、赈灾义演、慈善义演等，并不是免费表演。表演者或者表演组织者应当取得著作权人的许可，并支付报酬。

10. 对设置或者陈列在室外公共场所的艺术作品进行临摹、绘画、摄影、录像。这种合理使用的对象是针对艺术作品的，且该艺术作品被设置在公共场所或者陈列在公共场所。置于室内的艺术作品，不能进行此种合理使用。使用者对该艺术作品进行临摹、绘画、摄影、录像而产生的结果，是该艺术作品的复制品，因无独创性而不能产生自己的著作权。使用者对自己的复制品不得擅自发表，否则可能构成对被复制之艺术作品著作权的侵犯。

11. 将中国公民、法人或者其他组织已经发表的以汉语言文字创作的作品翻译成少数民族语言文字作品在国内出版发行。“汉语作品翻译成少数民族语言作品”合理使用的四个基本要素为：（1）合理使用的对象是中国人的作品。（2）被合理使用的对象是中国人的汉语言文字作品，即中国人的非汉语言文字作品不能进行这种合理使用。（3）合理使用的对象只能被翻译成我国少数民族语言文字作品。至于翻译者是否用自己民族的语言文字进行翻译，无关紧要。例如，壮族人将中国人的汉语言文字作品翻译成蒙古语言文字作品，也是合理使用。（4）翻译作品仅限于在中国境内出版发行，不得在其他国家或地区出版发行。

12. 将已经发表的作品改成盲文出版。这种合理使用是针对特殊群体而言的。因为盲人存在视力障碍，无法正常阅读。法律允许人们将已经发表的作品改成盲文出版，就是给能够“阅读”的盲人以扶助。一方面，能够阅读盲文的人很少；另一方面，能够书写盲文的人也很少。如果法律不规定这种合理使用，将无人有能力来做盲文改作之工作，盲人的“阅读”也就成了无源之水。此种合理使用的对象可以是任何已发表的作品。

上述12种合理使用形式，可适用于对相关权的限制。但应当如何适用，则要视具体情况而定。

三、法定许可使用

（一）法定许可使用概述

法定许可使用，是指特定的自然人、法人或者其他组织根据法律规定，可以不经著作权人许可而使用其版权作品，但应当按照规定支付报酬的制度。（知识链接如下页框）

法定许可使用制度的作用主要在于：根据某些特定主体不仅使用作品的需求量大，而且特别强调时效性和紧迫性的特点，保证其使用作品时不增加一些不必要的成本，且不损害著作权人的合法利益。

（二）法定许可使用的种类

因此，现行《著作权法》规定的法定许可使用共有5种：（1）为实施九年制义务教育和国家教育规划而编写教材的编创者的法定许可使用；（2）报刊社转载、摘编其他报刊作为文摘、资料刊登的法定许可使用；（3）录音制作者使用他人已经合法录制为录音制品的音乐作品制作录音制品的法定许可使用；（4）广播电台、电视台播放他人已发表的作品的法定许可使用；（5）广播电台、电视台播放已经出版的录音制品的法定许可使用。

> **法定许可使用与合理使用的区别**
>
> 1. 使用者不同
>
> 合理使用者是不特定的任何人，但法定许可使用者只能是特定的人。法定许可使用者包括：（1）为实施九年制义务教育和国家教育规划而编写教材的编写者；（2）报刊社；（3）录音制作者；（4）广播电台、电视台。
>
> 2. 被使用的对象不同
>
> 合理使用可及于任何作品；而法定许可使用仅涉及少数种类的作品，它们是：（1）文字作品、音乐作品或者单幅美术作品、摄影作品；（2）报刊上登载的作品；（3）合法录制在录音制品上的音乐作品；（4）已经出版的录音制品。
>
> 3. 目的不同
>
> 合理使用以非营利为目的，而法定许可使用则以营利目的为主，少数个别使用可能不是营利目的，如广播电台的使用等。
>
> 4. 付费与否不同
>
> 合理使用者不必支付报酬，而法定许可使用者应当支付报酬。

四、著作权穷竭

（一）著作权穷竭概述

著作权穷竭是指以销售方式将作品原件或复制件投放市场后，任何人不经著作权人许可，且不必向著作权人支付报酬，而继续销售该作品原件或复制件，而不构成侵权。

由此可见，著作权穷竭是针对发行权的，而且主要是针对发行权中的销售权。尤其要注意，著作权穷竭不是著作权本身的终止，而且指著作权人对作品原件或者复制件的再销售权的丧失。例如，美术作品原件的所有权转让后，该原件所有权人可以不经该作品著作权人许可，也不必向其支付报酬，再将该美术作品原件所有权转让、赠与给他人。著作权穷竭所涉及的理论问题，在法律上已有明确规定，即美术等作品原件所有权的转移，不视为作品著作权的转移。虽然作品的原件或者复制件所有权已经转移，但该作品的著作权并不因此而发生转移。因此，著作权穷竭并不是著作权的终止。

（二）著作权穷竭的限制

著作权穷竭，是对著作权的限制。但是，著作权人如果因此而全面丧失对其作品原件或复制件的使用控制权，在某种程度上讲，就是不公平、不合理的。因为著作权限制就是为了协调著作权人、作品使用者和社会公众三者之间的利益，如果构建的制度过分地造成著作权人利益的减损，而增加作品使用者或者社会公众的利益，这样的制度就是有瑕疵的，应当进行矫正。著作权穷竭制度就是对这种瑕疵的矫正制度。（知识链接如上框）

> **著作权穷竭的条件**
>
> （1）作品原件或复制件是合法制作的。作品原件是惟一的，因此，作品原件的合法性不存在问题。作品复制件的合法性，强调作品复制件是经著作权人许可制作的或者是依据法律的规定制作的。
>
> （2）作品原件或复制件第一次被合法地投入市场。作品复制件第一次被合法投入市场，就是依法享有发行权的人以销售方式将作品复制件投入市场。
>
> （3）著作权人因此而丧失对该作品复制件的再销售控制权，即发行权。著作权人的其他权利并不受任何影响。

著作权穷竭的限制，就是法律规定著作权人对首次合法投放市场的作品原件或复制件的再利用所享有的权利。

根据我国及其他国家著作权法规定，对著作权穷竭大体有三种限制。

（1）追续权

追续权是作家或艺术家的文学艺术作品原作或原稿，在第一次转让后，作者或其合法继承人享有的分享该原作或原稿转售利益的权利。这项权利最早由美国等西方国家创设，此后被一些国家接受。《伯尔尼公约》第 14 条之 3 对此作了专门规定。我国《著作权法》尚未规定该项权利。

（2）出租权

出租权是有偿许可他人临时使用电影作品和以类似摄制电影的方法创作的作品、计算机软件的权利。电影等作品的复制件被合法投放市场后，其著作权人虽然不能再控制它们的继续销售，但却可控制对它们的出租。这项权利已得到《知识产权协定》、《WIPO 版权条约》和《WIPO 表演与唱片条约》的肯定。我国著作权法对此作了规定。

（3）公共借阅权

图书馆等公共部门向不特定的读者出借作品原件或复制件，应当向著作权人支付适当版税。著作权人获得此项版税的权利就是公共借阅权。现在已授予该项权利的国家不多，我国《著作权法》也没有授予著作权人该权利。

五、公共秩序保留

公共秩序保留，就是对损害或危害国家利益、社会公共利益和善良风俗习惯的作品，著作权法不予保护的制度。对此，《知识产权协定》持肯定态度。该协定第8条第1款规定："成员可在其国内法律及条例的制定或修改中，采取必要措施以保护公众的健康与发展，以增加对其社会经济与技术发展至关紧要之领域中的公益，只要该措施与本协议的规定一致。"

我国《著作权法》第4条规定："依法禁止出版、传播的作品，不受本法保护。著作权人行使著作权，不得违反宪法和法律，不得损害公共利益。"此条包括三个方面的内容。

1. 依法禁止出版、传播的作品，不受著作权法保护

例如，国家新闻出版署1997年12月31日颁布的《电子出版物管理规定》第6条规定："电子出版物不得含有以下内容：（1）反对宪法规定的基本原则的；（2）危害国家统一、主权和领土完整的；（3）危害国家安全、荣誉和利益的；（4）煽动民族分裂，侵害少数民族风俗习惯，破坏民族团结的；（5）泄露国家秘密的；（6）宣扬淫秽、迷信或者渲染暴力，危害社会公德和民族优秀文化传统的；（7）侮辱或者诽谤他人的；（8）法律、法规规定禁止的其他内容的。"

2. 著作权人行使著作权，不得违反宪法和法律

上一种情形，是作品本身依法禁止出版、传播，而此种情形则是其作品本身可能并不被法律所禁止，但著作权人行使其权利可能违反宪法或法律，那么，这样的情形下，著作权人的权利就被禁止。

3. 著作权人行使著作权，不得损害公共利益

六、对精神权利的限制

精神权利不能转让，不能被剥夺，但是却能限制。但是，法律对精神权利的限制相对于对财产权利的限制要少得多。

具体来说，对精神权利的限制只有三种情形。

1. 对发表权的限制

违反法律规定的作品，禁止出版、传播。另一方面，作者生前未发表的作品，如果作者未明确表示不发表，作者死亡后50年内，其发表权可由继承人或者受遗赠人行使；没有继承人又无人受遗赠的，由作品原件的合法所有人行使。

2. 对修改权的限制

我国《著作权法》第33条第2款规定："报社、期刊社可以对作品作文字

性修改、删节。”这即是对修改权的一种限制。

3. 对署名权的限制

我国《著作权法》对此未作规定，但《日本著作权法》第19条第2款、第3款分别作了限制性规定：只要著作人无特别声明，使用著作物的人可照著作人已署的称谓表示著作人的姓名；按照使用著作物的目的和状况，认为不会损害“著作人就是创作者”之主张的利益时，只要不违反惯例，可省略著作人署名。

此外，在网络著作权保护中，由于网络传输和利用的需要，对作者精神权利的限制情形可能会更多。

七、对相关权的限制

相关权属于广义著作权之一，因此法律对著作权的限制理应适用于相关权。我国《著作权法》对此作了明确规定。例如，《著作权法》第22条第2款、第23条第2款作了完全相同的规定：“前款规定适用于出版者、表演者、录音录像制作者、广播电台、电视台的权利的限制。”

就图书出版者权而言，主要是针对图书版式设计权的限制。

就表演者权而言，主要是针对表演者财产权的限制，如广播电台、电视台在新闻报道中，可能需要对表演者的现场表演之某一表演动作进行报道，即是合理使用。

就录音录像制作者权而言，主要涉及对录音录像制品的报道。在报道中，有关媒体可能需要少量地播放其中一个片断或者少量画面，即是合理使用。对录音制品的法定许可使用，在《著作权法》中有明确规定。

就广播组织权而言，我国《著作权法》第22条第1款第（4）项的规定涉及广播组织权的限制。

第八节　著作权利用

一、著作权转让

（一）著作权转让的概念

著作权转让，是指著作权人将其拥有的著作财产权之部分或全部让渡给对方当事人的法律行为。著作权人称为转让人，相对人称为受让人。

著作权转让是我国《著作权法》修正案新增加的内容。此前，除《计算机软件保护条例》规定计算机软件著作权可以转让外，《著作权法》本身并未授予著作权人转让权。现行法第10条第3款规定了转让权，著作权人可以全部或部分转让其依法享有的著作财产权。根据此规定可知，著作权转让的客体是著作财产权，而不包括著作人身权。

著作财产权有12项具体内容，其中每一项具体的权项都可以独立地作为转让客体，也可以将其中的若干项或者全部作为转让客体。因此，著作权人向他人转让其著作权时，应当在转让合同中明确约定具体的权利。合同未约定转让的权利的，未经著作权人同意，另一方当事人不得行使。

此外，由于著作权具有地域性，所以相同种类的权项在不同的法域所具有的法律效力是彼此独立的。以改编权为例，著作权人可以将它按不同法域进行分别转让，也可以向不同的人转让。例如，将作品的中文戏剧作品改编权在中国内地转让给一个人，在台湾地区转让一个人，在香港特别行政区转让给一个人，在澳门特别行政区再转让给一个人。各个受让人在各自的地域范围内受保护。与此同理，著作权人还可以将改编权按不同的国家来分别转让，受让人各自在自己的受让国家享有所受让的权利。

（二）著作权转让合同

著作权转让合同，是指著作权人与相对人就著作财产权之全部或部分的转让订立的合同。我国《著作权法》第25条规定："转让本法第10条第1款第（5）项至第（17）项规定的权利，应当订立书面合同。"

> **著作权转让合同的主要内容**
>
> （1）作品的名称；（2）转让的权利种类、地域范围；（3）转让的价金；（4）交付转让价金的日期和方式；（5）违约责任；（6）双方认为需要约定的其他内容。

因此，著作权转让合同是要式合同、有偿合同、双务合同，而且还需要到版权管理部门备案。著作权转让合同的标的是著作财产权中的一项、几项或全部。（知识链接如右上框）

二、著作权许可使用

（一）许可使用的概念

许可使用，是指著作权人授权他人以某种方式、在某个地域范围内利用其作品的制度。发放许可证的人称为许可人，获得许可证的人称为被许可人。许可使用的标的是著作财产权中的一项或几项，但不能是著作人身权。

与著作权转让相比，许可使用并不改变著作权的归属，被许可人所获得的只是对作品的使用权。但被许可人如果获得的是专有许可使用权，在一定的意义上，相当于通过转让合同取得了该项权利，因为专有许可使用的被许可人在合同约定的时间和地域范围内独享该项权利，包括著作权人在内的任何人都不得以与该被许可人相同的使用方式对该作品进行使用。实际生活中，常有人误将专有许可当作转让对待。但从法律上看，专有许可使用与转让存在本质区别：专有许可使用人只能自己在约定的时间和地域范围内按约定的方式使用，不能转让该权利；受让人则不仅自己能够使用，而且还能将其拥有的权利转让给他人。

与法定许可使用相比，许可使用是著作权人通过许可使用合同授权相对人使用其作品的行为，被许可的标的可以是著作财产权中的任何权利，使用方式、时间、地域范围等都可以通过协商约定，是自己意志的体现。而法定许可使用则是法律直接规定某些特定主体以某种方式使用作品的制度，除法律规定的特殊情形外，法律未作规定的，任何人不得擅自使用。在某种意义上讲，法定许可使用也是著作权人意志的体现，因为法律规定著作权人声明不许使用的，任何人都不得擅自使用。此外，虽然法定许可使用者也得按照规定向著作权人支付报酬，但其报酬是法律规定的，不是与著作权人协商约定的。

与强制许可使用相比，许可使用是著作权人意志的体现，而强制许可则是违背著作权人意志的使用。因此，强制许可受到很多限制。

著作权许可使用合同的主要内容

（1）许可使用的权利种类；

（2）许可使用的权利是专有使用权或者非专有使用权；

（3）许可使用的地域范围、期间；

（4）付酬标准和办法；

（5）违约责任，参见转让合同的内容；

（6）双方认为需要约定的其他内容。

（二）许可使用合同

许可使用合同是著作权人与相对人订立的许可其在约定的时间和地域范围内按约定的方式使用其作品的合同。我国《著作权法》第24条第1款规定："使用他人作品应当同著作权人订立许可使用合同，本法另有规定的除外。"因此，许可使用合同是要式合同、双务合同、有偿合同。（知识链接如上框）

除了上述利用形式外，著作权还有其他的利用形式，如著作权质押、作价投资入股以及用于经营等，在此不一一介绍。

第九节 著作权管理

一、著作权行政管理

（一）著作权行政管理组织

为了更好地实施《著作权法》，保护著作权人和相关权人的合法利益，国家设立专门的政府机构负责著作权的行政管理工作。著作权行政管理机构分两级：一是国家级行政管理机构，即国家版权局；二是地方级行政管理机构，即各省、自治区和直辖市以及其他各级版权局。

著作权行政管理组织是官方机构，代表中央和地方各级政府管理有关的著作权事务，处理有关的著作权纠纷。

（二）著作权行政管理组织的职责

1. 国家版权局的主要职责

（1）贯彻实施著作权法律、法规，制订与著作权行政管理有关的办法；（2）查处在全国有重大影响的著作权侵权案件；（3）批准设立著作权集体管理机构、涉外代理机构和合同纠纷仲裁机构，并监督、指导其工作；（4）负责著作权的涉外管理工作；（5）负责国家享有的著作权管理工作；（6）指导地方著作权行政管理部门的工作；（7）承担国务院交办的著作权其他管理工作。

2. 地方各级著作权行政管理机构的职责

（1）在本地区实施、执行著作权法律、法规，制订本地区著作权行政管理的具体办法；（2）查处本地区发生的严重侵犯著作权以及与著作权有关的权利的行为；（3）组织本地区的著作权合同纠纷仲裁；（4）监督、指导本地区的著作权贸易活动；（5）监督、指导著作权集体管理机构在本地区的活动。

二、著作权集体管理

（一）集体管理组织的设立

著作权集体管理组织是一个非营利性的组织，应当依照有关法律、法规的规定设立。它可以是按照各种权利和各种权利的所有人建立的单一组织，也可以是为各种权利所有人的利益建立的管理各种权利的组织，还可以建立同时管理著作权和相关权的一个组织。

无论何种形式的组织，一经成立，就有权在组织章程的范围内、以自己的名义独立从事著作权、相关权的管理活动，任何单位和个人都不得干涉。

（二）集体管理组织的性质

我国《著作权法》第 8 条第 2 款规定，我国的著作权集体管理组织是非官方的非营利性的组织。著作权集体管理组织是官方性的、半官方性的，还是非官方性的，国际上并无统一模式，也无绝对性的结论。（知识链接如下页框）

关于集体管理组织的非营利性问题，国际上也无统一标准。有的国家规定该组织是可营利性的，如俄罗斯联邦等国即是；也有的国家规定该组织是非营利性的，如法国的作者协会。

（三）集体管理组织的职能

集体管理组织应根据著作权人或者相关权人的授权，按照自己的组织章程，以自己的名义履行以下职能：（1）与使用者协商报酬标准、报酬数量和发放许可证的其他条件；(2)向使用者发放该组织所管理的权利使用许可证；(3)在未发放许可证而收集报酬的情况下，与使用者协商报酬的标准和数量；(4)收集许可证规定的报酬和第三项报酬；(5)向其所代表的著作权人和相关权人分配并支付根据第四项所收集的报酬；(6)为了保护其所管理的权利，实施一切必要的法律行为，如诉讼、仲裁等；(7)根据从著作权人和相关权人取得的权利，从事其他活动。

中国音乐著作权协会的集体维权之路

中国音乐著作权协会成立于1992年，在经历了著作权集体管理的最初阶段后，积累了大量的服务与维权的经验，受到音乐著作权人的信赖。中国音乐著作权协会为维护音乐著作权人的合法权益，举起法律之剑开辟了一条集体维权之路。一方面，中国音乐著作权协会通过向使用人收取使用费的方式，有效地维护和实现了权利人的经济利益。据统计，仅2004年度，该协会就收取使用费4 800万元人民币。另一方面，在权利人的权益受到侵害时，中国音乐著作权协则会拿起法律的武器维权。从协会成立到2004年年底，共提起法律诉讼36个，涉及的领域包括音像制品的复制发行、现场演出、播放背景音乐、影视剧制作、网络铃声下载、手机内置铃声、学习机示范曲等。所涉案件遍布全国各大中城市。协会通过法律诉讼，直接为著作权人挽回经济损失近500万元。

（四）集体管理组织的义务

集体管理组织应当依法律、法规的规定和著作权人、相关权人的授权，为其所代表的著作权人和相关权人的利益开展工作时，应当履行以下义务：(1)在支付报酬时，应当向著作权人和相关权人提供含有使用其作品情况材料的决算报表。(2)将其收集到的报酬全部分配给著作权人和相关权人，同时，该组织有权从收集的报酬中扣除一定数量的款额以补偿其在收集、分配和支付此种报酬的工作中实际支出的费用；该组织还有权扣除一定数量的款额，转给经其代表的著作权人和相关权人同意、并且为他们的利益而由该组织建立的一些专业基金会；(3)及时、认真地收集使用费，并对未按时缴纳使用费的人主张权利，必要时提起诉讼。

第十节　著作权保护

一、著作权侵权行为

著作权侵权行为，应当包括相关权侵权行为，是指侵犯著作权或者相关权的行为。具而言之，著作权侵权行为，是未经著作权人或者相关权人许可，擅自实施其权利，使用其作品，依法应当承担法律责任的行为。

著作权侵权行为是民事侵权行为之一种，与一般民事侵权行为的构成要素基本相同。即：(1) 行为的违法性；(2) 行为人具有主观过错；(3) 行为人的行为给著作权人或者相关权人造成了损害；(4) 行为人的过错与权利人的损害之间存在因果关系。但是，与一般民事侵权行为相比，它又有自己的特征。表现为：(1) 被侵害的对象是著作权或者相关权；(2) 被侵害的权利受著作权法保护，即权利已经产生、受我国著作权法保护、尚未超过保护期。

二、著作权侵权行为的种类

我国《著作权法》将著作权侵权行为分为两类19种，其中第一类侵权行为有11种，第二类侵权行为有8种。

(一) 应根据情况，承担停止侵害、消除影响、赔礼道歉、赔偿损失等民事责任的侵权行为

这一类侵权行为是《著作权法》第46条规定的11种行为，它们分别是：

(1) 侵犯发表权的行为

此即未经著作权人许可，发表其作品的行为。

决定作品公之于众的权利，是著作人身权中的发表权。生前，只能由作者决定行使；死后，根据作者生前的意志，由其合法继承人或者作品原件所有人决定行使。未经著作权人许可，任何人不得将他人尚未发表的作品擅自地公之于众。

(2) 侵占合作者著作权的行为

此即未经合作作者许可，将与他人合作创作的作品当作自己单独创作的作品发表的行为。

合作作品著作权由合作作者共同享有。任何一个或者几个合作作者不得侵占其他合作作者的著作权。一般情况下，合作作者可以就合作作品的作者署名问题、是否发表问题、发表的时间、发表的方式和地域等问题进行协商。未经协商，或者不是在自愿、平等基础上进行的协商，任何合作作者不得将其他的合作作者排除，而以自己单独创作的作品予以发表。

(3) 非法署名行为

此即没有参加创作，为谋取个人名利，在他人作品上署名的行为。

只有作者（包括合作作者）有权在自己创作的作品上署名。没有参加创作的人，未经作者同意，擅自在他人创作的作品上署名的行为，应视为侵权行为。在特殊情况下，如果作者与要求署名者协商一致，没有参加创作而要求署名的人也可以在作品上署名。

(4) 侵犯保护作品完整权的行为，即歪曲、篡改他人作品的行为

保护作品完整权是作者依法享有的一项著作人身权。其基本含义就是禁止他人歪曲、篡改其作品的权利。由于作品是作者人格的延伸，作者在作品中所表达的综合理念应当受到他人的尊重。任何人都不得歪曲、篡改他人的作品。此种侵权行为的表现形式主要是：①行为人具有主观故意；②其目的在于诋毁他人的作品，曲解作者的本意，损害作者的名誉；③具体做法是割裂作品，断章取义，歪曲原意，贬低作者；④所造成的后果是让不明真相的读者、观众、听众或者其他人员，对作品或者作者产生不良评价。

（5）剽窃行为，即剽窃他人作品的行为

剽窃，即将他人的思想或言词不说出其来源当作自己创作出的作品发表。著作权法上的“剽窃”，是指行为人将他人创作的作品窃为己有，以自己的名义公开发表，而不注明作品出处，不指明作者姓名。其基本特征是：①行为人具有主观故意；②侵权对象：他人创作的作品；③侵权目的：据为己有；④具体做法：删除他人的署名，以自己的名义将作品发表，不注明作品的出处，不指明作者的姓名或名称；⑤结果：让他人将该作品当作署名者自己创作的作品。（知识链接如上框）

如何判定“剽窃”

剽窃之作与被剽窃作品彼此有以下相同点：（1）作品品素中的绝大多数相同或者基本相同；（2）作品的结构相同或者基本相同；（3）作品所表达的综合理念相同或基本相同；（4）作品中的人物、事件、地点、背景等相同或者基本相同；（5）作品中的正误、对错相同或者基本相同。

（6）侵犯某些财产权的行为

此即未经著作权人许可，以展览、摄制电影和以类似摄制电影的方法使用作品，或者以改编、翻译、注释等方式使用作品的行为。

（7）侵犯获得报酬权的行为

此即使用他人的版权作品，应当支付报酬而未支付的行为。

获得报酬权，是著作权人和相关权人依法享有的一项重要权利，也是著作权人和相关权人收回投资、获得收益的保证。除法律规定的合理使用行为外，任何人使用他人的版权作品或者相关权的客体，都应当按规定支付报酬，否则即构成了对获得报酬权的侵犯。

（8）侵犯出租权的行为

此即未经电影作品和以类似摄制电影的方法创作的作品、计算机软件著作权人的许可，出租其作品原件或者复制件的行为。

（9）侵犯版式设计权

此即未经出版者许可，使用其出版的图书、期刊的版式设计的行为。

此种侵权行为主要表现为：行为人将他人出版的图书、期刊的版式设计用于自己出版的图书或者期刊；其目的是使自己出版的图书或者期刊与他人的图书或者期刊相混淆，以获得不法利益。

（10）对表演者权的侵犯

此即未经表演者许可，从现场直播或者公开传送其现场表演，或者录制其表演的行为。

此种侵权行为主要表现为：表演者正在进行表演，行为人事先未经表演者（演出组织者或者进行表演的个人）许可，便将该表演以广播、电视的方式进行现场直播，或者以其他有线或无线传输方式将该表演进行公开传送，或者以录音、录像等方式将该表演固定下来；其目的可以是营利性的，也可以是非营利性的。

（11）其他侵犯著作权以及与著作权有关的权利的行为

这是一个弹性条款，为制裁其他侵犯著作权或相关权的行为留下空间。从立法技巧和社会现实的角度看，没有必要也没有可能穷尽所有的侵权行为；但是，从保护著作权人和相关权人利益的角度看，有了这个弹性条款，再加上著作权侵权行为理论的支持，法律尚未明确规定的许多侵权行为，都不可能逃脱法律的制裁。

（二）应当承担民事责任、行政责任或者刑事责任的侵权行为

与第一类侵权行为相比，此类侵权行为不仅给著作权人或者相关权人造成财产损失，而且还可能损害公共利益，情节严重的，甚至可能构成犯罪。因此，法律规定，实施该类行为的自然人、法人或者其他组织，不仅要依法承担民事责任，而且要承担行政责任或刑事责任，以保护个人利益、公共利益和国家利益。这类侵权行为共有 8 种。

1. 侵犯著作权人某些财产权的行为

此即未经著作权人许可，复制、发行、表演、放映、广播、汇编、通过信息网络向公众传播其作品的行为。

此种侵权行为既损害了著作权人的个人利益，也侵犯了社会公共利益和国家利益，主要包括：（1）侵犯复制权的行为；（2）侵犯发行权的行为；（3）侵犯表演权的行为；（4）侵犯放映权的行为；（5）侵犯广播权的行为；（6）侵犯汇编权的行为；（7）侵犯信息网络传播权的行为。

2. 侵犯图书出版者专有权的行为

此即出版他人享有专有出版权的图书的行为。

该类侵权行为具体表现为：（1）以图书形式出版该作品；（2）出版该作品的修订版；（3）出版该作品的重印版。

3. 侵犯表演者权的行为

此即未经表演者许可，复制、发行录有其表演的录音录像制品，或者通过信息网络向公众传播其表演的行为。

此种侵权行为包括三种侵权：（1）复制录有表演者表演的录音录像制品；（2）发行录有表演者表演的录音录像制品；（3）通过信息网络向公众传播表演者的表演。

4. 侵犯录音录像制作者权的行为

此即未经录音录像制作者许可，复制、发行、通过信息网络向公众传播其制作的录音录像制品的行为。

5. 侵犯广播组织权的行为

此即未经广播电台、电视台许可，播放或者复制其制作的广播、电视节目的行为。

6. 避开或破坏技术保护措施的行为

此即未经著作权人或者相关权人许可，故意避开或者破坏权利人为其作品、录音录像制品等采取的保护著作权或者相关权的技术措施的行为。

著作权人或者相关权人为保护其作品或者录音录像制品不受非法复制、利用等而采取的技术保护措施（也称"版权保护技术"），受法律保护。现有的版权保护措施有两种常见类型：一是控制通向版权客体之路由的措施，如加密；二是控制对版权客体进行复制的措施，如 SCMS（serial copy management system）。路由控制技术（如加密 encryption）通常是为实施反破坏法而采取的直接措施。如果版权客体被加密，那么在其未被解密前，播放设备或者录制设备就不可能直接接触到处于加密状态的保护对象，但是终端用户却能够借助解密设备收听收看之。这种解密不可能偶然发生，因此，未经授权的解密行为就构成了法律禁止的破坏。

控制版权复制技术，如复制控制标记（copy control flags）使得问题变得更加复杂。其理由是：一般情况下，顺利地利用这种技术有赖于播放设备或者录制设备的进展状况。就加密技术而言，倘若播放设备不能有效地将其解开（解密），那么被播放的内容就总是处于加密状态被保护着。然而，就复制控制标记而言，倘若播放设备不能找到这种标记，并予以回应，那么被播放的内容就无法受到保护，从而受到非法复制。

除外之外，还有其他的一些技术保护措施，也可以用来保护著作权或者录音录像制作者不受非法侵犯。尽管这样的技术具有保护作用，未被避开或者破坏前，其他人就无法直接接触被复制、播放作品或者录音录像制品。本项规定旨在禁止他人未经许可，擅自避开或者破坏这样的技术保护措施。

7. 删除或者改变权利管理电子信息的行为

此即未经著作权人或者录音录像制作者许可，故意删除或者改变作品、录音录像制品等的权利管理电子信息的行为。

权利管理电子信息，是著作权人或录音录像制作者为了表明自己的身份、指明作品或者录音录像制品的权利状况而为之设计并使用其上的电子信息。这样的电子信息一旦被除去或者改变，就有可能使人误认为相关的作品或者录音录像制品已处于公有领域，不再受法律保护。因此，任何人未经著作权人或者录音录像制作者许可，不得删除或者改变之。否则即构成侵权。

8. 侵犯他人免受作品之虚假署名的行为

此即制作、出售假冒他人署名的作品的行为。

这种侵权行为的具体表现有：（1）公开发行含有虚假署名之描述的作品的复制件；（2）公开展览其上面或内容有虚假署名的艺术作品或其复制件；（3）关系到文学、戏剧或者音乐作品时，将其作为某人的作品而公开表演、广播或收入广播电视节目中；（4）关系到影片时，将其作为某人导演之作品而公开放映、广播或者收入到广播电视节目中；（5）其他明示或暗示性地将某人当作某作品的作者或者影片的导演的行为。

三、著作权侵权诉讼

（一）受诉法院

著作权侵权行为发生后，著作权人或者相关权人可以通过协商解决，也可以通过调解解决，还可以通过仲裁解决，途径很多。但最好的方法仍然是通过诉讼来解决。根据最高人民法院《关于审理著作权侵权纠纷案件若干问题的解释》，著作权侵权纠纷的第一审法院是各中级人民法院，也可以是高级人民法院，以及被最高人民法院指定管辖的基层人民法院，例如北京市海淀区人民法院和朝阳区人民法院、上海市黄浦区人民法院和浦东区人民法院。

（二）诉前临时禁令

诉前临时禁令，是指著作权人或者相关权人有证据证明他人正在实施或者即将实施侵犯其权利的行为，如不及时制止将会使其合法权益受到难以弥补的损害的，在起诉前请求有管辖权的人民法院采取的一种责令有关当事人停止正在实施或者即将实施的行为，最后由人民法院作出有关当事人停止其行为的裁定。

采取临时禁令措施应当符合以下条件：（1）有关人员正在实施或者即将实施侵犯著作权或者相关权的行为；（2）如不及时制止该行为，将会使权利人的合法权益受到难以弥补的损害；（3）权利人尚未向人民法院提起诉讼；（4）权利人向人民法院提出采取责令有关人员停止有关行为的申请；（5）申请人须向人民法院提供能够证明其申请成立的充分证据；（6）人民法院依照法定程序作出责令有关人员停止有关行为的裁定。

（三）诉前财产保全

诉前财产保全，是财产保全之一种。它是指在提起诉讼之前，法院根据利害关系人的申请，对被申请人的财产采取的强制性措施。

诉前财产保全是在提起诉讼前作出的，采取保全措施后原告是否一定会提起诉讼，或者提起的诉讼是否符合起诉条件都无法确定。因此，诉前财产保全应受到严格限制。《中华人民共和国民事诉讼法》（以下简称《民事诉讼法》）第93条规定的诉前财产保全须具备的条件是：（1）具有采取财产保全的紧迫性；（2）利害关系人提出财产保全的申请；（3）申请人须提供担保。否则，法院只能驳回其申请。

《著作权法》第49条第1款规定，著作权人或者与著作权有关的权利人，可以在提起诉讼前向人民法院申请采取财产保全的措施。该申请应当适用《民事诉讼法》第93条至第96条和第99条的规定。

（四）证据保全

无论在起诉前还是在诉讼过程中，都存在着证据可能灭失或者以后难以取得的情形。如被告一旦得知原告起诉，可能隐匿对其不利的证据，物证可能腐败变质等。这些情形会给证据的收集造成严重的困难。为了防止证据日后无法收集或者难以取得，《民事诉讼法》第74条规定："在证据可能灭失或者以后难以取得的情况下，诉讼参加人可以向人民法院申请保全证据，人民法院也可以主动采取保全措施。"

在著作权侵权纠纷中，《著作权法》第50条规定，为制止侵权行为，在证据可能灭失或者以后难以取得的情况下，著作权人或者与著作权有关的权利人可以在起诉前向人民法院申请保全证据。此一规定与《民事诉讼法》第74条的规定基本一致。

人民法院接受申请后，必须在48小时内作出裁定；裁定采取保全措施的，应当立即开始执行。人民法院可以责令申请人提供担保，申请人不提供担保的，驳回申请。申请人在人民法院采取保全措施后15日内不起诉的，人民法院应当解除保全措施。

（五）举证责任

民事诉讼中的举证责任，是指当法律要件事实在诉讼上处于真伪不明状态时，负有证实法律要件事实责任的当事人一方所承受的法官不利判断的危险。举证责任的存在，使得承担该危险的当事人为避免败诉，须向法院提供证据。举证责任发生的原因有三点：（1）诉讼中客观上存在着法律要件事实真伪不明的现象；（2）即便要件事实的真伪无法确定，法官仍然要对该案件作出判断；

(3) 法官须根据证据认定案件事实，只能将真伪不明的事实视为不存在的事实。因此，举证责任直接影响诉讼的胜败。

如上所述，著作权侵权行为是一种一般民事侵权行为，而不是特殊侵权行为，因此适用一般民事侵权诉讼的规定。《民事诉讼法》第64条规定："当事人对自己提出的主张，有责任提供证据。"此条所规定的是民事诉讼中举证责任的一般原则，即"谁主张，谁举证"原则。根据该原则，在著作权侵权诉讼中，一般情况下，应当由原告对自己的主张负举证责任。

但是，《著作权法》第52条将几种特殊侵权行为的举证责任移转于被告，即"复制品的出版者、制作者不能证明其出版、制作有合法授权的，复制品的发行者或者电影作品或者以类似电影摄制方法创作的作品、计算机软件、录音录像制品的复制品的出租者不能证明其发行、出租的复制品有合法来源的，应当承担法律责任"。具而言之，当著作权人或者相关权人起诉复制品的出版者、制作者出版、制作复制品的行为构成侵权时，原告不必证明被告的出版、制作行为无合法授权；而是由被告证明其出版、制作复制品具有合法授权。不然，被告就要承担法律责任。另一种情况是，原告起诉被告出租的作品或者制品的复制品是非法的，应当承担法律责任，但不必对此举证；如果被告能证明其出租的复制品有合法来源，则不承担法律责任；否则，就要承担相应的侵权责任。

四、著作权救济措施

根据《著作权法》的规定，著作权或者相关权遭受他人不法侵害的著作权人或者相关权人，可获得如下救济。

(一) 请求侵权行为人停止正在实施或者即将实施的侵害行为

著作权侵权行为通常具有连续性，因此，请求侵权行为人停止侵害是首先必须采取的措施。著作权人或者相关权人可以通过向人民法院提出的诉前临时禁令请求，让侵权行为人停止侵害。在民事诉状中，将请求侵权行为人停止侵害作为一项诉讼请求提出来，由人民法院作出最后裁判。一旦胜诉，侵权行为人必须永久地停止侵权行为。

(二) 请求侵权行为人消除因其侵权行为给著作权人或者相关权人造成的不良影响

采取这种救济方式的前提是，侵权行为确实给著作权人或者相关权人造成了不良影响，使著作权人或者相关权人的名誉、声望、形象等遭受损害。该请求如果得到人民法院支持，即最后生效的法律文件中要求侵权行为人消除影响，那么，侵权行为人就必须以生效的法律文件中指定的方式进行消除影响的救济。

（三）请求侵权行为向著作权人或者相关权人赔礼道歉

作为一种法律救济措施的赔礼道歉，首先表示侵权行为人承认自己的行为侵害了他人的权利，其次表示侵权行为的认错诚意，最后表示对著作权人或者相关权人的安慰，使其心理得到慰藉。

（四）请求侵权行为人赔偿因其侵权行为给著作权人或者相关权人所造成的损失

该救济措施不仅是对著作权人或者相关权人经济损失的补偿，而且也是让侵权行为人无法因实施侵权行为而取得违法所得。

关于损害赔偿的数额，我国《著作权法》给出了三种可选择的计算标准：（1）以权利人因侵权所遭受的实际损失为标准给予赔偿。这是首选标准。因为法律规定赔偿损失的主要目的就是补偿权利人因他人侵权而遭受的损失，如果权利人所受损失能够计算清楚，以此标准执行是合理的。（2）如果权利人因侵权所遭受的实际损失难以计算，则可以按照侵权行为人的违法所得为标准给予赔偿。在执行这两种标准中的任何一种时，都应当将权利人为制止侵权行为所支付的合理开支计算在内。（3）如果权利人的实际损失或者侵权人违法所得不能确定，由人民法院根据侵权行为的情节，判决给予50万元以下的赔偿。这一赔偿标准是新加入的，也称定额赔偿制度，《知识产权协定》对此有明确要求。（案例链接如右上框）

太阳神诉可口可乐广告歌曲案维权案

1999年6月，可口可乐公司在为“雪碧”饮料播放的广告中使用了《日出》的主题曲。其主题曲的旋律和歌词与太阳神集团使用的在广东版权局登记的公司企业歌曲《当太阳升起的时候》、广告歌《当太阳升起的时候》的旋律歌词基本相同。2000年4月北京市高级人民法院受理了太阳神集团对可口可乐公司的侵犯知识产权的起诉。2004年12月，北京高级人民法院的宣判结果，被告可口可乐公司被判“停止使用侵犯太阳神公司著作权词曲；在《法制日报》上就其侵犯太阳神公司的广告歌曲行为向广东太阳神集团有限公司刊登声明致歉；并支付赔偿金44.5万元、鉴定费2.5万元”。

如果侵权行为损害了公共利益，那么，著作权行政管理部门还可根据法律规定，责令侵权行为人停止侵权行为，没收违法所得，没收、销毁侵权复制品，并可处罚款；情节严重的，著作权行政管理部门还可以没收主要用于制作侵权复制品的材料、工具、设备等；构成犯罪的，依法追究刑事责任。

当事人对行政处罚不服的，可以自收到行政处罚决定书之日起3个月内向人民法院起诉，期满不起诉又不履行的，著作权行政管理部门可以申请人民法院执行。

结　　语

著作权制度是一项保护文学艺术作品以及文化传播活动所产生之创造性成果的制度，同时也是一项保护文化产业、促进经济发展的制度。迄今为止，世界上主要国家都颁布了自己的著作权保护制度。我国著作权保护制度在保护著作权人利益，促进国家文化和经济发展方面已发挥了重要的作用。从今后的社会发展来看，完善我国的著作权法，有效实施中国著作权制度，大力推进我国著作权产业，是我国加强著作权法律制度建设的必由之路。

资料链接

[1] 翟一我，陈昭宽编．版权讲座——国际版权纵横谈［M］．北京：东方出版社，1991.

[2] 中山信弘著．多媒体与著作权［M］．张玉瑞，译．北京：专利文献出版社，1997.

[3] 知识产权研究网 www. iprcn. com

[4] 国家版权局网站 www. ncac. gov. cn

思考题

1. 什么是著作权？
2. 作品受著作权保护的条件是什么？
3. 著作权人享有哪些权利？
4. 什么是相关权？相关权人享有哪些权利？
5. 著作权的限制类型有哪些？
6. 著作权转让与著作权许可使用的区别是什么？
7. 著作权侵权行为应当承担哪些法律责任？

第三章　技术创新与专利权制度

【学习目的与要求】 通过本章学习了解技术创新与专利权之间的关系，要求学生掌握专利权的概念、内容、取得专利权的条件，理解专利权的限制及法律保护。

【内容提要】 专利权是国家依法授予发明创造人享有的一种独占权；专利权的客体可以分为发明、实用新型和外观设计；专利权的取得需要经过申请和审批程序而得到；专利申请人的资格因个人发明、职务发明、合作发明、委托发明而有所不同；发明专利权人通常享有独占的实施权、许可实施权、转让权和标记权；专利权在行使时会受到一定的限制；侵犯专利权的行为应当承担民事责任、行政责任或法律责任。

【关键词】 专利权　专利权的客体　专利权的内容　专利权的法律保护

在我国建立专利制度之前，外国人总认为中国是个计划经济的国家，一家引进，百家享用，这使得他们对中国望而却步，中国很难引进先进技术。20世纪80年代初，天津要引进12英寸电视显像管生产设备及技术，外商公开说，中国没有专利制度要价就得高几倍、十几倍。在巨大的利益或市场面前，外商毫不含糊，说到做到。基于同样的道理，美国向我国转让乙烯生产技术是312万美元，而转让给实施专利制度的日本收费却只有89万美元。德国西门子公司转让给我国的工业汽轮机技术是480万美元，而转让给日本只有12万美元。之所以如此，是因为我国没有实行专利制度，外商的技术权益在中国得不到法律保护，他们只得通过要高价甚至要天价的方式，来补偿可能给他们带来的损失。[1] 后来，当我国制定和实施专利法以后，逐步解除了国际社会对中国改革开放经济发展环境的顾虑，海外对华投资与技术合作数量大幅度增长，我国由此引进了大量先进技术，推动了我国经济的快速发展。在当今社会，专利的竞争已是国际科技竞争和经济竞争的一个战略制高点。拥有专利权的数量和质量以及运用专利制度的能力和水平，已是衡量一个企业乃至一个国家或地区综合实力的重要指标。这里所讲的专利制度就是本章所要讨论的重点内容。

---

[1] 韩秀成：“中国专利史话”，载《中国知识产权报》。转引自 http：//www. sipo. gov. cn/sipo/ywdt/mtjj1/t20060113_ 64057. htm。

第一节 专利与专利权

一、专利

专利源于英文的“Patent”一词。最初是指由国王亲自签署的带有御玺印鉴的独占权利证书。在没有成文法的时代，国王的命令就是法令，只有国王才能授予独占权。所以，这种特殊的权利证书带有法律色彩。国王的这种证书的发布通过信件传递，信件不像通常那样是密封的，而是一种“敞开封口的证书”，所经之路上的任何人都可以打开看，其意义是希望所有看到这一证书的人都知道所授予独占权利的技术内容。也可以说，这种证书的内容是公开的，享有的权利是垄断的。因此，Patent 的本意即有公开和垄断双重含义。“垄断”和“公开”构成了专利的两个最基本的特征。所谓垄断，就是法律授予技术发明人在一定时期内享有独占使用的权利。所谓公开，是指发明人作为对法律授予独占使用权的回报，必须将自己的技术公诸于世。让世人有机会充分知晓专利技术，一是为了让他人在使用这一技术时尊重权利人，二是为了帮助后人超越这一技术，避免重复的技术开发。

法律意义下，“专利”一词即是指专利权，它是国家依法授予发明创造人享有的一种独占权。实践中“专利”一词有更广泛的使用。当讲到专利实施时，“专利”的含义是指一种技术方案；当讲到专利检索时，“专利”的含义是指专利文献；有时“专利”还可以是专利证书的简称。但是，“专利”最基本的含义还是指法律授予的专利权——一种完全公开的技术方案依法被授予的独占权，它同时具备“垄断”和“公开”两大基本特征。

二、专利权

专利权是国家专利主管部门依据专利法授予发明创造人或合法申请人对某项发明创造在法定期间内所享有的一种独占权或专有权。未经专利权人许可，他人不得利用该专利技术。具体来说，发明或者实用新型被授予专利权后，任何单位或者个人未经专利权人许可，都不得实施其专利，即不得为生产经营目的制造、使用、许诺销售、销售、进口其专利产品，或者使用其专利方法以及使用、许诺销售、销售、进口依照该专利方法直接获得的产品。外观设计专利权被授予后，任何单位或者个人未经专利权人许可，都不得实施其专利，即不得为生产经营目的制造、销售、进口其外观设计专利产品。专利权的内容根据专利种类的不同在表述上有所区别。此外，专利权还包括转让权、许可使用权、标记权等。

专利权具有知识产权最基本的特性，即专有性、时间性和地域性。除上述特性外，专利权还具有法定性。

> **具有竞争力的专利权**
>
> 有“蓝色巨人”之称的IBM公司，总是用创新来回应社会的新需求，是计算机硬件、软件等领域的技术领军者，在最近的12年里（截至2005年），其下属的研究院成功地取得了近3万项技术专利权，这个数字超过世界上任何一个其他工作室和个人。

专利权依法产生，尽管有些发明创造符合专利条件，但是如果不提出申请或者没有按照专利法的要求提出申请，也不能获得专利保护。专利法还将一些技术领域排除于专利保护之外，即使在这些领域中有符合专利条件的创新成果，比如动植物品种等，也不能取得专利。（实例链接如上框）

第二节　专利制度的产生与发展

一、专利制度的产生

世界上对技术发明授予独占权在公元前雅典国王时代就已开始。到了中世纪，一些西方国家的君主为了发展经济，赐予商人和能工巧匠在一定时期内免税并独家经营某种新产品的特许权。这些特许权当时尚不在国家法律制度下授予，而只是君主的个人意愿，所以，还不能称其为专利。如，1331年英王爱德华三世授予佛兰德工艺师约翰·卡姆比在缝纫和染织技术方面“独专其利”的权利。[1] 对发明授予专利最早出现在1449年，由亨利六世授予生于佛兰德的约翰（Flemish－born John）一种玻璃制造方法20年的垄断权。[2]

1474年3月19日，威尼斯共和国颁布了世界上第一部专利法。该法规定：在10年期限内，未经发明人的同意和许可，禁止他人再制造与该发明相同及相似的装置。若仿制，将赔偿专利权人金币百枚，仿制品也将立即销毁。威尼斯专利法开始了以立法形式取代由君主赐予特许权的制度。该法规定的三个基本原则，即“保护发明创造原则、专利独占原则、侵权处罚原则”，为现代专利制度奠定了基础。

1624年英国制定了《垄断法》，又称《专卖条例》。该法规定了发明专利的

---

[1] 郑成思：《知识产权法》，法律出版社1997年版，第228页

[2] 参见英国专利局对英国专利发展的介绍。“Five hundred years of patents：Origins.”，http：//www. ukpats. org. uk/patent/history/fivehundred/origins. htm.

主体、客体、取得专利的条件、专利的有效期限、专利权的限制以及宣告专利权无效的条件。英国专利法是现代专利法的始祖。

专利法是调整因发明创造的产生、利用与保护等发生的各种社会关系之法律规范的总称。专利法调整的这种社会关系决定了专利法的调整对象包括：

（1）专利法调整因确认发明创造归属而产生的各种社会关系。根据发明创造性质的不同，专利法对于职务发明、非职务发明、合作发明和委托发明等都有不同的权利归属原则。

（2）专利法调整因授予专利权而产生的各种社会关系。专利法的宗旨是保护发明创造专利权。围绕着如何进行专利申请、审查、授权，必然会产生诸多社会关系，这是专利法调整对象中最重要的一部分内容。

（3）专利法调整因保护专利权而产生的各种社会关系。保护专利独占权必须明确权利保护的期限、范围、内容及其限制，明确侵权的认定原则和承担的责任以及权利人采取法律救济的手段和途径等。由此产生的社会关系的调整决定一部专利法保护水平的高低、保护的强弱。

（4）专利法调整因利用专利权而产生的各种社会关系。专利权的利用有多种形式，包括专利权的转让、许可使用、自行实施等。特别是在专利的许可证贸易中，专利权人可以通过运用有效管理与策略，谋求最大范围的实施和许可受益。而专利法之于专利的利用，必须在考虑专利权人的利益的同时，还要防止专利权人滥用权利限制公平竞争，保护专利实施过程中的公众利益。因此，对专利权人权利行使的法律的限制同样是专利法的重要任务。

专利法律关系的构成同其他法律关系一样包括主体、客体、内容三要素。

专利法律关系的主体，是指法律关系的实际参加者，也就是在具体法律关系中享有权利并承担义务的人或组织。我国专利法赋予自然人、法人和其他组织以取得专利权的主体的资格，具体是指发明创造完成人、专利申请人、专利权人；而社会上的任何单位和自然人也是专利利用过程中的行为主体。

专利法律关系的客体是指行为主体的权利义务所指向的对象，也就是专利法所保护的发明创造，具体是指发明、实用新型和外观设计三类发明创造。

专利法律关系的内容是指权利主体依法享有的权利和承担的义务。我国专利法规定了发明人和设计人、专利申请人、专利权人应享有的各种权利，同时也规定了他们应尽的义务，以保持权利的有效性和社会公众的利益。

二、专利制度的普遍建立

17～18世纪，资本主义经济迅速发展，出现了现代化大生产，这使得新技术的使用成了最有效的竞争手段。新技术的拥有者极力要求国家对自己的技术予以保护，专利制度也就在世界范围内广泛发展起来。

美国于1776年独立，1790年制定了第一部专利法。法国1791年颁布了专利法。随后，俄国于1814年、荷兰于1817年、西班牙于1820年、印度于1859年、德国于1877年、日本于1885年都先后实行了专利保护制度。迄今为止，世界上已有160多个国家和地区制定了专利法，专利制度在世界范围内成为最为广泛应用的制度之一。

三、我国的专利制度

我国最早有关专利的法规是1898年清朝光绪皇帝颁发的《振兴工艺给奖章程》，其中规定：对于不同的发明新方法及新产品，可以给予50年、30年、10年的专利。辛亥革命后，工商部于1912年公布了《奖励工艺品暂行章程》，规定对发明或者改良的产品，除食品和医药品外，授予5年以内的专利权或者给予名誉上的褒奖。1932年，一部比较完善的《奖励工业技术暂行条例》诞生了，该条例规定了奖励、审查、颁证的方式方法、条件、审查规定、承办机构等具体内容。1939年修改时，又增加了“新型”和“新式样”两种专利，即现在所说的“实用新型”和“外观设计”专利。

我国历史上第一部正式的专利法是1944年5月29日由当时的国民党政府颁布的专利法。该法规定，对发明、新型和新式样授予专利权，期限分别是15年、10年、5年。这部专利法解放前没有施行，后于1949年1月1日在我国台湾地区施行。该法经多次修改一直在我国台湾地区沿用至今。

新中国建立后，中央人民政府政务院于1950年8月颁布了《保障发明权与专利权暂行条例》。该条例采用了前苏联的发明证书和专利证书的双轨制。1954年又批准颁布了《有关生产的发明、技术改造及合理化建议奖励暂行条例》。获得发明证书的，依条例颁发奖金。在1953年至1957年期间，共批准了4件专利和6件发明人证书。1963年11月，上述条例被废止，国务院颁布了新的《发明奖励条例》，由发明奖励制度取代了发明保护制度。此后的20年内我国再也没有考虑建立专利制度。

1979年3月，为适应改革开放形势的需要，我国开始专利立法的准备工作。1980年1月，国务院批准了国家科委《关于我国建立专利制度的请示报告》，成立了国家专利局。1984年3月12日，《中华人民共和国专利法》经第六届全国人民代表大会常务委员会第四次会议审议通过，并于1984年3月20日公布，该法于1985年4月1日起正式施行。这部专利法的诞生，标志着我国专利制度的开始。为了适应国家经济发展的需要，顺应专利制度国际化的趋势，我国于1992年9月4日第七届全国人民代表大会常务委员会第二十七次会议上通过了

《关于修改〈中华人民共和国专利法〉的决定》，进行了《专利法》的第一次修改。修改后的《专利法》于1993年1月1日起施行。到了2000年，为了适应加入世界贸易组织的需要，我国根据《知识产权协定》的要求对《专利法》作了再次修改，2000年8月25日第九届全国人民代表大会常务委员会第十七次会议通过了《关于修改〈中华人民共和国专利法〉的决定》，该决定于2001年7月1日起施行。修改后的我国《专利法》符合了《知识产权协定》的基本要求，同时也使我国专利权的保护水平上了一个新的台阶。

四、专利制度的作用

（一）激励创造，推动科技进步

专利制度的作用在于授予创新者在一定期限内的排他独占权，从而使得权利人可以通过转让、许可使用、实施生产等方式，获取经济利益、收回投资，这样才有继续研究开发的积极性和物质条件保证，从而进一步激励创新。美国前总统亚伯位罕·林肯曾经说过："专利制度给天才之火添加了利益的柴薪。"这句经典名言是对专利制度所具有之激励功能的精辟概括。另一方面，激励理论也是许多国家建立专利制度的理论基础。该项理论的基本含义是：人们进行研发活动需要智力、精力、物力和财力的投入，由此而产生的发明创造成果实际上是此"四力"之结晶；专利制度给发明者授予专利权，使其在法律规定的时间内享有排他的独占权，以便其收回研发投资，并获得应有的利润，从而刺激人们的创造热情。（实例链接如右上框）

> **专利权推动缝纫机产业的发展**
>
> 1930年，法国人契莫涅发明了世界上第一台缝纫机。但遗憾的是，该技术没有申请专利，未能实施。多年后，美国人赫威也发明了缝纫机，并申请了专利，且将其转让给一位叫胜佳的制造商。该技术的实施不仅使胜佳生意兴隆，而且使赫威成为世界缝纫机大王。从此，开拓了一个新兴的行业。目前，在世界范围内，缝纫机专利已经有几万件之多了。

（二）创造无形财产，提升利益资源

专利许可证已经成为国际贸易的重要内容，几乎每一项货物贸易和服务贸易都包含有知识产权的贸易，专利许可也经常与商标的许可捆绑在一起加入贸易之中。专利技术作为无形的财产可以给专利权人带来巨大的利益，专利许可证贸易已经成为企业收益及国家经济的重要部分。

（三）利用专利文献，提高创新起点

专利的两大特点是垄断与公开。专利权人获得垄断权的前提是必须将发明创造的全部内容向社会公开。这些公开的技术信息，对再创造具有极为重要的作

用。人们在科学研究之前，可以充分利用这些信息，准确把握国内外的发展现状，避免重复研究、节约费用。据世界知识产权组织介绍，全世界90%的新技术来源于公开的专利文献，专利文献是一个巨大的信息库。充分利用这一资源，可以提高研究与开发的起点和效率。

（四）保护投资，提升市场竞争力

科学技术的发展需要新的投入才能有新的突破。一项科技成果的取得，需要经过基础研究、应用研究、开发研究的复杂过程，需要大量的投入和付出艰辛的劳动。给发明创造者以独占权，会吸引投资者对那些研发周期长、市场风险大的技术领域进行研发投入。例如，一种新药需要花费十几年的时间和几亿美元的经费才能从研制开发到生产直至上市。而这种经济学上所谓的“易逝财产”的科技成果极易被仿制，难以控制。在当今的信息时代，这种现象就更严重，愈是有市场前景的智力成果，就愈是容易被任意仿制或剽窃。因此，有一个良好的专利法制环境可以保障投资人充分享有由此所产生的合法利益，维护有序的市场竞争优势。专利制度是规范产业竞争与利益分配的一种法律制度，也可以说它是既得利益者保护其市场地位的工具。（实例链接如上框）

> **盘尼西林的故事**
>
> 盘尼西林是亚历山大·弗雷明1929年发明的。他决定不采用专利保护，以便让世人无偿使用。但由于没有专利保护，制造商不愿投资去提纯这种药品及开发制造技术。直到14年后，第二次世界大战中，这项有价值的技术才由于战争的需要得以开发应用。

（五）先入为主，防御竞争对手

在全球经济模式下，拥有更多的专利已经成为跨国公司竞争的砝码。许多公司认为，专利的价值已不在于专利的许可获利，更重要的是，专利是与竞争对手抗衡的谈判砝码，是获得控制相关技术的垄断工具。企业至少可以通过专利的交叉许可，避免与竞争对手的专利冲突，降低专利侵权风险。专利的先申请原则也被利用来部署防卫性专利，而且已经成为企业专利战略的重要部分。

第三节　专利权的客体

专利法保护的对象，通常也称专利权的客体。就我国专利法而言，专利法所保护的对象为发明创造，即发明、实用新型和外观设计，见表3-1。

一、发明

专利法所指的发明是指对产品、方法或者其改进所提出的新的技术方案。对于自然定律的发现、抽象的智力活动规则等不能算作发明，如陈景润的数学发现、史丰收的速算方法以及不可实现的永动机等都不能申请专利，因为它们都不是一种技术方案。专利法所说的技术方案不一定要达到至善至美的程度，有些在学术上暂时找不到依据、理论上暂时讲不清的发明，或者还没形成工业产品，只要具备实施可能性，这些科学技术成果即可申请专利。所以，专利法上所指的发明与通常人们理解的广义上的发明是有区别的。

（一）根据发明的定义，可以将发明分为两大类：产品发明和方法发明

1. 产品发明

产品发明是指人工制造的具有特定性质的有形体，如机器、设备、仪表、物质等发明。未经人的加工、属于自然状态的东西不能作为产品发明，如天然宝石、矿物质。产品发明取得专利后称为产品专利。产品专利之效力可以排斥他人用不同方法生产同样的产品。

2. 方法发明

方法发明是指把一种物品变为另一种物品所使用的或制造一种产品的具有特性的方法和手段。《专利法》所说的方法可以是化学方法、机械方法、通讯方法及工艺规定的顺序来描述的方法。方法发明取得专利权后，称为方法专利。我国1985年专利法对方法专利的保护只涉及其方法本身，不延及用该方法制造的产品。修改后的专利法把方法专利的保护延及用该专利方法直接获得的产品，即未经专利权人许可，他人不得使用其专利方法以及使用、许诺销售、销售、进口依照该专利方法直接获得的产品。

（二）从另一角度对发明进行分类，还可以将发明分为下列各类

1. 首创发明

首创发明又称开拓性发明。这是一种全新的技术解决方案，在技术史上未曾有过先例，它为人类科学技术的发展开创了新的里程碑，如指南针、蒸汽机、白炽灯、电话、数字印刷等发明。

2. 改进发明

改进发明是指在现有技术的基础之上，在保持其独特性质的条件下，又改善了其性能，使之具有新的功效的技术方案。人类的进步总是离不开前人的成功经验，科学的发展也使得发明涉猎的知识越来越广。所以，多数发明都属于改进发明。如各种霓虹灯就是在日光灯基础上的改进发明。改进发明可以构成新专利，但是在利用改进发明时，需要经过在先的基础发明专利权人的授权。

3. 组合发明

组合发明是指将已知的某些技术特征进行新的组合，以达到新的目的的一种技术解决方案。如将发动机、轮胎、车厢、方向盘组合在一起，构成一种交通工具，使之产生了与原来各个特征完全不同的技术效果。组合发明中的不同组件可能都是已知的公开技术，但是组合之后会产生新的功能和效果从而具备专利性。

4. 应用发明

应用发明是指将某一技术领域的公知技术用于某一新的领域的发明。这种新应用会产生意想不到的技术效果。如听诊器是用在人体上的诊断器具，如果某人将其用于树木的诊断，可以得知树木的年轮、病虫害等信息，这就是人们意想不到的应用发明。应用发明可能对现有产品没有任何改变，仅是应用领域和使用方法的不同。

5. 选择发明

选择发明是指从许多公知的技术解决方案中选出某一技术方案的发明。这种发明一般是在很宽的专利保护范围内作出的某一点的选择发明，是在化学领域中，特别是在有关配方含量、温度、压力等数值范围的现有技术中比较常见的一种发明形式。例如，在温度50℃～100℃时，A 物质的产量通常是恒定增加，但若在70.5℃时，A 物质的产量有明显的大幅度增加，出现一个峰值。在这一点上可能构成选择发明，尽管还是在原来专利保护的数值范围之内，但是效果有明显不同，可以构成新的专利。

二、实用新型

专利法所称的实用新型，是指对产品的形状、构造或者其结合所提出的实用的新的技术方案。实用新型专利在技术水平上低于发明专利，所以人们又称之为“小发明”或“小专利”。世界上对实用新型的保护始于19世纪的英国，但将其作为一种单独的工业产权保护形式则始于德国。目前世界上对实用新型专利采取保护的国家不多，有德国、日本等。我国立法之初，考虑到科学技术水平还较低，所以给这种“小发明”以专利保护。

根据实用新型的定义，它应具备以下两个特征：

（1）它必须是一种产品，该产品应当是经过工业方法制造的占据一定空间的实体。方法发明创造、用途发明创造以及非经人制造的自然存在的物品都不属于实用新型专利的保护范围。

（2）它必须是具有一定形状和构造的产品。产品的形状是指产品具有的、可能从外部观察到的空间形状。没有固定形态的物质，像气体、液体、面粉、砂

糖等都不视为具有形状。产品的构造是指产品的各个组成部分的安排、组织和相互关系。（知识链接如右框）

不能申请实用新型专利的情况

在审查实践中，下列情况不能申请实用新型专利：(1) 各种方法、产品的用途；(2) 无确定形状的产品，如气态、液态、粉末状、颗粒状的物质或材料；(3) 单纯材料替换的产品，以及用不同工艺生产的同样形状、构造的产品；(4) 不可移动的建筑物；(5) 仅以平面图案设计为特征的产品，如棋、牌等；(6) 由两台或两台以上的仪器或设备组成的系统，如电话网络系统、上下水系统、采暖系统、楼房通讯空调系统、数据处理系统、轧钢机、连铸机等；(7) 单纯的线路，如纯电路、电路方框图、气功线路图、液压线路图、逻辑框图、工作流程图、平面配置图以及实质上仅具有电功能的基本电子电路产品（如放大器、触发器等）；(8) 直接作用于人体的电、磁、光、声、放射或其结合的医疗器具。

三、外观设计专利

专利法所称的外观设计，是指对产品的形状、图案或者其结合以及色彩与形状、图案的结合所作出的富有美感并适于工业应用的新设计。

根据外观设计的定义，外观设计专利应具备下列条件。

（一）与产品相结合

产品是指任何用工业方法生产出来的产品，不能重复生产的手工艺品、农产品、畜产品、自然物不能作为外观设计的载体。外观设计应是对产品外表所作的设计，它不是单纯的美术作品。

（二）是关于产品形状、图案和色彩或其结合的设计

形状是指立体或平面产品外部的点、线、面的转移、变化、组合而呈现的外表轮廓。图案是指将设计构思所产生的线条、变形文字进行排列或组合并通过绘图或其他手段绘制的图形。色彩是指用于产品上的颜色或者颜色的组合。产品的色彩不能独立构成外观设计，它必须与产品结构和图案组合。外观设计可以是立体的，也可以是平面的。

（三）富有美感

这首先意味着具有视觉可见性。至于何谓美感，由于不同人的生活环境、修养、爱好和习惯不同，其审美观也不同，故一般只要不违反社会公德，能为大家所接受即认为其具有美感。

（四）适于工业上应用的新设计

外观设计是对工业产品的设计，不是艺术品，因此要求能够进行工业化批量生产。新设计是指该外观设计是一种新的设计方案，在现有技术中找不到与之相同或相近似的外观设计。

表 3-1　　我国专利法规定的保护类型

专利的种类	定　义	实　例
发明	对产品、方法或者其改进所提出的新的技术方案	人工合成胰岛素、杂交水稻培育方法等
实用新型	对产品的形状、构造或者其结合所提出的实用的新的技术方案	苍蝇拍、灭蚊灯等
外观设计	对产品的形状、图案或者其结合以及色彩与形状、图案的结合所作出的富有美感并适于工业应用的新设计	钟表的外观图案、家具的外观图案等

四、专利法不保护的对象

并非所有的发明创造都能被授予专利，在专利权的保护对象的边界的确定上更多考虑的是国家利益和产业发展现状。事实上，没有一个国家对所有的发明创造都给予专利保护。我国专利法也规定了专利法保护的排除客体，不授予专利权的发明创造可分为以下三类。

（一）违反国家法律、社会公德或者妨害公共利益的发明创造不能取得专利权

违反国家法律、社会公德或者妨害公共利益的发明创造不能授予专利权，因为这些发明创造对社会没有进步作用，违背专利法的宗旨，有些甚至属于犯罪工具，对人民群众的生命财产构成重大威胁，如伪造货币的机器、赌博用具、盗窃用具等。

（二）不属于发明的项目不能被授予专利权

有些科研成果，不是技术方案，不属于专利法所说的发明创造，它们一般不具备创造性或实用性。

1. 科学发现

这是指对自然界中客观存在的未知物质、现象、变化过程及其特性和规律的揭示。虽然这也是一种智力劳动成果，但它属于人们对物质世界的认识，不具有发明创造必备的技术性，不是对客观世界的改造而提出的一种技术方案。例如，哈雷彗星的发现、牛顿万有引力的发现等。

2. 智力活动的规则和方法

这是人的大脑进行精神和智能活动的手段或过程，不是自然规律的利用过程，更不是一种技术解决方案。例如，速算法、游戏方案、生产管理方法、比赛规则、情报检索法、乐谱等都不能获得专利权。但是，进行这类智力活动的新设备、新工具、新装置，如果符合专利条件，是可以取得专利权的。计算机程序是

一种为了得到某种结果而由计算机执行的代码化指令序列，是一种科学算法的表达形式的集合，它所体现的是一种智力活动的规则，因而纯粹的计算机软件不能授予专利权。但是，如果把计算机程序输入计算机，将其软件和硬件结合运行之后，构成一种技术方案，能够实现某种技术目的，达到某种技术效果，就可以授予专利权。（实例链接如上框）

> **“中国年历星期六的色彩表示方法”不得申请专利**
>
> 申请人吴某于1995年4月17日向专利局提出名称为“中国年历星期六的色彩表示方法”的发明专利申请。其在申请文件中述及该发明的主题：“本发明涉及文化领域。具体涉及中国年历中星期六的表示方法。”在其所提交的说明其专利保护范围的权利要求书中包括下述两项权利要求：“（1）一种中国年历星期六的色彩表示方法，其特征在于中国年历中的星期六及其所涉及的公历数字、农历数字、文字可用红色表示，或者用色相为红调子的颜色表示，如橙红色、紫红色等。（2）根据权利要求（1）所述的中国年历星期六的色彩表示方法，其特征在于红色的色相在光谱中波长为700nm的色泽为标准红色。通过加入黄色调至橙红色，加入蓝色调至紫红色。形成色相为红调子的颜色。”专利局实质审查部门认为，该专利申请说明书属于《专利法》第25条第（2）项所规定的“智力活动的规则和方法”，故不能被授予专利权，并于1997年12月11日驳回了该申请。

3. 疾病的诊断和治疗方法

这是直接以有生命的人体或动物作为直接实施对象，进行识别、确定或消除疾病的过程，无法在产业上进行制造或使用，不具备专利法所说的实用性。如西医的外科手术方法、中医的针灸和诊脉方法都不属于专利法所说的发明创造，但是诊断和治疗疾病的仪器设备可以申请专利。

（三）某些特定技术领域的发明不能取得专利权

1. 动物和植物品种

动物和植物品种是有生命的物体，对动植物品种不给予保护，主要基于“自然生成的动植物，是大自然的产物，不属于人类的发明创造”的观点；对于人工培育的动植物品种由于必须经过较长时间的、几代的筛选，品种的性状才具有显著性、稳定性，特别是植物，它们的繁殖受光照、温度、水土等自然条件的影响很大，专利审批困难，所以不适用专利法保护。国外一般采用专门法保护。1997年10月1日起，我国开始实施《中华人民共和国植物新品种保护条例》（以下简称《植物新品种保护条例》），由国务院农业和林业行政部门共同负责植物新品种保护权的申请受理和审查授予工作。但是，微生物品种以及动物和植物品种的生产方法，可以依照我国专利法给予保护。

2. 用原子核变换方法获得的物质

用原子核变换方法所获得的物质，主要是指用加速器、反应堆以及其他核反应装置生产、制造的各种放射性同位素。对这类物质不但我国专利法不给予保护，世界其他各国一般也都不给予保护。这主要基于两点理由：一是变换核方法如果缺乏安全生产手段，会给国家和人民利益带来危害，而且也不具备专利法所要求的实用性；二是核物质可以用于制造核武器，直接涉及国家安全，为了发展本国的原子工业及防止国外原子武器的垄断，不宜给予专利保护。但是，实现核变换方法的各种设备、仪器及其零部件等，均可以被授予专利权。

第四节　授予专利权的条件

关于各类发明创造取得专利权的条件，各国法律的规定都有所不同，下面结合我国《专利法》的规定分别予以论述。

一、发明专利和实用新型专利的授权条件

发明专利和实用新型专利的授权条件有多方面的规定，主要的构成要件是新颖性、创造性和实用性，即所谓的“三性”标准。

（一）新颖性

发明专利和实用新型专利的新颖性要求是相同的。新颖性，是指在申请日以前没有同样的发明或者实用新型在国内外出版物上公开发表过，没有在国内公开使用过或者以其他方式为公众所知，也没有同样的发明或者实用新型由他人向专利局提出过申请并记载在申请日以后公布的专利申请文件中。

新颖性的时间标准是以申请日划定的，凡是在申请日以前已经有相同的发明创造，由他人完成并公开或者发明人自己公开，如在新闻发布会、科研鉴定会、展览会上披露了该发明创造的实质性内容，都会丧失新颖性，不能再申请专利。但在申请日当天公开的技术内容不属于专利法所说的现有技术。

新颖性的地域标准按公开的方式可划分下列四种情况。

1. 出版物公开

这是指那些在正式出版物上已经记载了同样发明创造的情况。出版物公开的地域标准是全世界范围内，属于“绝对新颖性”，不论在世界哪个地方，只要在申请日以前找到相同发明创造在出版物上有过记载，该发明创造即不具有新颖性。这里所说的“出版物”，具有广泛的内容，它不仅指一般的书籍、杂志、专利文献、正式公布的会议记录和报告、报纸、产品目录及样本等纸件出版物，还包括缩微胶片、影片、照片、唱片、磁带、软盘、光盘等其他载体的出版物。对于一些标有“内部资料”字样的期刊，只要能为不特定的人获得，也认为是公

开出版物。

2. 使用公开

由于使用导致一项或者多项技术方案的公开或者处于任何人都可以使用该技术方案的状态，这种公开方式称为使用公开。即使所使用的产品或者装置需要经过破坏才能得知其结构和功能，也仍然属于使用公开。使用公开的地域标准仅限于我国国内，属于“相对新颖性”。在国外的使用不算作公开。

3. 其他方式公开

这是指那些能为公众所知的其他公开方式。它主要是指口头公开，如口头交谈、报告、讨论会发言、广播、电视播放以及科研鉴定、科研总结、设计文件、图纸、橱窗展示、展览、展销广告等方式。这种方式公开的地域标准也限于我国国内，在国外的这种公开方式不对新颖性构成威胁。

4. 抵触申请

这主要是指他人在申请日以前已经以相同发明或者实用新型向专利局提出过申请，并在申请日之后公布的情况。出现抵触申请时，视先申请案为后申请案的现有技术，故后一申请不具备新颖性。但如果前一申请没有公开而中止申请，则不属于抵触申请。抵触申请仅指由他人在申请日以前提出的，不包括他人在申请日提出的，也不包括申请人本人在申请日以前提出的同样的申请。

我国专利制度从一开始就采用了混合新颖性标准，也就是对出版物类型的现有技术采用绝对标准，即专利申请日之前世界上任何地方的公开出版物均构成影响新颖性的现有技术；而对公知公用类型的现有技术采用相对标准，即专利申请日之前仅仅只有在中国发生的公知公用行为才构成影响新颖性的现有技术。现在，专利法国际协调的趋势是对两种类型的现有技术均采用绝对新颖性标准。我国现行专利法对新颖性标准的定义方式也与国际上普遍采用的定义方式不同。在下一次专利法的修改中，有必要考虑改变我国专利法关于新颖性标准表达方式的问题。

（二）创造性

发明专利和实用新型专利的主要区别就在于创造程度不同，所以专利法对发明专利和实用新型专利的创造性作了分别规定：同申请日以前的已有技术相比，对于发明专利，应具有突出的实质性特点和显著的进步；对于实用新型专利，应具有实质性特点和进步。两种专利创造性的区别在于“实质性特点”是否突出以及“进步”是否显著。

（1）“突出的实质性特点”是指发明与现有技术相比具有明显的本质区别，对于发明所属技术领域的普通技术人员来说是非显而易见的，不能直接从现有技术中得出构成该发明全部的必要技术特征，也不能够通过逻辑分析、推理或者试验而得到。“显著的进步”是指从发明的技术效果上看，与现有技术相比具有长足的进步，它表现在发明解决了人们一直渴望解决，但始终未能获得成功的技术难题，或者该发明克服了技术偏见，提出了一种新的研究路线，或者该发明取得了意想不到的技术效果，以及代表某种新技术趋势。

（2）对于实用新型专利来说，它的创造性标准比发明要低，只要与现有技术相比有所区别（即具备了实质性特点）并具有进步，即可认为具备创造性。

我国现行专利法关于创造性标准的规定方式与国际上普遍接受的规定方式也有所不同，多数国家利用同领域的普通技术人员的“非显而易见性”来判断一项专利申请的创造性，专利局在创造性标准的实际掌握尺度上基本上与其他国家保持一致。鉴于这种情况，有必要考虑第三次修改专利法时采取国际上通行的创造性标准表达方式。（知识链接如右框）

创造性的判断

实践中，我国常以下列标准作为衡量发明是否具有创造性的参考：

（1）开拓性发明创造；

（2）发明创造解决了人们长期希望解决但始终未能获得成功的技术难题；

（3）发明克服了技术偏见；

（4）发明取得了预料不到的技术效果；

（5）发明在商业上获得成功。

（三）实用性

实用性，是指该发明或者实用新型能够制造或者使用，并且能够产生积极效果。一般具备下列条件即认为具有实用性。

1. 工业实用性

这里的工业是广义上的概念，它包括农业、矿业、林业、水产业、运输业、交通业等各个行业。一项发明或实用新型只要在任何一个工业部门能够制造或使用，即具有工业实用性。相反，在申请文件中缺少全部或部分实施该发明创造的必要技术方案，或是违反自然规律的空想，便不具有这种实用性。

2. 重复再现性

这是指所属技术领域的技术人员，根据申请文件公开的内容，能够重复实施专利申请案中的技术内容，这种重复实施，不依赖任何随机因素，并且实施结果是相同的。像南京长江大桥的整体建筑，这种在特定地理位置上的技术方案就不具有重复再现性。

3. 有益性

专利技术实施后应能产生积极效果，具有良好的技术、经济和社会效益。明显无益、脱离社会需要、严重污染环境、严重浪费能源或者资源、损害人身健康的发明创造不具备实用性。

二、外观设计专利的条件

授予专利权的外观设计，应当同申请日以前在国内外出版物上公开发表过或者国内公开使用过的外观设计不相同和不相近似，并不得与他人在先取得的合法权利相冲突。从这一定义可以看出，外观设计专利应具备下列条件。

（一）与现有的外观设计不相同

这一条件实际上要求的是新颖性问题，判断新颖性的时间标准是申请日，地域标准与公开的方式有关：对于出版物公开，是在世界范围内已有记载过相同的外观设计，属于“绝对新颖性标准”；对于使用公开，仅限于国内，即没有相同或相近似的实物公开销售或使用，属于“相对新颖性标准”，这一点与发明专利和实用新型专利的规定一致。值得指出的是，外观设计是附着于产品的，其法律保护的效力也仅及于同类产品，如果是相同的设计用于不同类产品之上，不认为是相同的外观设计，只有产品相同设计也相同的，才称为相同的外观设计。

（二）与现有的外观设计不相近似

这一条件实际上涉及的是创造性问题。它是指与现有的外观设计相比具有明显的区别，“不相近似”的判断不是指申请外观设计的产品与已公开过的产品是否相近似，而且指与申请日以前公开过的产品的形状、图案、色彩所引起的美感或视觉是否相近似。这里不问外观设计产品的制造方法和内部结构是否相同或近似，仅指其整体外观和美感效果。对于相近似的判断，也是指在同一类产品基础上的形状、图案、色彩的相近似，在不同类产品上相近似的设计不属于相近似的外观设计。

（三）不得与他人在先取得的合法权利相冲突

这是专利法第二次修改后加入的内容。他人在先取得的合法权利，是指在外观设计专利申请日前，专利申请人以外的人已经取得了的合法权利。比如，专利申请人要把一件摄影作品申请为某产品的外观设计专利，那么这里的摄影作品的著作权对该专利申请而言，就是在先取得的合法权利。如果未经著作权人的许可使用其作品申请外观设计专利，则该外观设计申请与他人在先取得的合法权利就发生了冲突，根据专利法的规定，将不会被授予外观设计专利权。专利法作这样的规定，是为了减少专利权与在先权利的冲突。

三、丧失新颖性的例外

上述三种专利新颖性均以申请日作为时间划分的标准，但专利法对有些在申请日以前公开的情况，作出了不丧失新颖性的例外规定。

（1）在中国政府主办或者承认的国际展览会上首次展出的发明创造，在展出之日起6个月内申请专利的，可认为不丧失新颖性。中国政府主办的国际展览会，包括国务院、各部委主办或国务院批准由其他机关或者地方政府举办的国际展览会。

（2）在规定的学术会议或者技术会议上首次发表的发明创造，在发表后6个月内申请专利的，不丧失新颖性。这里说的学术会议或技术会议是指国务院有关主管部门或者全国性学术团体组织召开的学术会议或者技术会议，不包括省以下或者受国务院各部委或者全国性学会委托或者以其名义组织召开的学术会议或技术会议。

（3）他人未经申请人同意而泄露发明创造内容的，申请人于泄露之日起6个月内申请专利仍可认为不丧失新颖性。他人未经申请人同意对发明创造所作的公开，包括他人未遵守明示的或者默示的保密信约而将发明创造的内容公开，也包括他人用威胁、欺诈或者间谍活动等手段，从发明人或者经其告诉而得知发明创造内容的任何其他人那里，得知发明创造的内容而后公开。上述情况的公开都违反申请人的意愿，是非法的公开。

第五节　专利申请人

专利申请人是指可以申请专利的人。我国专利法规定自然人、法人和其他组织都可以申请并获得权利，而对于不同主体又有不同的资格条件和相应的权利义务。

一、非职务发明创造的专利申请人

所谓非职务发明创造，是在本职工作或者单位交付的工作之外，完全依靠自己的物质技术条件作出的发明创造。非职务发明创造，申请专利的权利属于发明人或设计人。所谓发明人，是指对发明或者实用新型的实质性特点作出创造性贡献的人。在完成发明或者实用新型过程中，只负责组织工作的人、为物质条件的利用提供方便的人或者从事其他辅助工作的人，诸如管理人员、实验员、描图员等不应当认为是发明人或设计人。

作为发明创造这一无形财产的创造者，发明人或设计人理应有权申请专利并获得专利权。但是，如果发明人或设计人的创造活动是在其为某个法人单位或其他组织履行其职务完成的，则不具备专利申请人资格。发明人或设计人作为申请人是有条件限制的，只有非职务（或非雇员）发明创造的发明人或者设计人才能作为专利申请人。发明人或设计人只能是自然人，不能是法人或其他组织。不能在专利的请求书中将发明人一栏填写“某课题组”“某单位”等。发明人或设计人享有署名权、获得奖励权和获得报酬权。署名权是一种人身权，不能转让、继承，永远归属于发明人或设计人。发明人或设计人也可以请求专利局不公布其姓名。

如果发明创造是由二人或二人以上共同完成的，那么这些人就互为共同发明人或设计人。判断共同发明人或设计人的标准也是看其是否对发明创造的实质性特点作出了创造性的贡献。共同发明人或设计人的权利和义务是相等的，排名前后没有实质上的影响。

二、职务发明的专利申请人

职务发明创造也被称为“雇员发明”。对这类发明创造来说，申请专利的权利不属于发明人或设计人，而是其所在的单位。但是发明人或设计人的地位不会改变。作为职务发明的发明人或设计人一般都与有权申请专利的单位有劳动雇佣关系。根据法律或企业的劳动合同，职工只要是受雇于某单位，不管是临时雇佣还是长期雇佣，只要单位给付了劳动报酬，就成立了雇佣关系。因而，雇员履行职务所作出的发明，都是职务发明，申请专利的权利自然属于雇佣单位。

依我国专利法，执行本单位的任务或者主要是利用本单位的物质技术条件所完成的发明创造为职务发明创造。按照这一规定，可以得出职务发明的以下构成条件。

(一)“执行本单位的任务”一般可以分为三种情况

1. 属于本职工作范围内的发明创造

本职工作的判断可以参照劳动合同、工作人员的职务、责任范围和工作目标，一般不考虑所学的专业。例如，某人是学无线电专业的，现任职务是无线电厂的厂长，他的职责是工厂的经营与管理，不是搞产品设计，所以他搞出的电子类发明创造并不一定都属于本职工作范围，要根据具体情况处理。

2. 履行本单位交付的本职工作之外的任务所作出的发明创造

这一般是指单位短期或临时下达的工作任务，如合作开发、组织攻关、接受委托研究等。在这些工作任务完成中所产生的发明创造与单位的宏观指导、具体方案的制订、责任的承担以及必要的物质条件密切相关，所以，应该属于职务发明创造。

3. 退职、退休或者调动工作后一年内作出的，与其在原单位承担的本职工作或者分配的任务有关的发明创造

实践中经常出现如何判断离开单位的时间以及如何判断发明创造完成的时间的困难。比如，某人从甲单位辞职到乙单位，提出辞职报告，甲单位没有批准，该人不辞而别，到乙单位1年半后申请一件与原来在甲单位的工作任务相关的专利，但是甲单位在该人离开8个月才将其除名。如果双方都不能证明该专利申请

内容完成的时间，就只有将专利申请日视为完成日。于是，按照甲单位除名时间计算距离完成日不足1年，应当属于甲单位的职务发明；按照实际到乙单位工作的时间计算，则应当属于乙单位的职务发明。实践中判断是属于1年内还是1年外，还应根据发明创造完成的证据以及实际领取相应职务的工薪时间。在人才流动已经非常普遍的情况下，为了避免日后的纠纷，最好通过劳动合同明确约定相关条款。

（二）对“主要是利用本单位的物质技术条件”的理解

物质技术条件是指资金、设备、零部件、原材料或者不对外公开的技术资料等。其中不对外公开的技术资料包括技术档案、设计图纸、新技术信息等。单位图书馆或资料室对外公开的情报、资料，不包括在内。上述物质技术条件应当是完成发明创造所不可缺少的条件。少量的利用或者对发明创造的完成没有实质性帮助的对单位物质技术条件的利用，不应属于专利法规定的这种情况。对于利用物质条件达到什么程度，才算是对发明创造的完成起了“主要的”作用，还应根据具体情况作出判断。除此以外，对于单位提供的学习、考察、进修机会等其他帮助，在实践中也应考虑它们是否与所完成的发明创造有直接关系，否则不应考虑。（实例链接如上框）

“组合式防旋转髓内针”实用新型专利归属案

1989年前后，北京军区Z医院骨科工作人员胥某、李某等人经过多次研究、实验及临床应用，在时任H大学力学系教授的华某及此前曾在该医院骨科进修的张某的参与下，研制成功了“组合式防旋转髓内针”，Z医院将该技术申请了实用新型专利并获得授权，专利证书载明的设计人为李某、华某、胥某，该实用新型专利后因Z医院未按时缴纳年费于1995年12月31日被提前终止。1994年12月28日，李某、张某、华某及案外人邹某共同申请了在“组合式防旋转髓内针”实用新型专利的基础上增加具有自锁功能部件的“组合式自锁防旋转髓内针”发明专利，并于2002年5月8日获得授权，李某、张某、华某及邹某为该专利的权利人和发明人。2003年，Z医院指控李某、张某、华某擅自将Z医院的技术成果申请专利，主张“组合式自锁防旋转髓内针”发明专利（以下简称争议专利）属于李某等人的职务发明成果，专利权人应为Z医院。法院终审判决认为，综合考虑涉案专利技术成果的完成与临床实践具有密切关系这一特点，应认定涉案专利的完成主要是利用了Z医院的物质技术条件。张某、华某不能提供其与Z医院就利用对方物质技术条件进行涉案专利研发的问题曾建立委托开发或合作开发关系的证据，故在涉案专利的完成主要是利用Z医院物质条件的情况下，二人无权以自己并非Z医院的工作人员为由主张对涉案专利享有专利权。原审判决认定二人均为涉案专利的专利权人是错误的。改判撤销一审判决，确认涉案专利的专利权归Z医院享有。（北京市高级人民法院［2004］高民终字第899号）

如果仅仅使用了单位的物质条件，如实验室、仪器、设备等，但单位与发明人或设计人订有合同，对申请专利的权利和专利权的归属作出了约定，应从其约定。发明人或设计人向单位交付设备使用费的，也有可能除外，一般依照合同约定。“本单位”也包括临时受雇单位。

三、合作发明创造与委托发明创造的专利申请人

两个以上的单位或者个人合作完成的发明创造属于合作发明创造；一个单位或者个人接受其他单位或者个人委托所完成的发明创造属于委托发明创造。这两种情况，一般应当按协议约定申请专利的权利。如果没有约定，申请专利的权利属于完成或者共同完成的单位和个人，即属于对发明创造作出创造性贡献的一方。

四、外国人的专利申请资格

在中国设有经常居所的外国人在中国申请专利时，依照其所属国同中国签订的协议或者共同参加的国际条约，或者依照互惠原则，依中国专利法办理。无国籍的人不能在我国提出专利申请。

第六节　专利权的申请与审批

专利权不能自动取得，发明人如果想取得专利保护，必须依专利法的规定向国务院专利行政部门提出专利申请，并接受审查。对经审查合格的专利申请，国务院专利行政部门才授予专利权。

一、专利申请原则

根据我国专利法及其实施细则的规定，专利申请应当遵循以下基本原则。

（一）书面原则

专利申请人办理专利法及其实施细则规定的手续时应采用书面形式，不能以口头说明或提交实物来代替书面申请和对申请文件进行修改补正。

（二）先申请原则

相同主题的发明创造，只能授予一项专利权。所以，两个以上的申请人分别就同样的发明创造申请专利时，专利权授予最先申请的人。如果是在同一天申请的，申请人应当在收到专利局通知后自行协商确定申请人。

申请日是从专利申请文件递交到专利局之日算起。如果是邮寄的，以寄出的邮戳日为申请日。专利申请一旦被受理，专利局立即对该申请给一个编号，称为

申请号。此号在专利授予后即作为专利号。“先申请原则”对于专利审查来说，可以节约时间和成本，但对商业竞争却是一个很残酷的竞争制度。它不考虑先发明人的利益，只保护先申请人的利益。在公平和效率的天平上，专利法于此更多地倾向后者。由于没有及时申请丧失获得专利的机会，企业可能为此付出很大代价。

（三）优先权原则

申请人自发明或实用新型在外国第一次提出专利申请之日起12个月内，或者自外观设计在外国第一次提出专利申请之日起6个月内，又在中国就相同主题提出专利申请的，依照该外国同中国签订的协议或者共同参加的国际条约，或者依照相互承认优先权原则，可以享有优先权。这种优先权也称为国际优先权。申请人自发明或实用新型在中国第一次提出专利申请之日起12个月内，又向专利局就相同主题提出改进的专利申请的，就第一次提出申请的内容可以享有优先权，这种优先权称为国内优先权。优先权是一种请求权，要求优先权的，应当在提起申请时提出书面声明，并且在3个月内提交第一次提出的专利申请文件的副本；未提出书面声明或者逾期未提交专利申请文件副本的，视为未要求优先权。第一次申请被放弃或驳回时，其优先权仍然存在。优先权的意义在于，以第一次提出专利申请日为判断新颖性的时间标准。第一次提出申请的日期，称为优先权日。上述特定的期限，称为优先权期限。优先权可以随专利申请权一起转让。

（四）主题单一性原则

主题单一性原则，也称“一发明一申请”原则，它是指一件发明或实用新型专利的申请应当限于一项发明或实用新型，一件外观设计专利的申请应当限于一种产品所使用的一项外观设计。由于专利分类极为详细，为保证审查质量，审查员分工也很细。不同的发明创造如果放在一件申请中提出，势必给审查工作带来极大的麻烦。而且办理申请、审批手续都需缴费，把不同的发明创造作为一件申请提出，只缴纳一件的费用显然也是不合理的。

对于属于一个总的发明构思的两项以上的发明和实用新型或者用于同一类别并且成套出售或使用的产品的两项以上的外观设计，可以作为一件申请提出，称为合案申请，但是应当符合同一发明目的，并具有相同的技术效果。

专利局经审查认为专利申请不符合单一性原则时，会通知申请人在规定的期限内将其专利申请分案，即分为几个申请。分案申请保留原申请日，可以修改，但不得超出原说明书记载的范围。

二、专利申请文件

广义的专利申请文件包括在专利授权以前向专利局递交的所有文件，包括各种申请表格、审查员的通知及往来信件。通常所说的专利申请文件是狭义的申请文件，主要是指申请专利时，向专利局递交的文件，见表 3－2。

（一）发明和实用新型专利申请文件

1. 请求书

请求书是申请人表示请求授予发明或实用新型专利的愿望，是启动受理专利的法律程序的“按钮”。申请人在请求书中要写明发明创造的名称、发明人，申请人的姓名、地址，代理人及代理机构的情况。

2. 权利要求书

权利要求书是申请文件中最重要也是最基本的文件，它的任务是指出发明创造中最关键的技术特征，它是确定专利保护范围的依据。

一份权利要求书中至少应包括一项独立权利要求，还可以包括从属权利要求。独立权利要求应当从整体上反映发明或实用新型的技术方案，记载为达到发明或者实用新型目的的必要技术特征。从属权利要求是对引用的另一项权利要求的进一步限定，指出要求保护的附加技术特征。

独立权利要求应当包括前序部分和特征部分，按照下列规定撰写：

（1）前序部分：写明要求保护的发明或者实用新型技术方案的主题名称和发明或者实用新型主题与最接近的现有技术共有的必要技术特征；

（2）特征部分：使用“其特征是……”或者类似的用语，写明发明或者实用新型区别于最接近的现有技术的技术特征。这些特征和前序部分写明的特征合在一起，限定发明或者实用新型要求保护的范围。

发明或者实用新型的性质不适于用前款方式表达的，独立权利要求可以用其他方式撰写。

一项发明或者实用新型应当只有一个独立权利要求，并写在同一发明或者实用新型的从属权利要求之前。

发明或者实用新型的从属权利要求应当包括引用部分和限定部分，按照下列规定撰写：

（1）引用部分：写明引用的权利要求的编号及其主题名称；

（2）限定部分：写明发明或者实用新型附加的技术特征。

从属权利要求只能引用在前的权利要求。引用两项以上权利要求的多项从属权利要求，只能以择一方式引用在前的权利要求，并不得作为另一项多项从属权利要求的基础。

3. 说明书

说明书是专利申请的核心文件，它应将发明创造的内容清楚、完整地公开出来，应使本领域普通技术人员阅读后，能够实施该发明创造。发明或者实用新型专利申请的说明书应当写明发明或者实用新型的名称，该名称应当与请求书中的名称一致。

4. 说明书附图

说明书附图是对发明或实用新型具体方案的图形描述，它可以是电路图、结构图、流程图、各种视图、示意图等。用文字足以清楚、完整地描述发明技术方案的，可以没有附图。实用新型专利必须有附图。

5. 说明书摘要

说明书摘要主要应写明发明或实用新型的名称，所属的技术领域，发明创造的要点、用途与现有技术相比所具有的优点与积极效果。并且附上一幅最有代表性的附图。摘要应简短，不分段，全文文字部分不应超过300字，摘要不能使用宣传性用语。

6. 其他文件

申请专利如果委托专利代理机构办理，应当填写专利代理人委托书。要求享受优先权的，应递交优先权的有关证明文件。要求申请费用减缓的，应当填写费用减缓请求书。发明专利如果在申请时就请求实质审查，还应填写实质审查申请书。如果希望提前公开，也可以提出提前公开请求。对于特殊领域的专利申请，比如微生物菌种的申请、药品等，还要提供特殊文件。

（二）外观设计专利申请的基本文件

1. 请求书

该请求书中首先应填写使用外观设计的产品名称，其他栏目的要求同发明和实用新型专利的请求书相同。

2. 图片或照片

申请产品的立体外观设计，应当递交正投影六面视图和立体图（或照片）；申请产品的平面外观设计，应当是两面视图。申请人提交的视图或者照片，应能清楚反映所要保护的外观设计产品的范围，是确定专利保护的依据，其法律作用与发明专利和实用新型专利中权利要求书的作用相同。

3. 简要说明

对于外观设计产品的主要创作部位要求特殊说明的，或者请求保护色彩、省略视图等情况，应递交简要说明。

4. 其他文件

关于委托书等其他文件同发明专利和实用新型专利的要求相同。

表 3－2　　专利申请文件

发明创造的种类	申请文件名称	基本含义
发明或实用新型	请求书	专利申请人向国务院专利行政部门提交的请求对其发明或实用新型授予专利权的正式书面文件
	权利要求书	权利要求书是申请专利的重要的法律文书，当事人申请发明或者实用新型专利必须提交权利要求书，一式两份。权利要求书应当说明发明或者实用新型的技术特征，清楚、简要地表述请求保护的范围
	说明书	专利申请人向国务院专利行政部门提交的阐述发明或实用新型技术特征的正式书面文件
	摘要	是对说明书内容的摘要
	附图	是实用新型专利申请人必须提交的申请文件
外观设计	请求书	专利申请人向国务院专利行政部门提交的请求对其外观设计授予专利权的正式书面文件
	图片或照片	是专利申请人向国务院专利行政部门提交的使用外观设计产品的图片或照片，用以确定使用外观设计的产品

三、专利申请的审批程序

三种不同性质的发明创造在专利性的审查时，有不同的审查要求。

（一）发明专利申请的审批

我国发明专利采用“早期公开、延迟审查”制度。专利局收到申请文件后经初审合格，在 18 个月时即行公开其申请文件，然后再根据申请人的请求进入实质审查程序。

我国发明专利的审批流程如下：

[受理申请]→[初步审查]→[公布申请]（自申请日起满 18 个月）→[实质审查]（自申请日 3 年内）→[授权公告]→[无效请求期及无效审查]（自授权后任何时间）→[专利权终止]（自申请日起 20 年）

1. 受理申请

专利局收到发明专利申请的请求书、说明书（有附图的应包括附图）和权利要求书后，发出受理通知书，确定专利申请日，给予专利申请号。对于缺少上述必要文件或者有其他违反法律要求的，专利局不予受理或要求其在指定期限内补交或补正。

2. 初步审查

专利局收到申请文件后，首先对申请文件的格式、法律要求、费用缴纳等情况作形式审查。

（1）请求书中发明人、申请人的名称和地址是否填写清楚；

（2）发明主题是否明显属于专利法不给予保护的范围及明显不符合单一性的要求；

（3）是否明显不符合“三性”要求；

（4）是否缴足申请费用。

初审不合格的，专利局发出通知，由申请人进行补正或陈述意见；仍然不符合专利法要求的，予以驳回。初审合格后，进入公开程序。

3. 公布申请

发明专利申请初审合格后，自申请日起满 18 个月，即行在《发明专利公报》上公布。申请人如果希望提前公布，可以填写《提前公开请求书》，要求早日公布其申请，专利局在初审合格后，立即公布。

4. 实质审查

发明专利申请自申请日起 3 年内，专利局可以根据申请人随时提出的请求，对其申请进行实质审查。启动实质审查的主动权完全在于申请人自己。申请人可以根据专利申请的市场价值、经济效益、防御竞争对手的作用等多方面的因素考虑在何时提出实质审查，甚至不提出实质审查。

实质审查的主要内容有：

（1）对发明主题的新颖性、创造性、实用性进行审查。不符合“三性”要求的，书面通知申请人或代理人，在指定的期限内陈述意见，进行修改。

（2）单一性审查。一件申请只允许涉及一项发明。只有在几项发明之间有一个总的发明构思相互关联的情况下才被允许合案申请。对于不符合单一性要求的，应通知申请人或代理人作分案处理。

（3）对说明书和权利要求书的审查。说明书应当清楚完整地说明发明的主要技术特征，充分公开，使同领域的技术人员能够实施，同时，还要对权利要求给予支持。权利要求应当符合法律规定的撰写要求。递交修改后的文本，不得超出原始申请文件公开的范围，否则，应陈述意见，进行补正。

如果申请人在 3 年之内没有提出实质审查请求的，该申请即被视为撤回。但由于不可抗力或其他正当理由没有及时提出实审请求的，可以出具证明，再提出请求。

5. 授权公告

经过实质审查后，没有发现驳回理由的，专利局即作出授予发明专利权的决定，颁发发明专利证书，并在《发明专利公报》上予以登记和公告。发明专利权自授权公告之日起生效。

（二）实用新型和外观设计专利申请的审批

实用新型和外观设计专利申请经形式审查合格后，即授予专利权。经专利局公告授予的实用新型和外观设计专利权，不符合专利法规定的，可以通过事后的无效程序来予以补正。

实用新型和外观设计的审批流程是：

受理申请→初步审查→授权公告

其中每一流程中的工作内容与发明专利审批相同，只是实用新型和外观设计授权公告的文件没有经过实质审查。

四、专利的复审、无效及终止

（一）请求复审的程序及审查

专利申请人对专利局驳回专利申请的决定不服的，可以自收到通知之日起3个月内，向专利复审委员会请求复审。专利复审委员会复审后，作出决定，并通知专利申请人。

复审委员会作出的复审决定有以下三种类型：

（1）复审请求的理由不成立，驳回复审请求，维持原驳回决定；

（2）复审请求理由成立，撤销原驳回决定；

（3）专利申请文件经复审请求人修改，克服了原驳回申请决定所指出的缺陷，在新的文本基础上撤销原驳回的决定。

如果请求人对专利复审委员会的复审决定不服的，可以自收到通知之日起3个月内向人民法院起诉。

（二）专利权的无效宣告

专利授权后并不意味着专利权的绝对稳定。实用新型和外观设计专利申请，由于不经过实质审查，非常有可能不符合专利的实质性条件而获得授权。而即使经过实质审查而被授权的发明专利，也有可能存在“漏网之鱼”。专利制度中设置无效程序，就是给专利申请人以外的社会公众以监督权，用以启动对错误授权的专利进行再次审查的程序。

自专利局公告授予专利权之日起，任何单位或者个人认为该专利权的授予不符合专利法有关规定的，可以请求专利复审委员会宣告该专利权无效。

无效宣告请求的理由，是指被授予专利的发明创造不符合《专利法》第22条，第23条，第26条第3款、第4款，第33条或者《专利法实施细则》第2条、第13条第1款、第20条第1款、第21条第2款的规定，或者属于《专利法》第5条、第25条的规定，或者依照《专利法》第9条规定不能取得专利权。

一般情况下，审理机构根据请求人的请求理由、范围和提供的证据进行审理，不承担全面审查专利有效性的义务。必要时，可依职权对请求人未提及的理由进行审理。

在充分听取双方当事人的意见陈述后，可以作出审理决定，审理决定有如下几种：

(1) 宣告专利权全部无效；

(2) 宣告专利权部分无效；

(3) 维持专利权有效。

对专利复审委员会宣告专利权无效或者维持发明专利权的决定不服的，可以在收到通知之日起3个月内向人民法院起诉，起诉的被告是专利复审委员会。

宣告无效的专利权视为自始即不存在。

宣告专利权无效的决定，对在宣告专利权无效前人民法院作出并已执行的专利侵权的判决、裁定，管理专利工作的部门作出并已执行的专利侵权处理决定已经履行或者强制执行的专利侵权纠纷处理决定，以及已履行的专利实施许可合同和专利权转让合同，不具有追溯力。一般情况下不返还费用。但是，对有明显违反公平原则的情形，还应返还全部或部分费用。因专利权人的恶意给他人造成的损失，应当给予赔偿。

第七节　专利权及其限制

一、专利权人的权利

专利权包含两个方面的内容：一方面，专利权人享有占有、使用、收益和处分其发明创造的权利，表现为独占权（包括制造权、使用权、许诺销售权、销售权、进口权）、许可权、转让权、放弃权、标记权等；另一方面，专利权人也有排除其他任何人，从而支配该专利的权利，表现为一种禁止权，见表3-3。

（一）独占权

我国专利法规定："发明和实用新型专利权被授予后，除本法另有规定的以外，任何单位或者个人未经专利权人许可，都不得实施其专利，即不得为生产经营目的的制造、使用、许诺销售、销售、进口其专利产品，或者使用其专利方法以及使用、许诺销售、销售、进口依照该专利方法直接获得的产品。""外观设计专利权被授予后，任何单位或者个人未经专利权人许可，都不得实施其专利，即不得为生产经营目的制造、销售、进口其外观设计专利产品。”这里，法律规定了禁止他人行为，从而保护了权利人享有的权利，即制造权、使用权、许诺销售权、销售权和进口权。由于发明或者实用新型专利权同外观设计专利权的内容有所不同，专利权人的权利也有所区别。

独占权的内容主要有以下五个方面。

1. 制造权

这是指专利权人拥有自己生产制造专利文件中记载的专利产品的权利。在未经许可的情况下，只要他人生产制造的产品与专利产品相同，不问使用什么设备装置或方法，也不管制造数量多少，只要结果相同，即构成侵权。对于制造类似的产品，如果其技术特征落入权利要求书中划定的保护范围，不论是否还有其他不同，都可能构成侵权。

2. 使用权

使用权包括对专利产品的使用权和专利方法的使用权。非经专利权人的许可，任何人不得使用其专利产品或专利方法。专利的使用方式视具体情况不同而不同，如果一项产品专利是一种机器设备，可以用于生产；如果是一个部件，可以用于机器的组装；如果是一种日用品，则可以用于消费。但是，专利权人的使用权有两种例外限制：一种是专利权人自己制造或许可他人制造的产品首次销售后使用权就消失了，他人再销售或使用不视为侵权。使用权的效力只限于产品生产后的第一次使用（投入市场），即所谓首次销售，“权利用尽”。第二种是使用或销售不知道是未经专利权人许可制造的专利产品，且能证明产品合法来源的，不承担侵犯使用权的赔偿责任。

3. 许诺销售权

许诺销售是指销售前的推销或促销行为，包括通过广告、订单、发布消息等手段表示销售专利产品的行为。专利法意义上的许诺销售权比合同法上的“销售要约”的含义要广。销售要约当然属于许诺销售的范围，但有些不属于销售要约的行为，如发送价目表、销售展示等仍然属于许诺销售的范围。许诺销售权是《知识产权协定》确定的，体现了对专利权的严格保护，对于尚未发生结果的行为也给予了禁止。我国在专利法第二次修改时才设立了这一权利。只有发明和实用新型的专利权人才有许诺销售权，外观设计专利权人不享有该权利。

4. 销售权

销售权是指销售专利产品的权利。销售与通常意义的货物买卖一样，是将专利产品的所有权按市场价格从一个单位或者个人转移到另一个单位或个人。这种销售行为仅指实际发生的销售行为。专利权人的销售权也有一定的限制，不管是专利权人自己销售，还是许可他人销售，其第一次销售行为受法律保护，对于首次售出的产品，销售权用尽。

5. 进口权

进口权是指为生产经营目的将专利产品或者由专利方法直接生产的产品由一国境外输入该国境内的权利。这就意味着，专利权人没有义务在专利的授权国实施该专利，他可以在国外制造产品，通过进口获得期望的专利利益。在国际贸易全球化的今天，设立进口权对那些在国外已有成熟产品的专利权人是很强的保护，并有利于消除贸易壁垒，促进国际交流。但这也会导致专利产品价格过高。对于发展中国家而言，这会加重消费者的负担。进口权是我国专利法第一次修改后增加的权利。

（二）许可实施权

许可实施权是指专利权人（许可方），通过签订合同的方式允许他人（被许可方）在一定条件下使用其取得专利权的发明创造的全部或者部分技术的权利。

许可他人实施专利，应当与专利权人订立书面实施许可合同，向专利权人支付专利使用费。除另有约定外，被许可人无权允许合同规定以外的任何单位或者个人实施该专利。专利权人的许可实施权受到一定的限制，比如强制许可和计划许可的例外规定。

专利实施许可的方式有多种，比如独占许可、独家许可、交叉许可、分许可和普通许可等，在技术贸易中专利许可证贸易应用广泛。采取哪种实施许可方式，如何签订实施许可合同，对许可方和被许可方来说至关重要，有利于维护双方当事人的利益。

（三）转让权

转让权是指专利权人通过合同出让其专利权的权利。转让专利权的一方，即专利权人为转让方，由此获得专利权的人为受让方。

转让必须履行法律规定的手续。转让专利权的，当事人应当订立书面合同，并向国务院专利行政部门登记，由其予以公告。专利权的转让自登记之日起生效。中国单位或者个人向外国人转让专利权的，必须经国务院有关主管部门批准。

（四）标记权

标记权是指专利权人在其专利产品或者该产品的包装上标明专利标记或专利号的权利。通过标记，可以起到宣传作用，有助于扩大产品的销售。同时，也可以起到警示作用，使其他人了解这种产品是受专利保护的，不能随意仿造。当然，专利权人不在专利产品或其包装上标明专利标记或专利号，并不意味着放弃专利保护，其他人仿造专利产品，仍负侵权责任。不知道一项发明创造已受到专利保护而实施该项专利，也不能免除侵权责任。但是，如果故意隐瞒专利性质，设置专利“地雷”，也会造成不正当竞争。

表 3－3　专利权人的权利内容

名称	具体内容
制造权	专利权人享有独占地制造专利产品，禁止他人未经其许可制造相同或相似于专利产品的产品的垄断权
使用权	专利权人享有的使用专利产品或专利方法及依照专利方法直接获得产品的专有权
许诺销售权	专利权人有明确表示愿意出售具有权利要求书所述技术特征的专利产品以及禁止他人未经专利权人许可许诺销售专利产品的权利
销售权	专利权人享有的独自销售专利产品或依照专利方法直接获得的产品的权利
进口权	除法律另有规定外，专利权人享有自己进口或禁止他人未经许可为制造、许诺销售、销售、使用等生产经营目的进口其专利产品或进口依照其专利方法直接获得的产品的权利。
转让权	专利权人享有的将自己的专利所有权依法转让给他人的权利
许可实施权	专利权人享有的许可他人实施其专利的权利
标记权	专利权人享有的在其专利产品或该产品包装上标明专利标记和专利号的权利

二、专利权人的义务

权利与义务是相对存在的，专利权人享有的权利，是在其履行义务的前提之下，专利权人不履行其义务，将给自己带来不利的法律后果，甚至丧失专利权。

根据我国专利法的规定，缴纳专利维持费是专利权人应当履行的惟一义务。年费的数额，按照专利类型的不同而不等。发明专利的年费数额较高，每三年累进一次；实用新型专利和外观设计专利的年费数额开始较低，以后逐渐累进一次。

专利权人履行缴纳年费的义务，主要作用在于通过收取年费促使专利权人尽早放弃已无实际商业价值的专利，作为一种经济杠杆调节专利权人与社会的利益关系。

专利权人不履行缴纳年费的义务时，将导致专利权提前终止。

三、专利权的限制

专利权是一种垄断性的权利，在某些情况下，专利权人可能会滥用其依法获得的独占权，对市场的正常竞争机制施加不良影响，甚至于阻碍科技创新。为了平衡专利权人与社会之间的利益，各国都在专利制度中规定了对专利权的限制。

它们包括时间限制、地域限制以及专利权权利行使的限制。

（一）专利的计划许可制度

专利的计划许可，在有些国家的专利法中也称作“国家征用”，它是国家行政机构在全面考虑国家利益的情况下，对某些重大发明创造有目的、有计划地安排实施，以迅速推广先进的专利技术。

《专利法》第14条第1款规定：“国有企业事业单位的发明专利，对国家利益或者公共利益具有重大意义的，国务院有关主管部门和省、自治区、直辖市人民政府报经国务院批准，可以决定在批准的范围内推广应用，允许指定的单位实施，由实施单位按照国家规定向专利权人支付使用费。”这种计划许可有以下几种限制：第一，不能随意决定，必须是重大的发明创造，而不是一般的专利技术。只适用于对国家利益或者公共利益具有重大意义的发明专利，不适用于实用新型和外观设计；第二，计划许可须是国务院有关主管部门和省、自治区、直辖市人民政府报经国务院批准后决定，且推广使用的范围仅限于批准的范围。不是任何行政机关都有权调用专利；第三，指定实施的单位必须是发放计划许可证机构的本系统或所管辖的全民所有制单位。尽管各省、自治区、直辖市有权决定计划许可，但不能越权，将其他部门的专利计划给本部门的单位实施；第四，发放实施许可证是有偿的，获得许可使用权的单位应向专利权人支付使用费，但费用的金额不是双方协商确定，而是按国家有关规定确定。

《专利法》第14条第2款规定：“中国集体所有制单位和个人的发明专利，对国家利益或者公共利益具有重大意义，需要推广应用的，参照上款规定办理。”对于这种计划许可，法律作了更严格的限制：第一，可以授权实施的专利技术发明专利只限于不仅要对国家利益或者公共利益具有重大意义，而且是“需要推广应用的”发明创造；第二，有权作出计划许可实施的行政机关只有国务院，它的审批机关比前项更高一级。其他条件与全民所有制单位持有的发明创造的计划许可相同。

（二）专利的强制许可制度

“强制许可”同“自愿许可”相对应。“自愿许可”是指专利权人自愿地允许其他单位或个人实施其专利，而“强制许可”是由一定的国家机关决定许可其他单位或个人实施该专利。这种许可违反专利权人的意志，所以，也将这种许可称为“非自愿许可”。

1. 申请强制许可的条件

在下列条件下可以提出强制许可申请：

（1）未在合理长的时间内取得使用权的强制许可。《专利法》第48条规定：“具备实施条件的单位以合理的条件请求发明或者实用新型专利权人许可实施其专利，而未能在合理长的时间内获得这种许可时，国务院专利行政部门根据该单位的申请，可以给予实施该发明专利或实用新型专利的强制许可。”这里申请强制许可应具备的条件是：第一，请求人必须是具备实施条件，也就是具备生产、制造、销售专利产品或使用专利方法的基本条件；第二，请求人必须曾以合理的条件与专利权人就实施其专利进行过协商，所谓合理的条件主要是关于使用费的支付，技术服务等双方需履行的基本义务；第三，请求人没有在合理长的时间内获得专利权人的许可。按照常规，在满足前两种条件的情况下，专利权人应该同意请求人实施其专利，但专利权人始终没有签订许可使用合同，这就有滥用专利权之嫌。如果专利权人自己不实施也不允许他人实施，阻止先进的专利技术为社会所用，势必妨碍整个社会的科技进步，为法律所不允许。这里所说的“合理长的时间”在专利法中没有具体规定。在实践中，可以根据专利技术对社会利益的影响大小以及双方各自的条件具体确定；也可以参照《保护工业产权巴黎公约》，自专利申请日起4年或自专利授权日起3年以后的时间执行。上述三种条件必须同时满足，专利局才能授予强制许可使用权。

（2）国家出现紧急情况或非常情况下的强制许可。在国家出现紧急状态或者非常情况时，如战争、灾荒，或者为了公共利益的目的，专利局可以给予实施发明专利或者实用新型专利的强制许可。这是一种特殊的强制许可，没有时间限制和其他附属条件。

（3）依存专利的强制许可。《专利法》第50条规定：“一项取得专利权的发明或者实用新型比前已经取得专利权的发明或者实用新型具有显著经济意义的重大技术进步，其实施又有赖于前一发明或者实用新型的实施的，国务院专利行政部门（专利局）根据后一专利权人的申请，可以给予实施前一发明或者实用新型的强制许可；在依照前款规定给予实施强制许可的情形下，专利局根据前一专利权人的申请，也可以给予实施后一发明或者实用新型的强制许可。”可见，我国专利法中依存专利强制许可的条件是：第一，前后两个发明创造是已经取得专利权的发明或实用新型；第二，在后发明创造同在前发明创造相比，具有显著经济意义的重大技术进步，而其实施又有赖于前一发明或者实用新型的实施；第三，强制许可为专利局经专利权人的申请而给予。在这种情况下，首先申请强制许可的，一般为在后发明创造的专利权人，因为后一专利的实施必须依赖于前一专利。一般来说，前一专利权人只有在自己的专利技术被强制许可给后一专利权人使用后，才能申请使用后一专利技术的强制许可。这样规定，有利于先进技术的利用。

2. 强制许可的效力

取得实施强制许可的单位或个人仅仅获得了该项发明创造的使用权，这种使用权不是独占性的，专利权人有权再许可第三方使用。强制许可实施人也不享有分许可权。

强制许可是有偿的，取得实施强制许可的单位或个人应当付给专利权人合理的使用费。使用费的数额可先由取得强制许可的单位或个人与专利权人协商确定；协商不成，由专利局裁决。

强制许可仅限于发明专利和实用新型专利，不适用于外观设计专利。值得提出的是，尽管一些国家出于本国利益而规定了强制许可制度，但很少有发布强制许可证的。我国自 1985 年施行专利法以来，尚未发布一件强制许可证。

3. 对强制许可的救济

专利权人对专利局关于实施强制许可的决定不服的，专利权人和取得实施强制许可的单位或者个人对专利局关于实施强制许可的使用费的裁决不服的，可以自收到通知之日起 3 个月内向人民法院起诉。

（三）专利的合理使用

专利的合理使用是指不经专利权人许可，也不必向其支付费用即可使用他人的专利技术。

1. 专利权用尽后的使用或者销售

当专利权人自己制造或者经其许可制造的专利产品售出以后制造、进口或者经专利权人许可而制造、进口的专利产品或者依照专利方法直接获得的产品售出后，其专利权用尽，他人再使用通过分销、转卖或零售渠道获得的该产品，都无须征得专利权人的许可。这一原则又称为“权利用尽原则”，它只适用于合法投入市场的专利产品。

2. 先用权人的利用

对于在专利申请日以前已经制造与专利产品相同产品的“先使用人”，或者使用相同方法或者已经做好制造、使用的必要准备条件的“先使用人”，他们可以在原生产规模范围内继续使用这一技术。先用权可以转让，但不能脱离原来的生产实体单独转让。（实例链接见下页框）

3. 临时过境的外国运输工具的使用

临时通过中国领陆、领水、领空的外国运输工具，为其自身需要在装置和设备中使用我国有关专利技术的，可以不经专利权人的许可。但这种使用仅限于与我国签有协议或者共同参加国际公约，或者有互惠条约的国家的运输工具，并不面向所有国家。需说明的是，在临时过境运输工具上载有仿制专利的产品，不在此合理使用范围之内，应视为侵权。

4. 非生产经营目的利用

为科学研究和实验目的，为教育、个人及其他非为生产经营目的使用专利技术的，可以不经专利权人的许可，不视为侵权行为。这里所说的在科学研究、实验、教育中使用他人专利技术，只能是小范围的非营利性质的使用。如果在整个教育系统内大量使用他人专利技术制作的教学用具，即便没有盈利，但由于单位节省了大量购置教具的经费，属间接盈利，并且使专利权人失掉这一主要消费市场而蒙受经济损失，因此，这种行为不属于合理使用的范围。

对于善意使用或销售的，即为生产经营目的使用或者销售不知道是未经专利权人许可而制造并售出的专利产品或者依照专利方法直接获得的产品的，我国专利法规定，如果当事人能够证明其产品的来源合法，则不负赔偿责任。需要指出的是，对于善意使用或销售专利产品或依专利方法制造的产品的行为，现行专利法不再认为是不

先用权及善意销售实例

毛某是名为“一种微型打印机机架”的实用新型专利（以下简称涉案专利）的专利权人。1999年12月18日，毛某授权X公司独家生产、销售涉案专利产品，许可有效期为5年。之后，X公司发现R公司和J公司生产、销售并在《电子技术应用》杂志上刊登许诺销售的“MP－D16－8”微型打印机产品侵犯其对涉案专利的独占实施权，于是诉至北京市第一中级人民法院。北京市第一中级人民法院判决认定：发明和实用新型专利权被授予后，除专利法另有规定的以外，任何单位或者个人未经专利权人许可，都不得实施其专利，包括不得为生产经营目的制造、使用、许诺销售、销售其专利产品。X公司依据专利权人毛某的授权，以独占的方式实施本案专利，该公司因此享有相应的民事权利。由于R公司和J公司均认可其生产、销售的“MP－D16－8”微型打印机产品与涉案专利独立权利要求相符，故据此可以确认，R公司生产和销售的以及J公司销售的“MP－D16－8”微型打印机产品已经落入X公司专利的保护范围。R公司以其对涉案实用新型专利技术享有先用权为由进行抗辩，提出专利法规定，在专利申请日前已经制造相同产品、使用相同方法或者已经作好制造、使用的必要准备，并且仅在原有范围内继续制造、使用的，不视为侵犯专利权。但其提交的证据不能证明其生产被控侵权产品的技术来源，提出的先用权抗辩理由缺乏事实依据，不能成立。因此应当承担停止侵害、赔偿X公司经济损失等民事责任。根据专利法的规定，为生产经营目的使用或者销售不知道是未经专利权人许可而制造并售出的专利产品或者依照专利方法直接获得的产品，能证明其产品合法来源的，不承担赔偿责任。J公司在答辩中辩称，其不知销售的产品为涉嫌侵犯他人专利权的产品，原告X公司也不能证明J公司对其销售的产品明知为侵权产品的情况下仍进行销售。此外，经对J公司销售的产品进行勘验，R公司认可该产品是其生产的，足以证明J公司销售的产品来源合法。故J公司的抗辩理由成立，X公司要求J公司赔偿损失的请求缺乏事实和法律依据，不予支持，但J公司应当立即停止销售侵权产品。R公司不服一审判决，向北京市高级人民法院提出上诉。二审法院经审理后维持原判。（北京市高级人民法院［2003］高民终字第283号）

侵犯专利权的行为。换言之，这种行为属于侵犯专利权的行为。对于能证明其产品合法来源的，法律规定其可不承担赔偿责任，但仍需承担其他法律责任，如停止侵害等；而对不能证明其产品合法来源的，则要承担完全的侵权责任。

第八节　专利的行政管理

一、管理专利工作的部门的设立及职责

1985年《专利法》第60条规定，经国务院批准，国家经委、国家科委、劳动人事部、中国专利局于1984年（在1985年《专利法》实施前）联合发出《关于在全国设置专利工作机构的通知》，要求国务院有关的业务主管部门和各省、自治区、直辖市设置管理专利工作的部门，根据其工作任务，可设置专利管理局或专利管理处。近年来，各部委和地方政府的专利管理职能都放在了知识产权局内，《专利法》在修改中又将专利管理机构改称为管理专利工作的部门。不论称谓上怎样变化，其职责都一样，属于具有行政执法功能的专利行政管理机构。随着专利管理工作的增多，在开放城市、经济特区以及各个地、市、州、县也设立了这类机构或者在知识产权局中一并管理。

管理专利工作的部门具有执法和管理双重职能，这是我国专利制度的特色之一。其他国家专利制度中一般都不设立这种具有执法功能的行政机构。按照我国专利法的规定，管理专利工作的部门应当事人请求，对下列专利纠纷进行调解：（1）专利申请权和专利权归属纠纷；（2）发明人、设计人资格纠纷；（3）职务发明的发明人、设计人的奖励和报酬纠纷；（4）在发明专利申请公布后专利权授予前使用发明而未支付适当费用的纠纷。管理专利工作的部门受理上述请求后，应及时对

> **专利权管理部门管理与执法职责**
>
> 专利权管理部门管理与执法职责主要包括：
>
> （1）制定本地区、本部门专利工作的规划和计划；
>
> （2）组织协调本地区、本部门的专利工作并进行业务指导；
>
> （3）处理本地区、本部门的专利纠纷；
>
> （4）管理本地区、本部门的许可证贸易和技术引进中有关专利的工作；
>
> （5）组织专利工作的宣传教育和干部培训；
>
> （6）领导本地区、本部门的专利服务机构；
>
> （7）筹集、管理和使用专利基金，扶植专利申请和专利技术的开发实施；
>
> （8）负责本地区、本部门个人向外国人转让专利申请权和专利权的审核，并办理报批手续。

案情进行调查研究，搜集证据，查清事实，作出纠纷处理决定。当事人对专利管理机关的决定不服的，可以在收到通知之日起3个月内向人民法院起诉，期满不起诉又不履行的，管理专利工作的部门可以请求人民法院强制执行。请求管理专利工作的部门处理专利纠纷的时效为2年，自专利权人或者利害关系人得知或应当得知之日起计算。此外，以非专利产品冒充专利产品、以非专利方法冒充专利方法的，由管理专利工作的部门责令改正并予公告，可以处5万元以下的罚款。(知识链接如上页框)

二、专利纠纷的处理

我国对专利权的保护实行司法和行政机关“两条途径，协调运作”的模式。实践证明这一模式是符合我国国情的，是行之有效的。专利行政执法具有程序简单、便捷高效的特点，尤其对于假冒他人专利、冒充专利、群体侵权等侵权行为更具有优势。但多年的实践证明，专利行政执法还存在执法手段不足的问题；对于跨地区的专利侵权案件，各地区行政执法部门之间还缺乏有效的协调机制等问题。因此需要在《专利法》及其实施细则中对专利行政执法的规定作进一步完善，强化专利行政执法的效能，建立一套更为有效的行政保护模式。

（一）专利申请权纠纷

一件发明创造完成后，究竟谁有权申请专利，要视发明创造的性质而定。

对于非职务发明创造，申请专利的权利归发明人或设计人。凡是对发明创造的实质性特点作出创造性贡献的人，都应成为发明人或设计人。发明人或设计人一旦确定下来，非职务发明创造的申请人的确定问题就迎刃而解了。

对于职务发明创造来说，发生申请权纠纷的，多是委托研究或合作研究并且事先没有合同约定申请权问题。这应按照《专利法》第8条的规定来确定申请权人。

申请权纠纷最多的还是关于职务发明创造和非职务发明创造的确定。一种情况是，本来属于职务发明创造，却由发明人以非职务发明创造申请了专利，然后许可或转让给其他单位实施。这种专利技术“漏泄现象”在科技人员流动中或兼职服务中尤为普遍。第二种情况是，单位不愿为在本职工作中完成的发明创造提供专利申请费用而放弃申请，发明人便申请了非职务发明创造。发明人取得经济收益后，极易与原单位发生纠纷。第三种情况是，非职务发明创造的完成人在申请专利之初，考虑申请费用或与单位的关系，愿以职务发明创造提出申请，在以后专利实施收益分配上，发明人只能以奖励的形式得到一小部分利益，这时，发明人便要求重新确认申请权。

从上述三种申请权的纠纷看，只要事先严格按照专利法的规定，划清发明人、申请人之间的界限，在委托和合作研究合同中明确规定双方的权利义务，这类纠纷是可以避免的。

（二）专利权归属纠纷

专利权归属纠纷是指在专利授权后，当事人之间在确认谁是真正权利人时发生的争议。

专利权属纠纷发生在授权之后，专利权的法律地位已经确定，专利权人可以行使法律规定的各种权利并履行规定的义务。一旦变更或增减专利权人，对专利的实施将产生重大影响。对于共同发明来说，尤其是在许可他人实施时，须经过全体专利权人的同意，变更或增减专利权人对专利实施尤其不利。因此，专利权归属状态不稳定，对许可方和被许可方都造成负面影响。

专利权归属纠纷的形式有：

（1）是否为共同专利权人之间的纠纷；

（2）职务发明和非职务发明界定的专利权归属纠纷；

（3）委托研究的专利权归属纠纷。

（三）专利合同纠纷

专利合同纠纷主要是指在专利申请权合同、专利权转让合同、专利技术许可实施合同、专利技术中介服务合同中，各方当事人就权利义务的履行、合同条款的解释等发生的争议。

1. 专利申请权合同、专利权转让合同和专利实施许可合同纠纷

引起这类纠纷的原因，可能在于专利权本身存在瑕疵（如权利归属处在不确定状态、权利已终止或无效等），也可能因为转让人不适格（如没经过其他共同专利人同意的转让等），也可能因为合同条款含糊不详尽等等。由于这些合同都属于《中华人民共和国合同法》（以下简称《合同法》）中的技术转让合同，其纠纷的解决直接适用技术转让合同的规定。

2. 专利技术中介合同纠纷

专利技术中介合同属于《合同法》中技术服务合同的一种，它是专利代理机构、各种信息咨询机构、技术市场及个人为传递技术情报信息，组织工业化、商品化生产，促使专利权人和实施单位订立的一种合同。这种合同可以是三方共同签订或甲、乙双方分别与中介方单独签订。合同建立在甲、乙双方对中介方具有绝对的信任基础上，自愿通过中介机构实施活动。所以中介方应该对甲、乙双方各自的实际情况有充分了解，不能为了收取中介费而将虚假的技术推销给实施单位，或让不具备生产条件的单位接受专利技术，更不能进行欺骗或强迫性的中介服务。中介服务合同纠纷是甲、乙双方与中介方发生的纠纷，应按《合同法》中技术服务合同的规定来约定各自的权利义务及违约责任。

（四）专利行政纠纷

专利行政纠纷是指当事人对专利行政机关所作出的决定不服而引起的争议。

专利行政机关是指国务院专利行政部门、专利复审委员会及专利管理机构。对这些机构作出的决定不服的情况有：

（1）专利申请人对国务院专利行政部门在专利申请过程中作出的决定不服的；

（2）专利权人对国务院专利行政部门作出的强制许可的决定以及有关使用费的裁决不服的；

（3）专利代理机构和专利代理人对国务院专利行政部门作出的有关代理工作的处罚不服的；

（4）任何人对国务院专利行政部门作出的行政行为认为有侵犯其合法权益的；

（5）对专利复审委员会作出的复审决定不服的；

（6）对专利复审委员会作出的关于发明专利权无效、部分无效或维持专利权有效的决定不服的；

（7）对管理专利工作的部门的行政决定不服的；

（8）对各级专利行政机关工作人员徇私舞弊、严重失职的行为引起的纠纷；

（9）对上述部门作出的其他行政决定不服的。

（五）专利纠纷的解决方式

针对不同性质的专利纠纷，有不同的解决方式，双方当事人可以自愿选择。

1. 调解

不论是当事人与行政机关之间的纠纷，还是当事人之间的各种纠纷，都可以在双方自愿的基础上，由第三方从中调停，促使双方当事人和解。调解依据第三者即调停人的身份不同，可分为民间调解、行政调解、仲裁调解和司法调解。

民间调解可以是任何人或任何单位充当调解人。行政调解一般是由管理专利工作的部门进行的，只在本系统内对各方当事人进行调解。仲裁调解是仲裁机构在进行仲裁裁决之前的一种程序，如果双方当事人接受调解，可不再进行仲裁。司法调解是贯穿整个诉讼始末的一种法律程序。值得指出的是，仲裁调解和司法调解与民间调解和行政调解的性质不同，前者作出的调解协议书，生效后具有法律约束力，当事人必须履行，否则另一方当事人可以请求人民法院强制执行。

2. 仲裁

仲裁是指在当事人双方自愿的基础上，由仲裁机构以第三者的身份，依法对争议作出具有法律约束力的裁决。在专利纠纷中采取仲裁解决方式一般仅限于专利合同纠纷。

3. 行政处理

国务院有关主管部门或者地方人民政府设立的管理专利工作的部门对本系统内的专利权属纠纷、临时保护期使用费支付的纠纷、对职务发明创造发明人或设计人奖励的纠纷，可以作出行政处理决定。

对于以非专利产品冒充专利产品或以非专利方法冒充专利方法的，管理专利工作的部门可以责令改正并予公告，可以处以5万元以下罚款；对于假冒他人专利的，管理专利工作的部门可以责令改正并予公告，没收违法所得，可以并处违法所得3倍以下的罚款，没有违法所得的，可以处5万元以下的罚款。

请求管理专利工作的部门处理专利纠纷的时效为2年，自专利权人或者利害关系人得知或者应当得知之日起计算。对管理专利工作的部门的处理决定不服的，可以向法院提起诉讼。

4. 诉讼

依照民事诉讼法、行政诉讼法和刑事诉讼法，专利纠纷可以通过司法途径解决。（知识链接如下框）

统一知识产权法院的建构

专利诉讼以及其他知识产权诉讼常常涉及十分复杂的法律问题和专业、技术问题，加之知识产权与其他有形财产权相比具有突出的不同特性，在我国现有司法审判体制下难以对知识产权纠纷案件进行高效、统一的司法审判。目前，除美国、日本已经建立统一的专利上诉法院之外，欧盟和韩国都在积极筹备建立其统一的专利上诉法院。这充分表明建立统一的专利或者知识产权上诉法院是实施知识产权保护制度的必要措施。在《专利法》的第二次修改过程中，国家知识产权局与有关部门进行过这方面的探讨，但是没有取得进展。随着形势的发展，近年来已经有越来越多的专家学者认识到建立统一的知识产权上诉法院的重要性，纷纷提出呼吁。第三次修改《专利法》及其实施细则应该是讨论和解决这一问题的恰当时机。

（1）专利民事纠纷案件。专利权属纠纷、侵权纠纷和合同纠纷属于民事纠纷，由这些纠纷引起的诉讼由各省、自治区、直辖市人民政府所在地的中级人民法院和各经济特区的中级人民法院为第一审法院，各省、自治区、直辖市高级人民法院为第二审法院。人民法院依据有关法律规定，要求有关当事人承担以下民事责任：

①停止侵害。禁止侵权人继续生产、使用、许诺销售、销售、进口侵权产品，使用侵权专利方法或销售、进口依该专利方法获得的产品。当事人要求诉讼保全的，可依法对侵权人的有关财物进行查封、扣押、冻结、责令提供担保等。

②赔偿损失。对给当事人造成损害的，应责令赔偿损失，赔偿数额可按被侵

权人实际损失数额计算，也可按侵权人非法所得额或假设该项专利许可他人使用时可能得到的使用费数额计算。

③消除影响。当事人可以采取各种公开的方式，如报刊、广播、电视、新闻发布会等向受害人赔礼道歉，改正错误，消除不良影响。

（2）专利行政纠纷案件。因对国务院专利行政部门或者复审委员会的决定或裁决不服引起诉讼的案件均由北京市中级人民法院作为第一审法院，北京市高级人民法院为第二审法院。这类案件的诉讼性质属行政诉讼，被告为国务院专利行政部门或复审委员会。对于专利复审委员会作出的复审决定或国务院专利行政部门作出的裁决不服的，必须在收到通知之日起，3个月之内向人民法院起诉，逾期不起诉的，法院不予受理。

（3）专利刑事案件。我国《专利法》和《刑法》规定，专利违法和专利侵权情节严重，构成犯罪的，应当承担刑事责任。主要有：①假冒他人专利构成犯罪的；②向国外申请专利、泄露国家机密，构成犯罪的；③从事专利管理工作的国家机关工作人员以及其他有关国家机关工作人员玩忽职守、滥用职权、徇私舞弊，构成犯罪的。

第九节 专利权的法律保护

一、专利权的保护期限

专利权的保护期是指专利权人享有权利的合法期限。规定合理的保护期，一方面可以鼓励发明人、专利权人发明创造的积极性，促进科学技术水平迅速提高；另一方面可以尽可能多地回收专利权人在开发、研制、发明创造过程中的风险投资，取得相应的经济效益。

多数国家发明专利的保护期都规定为14～20年，实用新型专利和外观设计专利的保护期相对较短。我国现行专利法规定发明专利权的期限为20年，实用新型专利权和外观设计专利权的期限为10年。这是我国1993年1月1日以后实施的新法中的规定，对照1985年《专利法》，新法将发明专利权的期限由原来的15年改为20年。这样做的主要原因有两个：一是新法增加了对药品、化学物质的保护，对这些技术领域的发明，研究开发的时间长，投资高，从授权到产品投放市场，需要花费大量的时间和费用，有些发明直到专利保护期满后才进入产品盈利阶段。对这些发明来说，15年的时间可能太短，专利权人没有足够的时间收回研究和开发所耗费的资金。这将不利于调动这些技术领域科技人员发明创造的积极性，也不利于这些领域的技术引进。二是世界上有27个国家发明专利的期限为20年，专利制度的国际化发展也有此趋势。我国在与发达国家的双边协定以及在恢复关贸总协定缔约国地位的谈判中，都已接受将发明专利的保护期限定为20年的规定。

适当延长实用新型和外观设计专利权的期限，可以鼓励人们发明创造的积极性，特别是鼓励申请外观设计专利，改变我国外观设计的落后状态，增强产品在国际市场上的竞争能力。取消续展期，可以减少许多不必要的手续和费用，对专利局的管理工作和专利权人都带来了方便。

上述发明、实用新型专利权和外观设计专利权的期限均自申请日起计算，即在中国提出申请之日起计算。有些国家专利的期限自授权之日起计算，有些完全审查制的国家公布之日也就是授权日，这种专利权的保护期限比较明确，专利权的法律状态相对稳定。

我国1993年《专利法》对专利权期限的规定只适用1993年1月1日以后提出的专利申请而授予的专利权，对于根据1993年1月1日以前提出的专利申请授予的专利权，仍按发明专利15年，实用新型专利权和外观设计专利5年加3年续展期计算。

二、专利权的终止

专利权的终止是指因专利权期满或由于某种原因使专利权失效，主要有以下几种情况。

1. 没有按照规定缴纳年费的

缴纳年费是专利权人的义务，不按规定缴纳年费，即可认为专利权人基于自身经济利益的考虑，认为维持专利权已经失去了意义，专利局应当终止该专利权。不交年费也可能属于其他原因，如遗忘、不可抗力等。所以，《专利法实施细则》规定，专利权人在规定期满后6个月内还可以补缴，但应缴纳应缴年费25%的滞纳金。专利局会在这一宽限期之前向专利权人发出缴费通知单。

2. 专利权人以书面声明放弃专利权的

放弃专利权是专利权人的一项权利，但必须有书面声明。对于已经与他人订有专利实施许可合同的专利权人，在放弃专利权时要与被许可方协商，原则上，这种情况是不能放弃专利权的。

3. 专利权期满

专利权期满，专利权即行终止，专利技术进入公有领域，社会上任何人都可以无偿使用。

有些发明创造所需的科研投资高，周期长，实施后的经济效益好，需要保护的时间长，专利权就可以一直维持到保护期届满。如果外观设计专利权期满后，仍需要得到保护，还可以通过其他法律再加以保护。比如外观设计在专利保护期满后，可能仍受著作权的保护。有些外观设计还可以申请商标注册。如美国可口可乐公司的饮料瓶外观设计，在期满后又采取商标保护，至今仍然享有专有使用权。但是，外观设计如果是三维标志，而该“三维标志仅是由商品自身的性质产生的形状，或者为获得技术效果而需要的商品形状或者使商品具有实质性价值的形状的”，不能注册商标。

现代社会技术更新速度加快，许多发明创造的寿命只有十几年或几年的时间，维持专利权的年费逐年增多，申请人很可能认为没有必要花费较高专利年费以维持一件没有太大经济效益的专利权。所以，多数专利都没有到保护期满即终止其权利。

三、专利权的保护范围

专利权的保护范围，是指专利权法律效力所涉及的发明创造的范围。发明或者实用新型专利权的保护范围以其权利要求的内容为准，说明书及附图可以用于解释权利要求。外观设计专利权的保护范围以表示在图片或者照片中的该外观设计专利产品为准。保护的范围是根据申请人在递交的外观设计图片或照片上记载的内容、模型、样品确定，并仅仅限制在指定的产品类别上。

（一）发明专利和实用新型专利的保护范围

发明专利和实用新型专利授权后，受法律保护的权利范围以专利申请人向中国国务院专利行政部门提交的权利要求书中的权利要求为准，说明书和附图可以用于解释权利要求。这就是说，权利要求是确定发明或者实用新型专利权保护范围的直接依据，处于主导地位。说明书和附图处于从属地位，一项技术特征如在权利要求中叙述不清，可以通过说明书和附图加以理解；必要时，可以依说明书和附图公开的内容去修改。但在权利要求中没有记载的技术特征，不能受到法律保护，说明书本身不能确定保护范围。

根据发明创造性质的不同，其保护范围也有所区别，或者说，专利权的效力也不同。对于产品发明，专利权的效力涉及具有同样特征、同样结构和同样性能的产品，而不问产品是用什么方法制造的。对产品的保护不应局限于说明书所说明的方法，任何通过其他方法制造的同样产品都属于侵权。实用新型都属于产品专利。对于方法发明，专利权的保护范围是使用该方法以及使用、许诺销售、销售或进口依照该方法直接获得的产品。

（二）外观设计专利权的保护范围与发明、实用新型的保护范围不同

因为外观设计专利申请文件中没有权利要求书，也没有说明书，只有表现该外观设计的图片或照片。外观设计专利权的保护范围，只能根据外观设计的图片

或照片确定。我国《专利法》第56条第2款规定："外观设计专利权的保护范围以表示在图片或者照片中的该外观设计专利产品为准。"确定外观设计专利权的保护范围应注意以下几点：

（1）外观设计专利权保护的范围是表示在图片或照片中的外观设计。任何单位或个人不得仿制外观设计专利权人提交的图片或照片中的外观设计。所谓仿制，不仅包括一模一样的模仿，也包括实质上的模仿，即仅仿制外观设计中具有新颖性和独创性的部分。

（2）外观设计专利保护的范围取决于专利授权时指定的外观设计使用产品的范围。许多实行外观设计注册的国家采用使用外观设计的产品分类法，要求申请人声明该外观设计所使用的产品的种类，外观设计专利权的范围限于其所应用的产品范围。我国《专利法》也要求以表示在图片或照片中的该外观设计专利产品为准，判断外观设计专利权的保护范围。

（3）外观设计专利权的保护范围不仅涉及相同的产品上使用相同的外观设计，而且也包括相同的产品上使用近似的外观设计。

四、专利权保护范围的确定原则

在确定发明和实用新型专利权保护范围时，对权利要求文字所描述的范围的解释是关键问题。站在不同立场、依照不同的解释原则，保护范围的大小存在差异。

（一）中心原则

权利要求书是专利权保护范围的依据，但是解释权利要求书时，如果不拘泥于权利要求书的文字记载，全面考虑发明创造的目的、性质以及说明书和附图所表达的技术方案，就像是以权利要求书的文字表达为中心，以说明书和附图所述的整体技术方案为半径一样，确定了专利权的保护范围。这就是中心确定原则。这种做法给专利权人提供了充分的保护，但对第三人而言，专利权的保护范围处在难以明确的状态，不利于公平竞争。

（二）周边原则

按照专利法的基本原理，专利权的范围是申请人请求的，应当严格依照权利要求书的字面含义记载进行解释，说明书和附图不能成为确定专利权保护范围的依据。只有在权利要求的文字记载不明确的情况下，才能用来对保护范围作限制性解释。这种依权利要求书的文字描述确定出保护的边界的原则称为周边原则。严格的字面解释，对社会公众有利，只要对专利技术略作改进，就可能逃出专利权保护的范围。显然，这种原则不利于真正保护专利权人的利益，对权利要求书的撰写也提出了很高的要求，在专利申请实践中，寻求准确而恰当的文字表达以界定出较宽的上位概念是比较困难的。

（三）折中原则（解释原则）

上述两种原则各有弊端，考虑到专利权的保护范围应当有一个公平合理的界定，一般应根据权利要求所表示的实质内容加以确定。在对权利要求所表示的技术特征有疑义时，可以引用说明书和附图进行解释。《欧洲专利公约》及其成员国和我国的专利法都采用了这一原则。这一原则确立的专利权的保护范围介于上述两项原则之间，故称为折中原则。

五、专利侵权及其认定

（一）专利侵权行为的构成

专利侵权行为是指《专利法》第57条所称的未经专利权人许可实施其专利的行为。这里的实施是指制造、使用、许诺销售、销售、进口其专利产品或者使用其专利方法以及使用、销售、许诺销售、进口依该方法直接获得的产品。

侵权行为的构成必须具备下列条件。

1. 侵害的对象为有效的专利

构成专利侵权必须以有效存在的专利为前提，实施已经被宣告无效、被放弃的专利或者专利期限已经届满的技术，不构成专利侵权。

2. 必须有侵害行为的发生

即存在未经专利权人许可实施其专利的行为。一般来说，损害行为与损害结果相伴而生。在特殊情况下，例如许诺销售，虽没有损害结果发生，但是仍构成侵权。

3. 侵权行为人是以生产经营为目的实施侵权行为

我国《专利法》第11条规定："发明和实用新型专利权被授予后，除本法另有规定的以外，任何单位或者个人未经专利权人许可，都不得实施其专利，即不得为生产经营目的制造、使用、许诺销售、销售、进口其专利产品，或者使用其专利方法以及使用、许诺销售、销售、进口依照该专利方法直接获得的产品。外观设计专利权被授予后，任何单位或者个人未经专利权人许可，都不得实施其专利，即不得为生产经营目的制造、销售、进口其外观设计专利产品。"这里都强调了侵权行为必须带有生产经营的目的。

4. 侵权行为人主观上无需有过错

依照民法通则，承担民事责任一般应该有主观过错，对于无过错的责任只适用几种法律规定的特殊情况。主观过错包括故意和过失。故意是指行为人明知而为侵权行为；过失则指行为人因疏忽或者盲目自信而为侵权行为。在专利侵权纠纷处理中，专利权人无需承担被告人具有主观过错的举证责任，专利侵权的归责责任以无过错责任为原则。知识产权的时间性、地域性及无形性，使得他人无意闯入权利范围的可能性比其他民事权利大得多。由于无过错给他人知识产权造成损害的普遍性，以及原告证明被告有过错的困难和被告证明自己无过错的容易，知识产权侵权归责原则因而采用特殊规定。但是也有观点认为，不知道他人享有专利权而实施其专利的行为，本身就有一种没有尽到充分注意的责任，专利授权公告是完全开放的，任何人都能够得知。如果两人的研究完全属于“不谋而合”，由于专利法确立的专利独占的完全排他性，本来是依靠增加的智力劳动产生的成果，自己却不能拥有，这本身就不符合尊重他人智力劳动的基本理论。

（二）专利侵权行为的种类

依照侵权行为是否由行为人本身的行为所造成，将专利侵权行为划分为直接侵权行为和间接侵权行为。

1. 直接侵权行为

直接侵权行为主要有：

（1）未经专利权人许可实施其专利的侵权行为。这里所说的“实施”相对于不同性质的专利，含义也有所不同。发明和实用新型中的产品专利，是指为生产经营目的的制造、使用、许诺销售、销售和进口。对方法专利来说，是指对其专利方法的使用以及使用、销售、许诺销售、进口依照该专利方法直接获得的产品，不是直接用专利方法所获得的产品不属于此例。对于外观设计专利，实施是指为生产经营目的制造、销售、进口其外观设计专利产品。这一“产品”仅指申请外观设计时所指定的产品。

直接侵权中还有所谓的“善意侵权”，它指为生产经营目的使用或者销售不知道是未经专利权人许可而制造并售出的专利产品或者依照专利方法直接获得的产品的行为。善意侵权，依照我国《专利法》第63条第2款的规定，能证明其产品合法来源的，不承担赔偿责任。因此，又有学者称其为“免除赔偿责任的侵权行为”。

（2）假冒专利与冒充专利。假冒专利是指将在非专利技术产品上或广告宣传中标明专利号，使公众误认为是他人的专利产品的行为。被假冒的专利是客观存在的有效专利，因此这种行为直接危害专利权人的利益，欺骗消费者，搅乱了专利管理秩序，它比上述所说的专利侵权行为情节更为严重，因此在制裁上也比较严厉。《专利法》第58条规定：“假冒他人专利的，除依法承担民事责任外，由管理专利工作的部门责令改正并予公告，没收违法所得，可以并处违法所得三倍以下的罚款，没有违法所得的，可以处五万元以下的罚款；构成犯罪的，依法追究刑事责任。”

冒充专利是指将非专利技术或落后技术冒充专利技术，以取得消费者信任的一种欺骗行为。冒充专利与假冒专利不同，它实际上不发生对其他专利权的侵权，它所标明的专利号实际上是不存在的，纯属一种对公众的欺诈行为。为此，《专利法》第59条规定："以非专利产品冒充专利产品、以非专利方法冒充专利方法的，由管理专利工作的部门责令改正并予以公告，可以处五万元以下的罚款。"

2. 间接侵权行为

常见的专利间接侵权

间接侵权是指鼓励或诱使别人实施侵害专利权的行为。行为人本身的行为并不构成专利侵权。其常见的形态有：

(1) 未经专利权人许可，以生产经营为目的的制造、出售专门用于专利产品的关键部件或者专门用于实施专利方法的设备或材料；

(2)未经专利权人授权或委托，擅自许可或者委托他人实施专利。

我国现行专利法只规定了对专利直接侵权行为的法律制裁，没有规定对专利间接侵权行为的法律制裁。在《专利法》第二次修改过程中，曾经有增加"间接侵权"的规定的修改建议，但是没有得到采纳。从我国的现实情况来看，不制止间接侵权行为不利于为专利权人提供充分有效的法律保护。目前，我国有关法院在实际专利纠纷案件的处理过程中，已经作出了一些认定专利间接侵权行为成立的判决，实践已经领先于法律。对此，应当进行充分论证和研讨。如果认为有必要制止专利间接侵权行为，则应当在专利法中增加有关规定予以规范。(知识链接如上框)

间接侵权促使和导致了直接侵权行为的发生，行为人有过错，对专利权人造成了损害，与直接侵权构成共同侵权。由于间接侵权的成立以直接侵权为前提，所以，只有确定了直接侵权的事实后，才能确认间接侵权。

(三) 侵权认定的适用原则

我国现行专利法中对专利侵权的认定没有详细规定，在各级法院和专利行政部门处理专利侵权纠纷中已经广泛采用的判断标准有以下几种。

1. 全面覆盖原则

判断是否为专利侵权，法院应当将被控侵权产品或者方法和专利权利要求进行比较，如果被控侵权产品或者方法具备了权利要求里的每一项技术特征或者说逐一要素的相同，专利侵权就成立。这是法院判定专利侵权的基本方法，称为全部技术特征原则或者全面覆盖原则，这也是最简单的专利仿制，或称为相同侵权。

2. 等同原则

现实中，完全仿制他人专利产品或者照搬他人专利方法的侵权行为并不多见，常见的是对他人的产品或者方法及有关专利文件加以研究，对权利要求中的某些技术特征加以简单的替换或者变换，因此严格按照权利要求字面的含义来确定专利权的保护范围，可能导致不公平。

等同原则正是为应对上述需要而出现的法律适用技术。等同原则认为，将被控侵权的技术构成与专利权利要求书记载的相应技术特征进行比较，如果所属技术领域的普通技术人员在研究了专利权人的专利说明书和权利要求后，不经过创造性的智力劳动就能够联想到的，诸如采用等同替换、部件移位、分解或合并等替换手段实现专利的发明目的和积极效果的，并且与专利技术相比，在目的、功能、效果上相同或者基本相同，则应当认定侵权成立。

等同原则的运用

一般情况下，运用等同原则判定诉讼产品或者方法是否侵权有以下几种方式：

（1）产品部件简单移位或者方法步骤顺序简单变换后，如果该产品或者该方法领域内的普通技术人员认为两者之间没有本质区别，与产生的专利技术基本相同，则基本可认定该产品侵权。

（2）等同替换。如果权利要求书中记载有某个技术特征，在被控侵权的产品或者方法中也存在一个对应的技术特征，这两个技术特征在产品或者方法中所起的作用或者效果基本相同，并且在所属技术领域内的普通技术人员一般都知道这两个技术特征能够相互替换，那么法院可以认定诉讼产品侵权。

（3）分解或者合并技术特征。分解，是用被诉讼侵权产品或者方法的两个技术特征，代替被侵权产品专利的权利要求书记载的某一项技术特征；合并，是用被诉讼侵权产品或者方法的一个技术特征代替被侵权产品专利的权利要求书中记载的某两项技术特征。

等同原则最初出现在专利制度发达的美国。美国在专利权利解释上采用周边限定原则，严格按照字面意思解释。为了合理保护专利权人，避免第三人绕开权利要求书的字面、盗用技术构思的行为，美国最高法院在1950年的 Graver Tank & Mfg Co. v. Linde Air Products Co. 一案中，解释权利要求时采用了等同原则（doctrine of equivalents），即权利要求中的技术特征在解释上包含等同技术特征在内。所谓等同技术特征，指与权利要求中表示的技术特征以实质上相同的方式，履行实质上相同的功能，并产生实质上相同的效果的技术特征。这一判断准则亦称为“方式—功能—效果”准则。[1]

我国在司法实践中也确立了这一原则。2001 年颁布的《最高人民法院关于审理专利纠纷案件适用法律问题的若干规定》第 17 条规定：《专利法》第 56 条第 1 款所称的发明或者实用新型专利权的保护范围以其权利要求的内容为准，说明书及附图可以用于解释权利要求，是指专利权的保护范围应当以权利要求书中

[1] 汤宗舜：《专利法解说（修订版）》，知识产权出版社 2002 年版，第 330 页。

明确记载的必要技术特征所确定的范围为准，也包括与该必要技术特征相等同的特征所确定的范围。等同特征是指与所记载的技术特征以基本相同的手段，实现基本相同的功能，达到基本相同的效果，并且本领域的普通技术人员无需经过创造性劳动就能够联想到的特征。（知识链接如上页框）

3. 禁止反悔原则

禁止反悔原则是对专利权保护范围的一种限定，也是对等同原则的一种限制。它主要指，在专利审批、撤销或无效宣告程序中，专利权人如果为确立其专利的新颖性和创造性，通过书面声明或者文件修改，限制或者部分地放弃了权利要求的保护范围，并因此获得了专利授权，那么，在专利侵权程序中，法院适用等同原则确定保护范围时，禁止其将已被限制排除或者已经放弃的内容重新纳入专利保护范围。这一原则是诚实信用原则在专利侵权诉讼中的具体体现，并且已为多数国家专利审判实践所采用。

林某诉X实业（成都）有限公司案

林某是“人体频谱匹配效应场治疗装置及生产方法”发明专利（以下简称林某专利）的专利权人，该专利包括方法和产品两部分，权利要求1～6限定生产方法，权利要求7～10限定产品。1996年，林某以X实业（成都）有限公司（以下简称X公司）、X实业（成都）有限公司D频谱技术发展公司（以下简称D公司）未经其许可，以生产经营为目的擅自共同制造、销售的MF—型多源频谱治疗仪与自己的专利实质等同向北京市第一中级人民法院提起侵权诉讼。对林某专利的产品独立权利要求进行分析后，法院认为其具体包括七个技术特征，被告产品涂层中所含物质及含量与本专利权利要求技术特征中所含组分及含量具有极大的不同，对于本领域的普通技术人员而言，二者已可认定为两个不同的技术特征，即被告产品中并未全面具有原告产品专利的技术特征，认定被告侵权不符合专利侵权认定的“全面覆盖原则”。同时，因原告未提交证据证明被告产品中的该技术特征与林某专利权利要求技术特征以基本相同的手段、实现了基本相同的功能，达到了基本相同的效果，且本领域的普通技术人员无需经过创造性劳动即能联想到，故二者亦不是等同的技术特征。对于原告认为被告产品与本专利构成实质等同的主张，法院不予支持。

4. 多余指定原则

多余指定原则是指在专利侵权诉讼中法院把权利要求的技术特征区分为必要技术特征和非必要技术特征，在忽略非必要技术特征（多余特征）的情况下，仅以权利要求中的必要技术特征来确定专利保护范围，判定被控侵权客体是否落入权利要求保护范围的原则。多余指定原则与全部技术特征原则的性质刚好相反。

我国专利制度尚不发达，专利代理水平不高。撰写权利要求书时，常将一些非必要技术特征写入独立权利要求。如果按照全面覆盖原则判断侵权的话，只能得出不侵权的结果。这对发明创造人不公平。多余指定原则有助于矫正“全面覆盖”原则的这一弊端。但是，多余指定原则应当慎重使用，否则会给授权专利带来权利边界不清楚，误导使用者的可能，同时也会影响到行政授予的专利权在司法中被扩大保护范围。（实例链接如上页框）

六、专利侵权的诉讼时效

专利侵权的诉讼时效为2年，自专利权人或利害关系人得知或应知之日起计算；对于发明专利公布前至授权之间使用他人专利未支付费用的，自专利权人得知或应知之日起计算，专利权人在授权前即已得知的，从其授权之日起计算。

基于连续并正在实施的专利侵权行为已超过诉讼时效进行抗辩的，法院可以根据原告的请求判令侵权人停止侵权，但侵权损害赔偿数额应当自原告向人民法院起诉之日起向前推算两年计算。

如果自侵权人实施侵权行为终了之日起超过两年，专利权人将失去胜诉权。

七、专利侵权的责任

专利侵权的责任类型有民事责任、行政责任和刑事责任。

（一）民事责任

民事责任的方式主要有诉前禁令、停止侵害、赔偿损失、消除影响。

我国《专利法》第61条规定，专利权人或者利害关系人有证据证明他人正在实施或者即将实施侵犯其专利权的行为，如不及时制止将会使其合法权益受到难以弥补的损害的，可以在起诉前向人民法院申请采取责令停止有关行为和财产保全的措施。申请人包括专利权人和利害关系人。利害关系人主要包括专利实施许可合同的被许可人、专利权的继承人等。申请人提出申请应当向有专利侵权案件管辖权的人民法院递交书面申请状，并载明当事人及其基本情况、申请的具体内容、范围和理由等事项且应提交相关证据和提供担保。

侵犯专利权引起纠纷的，当事人可协商解决；不愿协商或协商不成的，专利权人或者利害关系人可以向人民法院起诉。人民法院经审理确认被告构成侵权时，则依法追究侵权人以下民事责任。

1. 责令侵权人停止侵权行为

这种规定的目的在于防止侵权人继续进行侵权活动，避免给权利人或者利害关系人造成更大损失。一般情况下，该种方式是首先适用的一种措施。

2. 责令侵权人赔偿损失

其目的在于救济专利权人或者利害关系人。依最高人民法院有关专利侵权的

损害赔偿规定，应当贯彻公正原则，使专利权人或者利害关系人因侵权行为受到的实际损失能够得到合理的赔偿。（知识链接如右框）

宝丽莱与柯达的专利战

宝丽莱与柯达两公司围绕一次性成像技术而展开了长达 14 年的专利诉讼大战。这是专利史上一个著名的案例。在这场专利诉讼战中，创下了赔偿损失最高的世界纪录。宝丽莱公司一次性成像技术拥有 150 项专利，柯达公司侵犯了其中的 7 项专利权，经过十多年的诉讼之战，美国联邦法院终于在 1990 年作出最终判决：柯达公司生产、销售的一次性成像技术侵犯了宝丽莱公司的专利权，柯达公司赔偿宝丽莱公司经济损失 9.95 亿美元。

3. 没收侵权人由侵权行为所得的产品

这是人民法院对侵权人采取的一种制裁措施，目的在于恢复专利权人被侵害的权利，防止侵权人继续进行侵权活动。

4. 消除影响

依我国《民法通则》第 118 条之规定，公民、法人的专利权受到侵害的，有权要求消除影响。这一规定的目的在于恢复专利产品的信誉，消除由于专利侵权所造成的不良影响。

（二）行政责任

根据我国《专利法》第 57 条之规定，未经专利权人许可，实施其专利，即侵犯其专利权，引起纠纷的，当事人可以向人民法院起诉，也可以请求管理专利工作的部门处理。管理专利工作的部门处理时，认定侵权行为成立的，可以责令侵权人立即停止侵权行为，当事人不服的，可以自收到处理通知之日起 15 日内依照《中华人民共和国行政诉讼法》向人民法院起诉；侵权人期满不起诉又不停止侵权行为的，管理专利工作的部门可以申请人民法院强制执行。进行处理的管理专利工作的部门应当事人的请求，可以就侵犯专利权的赔偿数额进行调解；调解不成的，当事人可以依照《民事诉讼法》向人民法院起诉。综上所述，我国专利行政保护的方式如下。

1. 责令侵权人停止侵权行为

即责令侵权人立即停止擅自制造、使用、许诺销售、销售、进口专利产品或使用专利方法以及使用、许诺销售、销售、进口依据专利方法直接获得的产品的行为。

2. 调解

管理专利工作的部门应当事人的请求，可以就侵犯专利权损失赔偿数额进行调解，调解不成的，当事人可以依照《民事诉讼法》向人民法院起诉。

3. 责令改正、没收违法所得、罚款

对于假冒他人专利的，除依法承担民事责任外，由管理专利工作的部门责令改正并公告，没收违法所得，可以并处违法所得3倍以下的罚款，没有违法所得的，可以处5万元以下的罚款。对于以非专利新产品冒充专利新产品，以非专利方法冒充专利方法的，由管理专利工作的部门责令改正并予以公告，可以处5万元以下的罚款。

（三）刑事责任

我国《专利法》及《刑法》规定，专利违法行为和专利侵权行为情节严重，构成犯罪的，应承担刑事责任。根据我国《专利法》和《刑法》之有关规定，侵害专利权及违反《专利法》应承担刑事责任的情形有以下几种。

1. 假冒他人专利

我国《专利法》第58条规定，假冒他人专利，构成犯罪的，依法追究刑事责任。我国《刑法》第216条规定，假冒他人专利，情节严重的，处3年以下有期徒刑或者拘役，并处或者单处罚金。

2. 泄露国家机密

我国《专利法》第64条规定，违反《专利法》第20条规定向外国申请专利、泄露国家秘密，构成犯罪的，依法追究刑事责任。我国《刑法》第398条规定，国家机关工作人员违反保守国家秘密法的规定，故意或者过失泄露国家秘密，情节严重的，处3年以下有期徒刑或者拘役；情节特别严重的，处3年以上7年以下有期徒刑。

3. 玩忽职守、滥用职权、徇私舞弊

我国《专利法》第67条规定，从事专利管理工作的国家机关工作人员以及其他有关国家机关工作人员玩忽职守、滥用职权、徇私舞弊，构成犯罪的，依法追究刑事责任。

结　语

知识经济时代，科技创新成为时代的主题，也是经济增长的决定性因素。科技创新能力的培育离不开专利权制度，专利权在保障、激励和推动科技创新方面具有重要的意义。在经济和科技全球化的背景下，综合国力的较量越来越体现为拥有专利权的科技创新能力上。为了快速、稳步地提高综合国力和推动经济发展，我国必须完善和实施与我国经济、科技发展阶段相适应，并符合国际发展趋势的专利权制度，以此来激励我国的科技成果产出投入和节约产出成本，促进科技成果在我国的快速扩散和推动科技成果的积极推广应用。

资料链接

[1] 汤宗舜．专利法教程［M］．北京：法律出版社，1996.

[2] 吉藤幸朔．专利法概论［M］．宋永林，魏启学译．北京：专利文献出版社，1990.

[3] 世界知识产权组织编著．知识产权纵横谈［M］．北京：世界知识出版社，1992.

[4] 国家知识产权局网站 www. sipo. gov. cn.

思考题

1. 哪些发明创造可以取得专利权？
2. 取得发明专利权的条件是什么？
3. 专利权人享有哪些权利？
4. 专利权受到侵害如何寻求法律的保护？
5. 分析下列案例：

张某原为造纸厂副厂长，任职期间厂里引进一套造纸设备，张某负责组织技术人员测绘进行改造，改造完成后大大提高了造纸的产量和数量。该造纸厂认为这套造纸设备在国内会有很好的销路，遂打算为制造造纸设备进行销售。在制造设备模具期间张某辞职，另成立一家造纸设备厂，生产改进后的造纸设备，并在离开原造纸厂一年后申请一件有关造纸设备的实用新型专利。原造纸厂在张某离开后也生产同样的造纸设备，两家在市场销售中发生竞争，张某诉造纸厂构成其实用新型专利侵权。此时，造纸厂方知张某获得了专利权。在法庭中，造纸厂反诉张某剽窃职务发明成果擅自申请专利。

在本案中，张某离开原厂已经一年多，其后经营的业务虽与原单位的工作有关联，但并非是其本职工作，但如果没有造纸厂引进造纸设备这一物质条件，双方都不可能有改进技术成果，即使张某称其改进技术是基于国外专利，但能否从文献上产生改进成果以及与造纸厂相似的设计图纸？本案中专利权究竟属于哪一方，如何确定发明人、设计人的身份，什么是职务发明创造，怎样理解“主要是利用本单位的物质技术条件”？

第四章　经营销售与商标权制度

【学习目的与要求】 通过本章学习，要求学生掌握商标的概念，了解商标权的含义及内容，理解商标注册的条件、商标的转让及许可使用，熟练掌握商标权的法律保护。

【内容提要】 商标是指能够将不同的经营者所提供的商品或者服务区别开来，并可为视觉所感知的标记；商标可通过注册程序而取得商标权，商标权的内容包括商标的专用权、禁用权、续展权、许可使用权、转让权、标记权。侵犯商标权的行为应当承担相应的民事责任、行政责任或刑事责任。

【关键词】 商标　商标权　驰名商标

在日常生活中，我们经常可以见到各种各样的商标。这些商标既有商品上使用的商标，也有在服务上使用的商标。商标不仅能标示商品或服务的来源，还具有一定的价值。据测算，消费者每花费 100 元购买品牌商品，30 元购买的是产品，70 元则在为商标“买单”。早在 2002 年，“可口可乐”商标的价值就突破 690 亿美元，“IBM”商标的价值达到 512 亿美元。最新的数据表明，国内“万家乐”“恒源祥”等知名商标的价值，也已分别达到 2 亿元人民币和 9 000 万元人民币。从这个意义上说，商标又是最有价值的知识产权。❶ 随着经济的发展，商标和品牌已渗透到社会生活中的方方面面：从城市的发展到政府商标战略的制定；从产品的生产到广告的宣传；从商品的经销到消费者的选购；从企业创驰名商标到拓展国外市场，这些行为无一不和商标或品牌发生着紧密的联系。毋庸置疑，在现代社会里，我们的生活处处和商标相关。那么，什么是商标，商标有哪些作用，商标权的内容是什么，如何来保护商标，这些将是本章所要解决的主要问题。

---

❶ 参见 http://www.yibb.com/Trademark/tm/20051014180440.html，《商标，最有价值的知识产权》，浏览时间：2002 年 3 月 2 日。

第一节　商标的含义与特征

一、商标的含义

商标（Trademark），是指能够将不同的经营者所提供的商品或者服务区别开来，并可为视觉所感知的标记。商标一般由文字、图形、字母、数字、符号、三维标志或者颜色的组合等构成，附注在商品、商品包装、服务设施或者相关的广告宣传品上，显著而醒目，有助于消费者将一定的商品或者服务项目与经营者联系起来，使其与其他经营者的同类商品或者服务项目相区别，便于认牌购物，也便于经营者展开正当竞争。商标作为一种识别性标记，具有以下基本特征。

（一）商标是商品或者服务项目的标记

在社会生活中，人们为了识别某种事物，常常需要使用某种标记，以便与相同或者类似的事物相区分，各种标记一般都具有代表、象征或者识别某种事物的功能。商标依附于商品而存在，与一定的经营对象密不可分，其识别对象是商品或者服务。

（二）商标是区别商品或者服务来源的标记

有许多生产者或经营者制造或销售同一种商品，他们使用不同的商标。人们根据商标来区分商品并决定购买谁的产品。为了起到区分来源的作用，商标必须是不同的，而且相互之间的区别是明显的，更不能是商品或者服务项目的通用名称，或者是直接描述产品或者服务的标记符号。

（三）商标以商业活动为基础

单纯从图文设计上看，构成商标的符号图案可视为一项美术作品得到著作权保护。然而商标与美术作品不同，它是一种识别性标记，具有标记所固有的代表、象征等基本功能，并不单纯是人们思想感情的表露。由于商标与一定的经营对象密不可分，集中表现了商品来源及服务提供者的独特个性，因而构成商标的文字、图形或者其组合必须从商业竞争的角度出发，考虑产品的特点、消费者心理、市场情况等，离开一定的经营对象，不管其标记图案构思如何巧妙，设计如何新颖，也起不到识别商品或者服务项目的作用，这样的标记不能成为商标。

下图为“可口可乐”饮料（图1）、“宝马”汽车（图2）、“李宁”体育用品（图3）的商标。

图1　　图2　　图3

二、商标的作用

商标的发展经历了一个漫长的过程，从烙印在牲口上作为所有权象征的标记、工匠在器具上留下作为产源和质量保证的记号，到商品或服务的形象标志、信誉保证。随着商业和贸易的发展繁荣，商标的作用在不断扩展，其重要性也越来越受到重视。

（一）标示来源

商标最原始最基本的作用是标明来源。不同经营者的商品或服务项目有着不同的商标，特定的商标总是和特定的经营对象联系在一起的。有商标作媒介，消费者可以将成千上万家企业经营的商品或者提供的服务项目区别开来；经营者可以让消费者同自己的商品或者服务联系起来，可以将自己商品的信誉和名声集于商标，使商标产生“顾客吸引力”。（知识链接如右框）

> **商标是商品的脸**
>
> 一位研究商标的学者谈到：如同一个人的脸象征着一个人一样，商标作为商品的脸，成为某一企业特定商品的象征，代表着商品的信誉和评价，成为相同商品相区别的象征。

（二）保证品质

商标是产品质量的可靠指示器。这并非意味着商标必然标示着商品或服务的高质量，但它却标示着一定经营对象一贯的稳定的质量水平。如果没有商标，消费者购买商品时必须弄清每种商品的性能和质量，而有了商标，经营者为维护自己商标在消费者心目中的信誉，就要努力保证使同一商标的商品质量相同。有一个例子可以说明这一点，当年前苏联取消区别各种消费品生产厂的标志以后，那些产品的平均质量都下降了。凭借商标，消费者将特定产品与品质、信誉之类的优质属性联系起来，从而能够在知情的前提下选择产品。商标的这一作用特别有利于维护消费者的利益，而消费者对品牌的认知，可以激励商标所有人来精心维护在品牌价值上的投入。

（三）广告宣传

商标的广告作用主要通过两种途径产生，一种是消费者口碑相传。商标不仅对再次购买起到引导作用，还会通过消费者之间的介绍，使商标广为人知从而扩大销路。另一种是对潜在消费者进行广告宣传。广告中突出使用商标，使人对商标产生好感并及于商品或者服务，从而激发人们的购买欲，推动消费。在传播十分发达的信息社会，商标的广告作用越来越重要。借助广告宣传、公关活动，商标对商品的影响被大大强化，品牌深入人心造成偏好，成为强有力的营销工具。商标与商品名与实、本与标的关系也在发生着变化。（知识链接如上框）

商标的广告功能

日本丰田汽车株式会社每年的广告费用达 450 亿日元；广东健力宝集团随着广告费用由 100 万升到 200 万元、400 万元、1 000 万元，其产值也由 1 650 万元升至 4 400 万元、1.2 亿元、5 亿元。通过广告宣传，不仅扩大了商标和企业的知名度，而且拓展了商品的市场。

（四）彰显个性

随着整个社会生活水平不断提高，人们对商品的需求不仅是货真价实，讲求实用，而且要能满足一定的精神需求。这时候的商标就不单纯是识别出处的手段，同时还起着彰显个性风格、代表时尚品位的作用。某种品牌代表的是生活阶层、社会地位、个性风格甚至生活方式。商标能够赋予其使用者精神享受。购买者对品牌的追求，拓展了商标的功能，提升了商标的价值，使其从固有的指示来源拓展为彰显主体身份、地位，满足荣誉感、成功感的象征性符号。

三、商标与其他标记的区别

（一）商品装潢

商品装潢，是指为宣传和美化商品而附加的装饰。美观大方、新颖别致的装潢设计能够引起消费者的注意和兴趣，激发购买欲望。经过一段时间的使用，当购买者仍然根据该装潢选择商品时，已不再为它的美观所吸引，而是它所代表的商品令人放心。因此，装潢也具有识别商品的作用，但是，装潢和商标存在明显的区别。

1. 使用目的不同

使用商标的目的主要是识别不同经营者的商品或者服务项目；使用商品装潢的目的主要在于说明或美化商品，刺激消费者的购买欲望。

2. 构图设计不同

商标构图力求简洁、明快，突出其显著特征，以达到识别经营对象的目的；而商品装潢着力于渲染、美化商品，浓墨重彩，图案绚丽，以便吸引消费者。

3. 选材要求不同

商标的选材不得与商品内容相同，例如不能用“牛”的文字或图形作为牛肉罐头的商标；而商品装潢则不受此限制，例如“人参蜂王浆”的包装上绘以“人参”的图案，说明该商品的主要原料是人参，而不是其他物品。

4. 法律属性不同

商标的使用受到法律的限制和保护，而商品装潢则不然。因此，商标经过注册后非经主管机关核准不得随意改变，而使用者可以根据市场销售的需要随意变动装潢图案和文字。

（二）商务口号

商务口号或商务标语是用于产品或者服务中的一个短句，它常常与商标相配合出现在广告、商品宣传材料上。商务标语使用的语言文字简练形象、生动活泼，其构思主要从产品或服务的性能、特点出发，多为赞美、称颂之辞，例如海尔产品的“海尔真诚到永远”、鄂尔多斯产品的“鄂尔多斯温暖全世界”等。商务标语一般不宜作为商标，因为其往往不具有商标的显著性。如一些现成的短语，普通的口号很难让人将其和特定的产品或服务相联系。雀巢公司拥有“have a break, have a kit kat”（休息一会，来块奇巧）口号商标。2002 年雀巢公司向英国专利局申请注册其中的“have a break”口号商标，被竞争对手玛氏公司提起异议，审查官驳回了该申请，理由是“have a break”口号商标缺乏显著性。消费者看到标有这个口号的商品并不能就此认出是雀巢公司。[1] 有的商务标语反复使用具有一定影响之后，如有他人仿用，可根据反不正当竞争的法律请求保护。也有些商务标语具有创造性、文学性，可以成为著作权法的保护对象。

四、商标的种类

（一）注册商标和未注册商标

根据商标是否登记注册，商标划分为注册商标和未注册商标。我国实行自愿注册制度，依商标法规定，未注册商标的使用不得对抗注册商标，未注册商标一旦被他人注册便会被禁止使用，为此，只要不是临时使用商标，最好申请注册。

（二）商品商标和服务商标

根据商标标示对象不同，商标划分为商品商标和服务商标。商品商标是使用于生产、制造、加工、拣选或者经销的商品上的商标。服务商标是提供服务的经营者在其向社会提供的服务项目上使用的标记，也称为服务标记，如中国航空公司的 CAAC 标记、中国保险公司的 PIIC 标记。服务项目包括了广告、运输、旅

---

[1] 引自《中华商标》2005 年第 2 期，“雀巢口号商标注册被拒”。

游、建筑、金融、法律服务等为顾客的需要所提供的具有劳务性质的活动，我国《商标法》第4条第3款规定“本法有关商品商标的规定，适用于服务商标”。

（三）平面商标和立体商标

商标可划分为平面商标和立体商标。平面商标是一种最为主要的商标形态，又可细分为文字商标、图形商标及其组合商标等。立体商标是指以商品形状或者其容器、包装的形状构成的三维标志。例如“奔驰”车的标记是一个环，中间是一个三角星；“卡迪拉克”汽车的标记是张开手臂、迎风飞翔的纯银的飞翔女神；麦当劳的标记是线条非常圆滑的大“M”等。我国商标法第二次修订后扩大了商标权的客体，三维标志可以作为商标申请注册。

（四）集体商标和证明商标

根据商标具有的特殊作用，商标分为集体商标和证明商标。集体商标和证明商标的主体是一个集体（协会，团体）。集体商标是指以工商业团体、协会或者其他组织名义注册、供该组织成员在工商业活动中使用，以表明使用者在该组织中的成员资格的标志。例如合作社、行业协会注册的商标供合作社成员、协会成员使用。集体商标的作用是向消费者表明使用该商标的集体组织成员所经营的商品或服务项目具有共同特点。

证明商标是指由对某个具体商品或者服务有检测和监督能力的组织注册，而由注册人以外的人使用于其商品或者服务，用以证明该商品或者服务的原产地、原料、制造方法、质量或者其他特定品质的标志。使用证明商标须经商标注册人认证许可，经营的商品必须符合证明商标使用章程规定的条件。证明商标的使用，可以促进商品质量的提高，加强商品的竞争力，保护消费者权益。国际羊毛局注册并负责管理的纯羊毛标志就是著名的证明商标。

（五）制造商标与销售商标

根据商标使用者不同，可以将商标划分为制造商标和销售商标。制造商标就是商品制造者使用的商标，又叫生产商标。例如，南京熊猫电子集团公司在生产的收录机上使用的“熊猫”商标；重庆啤酒集团股份公司在自己生产的啤酒上使用的“山城”商标。销售商标是指经销商在自己经销的商品上使用的商标，又叫商业商标。比较常见的有“屈臣氏”、“家乐福”、“国美”等。使用此种商标的意义在于，宣传销售商的商业信誉，用来说明商标的使用者是销售者，而不是生产厂家，从而使自己经营销售的商品与别的同类商品相区别，与别的经销商销售的同类商品展开商业竞争，获取更大的经济利益。

（六）等级商标和防卫商标

等级商标是指同一个企业对同类商品因规格、质量不同而使用的系列商标。等级商标的作用在于区别同一企业生产的不同规格、不同质量的同类商品，以便消费者鉴别选购。例如青岛同泰橡胶厂生产的轮胎，因规格不同，分别使用“骆驼”、“金鹿”、“工农”等商标。

防卫商标是指为了防止他人的使用或注册而对自己的核心商标构成威胁或造成损害而进行注册的商标，包括联合商标和防御商标两种形式。

联合商标是指同一企业在同一或类似商品上申请注册两个或者两个以上的近似商标。其中一个指定为正商标，与其他近似的商标一起构成具有防卫性质的联合商标。例如，杭州娃哈哈集团就注册了“娃哈哈”、“哈哈娃”、“娃娃哈”等一系列商标。商标所有人只要使用正商标，即视为全部联合商标的使用。联合商标中的每一个商标不能单独转让，而必须全部一同转让或许可他人使用。

防御商标是指同一商标所有人把自己的驰名商标同时注册在其他非同种或非类似的商品上的商标。防御商标的注册可以保护驰名商标，不必担心因不使用而被撤销，不必担心他人申请注册在先，可以追究他人在指定商品上使用该防御商标的侵权责任，延伸注册商标的权利。

第二节　商标法的历史发展

一、外国商标制度的产生

世界上第一部成文商标法是1857年的《法国商标法》。从那以后工业国家才相继颁发商标法，比专利法、版权法晚了许多年。

与商标的国内立法不同，商标法属于最早纳入国际协调进程的法律之一。根据学者研究，❶ 这是因为国际贸易为其提供了先决条件。19世纪以后，由于国际交通发达，国际贸易兴盛，各国来往频繁，带有商标的商品已跨过国际边界。而商标作为一种抽象的符号标记，不像有形的动产、不动产那样能够占有一定的空间而为排他的占有，且其随着商品流通超越本国地域极易造成国际侵害。所以，对外贸易较为发达的西方各国出于维护本国商标利益、消除国际上的不正当竞争，积极倡议讨论保护工业产权。1883年《保护工业产权巴黎公约》（以下简称《巴称公约》）应运而生，成为知识产权国际保护的第一个世界性的公约。此后，又依据《巴黎公约》制定了多个有关商标的国际协定。

随着国际经济贸易的发展和各国知识产权法的一体化进程，在《巴黎公约》制定后的一个世纪，1994年世界贸易组织成立，该组织《与贸易有关的知识产权协定》成为知识产权国际保护领域影响力最大、保护范围最广、最具权威的

---

❶ 曾陈明汝：《商标法原理》，中国人民大学出版社2003年3月版，第6页。

一个国际公约。其中有关商标的规定，总结了该领域历年发展的重要成果，提出了新的保护标准。

二、我国商标立法沿革

我国自清末开始商标立法。清朝末期，清政府迫于外来压力，为了保持和资本主义列强的通商贸易，开始对商标进行保护。1902 年清政府和英国政府签订《续议通商行船条例》，其中规定建立牌号注册局。1903 年清政府与美国和日本签订了《通商行船条约》，美日两国也提出了与英国类似的要求。1904 年清政府在外国列强的压力下，颁布了《商标注册试办章程》，这是我国历史上第一个成文商标立法，尽管该法最后未正式施行，但还是为后来的商标立法奠定了基础。1927 年 12 月 1 日国民政府在南京设立全国注册局，专门办理商标等注册事项。1930 年国民党政府公布了商标法及其实施细则，并于 1931 年 1 月 1 日起施行。

新中国成立后，废除了民国时期的商标法，并于 1950 年 8 月 28 日通过了第一个商标法规定《商标注册暂行条例》。该条例简明扼要，特别强调了对商标专用权的保护，现行商标法的诸多规定实际都可以说脱胎于此。1963 年 3 月 30 日，我国通过了《商标管理条例》，实行商标强制注册。该条例第 3 条完全将商标作为"代表商品一定质量的标志"，其立法宗旨也相应修改为"加强商标的管理，促使企业保证和提高产品的质量"，并确立了强制注册的原则，具有浓厚的计划经济的色彩。1982 年 8 月 23 日，我国通过《中华人民共和国商标法》，并于 1983 年 3 月 1 日生效。该法是新中国在知识产权领域的第一个法律。它综合了前两个条例的精神，反映了计划经济和商品经济的双重需要，目的是通过"加强商标管理，保护商标专用权"，从而促进生产者保证商品质量和维护商品信誉，以保障消费者的利益，促进社会商品经济的发展。该法强调保护商标专用权，同时也要求"商标使用人应当对其使用的商标的商品质量负责"，此外还保留了个别商品强制注册的规定，在立法指导思想上仍是将商标作为经济管理的一种手段，然后才是对商标权的保护。

商标法在改革开放中，对发展我国商品经济发挥了重要作用。随着我国商品经济的发展，为了适应对内搞活、对外开放的需要，1993 年 2 月 22 日第七届全国人大常委会第三十次会议通过了《关于修改中华人民共和国商标法的决定》，对 1982 年《商标法》进行了第一次修订，主要是增加了保护服务商标和对不当注册商标撤销的规定，加强了对商标侵权行为的打击力度。修改后的商标法更好地贯彻了保护公平竞争、保护注册商标专用权的原则。随着我国社会主义市场经济的发展，并适应我国加入世界贸易组织的需要，2001 年 10 月 27 日经第九届全国人大常委会第二十四次会议审议，通过了《商标法》第二次修正案，新

《商标法》自2001年12月1日起施行。2002年8月3日新的《商标法实施条例》由国务院公布实施。修订后的商标法在以下几个方面有显著的变化：(1) 扩大了商标权的客体和主体。立体标志可作为商标注册，商标注册申请人不再排除自然人。(2) 明确规定了驰名商标的认定和保护。(3) 增设地理标志的保护，明确了地理标志和商标的关系。(4) 完善了商标权的取得和维持程序。禁止恶意抢注商标，将行政裁决置于司法审查之中。(5) 强化商标权的保护，增加了新的侵权行为类型。

第三节　商标注册的原则与条件

一、商标注册的原则

(一) 自愿注册原则

自愿注册，是指商标使用人是否申请商标注册取决于自己的意愿。自愿注册原则是一种国际惯例，符合知识产权的私权性质。商标使用人是否要取得或者放弃商标权利，都是在行使自己的民事权利，不受他人非法干涉。依自愿注册原则，商标无论注册与否均可使用，但注册商标和未注册商标在法律上地位不同。注册商标享有专用权，未注册商标不具有受法律保护的专用权。即使如此，商标使用人依自愿注册原则仍可以根据自身需要决定是否申请注册，确定商标战略，如一些地产地销、试产试销的产品、短期经营的产品使用商标多不申请注册。而对那些长期生产经销，质量稳定可靠，市场前景看好的商品使用的商标应及时进行注册。(知识链接如右上框)

> **商标注册对于企业发展的重要意义**
>
> “小天地”酒楼在成都等地有多家分店，其海鲜风味很有名气。当时企业正处在发展阶段，酒楼老板考虑到注册商标费时费力，想等到酒楼发展壮大后再进行“小天地”的商标注册。正是这一念之差让“小天地”付出了沉重代价。3个月前，重庆及贵州等10余个客商要求加盟“小天地”酒楼，在办理相关手续时被工商部门告知，“小天地”商标刚被武汉一娱乐公司注册为餐饮商标，其他公司应立即停止使用。之后，“小天地”被迫更名为“家全居”，在科园一路另起炉灶。商标被抢注让原“小天地”损失惨重，除了搬迁停业损失和新场地的装修费用，外加推广新品牌的广告费，各种费用已超过200万元。不仅如此，该酒楼与杨家坪准备签约的“小天地”酒楼分店被迫取消，3年内以“小天地”酒楼在主城各区开分店的计划同时搁浅。吸取了惨痛教训的“家全居”酒楼，在改名后及时申请注册了“家全居”商标，同时在涉及服务行业的10个项目中使用，而商标注册的费用总共花了不过2 000元。

另外，需要注意的是，根据我国法律规定，人用药品和烟草制品所使用的商标是必须注册的。规定这类商品的强制注册，是由商品所具有的特殊性决定的，它们都直接关系到人民群众的身体健康及生命安全，为了对广大人民群众的切身利益和生命安全负责，通过商标的注册和管理对它们进行监控，以保证其质量。

（二）申请在先原则

申请在先原则是指两个或两个以上的申请人，在同一种或类似的商品上以相同或者相近似的商标申请注册的，商标局初步审定并公告申请在先的商标，驳回其他人的申请。

我国《商标法》第29条规定："两个或者两个以上的申请人，在同一种商品或者类似商品上，以相同或者相近似的商标申请注册的，初步审定并公告申请在先的商标；同一天申请的，初步审定并公告使用在先的商标，驳回其他人的申请，不予公告。"这一规定明确了我国实行的是以申请在先原则为主，以使用在先为补充的审核制度。申请日不同的，申请在先的商标不论其使用与否，优先审查，优先注册，申请在后的商标则无条件地应予驳回。申请日为同一天的，采用使用在先的办法，优先考虑首先使用该商标人的申请。申请人应当提供最早使用该商标的日期的证据。同日使用或者均未使用的，申请人可以自行协商解决。协商不成的，申请人以抽签方式确定一个申请人或者由商标局裁定确定一个申请人。

（三）优先权原则

优先权是《巴黎公约》赋予其成员国国民申请工业产权时在申请日期上的优先利益。根据《巴黎公约》第4条、第11条的规定，商标注册申请的优先权，时间为6个月；对在国际展览会上首次展出的商品的临时保护，可以给予优先权，时间也是6个月。我国《商标法》修改后，第24条、第25条规定了优先权原则。据此，商标注册优先权的发生事由有两个：一个是"首次申请"，一个是"首次使用"。

1. 首次申请而产生的优先权

在国外提出商标注册申请后就同一商标又在中国提出注册申请的，可以享有优先权。《商标法》第24条规定，商标注册申请人自其商标在外国第一次提出商标注册申请之日起6个月内，又在中国就相同商品以同一种商标提出商标注册申请的，依照该外国同中国签订的协议或者共同参加的国际条约，或者按照相互承认优先权的原则，可以享有优先权。

2. 首次使用而产生的优先权

商标在展览会展出商品上首次使用的，可以享有优先权。《商标法》第25条规定，商标在中国政府主办的或者承认的国际展览会展出的商品上首次使用的，自该商品展出之日起6个月内，该商标的注册申请人可以享有优先权。

优先权并不自动产生，申请人要求优先权的，应当在提出商标注册申请的时候提出书面声明，并且在3个月内提交第一次提出的商标注册申请文件的副本或者展出其商品的展览会名称、在展出商品上使用该商标的证据、展出日期等证明文件；未提出优先权声明或者逾期未提交证明文件的，视为未要求优先权。

二、商标注册的条件

（一）可视性

商标的区分功能和象征作用要求用作商标的标志应为人们可感知，进而藉以识别和选择产品。可视性理所当然成为商标标志的首要条件。(知识链接如右框)

> **声音商标与气味商标**
>
> 除了视觉可以感知的平面标志、立体标志和颜色之外，能够使人想起特定事物的区别性标志还有音响、气味等。但这类素材在实际中极少使用，并且保护起来很困难，目前只有极少数国家给予商标保护。按照《知识产权协定》第15条规定，成员“可以”将视觉可感知作为注册的条件，而不是“应当”。这样一些国家可以根据本国的需要，自由决定是否对视觉看不见的标志如声音或气味给予商标保护。声音，微软Windows操作系统被打开时的音乐句可看成是声音商标。

以视觉感知的商标大都为平面形象，此外，立体标志、颜色的组合也可以通过视觉让人想起特定事物，也可以作为商标。我国《商标法》第二次修订时根据《知识产权协定》上述规定，以视觉可感知为基准界定商标的标志范围，从而将原来商标构成要素仅限于平面形象，扩展到三维标志和颜色的组合。《商标法》第8条规定：“任何能够将自然人、法人或者其他组织的商品与他人的商品区别开的可视性标志，包括文字、图形、字母、数字、三维标志和颜色组合，以及上述要素的组合，均可以作为商标申请注册。”

（二）显著性

商标最基本的作用是区别商品来源，保护商标的立足点在于防止混淆，因此，一个标记是否可以作为商标受到保护，其核心要件在于是否具有显著特征，便于识别。

1. 显著性的含义

关于显著性，各国商标法中均没有明确的定义。因为这一判断的主观色彩明显，无法通过一个肯定的表述来明确规定。因此，各国立法均从哪些要素不具有显著性为基点，规定出不准注册或不得使用的文字、图形等，从而对商标显著性进行反面解释和具体说明。根据我国《商标法》第10条、第11条和第12条的规定，凡属下列情形均为缺乏显著性。

（1）官方标志、徽记。《商标法》第10条所列官方标志、徽记包括下述各项：

①同中华人民共和国的国家名称、国旗、国徽、军旗、勋章相同或者近似的，以及同中央国家机关所在地特定地点的名称或者标志性建筑物的名称、图形相同的；

②同外国的国家名称、国旗、国徽、军旗相同或者近似的，但该国政府同意的除外；

③同政府间国际组织的名称、旗帜、徽记相同或者近似的，但经该组织同意或者不易误导公众的除外；

④与表明实施控制、予以保证的官方标志、检验印记相同或者近似的，但经授权的除外；

⑤同“红十字”、“红新月”的名称、标志相同或者近似的。

（2）通用名称。通用名称是表示某一商品或服务的种类或者型号的通常名称或者约定俗成的称谓。这类名称或图形、图案处于公有领域，任何经营者均有权将其使用在商品交易过程中，用来称呼其产品。由于它们的通用性，消费者也视其为商品的通称或通常的商品信息而难以将它们和某个特定的商品经营者联系在一起。正是这个原因，通用名称一般不适宜作为商标注册和使用。

因“描述性”被撤销商标案

1992年7月，四川宜宾杞酒厂（原四川省宜宾五粮液酒厂二分厂）开始以核准注册的“豪雅”商标销售名为“中国杞酒”的杞酒产品，该酒瓶贴配料表中明确载明“枸杞”为其主要原料之一。1993年11月，宜宾杞酒厂向商标局申请注册“杞”字商标用于其生产销售的杞酒类产品，但在申报表中未填报“枸杞”为主要原料。宜宾杞酒厂在其生产的杞酒产品中使用“杞”字商标后，其市场销售额不断扩大，在四川省产生了一定影响。1994年8月，四川省成都市糖酒公司城中分公司向国家工商局商标评审委员会申请撤销“杞”商标，认为宜宾杞酒厂的“杞”字商标直接表示了商品的主要原料，不具有显著性。（程永顺主编：《商标权纠纷案件法官点评》，知识产权出版社2004年版，第333页）

（3）描述性标志。描述性标志是直接表示商品属性或其某一特点的词语或标记，如表示商品主要原料的“纯棉”等字样、表示产品功能的“热得快”、“保暖”等字样以及表明产品的用途、重量、数量及其他特点的。对产品的描述有的采用间接的、暗示的手法，有的则直截了当地说明产品某一方面的特性。前者属于暗示性标志，通常被认为尚具有显著性，后者即描述性标志，不具有最低限度的显著性。二者之间的区别仅在于是否“直接”反映了产品的特性。暗示性标志可以被准许注册为商标，而叙述性标志则禁止注册。在前述四川宜宾杞酒厂的案例中，将“杞”字作为杞酒类产品的商标，就属于将表示商品主要原料的描述性标志作为

商标注册的情况，该商标不具有显著性。（实例链接如上页框）

（4）地名

县级以上行政区划的地名或者公众知晓的外国地名，不得作为商标。排除地名商标是因为以地名的原始意义指示某一商品，不能发挥商标的功能。以地名作为商标会给人以商品或服务来源的印象，标志的使用是在表明商品或服务来自地名所指的国家、地区或地方。由此，地名商标产生了两个问题：第一，产品或服务确实来自地名所指的地方，允许以该地名做商标，就意味着该地方的其他企业不能在产品或服务上使用这一地名。这无异于授予一个企业不合理的垄断权。第二，如果产品或服务并非来自地名所指的地方，该地名商标就会带有欺骗性。排除以地名做商标是因为以地名的原始意义指示某一商品，不能发挥商标的功能。但若地名具有其他含义或者作为集体商标、证明商标组成部分的则不在排除之列。（知识链接如右上框）

地名的其他含义

地名的其他含义是指地名意义之外人们最容易联想到的地名用词的字面意思。下面的案例可以帮助我们更好地理解有其他含义的地名作为商标注册使用："红河"商标是大兴安岭北齐神保健品有限公司注册的，济南红河饮料制剂经营部经合法转让获得该商标的所有权。2001年，云南红河光明股份有限公司向商标评审委员会提出撤销该商标的申请，认为"红河"是云南省红河州以及红河县两级行政区划的名称，不得作为商标注册。商标评审委员会经审理查明，"红河"虽然为县级以上行政区划的地名，但按其字面含义和构词习惯通常被理解为一条河流的名字，并且其确为自然地理中已存在的河流名称（越南境内有名为"红河"的河流），因而具有地名以外的其他含义，可以注册。

（5）功能性三维标志

功能性三维标志，是指商品自身的性质产生的形状、为获得技术效果而必须有的商品形状或者使商品具有实质性价值的形状。排除功能性三维标志的商标注册，是为了避免由于商标保护而妨碍合法的自由竞争。试想所有的商品都有外形结构，许多商品还需要包装、容器，这些立体的外观设计有的是商品用途或质量所必需的，并非用来区分和识别商品的，当然不能由某个人借商标注册进行独占；有的外观设计属于可专利的对象，而专利权一到期，受保护的对象将进入公有领域，人人都有权使用，如果允许作为商标注册获得无期限的保护，就会冲击专利制度的实施，并会妨碍市场竞争所需的适度模仿。三维标志的商标既可获得商标注册又要进行必要限制，这就是功能性三维标志被禁止注册的原因。

2. 获得显著性

获得显著性或称"第二含义"，是商标法的一个术语，意指一个缺乏固有显著性的标志通过长期连续使用而产生新的含义，具备识别商品的能力时，该标志即被视为具备了显著特征，可以获准注册。在商业活动中，通用名称、叙述性词汇或者地名使用于商品之上，直接功能在于告知商品的用途特点、成分和其他特性，而并无使其商品和其他商品相区别的作用，故不合乎商标显著性要求。然而，当这些文字、词汇被独家长期使用于商品之上，在行业内及相关消费者中间已为人所知，并能够使人产生一种商品来源的联想时，这个标志就在其原始意义上产生了“第二含义”，变得具有显著性了。（实例链接如下框）

获得显著性案例

2000 年“商务通”申请商标注册时被驳回，主要理由是商标局认为“‘商务通’用作商标，直接表示了该商品的功能、用途及特点等”，显然是因为其缺乏显著性。而在复审中，商标评审委员会却通过了这一注册。主要是因为商标评审委员会认为通过注册申请人的大力推广、宣传与使用，“商务通”一词与申请人密切相连，产生了显著性，具有标识商品来源的作用。也即这一商标通过使用获得了显著性，可以得到注册。

我国原商标法没有获得显著性的规定，但商标主管部门运用这一规则处理过某些特例。如“黑又亮”（鞋油）、“两面针”（中草药牙膏）、“五粮液”（酒）、前述“商务通”等商标的准予注册，这些做法表明商标主管部门认可了商标的显著性可以通过使用而取得。

依《商标法》第 11 条规定，获得显著性规则适用于下列标志：

（1）通用名称。通用名称一般不适宜作为商标注册。只有当其在商业活动中使用于原有含义之外又取得可辨认商品来源的“第二含义”时，才可以作为禁止注册的例外。

（2）描述性标志。和通用名称一样，描述性标志是公有公用的，如果允许进行商标注册，就会妨碍其他经营者用来说明自己的产品。但是，当描述性标志在市场上经过长期使用产生了表明产品出处的“第二含义”时，才可以作为禁止注册之例外。

（3）其他缺乏显著性的标志。如纯粹的颜色组合、单纯的字母、数字、过长的商务口号、广告用语等。这些标志一旦经商业使用获得了“第二含义”，能够获准注册。

除上述之外，属于《商标法》第 10 条规定的禁用标志如国家、国际组织名称、徽记、官方标志以及违反公共秩序和社会伦理道德带有不良影响的标志，不适用获得显著性规则，含有这些因素的标志无论是否取得显著性，都不能作为商标使用，更谈不上注册。

3. 显著性的退化和消失

商标的显著性并非一成不变的。缺乏内在显著性的商标可通过使用获得显著性。具有显著性的商标经过使用也可能导致显著性的退化或丧失。显著性退化或丧失的后果是一个原为有效注册或使用的商标演变为商品通用名称，从而进入公有领域无法为注册人专有专用。显著性丧失让权利人损失巨大。丧失显著性的商标不再是商品来源的指示者，而是商品的指示者、代名词。例如，Aspirin（阿斯匹林）、Thermos（热水瓶）、Jeep（吉普车）、Freon（氟利昂）原来都是经过注册的商标，现在却成为青霉素、暖水瓶、越野车和氟制冷剂的商品通用名称而被公众所熟知。一个商标无论注册与否，都有可能变成商品通用名称，导致这种结果发生的原因有商标使用人主观上的疏忽大意，也有客观环境的影响。商标退化的法律后果是导致商标注销。

（三）非冲突性

1. 不得违反公序良俗

商标附着于商品行销市面，又借助广告宣传使公众普遍知晓，必然兼有传播信息、引导时尚和推广风气的社会功能，因此商标是否符合公共秩序和社会道德风尚，是必须加以考虑的。《商标法》第 10 条第（6）项、第（7）项、第（8）项三项规定将有悖于社会道德和具有不良影响的标志作为绝对禁止条件。据此，带有民族歧视性的、夸大宣传并带有欺骗性的、有害于社会主义道德风尚或者有其他不良影响的文字或者图形，不得作为商标使用。这些禁止规定是在商标的显著特征以外，从社会政策角度考虑对商标标志的选择。（实例链接如右上框）

违反公序良俗的商标

判断一个标志是否有害于公共秩序和道德风尚，应采用客观标准即以消费者的认识理解为标准，商标使用人设计或选择标志时的主观愿望如何对判断结果无甚影响。例如，2001 年 10 月 8 日，甘肃省兰州市的一家清真牛肉面馆在第 43 类的“餐厅”上申请注册“萨达姆”商标，根据《商标法》第 10 条第 1 款第（8）项之规定，商标局于 2002 年 8 月 8 日以“萨达姆”作为商标易产生不良影响为由予以驳回。2003 年 4 月 22 日，广西柳州市的一自然人在第 25 类的“服装”等商品上申请注册“萨达姆”商标，商标局以同样理由于 2004 年 1 月 13 日予以驳回。

2. 不得与在先合法权利相冲突

所谓在先权利，是指在申请商标注册之前的他人已有的合法权利，其内容可能涉及其他知识产权或民事权利。概括起来说，凡是可用来作商标的对象都可能产生在先权利，包括但不限于下列权利：著作权、地理标志权、商号权、外观设计专利权、姓名权、肖像权，这些权利客体的共同性在于：均为文字、图形、图案、数字或组合形象化标识。

强调注册商标的非冲突性，维护合法在先权利，是现商标法的特点之一。《商标法》第 9 条、第 31 条两处涉及在先权利。第 9 条规定：“申请注册的商标，应当有显著性，便于识别，并不得与他人在先取得的合法权利相冲突。”第 31 条规定：“申请商标注册不得损害现有的在先权利，也不得以不正当手段抢先注册他人已经使用并有一定影响的商标。”商标一经注册便产生专用权，其具有的排他性效力意味着其他经营者不得再使用相同或者近似的商标。这种排他性权利须建立在正当性基础上，否则就有可能妨害他人合法利益，造成有失公平的现象。商标权的取得实行注册原则和申请在先原则，在鼓励申请人及时申请商标注册之时，防范和制止那些将他人拥有在先权利的标志抢先进行商标注册等不正当竞争行为，有助于商标确权的公正、合理，也有助于商标制度对维护公平竞争和诚实信用原则发挥积极作用。

不得与在先权利相冲突作为一项义务性规定，要求申请人自觉遵循诚实信用原则，在从事商标法律行为时，顾及他人合法利益。例如，利用已有的著作权作品（摄影、图形、图案）作为商标注册的，应事先取得著作权人同意。如果擅自将他人美术作品作为商标使用，便有可能导致注册失败或者注册被撤销。再如冲突对象是一个地理标记，而商品并非来源于该地理标志所标示的地区，构成虚假产地名称商标，不仅会给利害关系人即真正居住在真实产地的经营者造成侵害，还会欺骗和误导公众，使人轻信商品质量与心目中具有良好声誉的产地有着联系。对于此种商标注册行为，利害关系人的代表、地方政府职能部门、经营者团体、行业协会或其他组织都可以行使请求权，阻止不当注册。（实例链接如右上框）

商标侵犯著作权案例

大脑袋、圆鼻子、头上仅有三根毛的“三毛”漫画形象是我国著名漫画家张乐平在其漫画集《三毛流浪记》里创作的。张乐平去世后，其作品的使用权及获得报酬权在著作权保护期内由其配偶及子女冯某某等人继承。1996 年，冯某某等人发现三毛集团销售的产品上注册使用的商标为“三毛”漫画形象，遂向法院提起诉讼。法院经审理查明，“三毛”漫画形象的使用权和获得报酬权在著作权人张乐平去世后依法由其继承人享有，三毛集团未经其许可将该形象注册为商标并使用，侵犯了冯某某等人的著作权，应立即停止侵权并赔偿损失。

第四节　商标注册的申请

一、商标注册申请人

注册商标的申请人可以是任何民事主体。自然人、法人或者其他组织对其生产、制造、加工、拣选或者经销的商品或者对其提供的服务项目，需要取得商标专用权的，应当向商标局申请商标注册。申请人也可以是两个以上的自然人、法人或者其他组织。多个主体共同向商标局申请注册同一商标的，共同享有和行使该商标专用权。商标申请人扩大到自然人以及商标共有的规定是我国新商标法的内容。

外国人在我国申请商标注册的，应当按其所属国和我国签订的协议或者共同参加的国际条约办理，或者按对等原则办理。

二、特殊情形的商标注册申请

（一）另行注册

《商标法》第21条规定，注册商标需要在同一类的其他商品上使用的，应当另行提出注册申请。商标是与具体商品紧密相连的，商标权的范围仅限于商标注册时确定的特定商品上。因此，即使已经注册的商标，如果需要在同一类商品的其他商品上使用，仍然需要提出商标注册申请，以使注册商标专有权延伸至其他商品。

（二）重新注册

《商标法》第22条规定，注册商标需要改变其标志的，应当重新提出注册申请。经核准注册的商标标志，即由法律加以特定化，成为注册人商标权的客体，专有权的效力也就限定于该特有的标志，一旦超出这个范围，法律就不给予保护了。改变商标文字、图形或者标志形状，意味着改变整个商标，形成一个新的商标，因此必须重新注册才能取得该新商标的专有权。

（三）变更注册

《商标法》第23条规定，注册商标需要变更注册人的名称、地址或者其他注册事项的，应当提出变更申请。这里所涉及的商标变更仅指注册人因某种原因需要改变名称或姓名、地址或者其他事项的，不包括使用商标的商品范围的变更和商标权利的转让。注册人自然状况发生变化应及时进行变更注册，保证《商标注册簿》中的记载与实际情况保持一致，这是维护商标权正当行使所必需的。

（四）转移注册

商标权的转移，是指因商标权人死亡或消亡、法院判决执行质押等原因而发生商标权的转移。《商标法实施细则》第26条规定，注册商标专用权因转让以外的其他事由发生移转的，接受该注册商标专用权的当事人应当凭有关证明文件或者法律文书到商标局办理注册商标专用权移转手续。这里所说的移转手续即转移注册。

三、商标注册申请的文件

首次申请商标注册，申请人应当提交申请书、商标图样、证明文件和申请费。这些文件应使用中文。如果所提交的证据材料是英文的，应当附送中文译文。未附送的，视为未提交该证据材料。

（一）商标注册申请书

《商标注册申请书》应当列明当事人的基本情况，加盖申请人的章戳，自然人必须签字。申请人名称应当与核准登记的企业名称完全一致。申请书对商标的填报应符合"一件商标一份申请"的要求。对商品或者服务应当按规定的商品分类表填报类别和名称。

（二）商标图样

每一件商标注册申请应当向商标局提交《商标注册申请书》1份、商标图样5份；指定颜色的，并应当提交着色图样5份、黑白稿1份。商标图样必须清晰、便于粘贴，用光洁耐用的纸张印制或者用照片代替，长或者宽应当不大于10cm，不小于5cm。以三维标志申请注册商标的，应当在申请书中予以声明，并提交能够确定三维形状的图样。以颜色组合申请注册商标的，应当在申请书中予以声明，并提交文字说明。申请注册集体商标、证明商标的，应当在申请书中予以声明，并提交主体资格证明文件和使用管理规则。商标为外文或者包含外文的，应当说明含义。

（三）证明文件

自然人应提交身份证，法人应出示企业《营业执照》副本或登记机关颁发的证件。

申请人用药品商标注册，应当附送卫生行政部门发给的《药品生产企业许可证》或者《药品经营企业许可证》副本；申请烟草制品的商标注册，应当附送国家烟草主管机关批准生产的证明文件。

办理集体商标注册和证明商标注册申请的，除提交与前述相同的文件外，应同时附送申请人主体资格证明和商标使用管理规则。申请证明商标注册的，还应当提供由有关主管部门出具的说明申请人对某种商品或服务的特定质量具备检测和监督能力的证明文件。申请人申请商标注册的，如果手续齐备并按照规定填写申请文件，商标局予以受理并书面通知申请人；申请手续不齐备或者未按照规定填写申请文件的，商标局不予受理，书面通知申请人并说明理由。申请手续基本齐备或者申请文件基本符合规定，但是需要补正的，商标局通知申请人予以补正，限其自收到通知之日起30日内，按照指定内容补正并交回商标局。在规定期限内补正并交回商标局的，保留申请日期；期满未补正的，视为放弃申请，商标局应当书面通知申请人。

第五节 商标注册申请的审核

商标的审核程序大致可以分为五个阶段：审查阶段（包括形式审查和实质审查）、初步审定和异议阶段、核准注册以及发生商标争议时的复审阶段。

一、形式审查

（一）申请日的确定

形式审查是对商标注册申请的文件、手续是否符合法律规定的审查。通过形式审查认为文件填写准确、规范，手续齐备的即予以受理，并编写申请号，发给《受理通知书》。申请人的申请日期，以商标局收到申请文件的日期为准。申请人享有优先权的，优先权日为申请日。申请日十分重要，由于我国采用申请在先原则，一旦发生争议，申请日的先后就成为确定商标权归属的法律依据。

（二）申请的补正

在形式审查过程中，商标局发现申请文件中存在非实质性问题的，应通知当事人加以弥补，例如申请人名称与章戳或证件不一致、申请书未附商标图样等情况。申请人收到商标局的补正通知后，应及时按规定进行补正，并按时将申请文件寄回商标局。

（三）申请的退回

商标局经过形式审查，对申请手续不齐备或者未按规定填写申请书件的，予以退回，申请日期不予保留。对商标局要求补正的，如申请人未作补正或者超过期限补正的，商标局也予以退回，申请日期不予保留。

二、实质审查

实质审查是对商标是否具备注册条件的审查。商标法规定的审查主要是指实质审查。实质审查包括绝对条件的审查和相对条件的审查。

绝对条件是指商标自身条件。这方面的审查涉及商标标志是否可为视觉感

知，是否具有显著特征、便于识别，是否违反公序良俗，判断标准即商标法的禁止性规定。（实例链接如右框）

商标申请因不符合绝对条件被驳回

某公司研制出一种能在夜晚发亮的产品并获得了专利权，2001 年 12 月 5 日向商标局提出“夜光”商标的注册申请。2002 年 3 月 13 日商标局发给申请人《注册申请受理通知书》，申请人据此以为一切顺利，就以“夜光”为商标申请了各类证件，并完成了商品包装的设计工作，花去大笔费用。2002 年 8 月，申请人收到商标局发出的《商标驳回通知书》，驳回的理由是“该商标用于本商品上表示了本商品的功能用途等特征”。在上述案例中，申请人提交的商标“夜光”正是由于违反了商标注册的绝对条件，即“仅仅直接表示商品的质量、主要原料、功能、用途、重量、数量及其他特点的”不得作为商标注册，从而被商标局驳回申请的。（熊英、袁毅超主编：《知识产权法全攻略》，机械工业出版社 2005 年版，第 366 页。）

相对条件是指商标是否与在先权利有抵触、是否与已注册商标的构成相同或者近似，这方面的审查工作往往与在先权利人或者利害关系人的请求有关。下面仅就待审商标是否和已注册商标构成相同或近似加以说明。

（一）商标近似

商标相同或者近似是商标法的一个重要概念。明确商标近似的判断标准，是适用商标法的一个重要问题。商标近似的判断标准通常并未有商标法的明文规定，而是在商标实务中形成的一些经验性、惯例性标准。我国的最高人民法院以司法解释的形式对近似商标认定标准作出了明确规定。[1]

近似商标是指两个商标相比较，文字的字形、读音、含义或者图形的构成及颜色，或者文字与图形的整体结构混同近似，容易使消费者对商品或者服务来源产生混淆。在上述三个要素中，如有一个以上的要素相同或者近似，即构成近似商标。（实例链接如右框）

“鳄鱼”之争

1933 年法国拉科斯特衬衫股份有限公司的鳄鱼图形商标在法国注册。1980 年法国鳄鱼图形商标在中国注册，其商品于 20 世纪 80 年代中期进入中国内地市场。随后，市场上先后出现了众多未经授权的鳄鱼商标产品，其中影响较大的有香港鳄鱼、浙江鳄鱼和新加坡鳄鱼。法国鳄鱼为此进行了长期的诉讼，争议的焦点就在于：这些“鳄鱼”是否跟“法国鳄鱼”商标构成近似，从而侵犯了法国鳄鱼的商标权。

判断是否近似按照以下原则进行：

（1）以相关公众的一般注意力为标准；

（2）隔离观察。即将商标置于不同的时间和不同的地点进行观察，凡足以造

[1] 《商标法司法解释》第 10 条、第 11 条、第 12 条。

成混淆的商标即为近似商标；

（3）整体观察。应从整体上或者主要部分看商标，凡商标要部或整体印象足以令人与另一商标混同的，即应认定为近似商标。

（二）商品类似

商标近似是基于商品的关系而作出判断的，因此，商品类似也是商标上的一个重要概念。

类似商品是指在功能、用途、原料、生产部门、销售渠道、消费对象等某一方面有相同之处或者存在特定联系的商品。例如：冰柜和冰箱、运动服和旅游鞋、照相机与摄像机，每组中的两个商品互为类似商品。

类似服务是指在服务的目的、内容、方式、对象等方面相关，或者存在着特定联系的服务。

商品类似或者服务类似，应当遵循下述原则加以判断：

（1）相关公众对商品或者服务的认识；

（2）参考商品分类表。《商标注册用商品和服务国际分类表》是为了方便商标注册而设置的供行政主管部门使用的分类标准。而判断商品是否类似是以消费者认识水平为基准的，判断的目的是解决消费者是否会对两种商品的来源产生混淆，或误以为它们的生产经营者之间具有某种联系。所以，商品分类表不能成为判断商品类似的标准，只能作为参考。即使在商品分类表中为一类商品，如果其在上述几项因素方面有明显区别，也不应划为类似商品；反之，一些消费习惯中密不可分的商品，尽管在分类表中将其划分不同类商品，也应考虑认定为类似商品。

待审商标经过相对性审查，如果检索出可能和他人在同一种商品或类似商标上已经注册的或者初步审定的商标相同或者近似的，还要进一步仔细分析、对比，最后作出初步审定、予以公告或者驳回申请，不予公告的裁定。

三、初步审定和公告异议

申请注册的商标经过实质审查，凡符合商标法有关规定的，予以初步审定和公告。初步审定的商标不等于核准注册，还需要经过公告异议程序才能决定是否核准注册。对于初步审定的商标在《商标公告》上公布，这一公布称为初步审定公告。自商标初步审定公告之日起3个月内，任何人都可以对初步审定的商标提出异议，如具有在先权利的著作权人、外观设计专利权人，或者是与申请注册的商标没有任何利害关系的公民和法人。公告异议程序的目的是征询社会对初步审定商标的意见，实行商标审查工作的社会监督，有利于维护有关当事人的合法权益，有助于及时纠正商标审查工作中的偏差。

异议申请由商标局受理。商标局在对异议进行裁定前，必须听取异议人和被异议人陈述事实和理由，经调查核实后作出裁定。当事人对裁定不服的，可以自收到通知之日起30日内向商标评审委员会申请复审。当事人对商标评审委员会作出的复审决定不服的，可以在收到通知之日起30日内向人民法院起诉。

四、核准注册

初步审定的商标公告期满无人提出异议或异议不成立的，商标局予以正式核准注册。所谓注册即指将核准的商标和核定使用的商品在《商标注册簿》上登记、编号，在《商标公告》上刊登注册公告，并向申请人颁发《商标注册证》。商标注册申请人自其商标核准注册之日起成为商标权人。

商标权取得时间为核准注册之日。经裁定异议不能成立而核准注册的，涉及申请人取得商标权的时间从何时起算的问题。如果以核准注册之日起算，注册人的权利取得时间会因异议审查程序而延误，其中也不排除有人利用异议程序故意延迟他人注册日期。对此，新《商标法》第34条第3款规定："经裁定异议不能成立而核准注册的，商标注册申请人取得商标专用权的时间自初审公告3个月期满之日起计算"。这样就避免了因他人不能成立的理由而影响申请人的合法权益。

五、商标评审

商标评审属于商标审查制度的重要组成部分，是指由特定机构对商标争议事宜进行复审的制度。《商标法》第2条规定："国务院工商行政管理部门主管全国商标注册和管理的工作。国务院工商行政管理部门设立商标评审委员会，负责处理商标争议事宜。"商标评审委员会是国家工商总局设立的专门行政复审机构，商标局与商标评审委员会相互关联，又相互制约，组成了我国商标审查和商标权保护制度中一个完整的行政执法体系。

所谓"商标争议"是广义的，涵盖了商标权确认过程中商标主管机关与申请人、注册人之间因商标确权而产生的争议，申请人、注册人与其他平等主体之间因商标权属产生的争议。在商标争议案件中，凡当事人对于商标局作出的决定不服的，都可以请求商标评审委员会复审。如果当事人对已经注册的商标认为有注册不当等问题，可以直接请求商标评审委员会予以撤销。

商标评审委员会负责处理下列商标争议案件：

（1）不服商标局驳回商标注册申请的决定，申请复审的案件；

（2）不服商标局的异议裁定，申请复审的案件；

（3）对已经注册的商标，认为注册不当或者与在先合法权益发生冲突而请求裁定撤销的案件；

（4）不服商标局作出撤销注册商标的决定，申请复审的案件。

商标评审委员会审理商标争议案件实行合议制度，进行书面审理。商标评审委员会设立专家咨询小组，就商标评审中的有关问题听取咨询意见。商标评审委员会作出的评审决定为行政终局裁定，当事人不服的，可以自收到通知之日起30日内向人民法院起诉。

第六节　商标权

一、商标权的概念

商标权是指商标所有人依法对其注册商标所享有的专有权。我国《商标法》第3条规定，经商标局核准注册的商标为注册商标，商标注册人享有商标专用权，受法律保护。由此可见，我国商标权的取得是根据注册原则确定的，商标权实际上就是指注册商标专用权。

注册商标与未注册商标的法律地位不同。未注册商标是指没有经过国家商标局核准注册而自行使用的商标。我们国家允许使用未注册商标，但它不能享有商标专用权。

在实际生活中，一方面，未注册商标使用人不得对抗其他人的使用，不能按照商标法请求诉讼保护；另一方面，如果未注册商标使用人不申请注册，他人就有可能抢先申请注册并取得商标的专用权。因此，商标使用人应注意实施商标策略，对质量稳定并具有一定生产规模的商品，应及时申请商标注册，树立自己的品牌，以和他人的同类商品相区别；如果是小批量的商品，可以使用未注册商标。

二、商标权的内容

商标权的内容是指商标权人对其注册商标依法所享有的一系列权利。具体包括商标专有使用权、续展权、禁用权、转让权、使用权等，见表4－1。

表4－1　　商标权的内容

序号	权利种类	基本含义
1	专用权	是指商标权人自己对其注册商标的使用权利。如在商品或其外包装上使用，在商业文件、发票、说明书上使用等
2	禁用权	指商标权人禁止他人使用其注册商标的权利
3	转让权	是指商标权人依照法定程序，将其所有的注册商标转让给他人的权利
4	许可权	指商标权人通过签订使用许可合同，许可他人使用其注册商标的权利
5	续展权	指注册商标期满时可继续申请商标法给予保护，从而延长其保护期限的权利

（一）专用权

专用权是指权利人对其注册商标依法享有的专有使用权。目前我国《商标法》所称商标专用权的概念即体现了这层含义。专用权是商标权的核心，它的法律特征为，商标权人可在核定的商品上独占性地使用注册的商标，并通过使用取得其他合法利益。注册商标的使用方式很多，如在商品或其外包装上使用，在商业文件、发票、说明书上使用，在商品的广告宣传上、展览会上或其他业务活动中的使用等。在商标权的利用过程中，许可他人使用注册商标的行为也是商标使用的方式之一。应当指出，注册商标的使用应具有公开性，即必须在市场上使用，为消费者所知晓，而不是仅在企业、公司内部使用。

与财产所有权不同，商标权是一项无形财产权，基于其客体非物质性特点，法律须对权利范围作出明确划定，以便于权利人正当行使权利，也有利于他人知悉属于私权的领地，避免侵权。商标专用权的范围是从商标和商品两个方面的结合加以界定的。《商标法》第 51 条规定："注册商标的专用权，以核准注册的商标和核定使用的商品为限。"这表明，专用权以注册登记的标志样态为准，以核定使用的商品为界，在这个范围之内使用商标属于受法律保护的行为，超出这个范围所包含的任何一个方面，如改变注册商标标志或者将注册商标扩大使用到核定使用的商品之外，其行为都不具有法律效力。

（二）禁用权

禁用权即指商标权人有权禁止他人未经许可在同一种或者类似商品上使用与其注册商标相同或者相近似的商标。商标权是一种绝对权，具有较强的排他性。排除他人干涉，在商标权即表现为禁止他人非法使用、非法印制注册商标以及禁止他人非法销售侵犯注册商标的商品。禁用权和专用权是彼此联系的两个方面的权利，专用权涉及的是商标权人使用注册商标的问题，禁用权涉及的是其他人非法使用注册商标的问题。

值得注意的是，禁用权的效力范围也是由商标法明确划定的，并且，其效力范围大于专用权的范围。根据《商标法》第 52 条规定，商标权人对于未经许可在同一种商品或者类似商品上使用与其注册商标相同或者近似的商标的，均有权禁止。这就是说，禁用权的效力范围不仅涵盖了专用权的范围，还延及"类似商品"和"近似的商标"。

禁用权的效力范围大于专用权的范围，是出于保护商标权和维护消费者利益所必需的。从商标权保护来看，禁用权如果仅限于"在同一种商品上使用相同商标"这种明显的、简单的侵权行为，不足以保护商标权人的权利。因为使用近似商标，是不法之徒惯用的侵权手法，势必构成对商标权利人的不正当竞争。从消费者利益考虑，使用冲突商标极易造成混淆甚至欺骗、误导，如果容忍在类似商品上并行使用若干近似商标，以至消费者非悉心辨认不可免除混淆和欺骗，那还不如没有商标。商标权的禁用权效力范围大于专用权，但并不意味着能够禁止他人所为的行为，商标人自己可以实施。商标所有人有权禁止他人在类似商标上使用近似的商标，也不得自行改变商标标志和扩大使用商标的商品范围，否则将构成商标违法行为。

（三）许可使用权

许可使用，是指注册商标所有人将其对注册商标的专用权许可他人行使。许可他人使用注册商标是商标所有人利用商标权的一种重要方式，行使此项权利的法律形式是商标所有人作为许可人与被许可人签订许可使用合同。

（四）转让权

转让，是指注册商标所有人将其对注册商标的所有权转移给他人所有。注册商标转让的法律后果是商标权利主体变更。转让权是商标所有人对其商标权最重要的一种处分方式。转让注册商标，应由双方当事人签订合同，并应共同向商标局提出申请，经商标局核准公告后方为有效。

（五）续展权

续展权是指通过法定程序延续注册商标的有效期限，使注册人继续保持对其注册商标的权利。注册商标的有效期为10年，自核准注册之日起计算。在有效期内，商标注册人对该商标享有排他性权利，有效期届满，商标注册人的权利即告终止。但续展可使商标权继续维持。因此注册商标续展制度的作用在于将有期限的商标权延续下去。

三、商标权的期限

商标权的保护期限，是指注册商标所有人享有的商标专用权的有效期限。

我国现行《商标法》第37条规定，注册商标的有效期为10年，自核准注册之日起计算。我国商标法在规定商标权保护期限的同时，又对注册商标的续展作了规定。（知识链接如右框）

> **各国对注册商标保护期限的规定**
>
> 各国商标法对注册商标的有效期都有规定，但时间的长短不同，如欧洲大陆的一些国家规定商标权的保护期为10年，从申请日起计算；在英国及沿袭英国制度的一些国家，商标权的保护期为7年，从注册之日起计算；美国则为20年。

注册商标的续展，是指注册商标所有人为了在注册商标有效期满后，继续享有注册商标专用权，按规定申请并经批准延续其注册商标有效期的一种制度。

商标权的续展制度有利于商标所有人根据自己的经营情况来进行选择，或者延长注册商标有效期，或者通过不续展的方式放弃一些商标权。

我国《商标法》第38条规定，注册商标有效期满，需要继续使用的，应当在期满前6个月内申请续展注册；在此期间未能提出申请的，可以给予6个月的宽展期。宽展期满仍未提出申请的，注销其注册商标。每次续展注册的有效期为10年。续展注册经核准后，予以公告。

四、商标权的终止

商标权的终止，是指因法定事由的发生，注册商标所有人丧失其对注册商标的权利。注册商标因注销或者撤销而终止。

（一）商标权因注销而终止

注销指商标局对注册商标所有人自愿放弃或因故不能使用注册商标的事实的确认行为。注销注册商标须由商标局备案，并予以公告。注册商标在下述情况下，因注销而终止。

1. 未申请续展注册

即注册商标有效期届满，宽展期已过，而商标所有人仍未提出续展申请的；或者虽提出续展申请，但被依法驳回续展注册申请的。

2. 自动放弃

即通过办理放弃其注册商标的登记手续，终止商标权。商标注册人申请注销其注册商标或者注销其商标在部分指定商品上的注册的，应当向商标局提交商标注销申请书，并交回原《商标注册证》。商标注册人申请注销其注册商标或者注销其商标在部分指定商品上的注册的，该注册商标专用权或者该注册商标专用权在该部分指定商品上的效力自商标局收到其注销申请之日起终止。

3. 其他事由

如作为商标所有人的企业关闭而无人继受、公民死亡而无人继承，商标权随之被注销而终止。商标注册人死亡或者终止，自死亡或者终止之日起1年期满，该注册商标没有办理移转手续的，任何人都可以向商标局申请注销该注册商标。提出注销申请的，应当提交有关该商标注册人死亡或者终止的证据。注册商标因商标注册人死亡或者终止而被注销的，该注册商标专用权自商标注册人死亡或者终止之日起终止。

（二）商标权因撤销而终止

撤销，是指因商标注册人不遵守注册商标使用的规定而由商标局撤销其注册商标。注册商标在下列情形下可能导致被撤销：（1）自行改变注册商标的；（2）自行改变注册商标的注册人名称、地址或者其他注册事项的；（3）自行转让注册商标的；（4）连续3年停止使用的；（5）使用注册商标的商品粗制滥造，以次充好，欺骗消费者的。

因商标注册人不遵守注册商标使用的规定而被撤销的注册商标或者注册商标

有效期满未续展而被注销的，其商标专用权即告终止。但是为了防止发生商品出处的混淆，《商标法》第46条规定，注册商标被撤销的或者期满不再续展的，自撤销或者注销之日起1年内，商标局对与该商标相同或者近似的商标注册申请，不予核准。这样规定并非是为了保护已被撤销的或注销的商标，而是从保证商标功能和维护消费者利益的角度出发，避免造成不必要的混淆。如果被撤销的注册商标是连续3年停止使用的，则不受上述规定的限制。

第七节 商标权的利用

商标权的利用方式主要有自己利用、商标权许可使用、商标权转让、商标权质押等等。

一、商标权许可使用

（一）商标权许可使用的概念

商标权的许可使用，是指商标权人通过签订使用许可合同，许可他人使用其注册商标的行为。在使用许可关系中，商标权人为许可人，获得注册商标使用权的人为被许可人。许可他人使用其注册商标，被许可人只取得了注册商标的使用权，注册商标的所有权仍归属于商标权人。

许可他人使用注册商标是商标权人的一项重要权利，也是国际通用的一项法律制度。同时，商标权的许可，是现代商标法所规定的重要内容之一。通过签订商标使用许可合同，商标权人可以获得商标使用许可费，被许可人可以获得注册商标的使用权，利用该注册商标打开自己产品的销路，占领市场获取利益。因此，商标权的使用许可

我国商标权许可使用的种类

2002年10月12日最高人民法院公布的《关于审理商标民事纠纷案件适用法律若干问题的解释》第3条规定，商标权使用许可的形式有以下三种：独占使用许可、排他使用许可和普通使用许可。

（1）独占使用许可。独占使用许可是指商标注册人在约定的期间、地域和以约定的方式，将该注册商标仅许可一个被许可人使用，商标注册人依约定不得使用该注册商标。

独占使用许可具有排他性；同时被许可人还可以行使禁止权，他人如果实施了侵犯商标权的行为，被许可人可以要求停止侵权并赔偿损失。

（2）排他使用许可。排他使用许可，是指商标注册人在约定的期间、地域和以约定的方式，将该注册商标仅许可一个被许可人使用，商标注册人依约定可以使用该注册商标但不得另行许可他人使用该注册商标。

（3）普通使用许可。普通使用许可，是指商标注册人在约定的期间、地域和以约定的方式，许可他人使用其注册商标，并可自行使用该注册商标和许可他人使用其注册商标。

制，适应了市场经济发展的需要，我国《商标法》第 40 条也对此作了规定。(知识链接如上页框)

(二) 商标权使用许可合同

商标权人许可他人使用其注册商标，应当签订书面合同。合同内容应包括：

(1) 双方当事人的名称、地址和法定代表人的姓名。

(2) 许可使用的注册商标的名称、注册证号码、使用商品的种类和名称、使用的期限。

(3) 许可使用商品的质量标准。

(4) 许可人监督商品质量的措施。

(5) 被许可人保证商品质量的措施。

(6) 商品销售的价格、销售区域。

(7) 商标许可使用费的计算方法和付费方式。

(8) 违约责任。

(9) 合同发生纠纷后的解决方法。发生纠纷后的解决方法，包括协商、调解、仲裁、诉讼等方式，双方当事人在合同中可进行选择。

(10) 许可使用的商标被侵权后的处理方式。因商标使用许可的方式不同，被许可人的禁用权的范围也不同。许可人应维护被许可人的使用权，当有侵权行为发生时，许可人应当及时采取有效措施予以制止；被许可人应当协助许可人进行调查等。

(11) 其他事项。根据我国《商标法》第 41 条的规定，商标使用许可合同应当报商标局备案。

商标使用许可合同备案的具体程序是：自使用许可合同签订之日起 3 个月内，将许可合同副本交送其所在地县级工商管理部门存查，由许可人报送商标局备案，并由商标局予以公告。商标局对上报合同进行审查，符合规定的，予以备案，并刊登在《商标公告》上。如果违反上述规定，由许可人或者被许可人所在地工商行政管理机关责令限期改正；拒不改正的，处以1万元以下的罚款，直至报请商标局撤销该注册商标。

二、商标权的转让

(一) 商标权转让的概念

商标权的转让，是指商标权人依照法定程序，将其所有的注册商标转让给他人的行为。在转让关系中，商标权人为转让人，接受商标权的另一方为受让人。

商标权转让的实质，是商标权主体的变更，它也是一种双方的法律行为，在自愿原则的前提下，转让人和受让人签订书面转让合同，并在依法办理商标权转让的手续后，商标权的转让才发生法律效力。注册商标的转让权是商标权的一项重要内容，它是商标所有人行使处分权的具体体现。(实例链接如下框)

（二）商标权转让的原则

各国商标法都规定了商标权的转让，但商标权转让的原则不尽相同。归纳起来，有两种方式：连同转让原则和自由转让原则。

1. 连同转让原则

所谓连同转让原则，是指商标注册人在转让注册商标时必须连同使用该注册商标的企业一并转让，而不能只转让注册商标。采用这种原则的国家主要有美国、瑞典等少数国家。

2. 自由转让原则

所谓自由转让原则，是指注册商标人既可以把注册商标连同企业一起转让，也可以将注册商标与企业分离，单独转让其注册商标。目前大多数国家的商标法采用自由转让原则。

我国《商标法》也采用自由转让原则，其中第39条规定："转让注册商标的，转让人和受让人应当签订转让协议，并共同向商标局提出申请。受让人应当保证使用该注册商标的商品质量。"

> **商标权转让案**
>
> 2003年5月，袁力与张江签订合同约定：袁力将自有专利及该专利产品使用的商标一并转让给张江，转让费共计15万元（每月支付5万元，共分三期支付）。合同生效后，袁力依约将专利专有权证明及商标权证明一并转让给张江，张江接受并实施了该专利，但实际上未使用接受转让的商标。2003年6月，张江支付给袁力转让费5万元，其余转让费至2003年10月仍未支付。袁力多次找张江协商转让费支付事宜，张江一直找种种理由推托，一直到后来的对袁力避而不见。袁力无奈于2004年3月份，将张江诉至法院，要求张江支付余额转让费10万元及违约金3万元。庭审中张江承认拖欠袁力转让费的事实，但辩称：袁力并未向其转让商标权，并且矢口否认袁力已将商标权证明转交与他的事实。2004年7月28日，法院判决：袁力转让商标权给张江；张江支付转让费10万元给袁力；袁力要求的违约金不予支持。

（三）商标权转让的程序

各国商标法都规定，注册商标的转让，必须按照法律规定的程序进行，其转让行为才能产生法律效力。根据我国《商标法》及其实施条例的有关规定，商标权的转让程序主要有：

（1）签订注册商标转让协议；

（2）商标局对转让注册商标的申请进行审查；

（3）申请人对商标局驳回其注册商标转让申请进行复审。

申请人对商标局驳回其注册商标转让申请不服的，可自收到驳回通知之日起15天内，提交《驳回转让复审申请书》一份，向商标评审委员会申请复审，同时附送原《转让注册商标申请书》，由商标评审委员会作出裁定。

(四) 商标权转让的限制规定

注册商标所有人虽然可以按照自由原则进行转让，行使其处分权，但由于商标权的转让涉及多方利益主体，因此商标法对商标权的转让也作了限制规定，主要表现在以下几个方面。

1. 在同一种或类似商品上注册的相同或近似的商标不得分开转让

实践中，如果对同一种或类似商品上注册的相同或近似的商标分开转让，就会形成两个以上的主体在相同或类似商品上使用同一商标的情况，从而导致消费者误认，造成市场上商品来源的混淆。针对这种情形，我国商标法实施条例规定，转让注册商标的，商标注册人对其在同一种或类似商品上注册的相同或近似的商标，应当一并转让。如和"娃哈哈"商标相近似的商标还有"哈娃哈"、"哈哈娃"、"娃娃哈"等，如果转让应一起办理转让。

2. 已经许可他人使用的注册商标不得随意转让

转让已许可给他人使用的注册商标，会影响甚至损害到被许可人的利益。在商标所有人行使转让权时，必须征得被许可人同意。如果被许可人不同意，可以协商先行解除使用许可合同，再办理注册转让申请手续。受让人在取得被转让的注册商标后，也可以与原被许可人签订注册商标的使用许可合同。总之，商标权人转让已经许可他人使用的注册商标时，不得损害被许可人的合法利益。

3. 集体商标不得转让

集体商标是指由某一集体组织所有，其成员共同使用的商标。

世界上许多国家的商标法都对集体商标进行保护。我国《商标法》第 3 条规定，经商标局核准注册的集体商标，注册人享有商标专用权，受法律保护。由于集体商标是一种特殊的商标，其商标权是由几个所有人共有，具有不可分割性。如果转让，会影响到使用该商标的其他集体成员的利益，因此，国家工商行政管理局在《集体商标、证明商标注册和管理办法》中规定，集体商标不得转让。

4. 受让人必须保证使用该注册商标的商品或者服务的质量

由于注册商标具有标志商品或者服务质量的功能，对消费者的消费行为具有重要的指导作用，因此，注册商标的受让人应当和转让人一样，重视并保证该注册商标或者服务的质量，这也是我国商标法规定的受让人应承担的义务之一。

三、商标权的质押

(一) 商标权质押的概念和意义

商标权质押，属于权利质权的范畴，在本书中主要是指商标权人将其注册商标向金融机构出质，用来贷款融资的一种法律行为。

将注册商标质押也是商标权利用的一种方式。注册权人通过将其注册商标质押，可以向金融机构申请贷款，盘活资金，加大对商品生产的投入，提高产品质量，改善经营管理，加大对产品和商标的广告宣传力度，以提升其注册商标的知名度，更好地为企业创造经济效益和社会效益。(实例链接如下框)

（二）商标权质押的法律规定

目前和商标权质押相关的法律规定有《中华人民共和国担保法》（以下简称《担保法》)、《企业动产抵押物登记管理办法》和《商标专用权质押登记程序》等。

根据《担保法》第75条和第79条的规定，以依法可以转让的商标专用权质押的，出质人和质权人应当签订书面合同，并向其管理部门办理出质登记，质押合同自登记之日起生效。为此，国家工商行政管理局制定了《企业动产抵押物登记管理办法》，其商标局制定了《商标专用权质押登记程序》，对商标专用权质押的有关问题作了明确规定。

商标专用权质押登记机关是国家工商行政管理局。国家工商行政管理局商标局具体办理商标专用权质押登记。

“竹叶青”商标质押案

据媒体报道，四川“竹叶青”商标连续两年质押贷款成功。“竹叶青”商标于1989年获得国家商标局的核准注册，以生产系列名优茶为主。2001年竹叶青公司委托北京北方亚事资产评估有限公司对其拥有的“竹叶青”商标权无形资产进行了评估。随后用“竹叶青”商标在银行质押贷款2000万元，用于建基地、育龙头、树品牌、兴市场。

2002年，“竹叶青”茶叶公司又委托北京北方亚事资产评估有限公司对竹叶青商标权无形资产价值进行复评，其后，“竹叶青”茶叶公司又用竹叶青商标在银行质押贷款2500万元用于企业的生产发展。

（三）商标权质押合同的内容

出质人与质权人应当订立商标专用权质押书面合同，向国家工商行政管理局商标局申请登记。商标专用权质押登记的申请人应当是商标专用权质押合同的出质人与质权人。商标专用权质押合同应当包括以下主要内容：

（1）出质人与质权人的名称（姓名）、地址；

（2）质押的原因和目的；

（3）出质的商标及质押的期限；

（4）出质商标专用权的价值及国家工商行政管理局指定的商标评估机构的评估报告；

（5）当事人约定的与该质押商标有关的其他事项。

商标专用权质押合同自登记之日起生效。

(四) 申请商标权质押登记应当提交的文件

申请商标专用权质押登记时，应当提交下列文件：

(1) 按规定填写的《商标专用权质押登记申请书》。商标专用权质押登记申请书应当包括下述基本内容：申请出质登记当事人的基本情况，如质权人名称、法定代表人、住所、联系方式等；申请质押原因；质押商标图样、注册号及商标有效期；质押商标权属状况；质押价值；质押期限；等等。

(2) 出质人及质权人企业营业执照复印件（须经发证机关确认盖章）。

(3) 质押合同副本（外文本应当附中文译本1份，以中文译本为准）。

(4) 质押商标《商标注册证》复印件。

(5) 委托代理人办理登记的，应当提交被代理人的委托书。

(6) 其他应当提交的材料。

上述证明文件如有不实，由申请人承担法律责任。申请人提交的文件不齐备的，登记机关应当要求申请人补正，不补正或补正不符合要求的，不予受理。对符合申请要求的，登记机关予以受理，受理日期即为申请日期。

(五) 商标权质押的登记和撤销

登记机关应当于受理登记申请之日起5个工作日内，作出是否予以登记的决定。符合上述登记条件的，国家工商行政管理局商标局予以登记，发给《商标专用权质押登记证》。

依《商标专用权质押登记程序》第7条之规定，有下列情形之一的，登记机关不予登记：(1) 出质人不是商标专用权合法所有人的；(2) 商标专用权归属不明确的；(3) 其他不符合法律法规规定的。

依《商标专用权质押登记程序》第9条之规定，有下列情形之一的，登记机关应当撤销登记：(1) 登记后发现与事实不符的；(2) 登记后发现有属于本程序第7条规定情形之一的；(3) 登记后发现质押合同无效的。

申请人名称、地址发生变更及因主债权债务转移或者其他原因而发生质押转移的，当事人应当办理商标专用权质押变更登记、补充登记或者重新登记。申请变更登记或者补充登记，应当提交变更的证明和登记机关发给的《商标专用权质押登记证》。

第八节　商标权的保护

商标权的保护，是指国家运用法律手段制止、制裁商标侵权行为和商标犯罪行为，以保护注册人对其注册商标所享有的专用权，维护国家商标管理秩序的制度。

我国《商标法》第1条明确规定："为了加强商标管理，保护商标专用权，促使生产、经营者保证商品和服务质量，维护商标信誉，以保障消费者和生产、经营者的利益，促进社会主义市场经济的发展，特制定本法。"由此可见，保护商标专用权是我国商标法的立法宗旨，也是商标管理机关和司法机关的重要任务。保护商标专用权对发展社会主义市场经济具有重要的意义。

一、商标专用权的权利范围和保护范围

商标专用权的保护要分清两个概念：商标专用权的权利范围和商标权的保护范围。

（一）商标专用权的权利范围

商标专用权的权利范围，是指注册人的权利范围仅以核准注册的商标和核定使用的商品为限。我国《商标法》第51条从以下两个方面为核准注册的商标的权利范围作了界定：

（1）注册商标专用权，以核准注册的商标为限。根据《商标法》的规定，注册人使用的商标应当与核准注册的商标在文字、图形、组合或其他构成要素上相一致，不得自行改变其注册商标。如果使用的商标与核准注册的商标不一致，会导致两个法律后果，一是不受商标法保护，二是有可能侵犯他人的商标权。

（2）注册商标专用权，以核定使用的商品为限。商标权人使用注册商标的商品应当和国家商标局核定使用的商品相一致。否则有可能造成和上述同样的两个后果。

（二）商标专用权的保护范围

商标专用权的保护范围，是指商标权人有权禁止他人在与其核定使用的相同商品或者类似的商品上使用与其核准注册商标相同或者相近似的商标。

简而言之，商标权的保护范围就是商标权人行使禁用权的范围，它不同于商标权人的权利范围。为有效地保护商标权，各国商标法通常都规定，注册商标的保护范围要大于注册商标的权利范围。商标权的保护范围不仅包括核定注册的商标和核定使用的商品，而且还包括与注册商标相近似的商标和与核定使用的商品相类似的商品。这样规定的目的，有利于全方位地保护商标权人的商标专有权。

二、商标侵权行为的表现形式及其认定

商标侵权行为，是指他人违反商标法的规定，在相同或类似的商品或服务上未经商标权人同意擅自使用与注册商标相同或近似的标识，损害商标权人合法利益的行为。

根据我国《商标法》第52条、《商标法实施条例》第50条以及最高人民法

院2002年10月12日公布的《最高人民法院关于审理商标民事纠纷案件适用法律若干问题的解释》（以下简称《关于审理商标民事纠纷案件适用法律若干问题的解释》，已于2002年10月16日起施行）第1条的规定，商标侵权行为主要表现为以下几种形式。

（一）未经商标注册人的许可，在同一种商品或者类似商品上使用与其注册商标相同或者近似的商标

根据我国《商标法》的规定，使用他人的注册商标，必须经商标权人同意，签订注册商标使用许可合同并在商标局备案。未经许可实施这种行为，不论主观上是出于故意还是过失，都构成对他人注册商标专用权的侵犯。这种行为会使商品的来源发生混淆，不仅损害了商标权人的利益，也损害了消费者的利益。

这种侵权行为的具体表现为：

（1）在同一种商品上使用与他人注册商标相同的商标；

（2）在同一种商品上使用与他人注册商标近似的商标；

（3）在类似商品上使用与他人注册商标相同的商标；

（4）在类似商品上使用与他人注册商标近似的商标。

分析上述行为可以看到，在认定侵权行为时，应具备两个特点：一是侵权人的商标所指定的商品与被侵权人的商品为同一种或者类似；二是侵权人所使用的商标与被侵权人的注册商标相同或者近似。如果不同时具备这两个特点，使用人的行为就不会构成商标侵权，而是正常的商标使用行为。

如何界定商标相同或者近似、商品或服务相同或者类似？最高人民法院的《关于审理商标民事纠纷案件适用法律若干问题的解释》对这些概念进行了定义。

1. 相关概念的定义

商标相同，是指被控侵权的商标与原告的注册商标相比较，二者在视觉上基本无差别，即指从一般消费者的角度看，凭视觉判断所对比的商标大体上差别不大，这就构成了商标相同。[1]

商标近似，是指被控侵权的商标与原告的注册商标相比较，其文字的字形、读音、含义或者图形的构图及颜色，或者其各要素组合后的整体结构相似，或者其立体形状、颜色组合近似，易使相关公众对商品的来源产生误认或者认为其来源与原告注册商标的商品有特定的联系。因商标近似而构成侵权的情况在生活中较为普遍，《关于审理商标民事纠纷案件适用法律若干问题的解释》第一次明确了商标近似的概念，统一了对商标近似的理解和适用，对指导审判实践意义

[1] 《最高人民法院关于审理商标民事纠纷案件适用法律若干问题的解释》第9条。

重大。

类似商品，是指在功能、用途、生产部门、销售渠道、消费对象等方面相同，或者相关公众一般认为其存在特定联系、容易造成混淆的商品。[1]

类似服务，是指在服务的目的、内容、方式、对象等方面相同，或者相关公众一般认为存在特定联系、容易造成混淆的服务。

商品与服务类似，是指商品和服务之间存在特定联系，容易使相关公众混淆。

由此可见，判断类似商品的要素包括商品的功能、用途、生产部门、销售渠道、消费对象等；判断类似服务的要素包括服务目的、内容、方式、对象等。同时相关公众一般认为这两者与相关对象存在特定联系，容易造成混淆的，也构成类似商品或者类似服务。

2. 认定标准和原则

根据《关于审理商标民事纠纷案件适用法律若干问题的解释》第10条规定，人民法院依据《商标法》第52条第1项的规定，认定商标相同或者近似按照以下原则进行：

（1）以相关公众的一般注意力为标准

这里的“相关公众”，包括相关消费者和特定经营者，以他们对商标相同或者近似的一般注意力为判断标准。在实际中要把握既不能以特定领域的专家所具有的注意力，也不能以粗心大意的消费者的注意力为判断标准。

（2）对比的原则

在认定商标侵权时，既要进行对商标的整体对比，又要进行对商标主要部分的对比，比对应当在对比对象隔离的状态下分别进行。

（3）判断商标是否近似，应当考虑请求保护注册商标的显著性和知名度

商标的显著性，是商标注册的构成要件，显著性越强的商标其识别作用就越大，同时对他人搭便车的行为也比较容易界定。以注册商标的知名度范围不同，可以分为驰名商标和著名商标。由于这两种商标的巨大经济价值和消费者对其的认知程度，一些行为人就设计出和他人知名度高的注册商标相近似的商标进行使用，严重侵犯了注册商标权人的利益。因此，在判定商标近似时，应当考虑注册商标的显著性和知名度。

3. 判断标准

人民法院在受理商标侵权案件中，判断是否为类似商品或类似服务时，以什么为标准？

---

[1] 《最高人民法院关于审理商标民事纠纷案件适用法律若干问题的解释》第11条。

《关于审理商标民事纠纷案件适用法律若干问题的解释》第 12 条规定，人民法院依据《商标法》第 52 第（1）项的规定，认定商品或者服务是否类似，应当以相关公众对商品或者服务的一般认识综合判断；《商标注册用商品和服务国际分类表》、《类似商品和服务区分表》可以作为判断类似商品或者服务的参考。

应当注意的是，商品分类表的意义是在商标注册时划分类别，以便于商标注册审查和商标行政管理。因此，在判断商品是否类似时，不能仅以此为依据，只能将其作为判断商品或服务是否类似的参考。

（二）销售侵犯注册商标专用权的商品

本条是针对流通领域中出现的越来越多的侵犯注册商标专用权的行为，在 1993 年 2 月修改我国《商标法》时增加的一种规定。

生产的假冒注册商标的商品在实践中往往通过流通环节销售出去。因此，法律不仅要在生产环节上严厉打击假冒注册商标的行为，而且要在流通领域堵住假冒注册商标的商品的销售。这条规定对制裁流通领域中的商标侵权行为，起到了重要的作用。

2001 年修改我国《商标法》时，对该条规定进行了完善，删除了“明知”作为不构成侵权的要件，只要是客观上销售了侵犯注册商标专用权的商品，不管主观上是否明知或应知，均不影响其行为的定性，都构成侵权，要受到法律的制裁。

（三）伪造、擅自制造他人注册商标标识或者销售伪造、擅自制造的注册商标标识

伪造他人注册商标标识，是指仿造他人的商标图案和物质载体而制造出的商标标识。商标标识是指由商标图案组成的、附着于商品之上的物质载体。如商标标牌、商标瓶贴、商标织带等。

擅自制造他人注册商标标识，是指未经商标权人的同意而制造其注册商标标识，在自己生产的相同或类似商品上使用。

销售伪造、擅自制造的注册商标标识，是指以“伪造、擅自制造的注册商标标识”为标的物进行买卖的行为。

上述行为，不仅损害了商标权人的合法利益，也为侵犯商标专用权的行为提供了便利条件。因此，我国《商标法》以及《商标印制管理办法》都将此类行为视为侵权行为。

（四）未经商标注册人同意，更换其注册商标并将该更换商标的商品又投入市场

未经商标注册人同意，他人更换其注册商标并将该更换商标的商品又投入市

场的行为，在国外被称为商标的反向假冒。这是我国《商标法》2001年修改后新增加的一项侵犯商标专用权的内容。

商标是商品和消费者之间的联系纽带，在经营者一端，商标是商品声誉和企业信誉的象征。在消费者一端，商标是辨认和选择商品的标记。经营者要使自己的产品为消费者熟悉和喜爱，必须借助商标的广告宣传作用，让消费者认可和追随商标。消费者要获得自己满意的商品须认清商标，防止误认。尽管经营者和消费者是在商品交换的两端，但在防止商标的欺骗性使用中，他们却有共同的利益。经营者寻求防止有人通过欺骗行为非法占有市场，消费者希望避免被误导或蒙骗。为使商标有效和可靠地发挥作用，商标所有人的商标专用权必须受到保护。这就是说，不允许第三人在商品流通过程之中破坏或妨碍商标的正常使用。撤换注册商标的行为，令商标与商品分离，商标指示来源、保证质量、广告宣传及信誉象征的功能无一不遭受破坏，消费者因被蒙骗购买的是名不副实的商品；经营者凭借其商标激发和维持消费需求的经济利益也将难以实现。（实例链接如上框）

商标反向假冒案例

原告温菲尔德公司1998年5月14日在国家工商总局注册了由中文“温蓝得”和拼音“WENLAND”组合而成的商标，以及由拼音字母变形而成的蝴蝶状图案商标，并在其上市的真丝机绣女式短袖上衣的领部使用了“温蓝得”文字商标，在水洗标上印有蝶状图案商标。被告北方华娜公司销售的女式真丝上衣虽在其领部钉有该公司的标牌（未注册），但在衣内侧下摆处的水洗标上明显地印有原告的蝶状注册商标图形，与原告生产销售的相同款式女上衣的水洗标完全一致。该服装原告的零售价是160元，被告的零售价是238元。原告起诉要求被告停止侵权，赔礼道歉，赔偿经济损失10万元。北京市第二中级人民法院经审理认为，被告是将原告衣领处的商标撕掉，换上自己的标牌后出售，这种行为剥夺了原告对自己注册商标的专用权利，亦妨碍了原告在市场竞争中的商业信誉和竞争优势。判决被告停止侵害原告注册商标权的行为，判决生效后30日内在其公司和各专卖柜、专卖店明显的位置张贴向原告的致歉声明，赔偿原告经济损失10万元。

实例来源：朱呈义：“浅析商标反向假冒中对商标权人的保护”，载中国涉外商事审判网 http：//www. ccmt. org. cn。

从行为人的角度看，撤换商标后以他人的产品替代自己的产品，是因为替代产品具有较好的品质，经得起消费者挑选。否则，行为人也不会选中该产品，现实生活中已发生的多起反向假冒商标纠纷都证明了这一点。毫无疑问，行为人决不会愚蠢到将自己的商标与一个劣质产品捆绑在一起，成心砸掉自己的牌子的地步。这正好从反面说明，撤换商标的行为导致原商标权人为他人做嫁衣，其凭借产品建立自己的商标声誉、开拓市场的路径被阻拦了，商标这一无言的商品推销员刚刚出场就被埋没。

综上所述，撤换商标的行为之所以属于侵犯商标权的行为，根本原因在于该行为破坏了商标专用权的行使，妨害了商标所有人通过商标从事商品竞争、追求经济利益的合法权益。《商标法》将撤换他人注册商标列为侵犯商标专用权的行为，从法律上明确了该行为的性质，同时体现了从更高层次上保护商标权人的利益。

对反向假冒侵权行为的认定还应当注意两个问题：第一，须是行为人未经商标所有人同意而擅自更换商标。未经许可是构成侵权的必要条件。应予排除的是自愿为他人提供产品的情况，如在定牌生产、来料加工、来样加工等贸易活动中，经营者生产加工的产品在销售时并非使用自有的商标而是被许可方的商标，这种经营上的关系是双方自愿建立的。第二，撤换商标的行为须发生在商品流通过程之中，尚未到达消费者。如果带有原商标的商品已经到达消费者手中，商标的功能就已实现，商标权也即告终。消费者对属于自己财物上的商标标识、标牌如何处置，都无损于他人利益，商标所有人自然无须过问了。

（五）给他人的注册商标专用权造成其他损害的行为

这是一条弹性条款。因为社会生活纷繁复杂，商标法在列举商标侵权时不可能一一穷尽。根据《商标法实施条例》第 50 条的规定以及最高人民法院的《关于审理商标民事纠纷案件适用法律若干问题的解释》第 1 条的规定，下列行为属于我国《商标法》第 52 条第（5）项规定的“给他人的注册商标专用权造成其他损害的行为”：

（1）在同一种商品或者类似商品上，将与他人注册商标相同或近似的标志作为商品名称或者商品装潢使用，误导公众的。如有人将“海尔”商标作为该企业产品上的装潢使用，构成侵权。

这种行为会造成两个方面的后果：一是商标的显著特征容易被冲淡，从而转化为商品的通用名称；二是容易使消费者产生误解，认为不正当使用者的商品与注册商标权人的商品为同一人的商品。

（2）故意为侵犯他人注册商标专用权行为提供仓储、运输、邮寄、隐匿等便利条件的。

这是一种间接侵权行为。这种行为，虽然没有直接侵权，但从本质上对侵权行为起了帮助作用。应当注意的是，对于从事邮寄、运输、仓储等业务的单位，只有在故意为侵犯商标权人提供上述条件的情况下，才构成侵权。

（3）将与他人注册商标相同或者相近似的文字作为企业的字号在相同或者类似商品上突出使用，容易使相关公众产生误认的。

如有人将“可口可乐”商标作为该企业的字号突出使用在相同产品上，即构成侵权。任何交易主体在市场的生产经营活动中都要使用自己的名称和字号，名称和字号具有标识的功能，对区分不同的交易者、生产者以及他们各自提供的商品或服务来源起着一种重要的作用。由于企业名称和字号由各地工商行政管理部门登记注册，因此各地区可能存在着相同或近似的名称字号。另外，现实生活中很多企业是把自己的名称字号注册为商标的。（知识链接如右框）

在认定这种侵权行为时，构成的要件包括：（1）侵权人使用了和他人注册商标相同或相似的文字；（2）侵权人将使用的文字作为企业的名称或字号；（3）将名称或字号在与注册商标所标识的相同或类似商品上突出醒目地使用；（4）造成了易使公众产生误认的结果。

我国的商标注册机构为国家商标局，显然，对名称、字号的登记和商标注册分属于两个管理部门的职权范围，在实践中易造成企业名称和字号与注册商标发生冲突的情况。也有一些企业和个人故意在相同或近似的商品上使用他人注册商标的文字，这种搭便车的行为，造成了相关公众对商品的来源产生误认，侵害了他人的利益，也破坏了诚实信用的市场交易规则。由于对这种行为缺乏明确的规定，造成了对驰名商标权利人保护的不利。另一方面，也造成了法院执法标准的不统一。

（4）复制、模仿、翻译他人注册的驰名商标或其主要部分在不相同或者不相类似商品上作为商标使用，误导公众，致使该驰名商标注册人的利益可能受到损害的。（知识链接如右框）

这种行为的构成要件为：（1）违法行为具有阶段性，行为人首先通过复制、模仿和翻译他人的注册商标等，而后开始使用；（2）复制、模仿、翻译的对象是他人注册的驰名商标或驰名商标的主要部分；（3）行为人在不相同或不类似的商品上使用；（4）造成相关公众误认，并且使驰名商标所有人的利益可能受损的。

我国《商标法》第 13 条第 2 款规定："就不相同或者不相类似商品申请注册的商标是复制、模仿或者翻译他人已经在中国注册的驰名商标，误导公众，致使该驰名商标注册人的利益可能受到损害的，不予注册并禁止使用。"但在实践中，一些行为人已经违法取得了注册，而且长期使用，对驰名商标权人的利益已经造成了损害。《关于审理商标民事纠纷案件适用法律若干问题的解释》根据行政执法部门、人民法院的执法和司法实践及学者们的意见，对此种行为明确界定为是商标侵权行为，以保护驰名商标权利人的利益。在行文时，根据《巴黎公约》第 6 条规定"在商标的主要部分构成对上述驰名商标的复制或者模仿，易于产生混淆的"，也应当适用前述的法律责任。《关于审理商标民事纠纷案件适用法律若干问题的解释》也使用了"驰名商标或其主要部分"的表述。在认定这种行为时，要注意和未注册商标保护的规定相区别。

(5) 将与他人注册商标相同或者相近似的文字注册为域名，并且通过该域名进行相关商品交易的电子商务，容易使相关公众产生误认的。

为对商标权进行全方位保护，《关于审理商标民事纠纷案件适用法律若干问题的解释》适应计算机技术和网络技术的发展，将商标权的保护延伸到网络世界。认定这种侵权行为的构成要件有：①有将与他人注册商标相同或者相近似的文字注册为域名的行为。②通过该域名进行了相关商品交易的电子商务。这里的相关商品交易，是指在同一种商品或类似商品上的交易。③利用该域名进行电子商务易使相关公众产生误认。如香港一公司将“kelong”空调的商标注册为域名，并进行相关的电子商务活动，构成侵权。

(6) 其他的侵权形式。在实践中还存在着多种侵权形式，如通过广告损毁他人注册商标的声誉、淡化他人注册商标的影响等。随着经济和科学技术的发展，还会出现新的商标侵权形式。

三、商标侵权的法律责任

根据我国《商标法》第53条及《商标法实施条例》的有关规定，对侵犯注册商标专用权引起纠纷的，由当事人协商解决；不愿协商或者协商不成的，商标注册人或者利害关系人可以向人民法院起诉，也可以请求工商行政管理部门处理。这里的利害关系人在最高人民法院的《若干解释》第4条中作了规定，“《商标法》第53条规定的利害关系人，包括注册商标使用许可合同的被许可人、注册商标财产权利的合法继承人等。在发生注册商标专用权被侵害时，独占使用许可合同的被许可人可以向人民法院提起诉讼；排他使用许可合同的被许可人可以和商标注册人共同起诉，也可以在商标注册人不起诉的情况下，自行提起诉讼；普通使用许可合同的被许可人经商标注册人明确授权，可以提起诉讼”。

由此可见，我国处理侵权案件的机关为工商行政管理部门和人民法院。在注册商标专用权受到侵犯时，被侵权人或者任何人都可以向工商行政管理部门投诉或者举报；被侵权人也可以直接向人民法院起诉，要求追究侵权人的法律责任。

对于侵犯注册商标专用权的人，必须依法承担其相应的法律责任。根据我国商标法的规定，侵权人应承担的法律责任有民事责任、行政责任，侵权情节严重，构成犯罪的，要追究刑事责任。在实际生活中，以民事责任的承担方式为多。如上述案例中，原告即要求被告承担民事责任。

(一) 商标侵权的民事责任

商标侵权的民事责任，是指人民法院依照商标法和有关的民事法规对侵权人的商标侵权行为所作出的、由侵权人承担的强制性处罚措施。

根据我国《民法通则》和《商标法》及其实施条例的有关规定，商标侵权行为承担民事责任的方式主要有以下三种。

1. 停止侵害

停止侵害是指权利人要求人民法院对正在进行的侵害行为立即给予制止，以避免自身的权益遭受更大的损失。

2. 消除影响

商标的侵权行为，不仅损害了商标权人的合法利益，而且使商标权人的商标声誉受到负面影响。因此，商标权人还可以要求侵权人承担因自己的侵权行为给其注册商标造成的不良影响的法律责任。实际生活中，一般是由人民法院责令侵权人通过新闻传媒方式，公开表示道歉，以消除其侵权行为的不良影响。

3. 赔偿损失

这是商标侵权人承担民事责任的主要方式。因商标侵权行为，给注册商标权人的利益造成损失的，权利人有权要求侵权人赔偿损失。

赔偿损失的数额要注意的几个问题：

关于赔偿损失的数额，我国《商标法》第56条作了明确的规定，“侵犯商标专用权的赔偿数额，为侵权人在侵权期间因侵权所获得的利益，或者被侵权人在被侵权期间因被侵权所受到的损失，包括被侵权人为制止侵权行为所支付的合理开支”；“侵权人因侵权所得利益，或者被侵权人因被侵权所受损失难以确定的，由人民法院根据侵权行为的情节判决给予五十万元以下的赔偿”。“销售不知道是侵犯注册商标专用权的商品，能证明该商品是自己合法取得的并说明提供者的，不承担赔偿责任”。

前述几种民事责任的承担方式，在具体应用中，可以单独适用，也可以合并适用。

根据《关于审理商标民事纠纷案件适用法律若干问题的解释》第21条的规定，人民法院在审理侵犯注册商标专用权纠纷案件中，依据《民法通则》第134条、《商标法》第53条的规定和案件具体情况，可以判决侵权人承担停止侵害、排除妨碍、消除危险、赔偿损失、消除影响等民事责任，还可以作出罚款，收缴侵权商品、伪造的商标标识和专门用于生产侵权商品的材料、工具、设备等财物的民事制裁决定。罚款数额可以参照《商标法实施条例》的有关规定确定。如《商标法实施条例》52条规定，“对侵犯注册商标专用权的行为，罚款数额为非法经营额3倍以下；非法经营额无法计算的，罚款数额为10万元以下”。工商行政管理部门对同一侵犯注册商标专用权行为已经给予行政处罚的，人民法院不再予以民事制裁。

为保证上述措施得以实现，我国《商标法》修改时，根据《知识产权协定》的要求，又增加了一些新的规定。如人民法院的临时禁令、商标权人的“即发侵权”的制止权以及证据保全和担保的规定等。

人民法院的临时禁令，是指商标注册人或者利害关系人有证据证明他人正在实施或者即将实施其注册商标专用权的行为，如不及时制止，将会使其合法权益受到难以弥补的损害的，可以在起诉前向人民法院申请采取责令停止有关行为和财产保全的措施。(知识链接如右框)

临时禁令的申请条件

《商标法》第57条规定，申请临时禁令的条件为：

(1) 申请人为商标注册人或者利害关系人；

(2) 申请人有证据证明他人正在实施或者即将实施其注册商标专用权的行为；

(3) 对上述行为，如不及时制止，将会使其合法权益受到难以弥补的损害；

(4) 申请人向人民法院申请采取责令停止有关行为和财产保全的措施；

(5) 申请临时禁令的时间为起诉前。

所谓“即发侵权”是指即将发生的侵权行为。对这种侵权行为，我国《商标法》第57条规定，商标注册人或者利害关系人有证据证明他人正在实施或者即将实施其注册商标专用权的行为，如不及时制止，将会使其合法权益受到难以弥补的损害的，可以在起诉前向人民法院申请采取责令停止有关行为和财产保全的措施。这种规定，旨在保护商标权人的合法利益，将侵权行为终止于萌芽状态。

为配合临时禁令的实施，修改后的《商标法》还增加了证据保全制度和担保的规定。《商标法》第58条规定，为制止侵权行为，在证据可能灭失或者以后难以取得的情况下，商标注册人或者利害关系人可以在起诉前向人民法院申请保全证据。人民法院接受申请后，必须在48小时内作出裁定；裁定采取保全措施的，应当立即开始执行。人民法院可以责令申请人提供担保，申请人不提供担保的，驳回申请。申请人在人民法院采取保全措施后15天内不起诉的，人民法院应当解除保全措施。

上述规定，不仅和我国参加的国际公约保持一致，而且有利于全面保护商标权人的利益。

(二) 商标侵权的行政责任

商标侵权的行政责任，是指工商行政管理机关依照《商标法》和有关的行政法规对侵权人的商标侵权行为所作出的、由侵权人承担的强制性处罚措施。通过行政程序制裁侵权人，这是目前商标权人为维护其注册商标权经常采用的措施。

根据《商标法》第53条、第54条、第55条的规定以及《商标法实施条例》的有关规定，商标侵权的行政责任主要有以下几种方式：

（1）责令立即停止侵权。

（2）收缴并销毁侵权商标标识。

（3）消除现存商品上的侵权商标。

（4）没收、销毁侵权商品和专门用于制造侵权商品、伪造注册商标标识的工具。

（5）对侵犯注册商标专用权，尚未构成犯罪的，依照《商标法实施条例》第52条规定，工商行政管理部门可视情节处以罚款。罚款数额为非法经营额3倍以下；非法经营额无法计算的，罚款数额为10万元以下。

上述方式，可视具体情节，单处或者并处。

当事人对处理决定不服的，可以自收到处理通知之日起15天内依照《中华人民共和国行政诉讼法》（以下简称《行政诉讼法》）向人民法院起诉；侵权人期满不起诉又不履行的，工商行政管理部门可以申请人民法院强制执行。进行处理的工商行政部门根据当事人的请求，可以就侵犯商标专用权的赔偿数额进行调解；调解不成的，当事人可以依照《民事诉讼法》向人民法院起诉。

（三）商标侵权的刑事责任

对于严重侵犯他人注册商标专用权的行为，侵权者应承担刑事责任。

根据我国《商标法》第59条和《刑法》第213条、第214条和第215条的规定，侵犯注册商标专用权构成犯罪的，主要有三种罪名，分别是：假冒注册商标罪、销售假冒注册商标商品罪和非法制造、销售非法制造的注册商标标识罪。这些犯罪行为，严重地侵犯了商标权人的合法利益，破坏了正常的市场竞争秩序。因此必须严厉打击。

侵犯注册商标罪包括以下具体罪名。

1. 假冒注册商标罪

假冒注册商标罪，是指行为人未经注册商标权人的许可，在同一种商品上使用与其注册商标相同的商标，情节严重的行为。

如果行为人假冒他人注册商标，违法所得数额较小，没有给商标权人造成很大损失，没有给消费者带来严重的人身和财产方面的损害，那么，行为人的行为只能按照一般的商标侵权行为来处理，而不能追究其刑事责任。

对构成假冒注册商标犯罪的行为人，处3年以下有期徒刑或者拘役，并处或者单处罚金；情节特别严重的，处3年以上7年以下有期徒刑，并处罚金。

2. 销售假冒注册商标商品罪

销售假冒注册商标商品罪，是指行为人明知是假冒注册商标的商品而非法销售，销售数额较大的行为。

这里“销售数额较大”是认定本罪的必要条件。对犯罪行为人，处3年以下有期徒刑或者拘役，并处或者单处罚金。销售金额巨大的，处3年以上7年以下有期徒刑，并处罚金。

3. 非法制造、销售非法制造的注册商标标识罪

非法制造、销售非法制造的注册商标标识罪，是指行为人违反商标管理法规，伪造、擅自制造他人注册商标标识或者销售伪造、擅自制造的注册商标标识，情节严重的行为。

根据刑法的规定，犯本罪的，对行为人处3年以下有期徒刑、拘役或者管制，并处或者单处罚金；情节严重的，处3年以上7年以下有期徒刑，并处罚金。如果单位犯以上罪行，对单位判处罚金，对其直接负责的主管人员和其他直接责任人员，依照上述规定进行定罪量刑。

第九节　驰名商标的认定和保护

一、驰名商标的概念和特征

（一）驰名商标的概念

驰名商标（well - known trademark），是指经过长期使用，在市场上享有较高声誉，并为公众所熟知的商标。它是一个国际通用的法律术语，世界驰名商标的实例见表4-2。

最早提出这一概念的是《巴黎公约》1925年海牙文本。1934年在伦敦、1958年在里斯本对《巴黎公约》作了两次修改。但迄今为止，国际社会还未对驰名商标有一个公认的定义。

（二）驰名商标的特征

驰名商标和一般商标相比，具有如下特征。

1. 驰名商标使用的时间比较长

驰名商标不管注册与否，其使用一般都有较长的历史，如“可口可乐”商标已使用了100多年的时间；我国的“张小泉”商标也有很长的历史。

2. 驰名商标在市场上享有较高信誉

驰名商标的商品一般是质量稳定和可靠的、消费者认知程度很高的商品。商品的质量高，附着在商品上的商标自然为人们所称颂。如“海尔”电器，不仅商品本身质量优异，而且售后服务很及时，有很高的市场占有率。

3. 驰名商标为公众所熟知

由于驰名商标的所有者经营的商品或提供的服务信誉卓著，其产品或服务质量优异，具有较高的知名度，深得消费者信赖。人们会逐渐了解、熟知该商品的

商标，吸引并逐渐形成一个相对稳定的消费群体。

4. 驰名商标的构成要素更具有显著性

驰名商标的设计一般比较突出、醒目，消费者易认易记，有很强的识别性。如用在体育用品上的商标“NIKE”（耐克），是希腊神话中胜利女神的意思，在其字母下面有一个“对钩”符号，共同组成了耐克的商标，很形象，让人印象深刻。

5. 驰名商标的保护有其特殊性

各国立法都对驰名商标实行特殊保护，不论驰名商标是否注册，商标所有人都有禁止他人使用和注册的权利。对已注册的驰名商标实行跨类保护。

表 4－2　　2005 年全球品牌百强排行榜前十名

序号	商标名称	商标价值（百万美元）	所在国家
1	可口可乐	67 525	美国
2	微软	59 941	美国
3	IBM	53 376	美国
4	GE	49 996	美国
5	英特尔	35 588	美国
6	诺基亚	26 452	芬兰
7	迪斯尼	26 441	美国
8	麦当劳	26 014	美国
9	丰田	24 837	日本
10	万宝路	21 189	美国

二、我国关于驰名商标的立法规定

我国在 1982 年制定的《商标法》中没有关于驰名商标的规定。自 1985 年加入《巴黎公约》以后，在我国的商标管理、商标保护工作中，商标主管机关对《巴黎公约》成员国的驰名商标给予了应有的保护。

从 1989 年起，国家工商行政管理局开始对国内的驰名商标进行认定。1995 年 2 月，国务院知识产权办公会议制定了《有效保护及实施知识产权的行动计划》，正式对驰名商标的保护作出了明确的规定。

为了规范驰名商标的认定与保护，国家工商总局在 1996 年 8 月 14 日发布了《驰名商标认定和管理暂行规定》，其中将驰名商标定义为：在市场上享有较高声誉并为相关公众所熟知的注册商标。这条规定显然把未注册商标排除在保护范围之外。根据《巴黎公约》的要求，对驰名商标的保护并不以其是注册商标为前提条件，国外其他国家的立法也作了相同的规定。

中国已加入世界贸易组织，为了和《知识产权协定》相衔接，2001 年 10 月 27 日，全国人大常委会对我国《商标法》进行了第二次修改，里面增加了对驰名商标认定和保护的规定。国务院于 2002 年 8 月 3 日公布的《商标法实施条例》，也包含了对驰名商标保护的条款，该条例自 2002 年 9 月 15 日起施行。

为配合修改后的《商标法》的实施，2003 年 4 月 17 日国家工商总局又发布了《驰名商标认定和保护规定》，该规定自 2003 年 6 月 1 日起施行。1996 年 8 月 14 日国家工商总局颁布的《驰名商标认定和管理暂行规定》同时废止。对驰名商标进行保护的还有最高人民法院 2001 年 7 月 17 日公布的《关于审理涉及计算机网络域名民事纠纷案件适用法律若干问题的解释》、2002 年 10 月 12 日公布的《最高人民法院关于审理商标民事纠纷案件适用法律若干问题的解释》等法律文件。可见，目前中国的驰名商标的保护已进入正常的法制轨道，目前中国驰名商标的实例见表 4－3。

表 4－3　　　　2005 年中国驰名商标排行榜前十名

序号	商标名称	商标价值（亿元）	所在行业
1	红塔山	46.866	卷烟
2	五粮液	44.337	白酒
3	联想	43.531	计算机
4	海尔	39.523	电冰箱
5	东风	39.116	汽车
6	长虹	37.284	电视机
7	万科	36.225	不动产出租、不动产管理
8	娃哈哈	36.011	饮料
9	张裕	34.339	葡萄酒
10	格兰仕	32.117	微波炉

三、驰名商标的认定

对驰名商标的认定，包括驰名商标的认定机构、认定标准和认定程序等三个方面的内容。

（一）驰名商标的认定机构

我国目前对驰名商标的认定机构有二：一是国家工商总局商标局及其商标评

审委员会；二是人民法院。

根据我国《商标法实施条例》第5条的规定，在商标注册、商标评审过程中产生争议时，有关当事人认为其商标符合驰名商标条件的，可以向商标局或者商标评审委员会请求认定驰名商标，驳回违反《商标法》第13条规定的商标注册申请或者撤销违反《商标法》第13条规定的商标注册。有关当事人提出申请时，应当提交其商标构成驰名商标的证据材料。商标局或者商标评审委员会根据当事人的请求，在查明事实的基础上，依照《商标法》第14条的规定，认定其商标是否构成驰名商标。

中国首批驰名商标

从20世纪90年代开始，国家商标局开始认定中国驰名商标，截至2002年4月，分4批共认定了293个全国驰名商标。1989年至1991年，我国首批认定了10个中国驰名商标：分别为：同仁堂（药品）、蝴蝶（缝纫机）、贵州茅台（白酒）、凤凰（自行车）、青岛（啤酒）、海尔（电冰箱）、中华（牙膏）、北极星（钟表）、永久（自行车）、霞飞（化妆品）。2003年认定的中国驰名商标有：神奇（药品）、统一（润滑油）、老庙（金银珠宝）、云南白药（药品）、咸亨（酒店）等。

由此可见，在我国驰名商标的行政认定机关是国家工商总局商标局和商标评审委员会，其他任何组织和个人不得认定或采取其他变相方式认定驰名商标。通过民间组织或行业主管部门评选出来的“驰名商标”，在我国没有法律效力，也得不到法律的特别保护。（知识链接如右上框）

2002年10月12日公布的《最高人民法院关于审理商标民事纠纷案件适用法律若干问题的解释》第22条规定：人民法院在审理商标纠纷案件中，根据当事人的请求和案件的具体情况，可以对涉及的注册商标是否驰名依法作出认定。认定驰名商标，应当依照《商标法》第14条的规定进行。当事人对曾经被行政主管机关或者人民法院认定的驰名商标请求保护的，对方当事人对涉及的商标驰名不持异议，人民法院不再审查。提出异议的，人民法院依照《商标法》第14条的规定审查。

《最高人民法院关于审理商标民事纠纷案件适用法律若干问题的解释》关于认定驰名商标有如下规定。

1. 人民法院有权认定驰名商标

这种规定打破了只有国家工商总局才有权认定驰名商标的格局，符合国际惯例，而且有利于保护商标权人的合法利益。商标是否驰名，属于人民法院根据其职权需要对案件进行查明的事实问题。

2. 人民法院认定驰名商标采取被动和个案认定的原则

人民法院在审理具体的商标纠纷案件中，根据当事人的请求和案件的具体情况，对本案中的商标是否驰名进行认定。这种认定属于被动和个案认定，不同于行政机关对驰名商标的主动和批量的认定方式。

3. 人民法院认定驰名商标的标准

人民法院认定驰名商标时，应当按照《商标法》第14条的规定，对各项要素进行逐一审查，符合条件的，可以认定为驰名商标。

4. 对驰名商标是否需要重新审查和认定

对已被认定为驰名商标的，在商标侵权诉讼中，是否需要重新认定？实践中，商标是否驰名与商标注册人的经营状况及市场竞争密不可分，它是动态的，不是一成不变的，因此需要对已被认定为驰名商标的商标进行再次认定。为方便当事人诉讼和人民法院审判，上述解释规定，对方当事人对涉及的商标驰名不持异议，人民法院不再审查。提出异议的，人民法院依照《商标法》第14条的规定审查。这样规定，就简化了一部分认定程序，避免了重复劳动。同时也充分尊重了当事人的意志，对提高办案效率也很有利。

5. 认定驰名商标的效力

根据上述解释的精神，驰名商标的司法和行政认定的效力仅存在于个案中；行政机关的认定和人民法院的认定效力相同。当事人对已经认定为驰名商标的商标有异议的，人民法院还要依照《商标法》第14条的规定进行审查。

（二）驰名商标的认定标准

结合国际社会对驰名商标的认定标准及我国的实践，2001年10月27日我国《商标法》修改后，其中的第14条规定了认定驰名商标应当考虑的因素。

1. 相关公众对该商标的知晓程度

这是构成驰名商标最基本的条件。根据《驰名商标认定和保护规定》的要求，（1）这里的相关公众，包括与使用商标所标示的某类商品或者服务有关的消费者，生产前述商品或者提供服务的其他经营者以及经销渠道中所涉及的销售者和相关人员等。（2）本规定中的驰名商标是指在中国为相关公众广为知晓并享有较高声誉的商标。在外国驰名的商标如果不为中国的相关公众知晓，不能认定为驰名商标。（3）驰名商标要享有较高声誉。一个商标的知名度越高，其信誉越高，该商标就会对消费者产生强大的吸引力，市场占有率也就越高。

2. 该商标使用的持续时间

商标使用的时间越长，越能证明该商标所标示的商品或服务质量优异及该商标为广大消费者所认可。

世界驰名商标的持续使用历史均较长。如"可口可乐""万宝路"等，已使用几十年甚至上百年。在其他国家的案例中，也把商标使用的时间作为认定驰名商标的条件之一。如在1984年法国巴黎上诉法院的判例中，法院认定"Liberty"

商标为驰名商标。主要根据之一就是，该商标自1893年就成功地获得了注册，并且从未中断过续展，从1962年起就在法国有名的商标事典上被记载。❶

3. 该商标的任何宣传工作的持续时间、程度和地理范围

对商标进行宣传，是广大消费者知晓该商标及商品或服务的有效手段。宣传的力度越大，范围越宽，消费者熟知的程度越高，商品的销售和覆盖面就越广泛，商标的信誉和知名度也就越高。

如日本的"SONY"电器、美国的"麦当劳"快餐、德国的"大众"汽车，因行销世界多国而闻名，其商标和商品的宣传程度和覆盖的地理范围是生产同类商品的其他企业无法比拟的。世界上一些国家也把商标的广告宣传和宣传的地域范围作为认定驰名商标的条件之一。

我国法院认定驰名商标的根据

云南省昆明市中级人民法院对吉利集团有限公司状告昆明亚杰力商贸有限公司侵害商标权案作出一审判决，确认"吉利"商标为驰名商标，判令销售"吉利"牌衬衣的亚杰力公司立即停止侵权并赔偿原告人民币50 000元。据报道，吉利商标也由此成为昆明中院继"红河""脑白金"之后第三个被依法认定的驰名商标。

昆明中院认为，原告吉利公司经过7年以来对其商标的长期使用，投入大量广告及业务宣传经费，在全国范围内进行了数年的广告宣传，使得该商标在全国范围内取得了较高的知名度，并且该商标也多次被认定为浙江省著名商标，并获得多种奖项和荣誉。原告的"吉利"商标已经具备了我国《商标法》第14条规定的条件，根据原告的请求，应认定原告的"吉利"商标为驰名商标。

4. 该商标作为驰名商标受保护的记录

这也是认定驰名商标的条件之一。如果一个商标曾被商标局认定为驰名商标，或者在诉讼中被人民法院认定为驰名商标而受到保护，可以作为认定驰名商标的因素之一来考虑。

5. 该商标驰名的其他因素

这里的其他因素包括产品质量、销售量和区域等。根据《驰名商标认定和保护规定》第10条的精神，商标局或者商标评审委员会在认定驰名商标时，应当综合考虑上述各项因素，但不以该商标必须满足上述规定的全部因素为前提。换言之，只要具备上述条件中的任一个因素，即可认定为驰名商标，并不要求驰名商标的认定必须符合上述所有条件。（实例链接如右上框）

（三）驰名商标的认定程序

1. 驰名商标的认定方式

驰名商标的认定有两种方式：主动认定和被动认定。

---

❶ 郑成思：《知识产权法（第二版）》，法律出版社2003年版，第185页。

（1）主动认定，是指商标主管机关根据法律规定的标准，对某商标是否为驰名商标进行的认定。这种认定，又称为事前认定。

（2）被动认定，是指在发生商标权益纠纷之后，应申请人的请求，商标主管机关或人民法院对其商标是否为驰名商标依法作出的认定。这种认定，又称为事后认定或个案认定。

一般而言，商标行政机关的认定包括主动认定和被动认定。法院只采用被动认定方式。目前，西方国家普遍采用的是个案、被动认定方式。根据个案来认定驰名商标，这种认定具有很强的针对性，有利于解决已经发生的权利纠纷，当事人能够及时得到法律的救济。主动认定是行政机关认定驰名商标的主要方式，有利于申请人预防可能发生的纠纷。但主动认定不符合国际惯例。

根据国家工商总局2003年4月17日发布的《驰名商标认定和保护规定》的要求，驰名商标称号从2003年6月1日起不再由商标行政主管部门进行“批量”的评比认定。我国从2003年6月1日起，对驰名商标的认定主要采用被动认定的方式。由国家工商总局商标局或商标评审委员会作为驰名商标的认定机构；人民法院在司法实践中，针对当事人的申请和个案的情况，也可以对本案中的商标是否驰名依法进行认定。

2. 企业申请在下列情况下可认定驰名商标

根据国家工商总局商标局2000年4月28日发布的《关于申请认定驰名商标若干问题的通知》，企业商标权受到以下损害时，可以申请认定驰名商标：（1）他人将与申请人申请认定商标相同或者近似的标识在非类似商品或者服务上注册或者使用，可能损害申请人权益的；（2）他人将与申请人申请商标相同或者近似的文字作为企业名称的一部分登记或者使用，可能引起公众误认的；（3）申请人申请认定的商标在境外被他人恶意注册，可能对申请人在境外的业务发展造成损害的；（4）申请人申请认定商标的权益受到其他损害而难以解决的。

各级工商行政管理部门要建立相应的监督机制，制定相应的监督制约措施，加强对驰名商标认定工作全过程的监督检查。参与驰名商标认定工作的有关人员，滥用职权、徇私舞弊、牟取不正当利益，违法办理驰名商标认定有关事项，依法给予行政处分；构成犯罪的，依法追究刑事责任。

四、驰名商标的保护

由于驰名商标的巨大经济价值，为保护驰名商标权人的合法利益，防止不正当竞争行为，国际公约和各国立法纷纷对驰名商标给予特殊保护。所谓特殊保护是指，尽管商标未在成员国注册，但只要其在该国驰名，就应有权禁止他人的注册和使用。

（一）国际公约对驰名商标的保护

1.《巴黎公约》对驰名商标的保护

最早在国际公约中对驰名商标进行保护的是1883年缔结的《巴黎公约》。

公约要求，任何成员国，在本国法律允许的条件下，对于其他成员国主管机关认定的在该国已成为驰名商标的商标，有义务给予保护。该公约第6条之第2款专门规定了对驰名商标保护的三项内容：（1）一个商标如构成对经注册国或使用国主管机关认为是属一个享有本公约保护的人所有，用于相同或类似商品上已在该国驰名商标的伪造、模仿或翻译，易于造成混淆，本同盟成员国都要按其本国法律允许的职权，或应有关当事人的请求，拒绝或取消注册，并禁止使用。这些规定也适用于主要部分显系伪造或模仿另一驰名商标易于造成混淆的商标。（2）自注册之日起至少5年内应允许提出取消这种商标的请求。本同盟成员国可自行规定请求禁止使用的期限。（3）不应对请求取消或禁止使用以欺诈取得注册的或使用的商标规定期限。

根据上述《巴黎公约》的规定，对驰名商标的特殊保护措施主要有：

（1）未注册的驰名商标的使用人享有禁止他人使用的权利。即未注册的驰名商标的使用人有权禁止他人在相同或类似的商品上使用与该驰名商标相同或近似的商标。

（2）商标主管机关对抢注的商标可以拒绝或撤销注册。凡是被成员国认定为驰名商标的，该商标的使用人未注册的，他人在先申请注册的，商标注册国或使用国的商标主管机关可以依职权或者依利害关系人的请求，拒绝对该商标给予注册；如果已经注册的，应宣告撤销该商标的注册。

（3）提出撤销注册商标的最低期限。驰名商标所有人对他人已注册的，自注册之日起至少5年内可以提出撤销该注册商标；如果该商标的注册是恶意的，则请求撤销的时间不受限制。

2.《知识产权协定》对驰名商标的规定

1994年生效的《知识产权协定》，也规定了对驰名商标的保护。与《巴黎公约》相比，该协定对知识产权的保护比《巴黎公约》前进了一步，主要表现在：

（1）将驰名商标的保护范围扩大到驰名的服务商标。《知识产权协定》第16条第2款规定：《巴黎公约》（1967年）第6条之2应比照适用于服务。

（2）拓展了驰名商标权利人的权利范围。《知识产权协定》把驰名商标所有人禁用权的范围扩大到不类似的商品或服务上。《知识产权协定》第16条第3款规定，《巴黎公约》（1967年）第6条之2应比照适用于与注册商标的商品或服务不相类似的商品或服务。

（3）对认定驰名商标的标准作了原则规定。《知识产权协定》第 16 条第 2 款规定，在确定一项商标是否驰名时，各成员应考虑有关部门公众对该商标的知晓程度，包括该商标因宣传结果而在有关成员为公众知晓的程度。可见，认定驰名商标的原则标准为：相关公众对该商标的知晓程度；商标的宣传程度等。

（二）我国对驰名商标的保护

我国 2001 年颁布的《商标法》，参照《巴黎公约》和《知识产权协定》的规定，增加了对驰名商标的规定，其保护范围基本上和国际公约一致。《商标法》第 13 条规定："就相同或者类似商品申请注册的商标是复制、模仿或者翻译他人未在中国注册的驰名商标，容易导致混淆的，不予注册并禁止使用。就不相同或者不相类似商品申请注册的商标是复制、模仿或者翻译他人已经在中国注册的驰名商标，误导公众，致使该驰名商标注册人的利益可能受到损害的，不予注册并禁止使用。"

我国立法对驰名商标的保护主要包括以下内容。

1. 对未在中国注册的驰名商标也给予保护

我国对驰名商标的保护已经不局限于注册商标，根据修改后的《商标法》的规定，在相同或者类似商品上申请注册的商标，是通过复制、模仿或者翻译他人未在中国注册的驰名商标，而且容易造成混淆的，商标局将不给予注册并禁止其使用。根据最高人民法院《关于审理商标民事纠纷案件适用法律若干问题的解释》规定，复制、模仿、翻译他人未在中国注册的驰名商标或其主要部分，在相同或者类似商品上作为商标使用，容易导致混淆的，应当承担停止侵害的民事法律责任，但并不承担其他民事责任。

2. 扩大了对注册的驰名商标的保护范围

为了体现出对注册的驰名商标的特殊保护，修改后的《商标法》规定了对注册的驰名商标的保护范围扩大到"不相同或者不相类似商品上"，只要是复制、模仿或者翻译他人已在中国注册的驰名商标，误导公众，使该驰名商标注册人的利益可能受到损害的，不予注册并禁止使用。

根据最高人民法院《关于审理商标民事纠纷案件适用法律若干问题的解释》第 1 条第 2 款的规定，复制、模仿、翻译他人注册的驰名商标或其主要部分在不相同或者不相类似商品上作为商标使用，误导公众，致使该驰名商标注册人的利益可能受到损害的行为属于《商标法》第 52 条第（5）项规定的给他人注册商标专用权造成其他损害的行为。对这种侵权行为，侵权人应承担包括赔偿在内的各种民事责任。显然，对已在中国注册的驰名商标的保护力度要大于未注册的驰名商标。这种以是否注册来区分不同责任的规定，不仅符合《巴黎公约》和《知识产权协定》对驰名商标保护的基本要求和国际上通行的做法，而且也符合中国国情。

3. 驰名商标所有人享有特殊期限的排他权

根据我国《商标法》第41条第2款的规定，已经注册的商标，与驰名商标发生冲突的，自商标注册之日起5年内，驰名商标所有人或者利害关系人可以请求商标评审委员会裁定撤销该注册商标，对恶意注册的，驰名商标所有人不受5年的时间限制。

4. 禁止将他人的驰名商标作为企业名称使用

《驰名商标认定和保护规定》第13条规定，当事人认为他人将其驰名商标作为企业名称登记，可能欺骗公众或者对公众造成误导的，可以向企业名称登记主管机关申请撤销该企业名称登记，企业名称登记主管机关应当依照《企业名称登记管理规定》来处理。

（三）企业的自我保护措施

尽管对驰名商标的保护已经有了立法依据，人民法院和行政执法机关也提供相应的司法和行政保护，但对企业而言，更要加强自身对其驰名商标的保护。与上述保护方式相比，这是一种较有效和低成本的保护模式。企业在商标保护中可以采取如下措施。

1. 企业应当了解商标法对商标权的保护途径

根据我国《商标法》的规定，一旦发生侵权纠纷，权利人对商标权的保护途径有多种，如可以协商解决，不愿协商或者协商不成的，还可通过行政和司法途径对驰名商标进行及时的保护。侵权人不仅要承担民事责任、行政责任，情节严重的还要承担刑事责任。

2. 企业可以注册联合商标和防御商标

国外的立法允许商标权人注册联合商标和防御商标以保护自己的驰名商标。如日本的"SONY"商标，不仅在电器产品上注册，而且在其他产品和服务项目上申请了注册。同时，索尼公司还将"Suny""Sonny""Sohny"等类似商标申请注册为联合商标，以对其注册商标"SONY"进行保护。我国《商标法》虽未明确规定，但在商标实务和企业的商标保护策略中，不少企业已经注册了联合商标和防御商标，以期对自己的驰名商标进行全方位的保护。联合商标和防御商标的注册可起到积极的防卫作用，使商标侵权者无隙可乘。企业通过实施注册联合商标和防御商标策略，不仅保护了驰名商标，维护了消费者的利益，而且可有效地防止他人在不同类别的商品或服务上使用其商标，防止消费者就商品的来源产生误认。

3. 企业应当及时行使异议权和撤销权

拥有驰名商标的企业应及时关注商标局发布的商标初审公告和注册公告，对和自己的驰名商标相同或近似的商标应及时行使异议权和撤销权，防止他人对驰名商标造成损害。

4. 企业应当将驰名商标在互联网上登记注册为域名

“海尔”的商标战略

海尔商标1993年成为首批中国驰名商标之一；自2002年以来，海尔品牌价值连续四年蝉联中国最有价值品牌榜首。2005年，海尔品牌价值高达702亿元；2005年8月30日，海尔被英国《金融时报》评为“中国十大世界级品牌”之首。海尔已跻身世界级品牌行列。

在对商标这一巨大无形资产的经营和保护上，海尔集团实行“产品未到，商标先行”的战略。产品可能销售到哪里，就在哪里申请商标注册，产品准备销售到哪里，哪里就先要有海尔的注册商标。据海尔集团法律事务中心负责商标事务的冷寒冰女士称，海尔集团的国内商标注册和保护已经臻于完善。现在海尔集团在国内已被核准注册的商标达631件，还有89件产品商标申请已被受理。此外，海尔集团核准注册的防御商标也多达285件。随着海尔产品迅速销售到了世界上很多国家和地区，海尔的注册商标申请也几乎递送到了每一个对商标给予工业产权保护的地方。截至目前，海尔集团已向海外申请注册商标1 652件，核准注册下来的已有733件。覆盖了全球183个国家和地区。

随着计算机的普及和国际互联网的迅速发展，企业之间的电子商务交易越来越多。企业要在这块市场上占有一席之地，必须首先要在互联网上注册一个域名。多数企业以自己的驰名商标或主商标或企业的名称作为域名登记注册，这样做，不仅可以防止他人抢注，而且便于其他企业和消费者识别和记忆。如微软公司的域名为“microsoft. com”，耐克公司的域名为“nike. com”等。

5. 企业应当使驰名商标与企业的广告用语以及企业的名称保持一致

注册商标、商务用语和企业名称三位一体，便于企业宣传，提升其整体知名度和认知度。一些驰名商标的企业名称和广告用语均是一致的，如青岛海尔电器公司的商标用语为“海尔，真诚到永远”。瑞士雀巢公司的咖啡广告为“雀巢咖啡，滴滴香浓”。四川长虹电视的广告用语为“天上彩虹，人间长虹”等。这些都是对驰名商标实施保护策略的成功实例。(实例链接如上框)

结　　语

商标作为标识商品和服务来源的一种标志，在市场经济中具有非常重要的作用。在当今社会，商标不仅发挥着区分来源的功能，更被企业视为一种重要的财产。因此，我国在完善商标法律制度的同时，应当加强对商标的保护，合理利用商标资源，争创名牌，以促进我国经济的飞速发展。

资料链接

[1] 王莲峰．商标法［M］．北京：法律出版社，2003.
[2] 金多才．商标策略［M］．河南：河南人民出版社，2002.
[3] 陶国峰编．商标典型案例［M］．北京：经济日报出版社，2001.
[4] 国家工商行政管理总局网站 www. saic. gov. cn.
[5] 中华商标网 www. cta. org. cn.

思考题

1. 什么叫商标，商标有哪些类型？
2. 商标权人享有哪些权利？
3. 驰名商标可以有哪些特殊保护措施？

第五章　天然驰名标记与地理标志权制度

【学习目的与要求】 通过本章的学习，要求学生掌握地理标志的定义、特征和作用，分析地理标志的各种保护模式，通过对我国有关地理标志法律规定的学习，掌握在我国对地理标志的保护概况，同时能够在认知地理标志国际保护状况的前提下，理解地理标志保护的发展趋势。

【内容提要】 地理标志是指某种商品来源于某地区，该商品的特定质量、信誉或者其他特征，主要由该地区的自然因素或者人文因素所决定的标志。地理标志的识别性、品质证明性等特征决定了地理标志具有标志商品来源、品质保证和广告的作用。地理标志权是指基于地理标志产生的专有权利，具有主体的群体性、无期限性和不可转让性等特征。对地理标志的保护模式包括商标法保护、特别法保护和反不正当竞争法保护等。我国同时采用了多种途径保护地理标志。从1883年的《巴黎公约》到1994年的《知识产权协定》，地理标志的知识产权保护走过了一个保护工业产权多世纪的艰难历程，现在又成为多哈回合谈判的重要内容。

【关键词】 地理标志　地理标志权　地理标志国际保护

2005年9月，上海市第二中级人民法院对原告浙江省食品有限公司诉上海市泰康食品有限公司（以下简称泰康公司）、浙江永康四路火腿一厂（以下简称永康厂）商标侵权案进行公开宣判，判决对浙江省食品有限公司的诉讼请求不予支持。原告浙江省食品有限公司系“金华火腿”注册商标权利人。原告认为永康厂未经许可，擅自在其生产销售的火腿上使用“金华火腿”字样，侵犯了原告的注册商标专用权。泰康公司明知是侵权商品，仍在市场上销售，同样构成侵权。原告据此请求法院判令两被告停止生产和销售侵权商品，公开赔礼道歉；共同赔偿原告人民币5万元。法院经审理查明，2003年9月24日，国家质检总局批准包括永康厂在内的55家金华地区企业使用“金华火腿”原产地域产品保护专用标志。法院认为，权利人的注册商标专用权与原产地域产品均受到法律保护，只要当事人依照相关规定使用均属合法。作为经国家质检总局批准使用“金华火腿”原产地域产品专用标志的企业，永康厂在使用“金华火腿”原产地域产品保护专用标志的同时，在其火腿外包装显著位置标明了自己的注册商标、企业名称、厂址、联系方式等信息，足以使消费者区分与识别所购火腿的来源。

因此，永康厂不构成对原告商标权的侵害。由于生产商未构成对原告商标权的侵害，作为销售商的泰康公司也不构成侵权。❶ 本案涉及地理标志权的纠纷。什么是地理标志，地理标志和商标是什么关系，如何保护地理标志，这些都是本章所要讨论的内容。

第一节　地理标志及其特征

地理标志是一种非常重要的无形财产，也是知识产权重要的保护对象。对一个国家、一个地区或者一个企业来说，地理标志都可能蕴含着巨大的经济价值，如法国香槟酒、法国香水、中国的景德镇陶瓷、金华火腿等都是著名的地理标志。随着全球经济一体化的发展，地理标志逐渐成为国际贸易中各方的宠儿，各国的国内法和一些重要的国际条约都开始加强对地理标志的保护。（知识链接如右下框）

一、地理标志的含义

香槟标志

香槟是法文“Champagne”的译音，指产于法国 Champagne 省的一种起泡的白葡萄酒。不是酒的通用名称，是地理标志。我国工商总局在 1989 年 10 月 26 日发布通知，禁止我国企业、事业单位和个体工商户以及在中国的外国（法国除外）企业在酒类商品上使用“Champagne”或“香槟”（包括大香槟、小香槟、女士香槟等）字样。

地理标志从广义上讲包括货源标记和原产地名称。货源标记是早在 1883 年《巴黎公约》就使用的概念，也称为产地标记，一般是指，为表示商品是在特定的国家、地区、地方或场所生产、制造或加工而使用的一种标志。如“中国制造”“美国制造”等。原产地名称概念是在 1925 年《巴黎公约》海牙文本中首次出现的，1958 年《保护原产地名称与国际注册里斯本协定》（以下简称《里斯本协定》）对原产地名称作出明确规定，一个国家、地区或者地方的地理名称，用于指示一项产品来源于该地，其质量或者特征完全或主要取决于地理环境，包括自然和人文因素。狭义上讲，地理标志的含义与原产地名称的含义比较接近，可以说地理标志是降低了条件的原产地名称。

地理标志是在 1994 年《知识产权协定》签署后开始广泛使用的词语。该公约第 22 条规定，地理标志是指下列标志：其标示出某商品来源于某成员方地域

---

❶ 上海市第二中级人民法院：“我院对‘金华火腿’商标侵权案进行公开宣判”，资料来源：http://www.shezfy.com/NewsDetail.asp? id=1116。

内，或来源于该地域中的某地区域或某地方，该商品的特定质量、信誉或其他特征，主要与该地理来源相关联。我国现行的《商标法》第16条第2款规定，地理标志是指某商品来源于某地区，该商品的特定质量、信誉或者其他特征，主要由该地区的自然因素或者人文因素所决定的标志。这一规定比较接近于《知识产权协定》的规定。

地理标志可以表现为图形或者文字形式。文字可以是包括或者指称一个地理区域名称在内的一个词或短语；图形可以是指称某个特定地理区域的地理区域图或者符号。

二、地理标志的特征和作用

（一）地理标志的特征

1. 地理标志中所指向的地理名称具有真实性

一般来讲，地理标志所代表的区域可以是一个特定的场所、地方、地区或国家的名称，也可以是行政区划或历史地名，但它应当是真实存在或者存在过的，其所标示的产品一定的特征（包括自然和人文的因素）主要来源于该地理区域。如“瑞士手表”、“北京烤鸭”、“景德镇陶瓷”中的“瑞士”、“北京”、“景德镇”都是客观存在的地名，不是臆造的或者虚构的。

2. 地理标志具有识别性

地理标志与商标、商号等其他商品标志都是一种区别商品来源的标志，都是为了维持市场经济秩序和维护权利人和消费者的利益。在这一点上，它们的基本性质是相同的。从其沿革来看，都是为了保护正当交易而作出的规定。但是，就其基本作用来说，商标和商号是为了使人识别出是谁制造的商品标志，这是其直接目的；地理标志则是表示产品来源于哪个地理区域的标志。在这一点上，二者又是有区别的。

3. 地理标志具有品质的证明性

地理标志可以证明在商品和其原产地之间存在着一种必然联系，正是其原产地的地理环境因素造就了该商品的特定质量、声誉和其他特征。这里的地理环境因素包括自然的和人文的两个方面。自然因素可以是特殊的地质、气候、土壤、水源、原料等自然条件，如黑龙江省的地理环境造就了来自黑龙江的大米品质远高于来自我国南方地区的大米。人文因素则可以是特殊的历史、文化、技术、背景等人文条件，如金华火腿就是其独特的制作工艺和传统的储藏方法造就的高品质声誉。可以说地理标志就是高品质的标记。

（二）地理标志的作用

地理标志的特征决定了地理标志的作用。地理标志的识别性决定了地理标志具有标识商品来源的作用，根据地理标志可以确定商品来源于某个区域；地理标志的品质证明性决定了地理标志的品质保证作用，根据地理标志消费者可确认商品的品质。另外从地理标志的特征还可延伸出地理标志的广告作用。地理标志的长期使用会在消费者心目中形成稳定的品牌形象，成为消费者选购的依据。

地理标志越来越受到地方政府的重视，已成为地方经济发展的一个增长点。地理标志对农业发展的作用尤其突出，地理标志为农产品加工提供一个“地理标志 + 龙头企业 + 农户”的经营模式，以提高农产品的市场化组织能力。我国农业生产以农户为主，不具备组织规模生产和经营条件，很难参与国内外市场竞争。地理标志将分散的农户以地理标志知识产权为纽带、以龙头企业为通道连接到市场，使农户可以分享生产和销售的整个市场的利益。地理标志产品保护制度不仅仅是一种知识产权，需要进行保护，而且应该是一套完整的质量管理体系，是一项重要的农村发展战略。

从某种意义上说，地理标志是“天然”的“驰名商标”。驰名商标是指经过长期使用，在市场上享有较高信誉并为公众熟知的商标。具有较强的认知功能，使用该商标的商品就有较高品质，具有较强的市场竞争力。驰名商标的这些特性作为地理标志一般是具备的。地理标志又往往与天然的地理、人文环境有关，而且地理标志可以注册为证明商标或集体商标，所以说地理标志是“天然”的“驰名商标”。虽然从整体上看，商标和地理标志是有区别的，它们是两种不同的无形财产，但是，地理标志与驰名商标的相类似特性决定了其巨大的商业价值。（实例链接如右上框）

地理标志：城市的名片

从目前我国的地理标志发展实践看，地理标志已经成为了区域（尤其是市县）经济发展的一张特色名片。例如：绍兴市——绍兴黄酒，金华市——金华火腿，镇江市——镇江香醋，文山州——文山三七，泸州市——泸州老窖，烟台市——烟台苹果，莱阳市——莱阳梨，平遥县——平遥牛肉。

资料来源：“地理标志越来越热的特色商机”，http：//www.economicdaily.com.cn/no5/newsmore/200508/14/t20050814_ 82220.shtml。

三、地理标志与商标的异同

地理标志与商标的关系非常密切，甚至地理标志也可以是商标，但是地理标志并不等于商标。实际上，二者之间存在着相同的法律特征，也存在着不同之处。它们是不同的两种知识产权客体。

（一）地理标志和商标的相同点

（1）二者都属于知识产权的客体，是一种无形财产，并且都属于工业产权客体范畴。地理标志和商标都属于信息类无体物，而且属于产业领域的无形财产。

(2) 都属于标志权的客体。就商标来说，是商品的生产者或服务者为了与其他生产者或服务者所提供的商品和服务相区别所使用的标志；对于地理标志来说，是某一区域产品的标志。所以商标和地理标志都属于工商业标志。

(3) 都具有识别作用。一般商标区别主要区别的是不同的个体生产者和服务者；地理标志识别的是不同地区的商品生产者，都有识别作用，而且二者都与商誉有直接关系，都代表着产品或服务的品质。

(二) 地理标志与商标的差别

(1) 两种标志的构成不同。地理标志主要是以地名为核心的标志或者与一定地域有直接联系的标志，而商标在使用地名上是有限制的。我国商标法明确禁止注册使用县级以上行政区划地名或者公众知晓的外国地名作为商标。

(2) 形成的权利主体不同。基于商标的专有权主体除特殊情况外，是具有独立资格的企事业单位、社会团体、公民个人等；而基于地理标志的权利主体一般不是某一个企事业单位或个人，在某一区域的主体都可享有该权利。

(3) 保护期限不同。商标的保护期限一般都是法律明确规定的，如我国规定注册商标的保护期为10年；地理标志的保护一般不规定明确期限的，可以永久受保护。

(4) 适用范围不同。商标的适用范围可以是商品，也可以是服务；而地理标志主要适用于商品。

(5) 品质保证作用不同。地理标志往往代表商品有较高的品质；而商标不都代表着高品质商品，只有驰名商标具有高品质保证作用。

(6) 信誉的来源不同。地理标志的高品质信誉来源于特定的地理人文因素；而商标的高品质信誉来源不仅限于地理人文因素。

(7) 可转让性不同。商标一般是可以转让的；而地理标志一般是不能转让的。

第二节 地理标志的法律保护

一、地理标志权

地理标志权是指基于地理标志产生的专有权利。地理标志属于无形财产，是信息类无体物。地理标志权是重要的知识产权之一，与专利权、商标权、著作权等知识产权相比具有许多特点。

（一）地理标志权的主体具有群体性

一般知识产权的权利人都是特定的人，由特定的人对某项知识产权享有专有权，如专利权的主体一般为一个特定的经济主体。而地理标志权的主体一般包括该产地内生产该产品所有的经济主体，在我国可以是企业、自然人、其他组织，所以地理标志权主体具有群体性。例如，所有享有景德镇地理标志权的经济体生产的陶瓷都可使用“景德镇陶瓷”这个地理标志，其他主体都无权使用。否则，这一行为不仅仅侵犯消费者的利益，也构成对“景德镇陶瓷”地理标志知识产权的侵犯。

（二）地理标志权具有无期限性

目前世界各国一般都没有规定明确的地理标志保护期。地理标志权一般不受失效约束，这与其他知识产权有明显不同，如专利权、商标权、著作权等都有法律规定的明确期限。《法国原产地名称保护法》（1990 年 7 月 2 日第 90－558 号法）第 7－4 条规定：“原产地名称永远不能视为有通用性并且永远不能成为公产。”第 10 条规定：“葡萄酒制品的原产地名称永远不能视为表示通用特征并落入公产。”

（三）地理标志权具有不可转让性

地理标志与某一特定地域自然的、历史的及人文的因素密不可分，只限于特定地区的生产者使用，失去了特定的自然、人文因素就丧失了相关产品特质的存在基础。所以，一旦准许转让，就会使变更主体的地理标志失去了意义。

二、地理标志保护模式

许多国家保护地理标志的历史已经有上百年。在地理标志的保护上形成了较完善的保护制度。从各国的立法来看，对地理标志的保护存在多种模式。各种模式在法律保护的方法、重点、范围等方面都是有所区别的。

（一）商标法保护模式

这种模式将地理标志作为证明商标或者集体商标，通过商标法保护。美国是采用这种保护模式的典型代表。（知识链接如右框）

> **美国商标法对地理标志的保护**
>
> 在美国，商标法是保护地理标志的最主要法律手段。《美国商标法（1946）》第 4 条规定，按照现行使用的关于注册商标的规定，集体商标和证明商标，包括原产地标记，可按一般商标注册规定，与普通商标一样依本法注册并具有同样效力。

一般来讲，一国的商标法对于地理标志的保护从两个方面加以规定：一方面禁止将地理标志注册成为一般商标；另一方面则准许注册集体商标或证明商标。如果某标志中含有地理标志，但由于无法确认该地理区域中的个体关联，这与商标保护的显著性要求相冲突，所以通常情况下这种标志是不能注册为商标的。对于集体商标和证明商标来说，恰好满足了多个权利主体的要求，也符合地理标志对商品品质的证明条件，是保护地理标志的很好模式。通过商标法保护地理标志，是一种简捷和有效的手段，它可以直接利用已有的商标法律规定，而无需重新制定专门法律。

通过商标法保护地理标志要求具备完备的商标法保护体系；地理标志商标的注册人一般要是具备对商品的特定品质有监测和监督能力的本地域的法人组织或者其他组织，如行业协会；商标注册申请人在申请注册时一般要求提交有关的管理规则，在获准注册后，注册人根据该管理规则对商品的特定品质进行监测和监督；地理标志证明商标权或集体商标权一般归该地区人所共有。

（二）特别法保护模式

特别法保护模式是指通过专门立法来保护地理标志。法国1919年就颁布了《原产地名称法》（1990年和1996年两次作了修改），规定了原产地名称的概念、主管机构设置、认定程序及法律诉讼程序。[1] 迄今为止，有20多个国家采纳特别法模式，其理由在于地理标志权具有特殊性。地理标志的经济价值来源与一般的工业产权不同，往往主要是由地理环境（当然也包括人为因素）这种天然因素所赋予，故其专有性与其他工业产权不一样，需专门立法进行调整。特别法模式的优点是，充分考虑到了地理标志权作为一项特殊工业产权的特点，强调地理标志的地位和作用，使保护的内容和形式清楚明了、便于掌握。（知识链接如右上框）

法国对地理标志的独立保护

法国于1919年5月6日颁布了《原产地名称保护法》，确立了地理标志法律保护制度。后又于1990年和1996年对该法进行了修改。该法明确规定，能取得保护的原产地名称不能表现通用性并落入公共领域，盗用原产地名称属于不法行为。该法还确定了原产地名称的司法和行政程序，规定保护原产地名称的法律诉讼可在民事法庭，并规定该民事法庭位于有争议的原产地名称的产品产地；以法令的形式划定生产的地理场地并确定生产和产品认可条件，政府可通过行政法院的法令来划定生产的地理场地、规定国家原产地名称局各委员会的人员组成及权利义务、制定适用于葡萄酒和烧酒的原产地名称的专门规定等。

（三）反不正当竞争法保护模式

《巴黎公约》、《知识产权协定》均规定了从反不正当竞争角度对原产地标志的保护。反不正当竞争法在知识产权制度中有很特殊的兜底保护作用，对地理标

[1] 马晓莉：“地理标志立法模式之比较分析——兼论我国地理标志的立法模式”，载《研究与探讨》2003年第1期。

志权的保护也是非常重要的。

实施反不正当竞争法，可以规范地理标志的使用行为，预防和惩治假冒、滥用地理标志的行为。反不正当竞争法在保护地理标志时更多的是着重于对社会公共利益的保护，而不是过多地强调地理标志的权利。换句话说，反不正当竞争法在对地理标志的保护上，并未直接设定一项具有专属性的地理标志权，而是以间接禁止侵权、损害行为的方式来维护权利人和社会公众的利益，为地理标志提供一种概括式的保护。这种规定比较宽泛，概括性和弹性比较强，适用范围较广。所以这种模式在保护地理标志方面可以节省大量的立法成本，只需给予原则性的规定即可，在司法实践中也可以给执法者更多的自由裁量的余地。但这种模式也存在着缺陷，如竞争关系的限定、过于原则和弹性也造成适用法律的不一致等。

地理标志的保护模式还可进一步细分，但应该明确的是，地理标志的各种保护模式并不是完全对立冲突的，一个国家可以同时有多种模式。实际上，多数国家都是多种模式同时采用的混合模式。

三、我国地理标志保护制度

我国同时采用了多种途径保护地理标志。我国现行法规中最早保护地理标志的是1986年11月6日国家工商总局商标局就“县级以上行政区划名称作商标等问题的答复”的规定；1989年10月26日，国家工商总局发布《关于停止在酒类商品上使用香槟或Champagne字样的通知》；1993年的《商标法实施细则》第6条增加规定了有关集体商标和证明商标的内容；1994年国家工商总局发布《集体商标、证明商标注册和管理办法》，使得地理标志可以通过证明商标或集体商标注册方式得到保护。2001年对《商标法》的修订将地理标志纳入了新的商标法保护体系。在已经出台的《中华人民共和国产品质量法》（以下简称《产品质量法》）、《反不正当竞争法》、《中华人民共和国消费者权益保护法》（以下简称《消费者权益保护法》）都从各自不同的角度对地理标志进行保护。值得注意的是我国国家质量技术监督局1999年7月发布了《原产地域产品保护规定》，并于2005年6月重新发布《地理标志产品保护规定》，在我国建立了独立的地理标志权保护制度。

（一）我国商标法对地理标志的保护制度

1. 我国商标法明确规定了地理标志的定义和保护依据

《商标法》第16条第1款规定，商标中有商品的地理标志，而该商品并非来源于该标志所标示的地区，误导公众的，不予注册并禁止使用；但是，已经善意取得注册的继续有效。该条第2款规定了地理标志的定义。

2.《商标法》明确规定了地名商标的限制，避免地名商标与地理标志的冲突

《商标法》第10条第2款规定，县级以上行政区划的地名或者公众知晓的外国地名，不得作为商标。但是，地名具有其他含义或者作为集体商标、证明商标组成部分的除外；已经注册的使用地名的商标继续有效。

3. 有关地理标志的证明商标和集体商标的规定

《商标法》第3条第3款规定，本法所称证明商标，是指由对某种商品或者服务具有监督能力的组织所控制，而由该组织以外的单位或者个人使用于其商品或者服务，用以证明该商品或者服务的原产地、原料、制造方法、质量或者其他特定品质的标志。

《商标法实施条例》第6条规定，《商标法》第16条规定的地理标志，可以依照《商标法》和本条例的规定，作为证明商标或者集体商标申请注册。以地理标志作为证明商标注册的，其商品符合使用该地理标志条件的自然人、法人或者其他组织可以要求使用该证明商标，控制该证明商标的组织应当允许。以地理标志作为集体商标注册的，其商品符合使用该地理标志条件的自然人、法人或者其他组织，可以要求参加以该地理标志作为集体商标注册的团体、协会或者其他组织，该团体、协会或者其他组织应当依据其章程接纳为会员；不要求参加以该地理标志作为集体商标注册的团体、协会或者其他组织的，也可以正当使用该地理标志，该团体、协会或者其他组织无权禁止。

2003年4月17日国家工商总局重新发布了《集体商标、证明商标注册和管理办法》，对地理标志作为集体商标和证明商标事宜作了进一步规定。申请集体商标注册的，应当附送主体资格证明文件并应当详细说明该集体组织成员的名称和地址；以地理标志作为集体商标申请注册的，应当附送主体资格证明文件并应当详细说明其所具有的或者其委托的机构具有的专业技术人员、专业检测设备等情况，以表明其具有监督使用该地理标志商品的特定品质的能力。申请以地理标志作为集体商标注册的团体、协会或者其他组织，应当由来自该地理标志标示的地区范围内的成员组成。申请证明商标注册的，应当附送主体资格证明文件并应当详细说明其所具有的或者其委托的机构具有的专业技术人员、专业检测设备等情况，以表明其具有监督该证明商标所证明的特定商品品质的能力。（知识链接如下页框）

（二）《地理标志产品保护规定》对地理标志的保护

国家质量监督检验检疫总局1999年7月发布了《原产地域产品保护规定》，2005年6月重新发布《地理标志产品保护规定》，建立了对地理标志独立权利的保护制度。

1. 地理标志产品的含义

地理标志产品，是指产自特定地域，所具有的质量、声誉或其他特性本质上取决于该产地的自然因素和人文因素，经审核批准以地理名称进行命名的产品。地理标志产品包括：（1）来自本地区的种植、养殖产品；（2）原材料全部来自本地区或部分来自其他地区，并在本地区按照特定工艺生产和加工的产品。

> **申请地理标志产品应提交的资料**
>
> （1）有关地方政府关于划定地理标志产品产地范围的建议。
>
> （2）有关地方政府成立申请机构或认定协会、企业作为申请人的文件。
>
> （3）地理标志产品的证明材料，包括：地理标志产品保护申请书；产品名称、类别、产地范围及地理特征的说明；产品的理化、感官等质量特色及其与产地的自然因素和人文因素之间关系的说明；产品生产技术规范（包括产品加工工艺、安全卫生要求、加工设备的技术要求等）；产品的知名度，产品生产、销售情况及历史渊源的说明。
>
> （4）拟申请的地理标志产品的技术标准。

2. 申请和受理

地理标志产品保护申请，由当地县级以上人民政府指定的地理标志产品保护申请机构或人民政府认定的协会和企业（以下简称申请人）提出，并征求相关部门意见。申请保护的产品在县域范围内的，由县级人民政府提出产地范围的建议；跨县域范围的，由地市级人民政府提出产地范围的建议；跨地市范围的，由省级人民政府提出产地范围的建议。（知识链接如右框）

> **地理标志申请集体商标、证明商标**
>
> 以地理标志作为集体商标、证明商标注册的，应当在申请书件中说明下列内容：（1）该地理标志所标示的商品的特定质量、信誉或者其他特征；（2）该商品的特定质量、信誉或者其他特征与该地理标志所标示的地区的自然因素和人文因素的关系；（3）该地理标志所标示的地区的范围。

3. 审核及批准

国家质检总局对收到的申请进行形式审查。审查合格的，由国家质检总局在其公报、政府网站等媒体上向社会发布受理公告；审查不合格的，应书面告知申请人。有关单位和个人对申请有异议的，可在公告后的2个月内向国家质检总局提出。国家质检总局按照地理标志产品的特点设立相应的专家审查委员会，负责地理标志产品保护申请的技术审查工作。国家质检总局组织专家审查委员会对没有异议或者有异议但被驳回的申请进行技术审查，审查合格的，由国家质检总局发布批准该产品获得地理标志产品保护的公告。

4. 保护和监督

各地质检机构依法对地理标志保护产品实施保护。对于擅自使用或伪造地理标志名称及专用标志的；不符合地理标志产品标准和管理规范要求而使用该地理标志产品的名称的；或者使用与专用标志相近、易产生误解的名称或标识及可能误导消费者的文字或图案标志，使消费者将该产品误认为地理标志保护产品的行为，质量技术监督部门和出入境检验检疫部门将依法进行查处。社会团体、企业和个人可监督、举报。

各地质检机构对地理标志产品的产地范围，产品名称，原材料，生产技术工艺，质量特色，质量等级、数量、包装、标识，产品专用标志的印刷、发放、数量、使用情况，产品生产环境、生产设备，产品的标准符合性等方面进行日常监督管理。

获准使用地理标志产品专用标志资格的生产者，未按相应标准和管理规范组织生产的，或者在2年内未在受保护的地理标志产品上使用专用标志的，国家质检总局将注销其地理标志产品专用标志使用注册登记，停止其使用地理标志产品专用标志并对外公告。

违反《地理标志产品保护规定》的，由质量技术监督行政部门和出入境检验检疫部门依据《产品质量法》、《中华人民共和国标准化法》、《中华人民共和国进出口商品检验法》等有关法律予以行政处罚。

（三）其他法律对地理标志的保护

我国《反不正当竞争法》第5条规定，经营者不得在商品上伪造产地和对商品质量作引人误解的虚假表示。第9条规定，经营者不得利用广告或者其他方法，对商品的质量、制作成分、性能、用途、生产者、有效期限、产地等作引人误解的虚假宣传。这都是禁止非权利人擅自使用他人地理标志的规定。

我国《产品质量法》第5条规定，禁止伪造或者冒用认证标志等质量标志；禁止伪造产品的产地，伪造或者冒用他人的厂名、厂址；禁止在生产、销售的产品中掺杂、掺假，以假充真，以次充好。第53条规定，伪造产品产地的，伪造或者冒用他人厂名、厂址的，伪造或者冒用认证标志等质量标志的，责令改正，没收违法生产、销售的产品，并处违法生产、销售产品货值金额等值以下的罚款；有违法所得的，并处没收违法所得；情节严重的，吊销营业执照。

我国《消费者权益保护法》第8条规定，消费者享有知悉其购买、使用的商品或者接受的服务的真实情况的权利。消费者有权根据商品或者服务的不同情况，要求经营者提供商品的价格、产地、生产者、用途、性能、规格、等级、主要成分、生产日期、有效期限、检验合格证明、使用方法说明书、售后服务或者服务的内容、规格、费用等有关情况。第50条规定，经营者伪造商品的产地，伪造或者冒用他人的厂名、厂址，伪造或者冒用认证标志、名优标志等质量标志的；《产品质量法》和其他有关法律、法规对处罚机关和处罚方式有规定的，依照法律、法规的规定执行；法律、法规未作规定的，由工商行政管理部门责令改正，可以根据情节单处或者并处警告、没收违法所得、处以违法所得1倍以上5

倍以下的罚款，没有违法所得的，处以1万元以下的罚款；情节严重的，责令停业整顿、吊销营业执照。

第三节　地理标志保护的发展趋势

一、地理标志国际保护制度的发展历程

从1883年的《巴黎公约》到1994年的《知识产权协定》，地理标志的知识产权保护走过了一个多世纪的艰难历程。每一个有关国际条约的缔结都是地理标志保护制度发展不同阶段的里程碑，这些条约的内容的发展变化充分体现了世界范围的地理标志保护制度变迁。

（一）《巴黎公约》

1883年缔结的《巴黎公约》是最早的保护地理标志的国际公约，也是目前保护地理标志最重要的国际公约之一。相关的主要内容有：

该条约第1条第2款规定工业产权的保护对象包括：专利、实用新型、工业品外观设计、商标、服务商标、商号、货源标记或原产地名称以及制止不正当竞争，但该公约对货源标记和原产地名称的含义并没有明确的规定。该条约第9条和第10条规定了各成员国对标有虚伪的原产地或生产者标记的商品有权在进口时予以扣押。有关商品和当事人是指：（1）前条各款规定应适用于直接或间接使用虚伪的商品原产地、生产者、制造者或商人的标记的情况。（2）凡从事此项商品的生产、制造或销售的生产者，制造者或商人，无论为自然人或法人，其营业所设在被虚伪标示为商品原产的地方、该地所在的地区，或在虚伪标示为原产的国家，或在使用该虚伪原产地标记的国家者，无论如何均应视为利害关系人。

《巴黎公约》规定的缺陷在于过于笼统，使各成员国对条约的理解产生了过大的差异。

（二）《马德里协定》

为了弥补《巴黎公约》规定过于笼统的不足，1891年在马德里签订了《马德里协定》。该协定不仅制止虚假的货源标记，而且制止欺骗性的货源标记。所谓欺骗性的货源标记是指就文字上看是真实的，但却具有误导性功能的货源标记。

根据《马德里协定》的规定，具有虚假的或者引人误解的标识的所有商品，直接或间接指示来源于本协定适用的国家之一或者该国家之内的地方，应当在进口到上述任何国家时予以扣留。禁止在销售、展览或者提供任何商品时，使用在商品来源地上可能欺骗公众的任何标识。该协定对酒类产品来源地的地区标识作

出了特别的规定。该协定规定如果某国法律既不准许进口时扣押，也不禁止进口，也不准许在国内扣押，则在该国法律作出相应修改之前，准许该国法律在相同情况下给予其国民诉讼权利和补救手续。

（三）《保护原产地名称及国际注册里斯本协定》

在《巴黎公约》及《马德里协定》的基础上，1958 年在里斯本缔结了《保护原产地名称及国际注册里斯本协定》（以下简称《里斯本协定》）。《里斯本协定》首次界定了原产地名称的含义，并对原产地名称的国际保护和注册程序作了较详细的规定。

根据《里斯本协定》，原产地名称保护旨在防止任何假冒和仿冒，即使标明的系产品真实来源或者使用翻译形式，或附加“类”“式”“样”“仿”字样或类似的名称。该协定不排除联盟各国，依照其他国际条约已经给予地理标志的保护。该协定还规定了类似于商标的原产地名称的国际注册制度，包括国际注册、通知、在选定期限内准许使用、不予保护的声明等等内容。

《里斯本协定》建立了一个较高水平的原产地名称保护制度。它不仅界定了保护的对象，明确了保护的标准，而且还建立了国际注册制度，从而使原产地名称在各成员国形成了有效的保护机制。但该协定的成员国数量过少，截止到 2005 年末，成员国只有 24 个。一些主要国家没有参加，致使其没有达到预期的目的。

（四）《知识产权协定》

《知识产权协定》代表的是最新的地理标志国际保护条约，在协议形成的谈判过程中，地理标志部分是很特殊的部分，矛盾的主要双方是欧盟和美国。谈判结果主要反映了欧盟的呼声和利益，在对地理标志保护标准之外，对葡萄酒和烈酒给予了额外保护，主要是为了满足欧盟葡萄酒行业的利益要求。

《知识产权协定》对地理标志的规定主要有以下几个方面。

1. 明确界定地理标志的内涵

2. 明确禁止有关地理标志的一些使用行为

成员应提供法律措施以使利害关系人阻止下列行为：（1）不论以任何方式，在商品的称谓或表达上，明示或暗示有关商品来源于并非其真正来源地，并足以使公众对该商品来源误认的；（2）不论以任何使用方式，如依照《巴黎公约》1967 年文本第 10 条之 2，则将构成不正当竞争的。

3. 可驳回或撤销的误导来源的商标注册

如果某商标中包含有或组合有商品的地理标志，而该商品并非来源于该标志所标示的地域，于是在该商标中使用该标志来标示商品，在该成员地域内即具有误导公众不去认明真正来源地的性质，则如果立法允许，该成员应依职权驳回或撤销该商标的注册，或者依一方利害关系人的请求驳回或撤销该商标的注册。

4. 欺骗性的地理标志的禁止

如果某地理标志虽然逐字真实指明商品之来源地域、地区或地方，但仍误导公众以为该商品来源于另一地域，则亦禁止使用和驳回或撤销相关商标注册。

5. 对葡萄酒与白酒地理标志保护的特别补充

这主要包括以下四个方面：

（1）为利害关系人提供的法律措施。各成员均应为利害关系人提供法律措施，以制止用地理标志去标示并非来源于该标志所指的地方的葡萄酒或白酒，即使在这种场合也同时标出了商品的真正来源地，即使该地理标志使用的是翻译文字，或即使伴有某某“种”、某某“型”、某某“式”、某某“类”或相同的表达方式，也均在制止之列。

（2）有关商标注册的驳回或撤销。如果某葡萄酒或白酒的商标中包含有或组合有标示该酒的地理标志，则对于所标示者并非该酒之来源地的商标，如果域内立法允许，成员应依职权驳回或撤销该商标的注册，或应根据一方利害关系人的请求，驳回或撤销该商标的注册。

（3）同音或同型地理标志的对待。在遵守协定第22条第4款的前提下，如果诸多葡萄酒使用同音字或同形字的地理标志，则保护应及于每一标志。各成员均应在顾及确保给有关生产者以平等待遇、而且不误导消费者的情况下，确定出将有关同音字或同形字地理标志之间区别开的实际条件。（实例链接如下框）

（4）相关谈判。为有利于葡萄酒地理标志的保护，应在“与贸易有关的知识产权理事会”中举行谈判，以建立葡萄酒地理标志通告及注册的多边体系，使加入该体系的成员在保护地理标志方面可利用该体系。

> **“ORANGE”地理标志**
>
> 澳大利亚、法国、美国、巴西、南非都有“ORANGE”这个地名，而且这些地方都生产葡萄酒，在澳大利亚和法国都是地理标志。根据本项规定，澳大利亚分别制定了两个地理标志的使用条件，使来自澳大利亚ORANGE地区和法国ORANGE地区的葡萄酒能在市场上相互区分，消费者可以很容易地识别两种产品，从而解决了同名混淆问题。

6. 地理标志保护的例外

《知识产权协定》在规定地理标志保护条款的同时，也规定了例外情况。(1)“善意或在先使用”与“善意注册”的例外。如果某成员之国民或居民已连续在该成员地域内，于相同或有关的葡萄酒或白酒商品或服务上，使用了另一成员用于标示有关商品或服务的地理标志，同时，乌拉圭回合谈判结束之前已使用至少10年，或在该日前系善意使用，则本节之任何规定均不应要求该成员制止其继续以同样方式使用。如果在某成员适用协定第六部分规定之前或在有关地理标志于来源国获得保护之前，某商标已善意申请或获得注册，或已通过善意使用获商标权，则本节措施的实施不得因该商标与某地理标志相同或近似，而损害该商标注册的利益或效力，或损害该商标的使用权。(2)“通常用语”的例外。如果某成员在其地域内的商品或服务上以惯用的通常用语作为通常名称使用时，与其他成员地理标志相同，则不要求该成员适用有关规定。(3)“名称权”的例外。地理标志的保护不得损害任何人在贸易活动中对其姓名或其继续用之营业名称的使用权，但若以误导公众的方式使用，则不在其列。(4) 来源国不保护或已停用的例外。对于在其来源国不受保护或中止保护的地理标志或在来源国已废止使用的地理标志，依协定无保护义务 (5) 葡萄品种的例外。如果在“建立世界贸易组织协定”生效之日 (1995 年 1 月)，某成员地域内已有的葡萄品种的惯用名称与其他成员葡萄酒产品之地理标志相同，则并不要求该成员适用协定之规定。

二、地理标志保护制度的未来走向

《知识产权协定》是最新的地理标志保护国际公约，而且世界上绝大多数国家也都加入了世界贸易组织。所以，《知识产权协定》的规定代表地理标志保护的最新国际动态。未来《知识产权协定》的发展方向也就是地理标志保护的发展趋势。

> **印度与美国关于“Basmati”之争**
>
> 产于印度旁遮普地区和巴基斯坦的印度香米是一种与传统知识有关的农作物。该种稻米形状细长、味道芳香，是当地千百万农民的生计来源，也是印度和巴基斯坦的大宗出口产品。美国得克萨斯州水稻技术公司开发了“Texmati”的稻子，以“美国式印度香米”的名义出售了20来年。1994年该公司对培育的印度香米杂交稻取名为“Kasmati 稻”，并被称为“印度式 Basmati 稻”，并就印度香米的杂交种提出了20多项系列专利要求。印度政府和一些非政府组织向美国专利和商标局、美国联邦贸易委员会提出了抗议和质疑，要求重新审查和撤销专利。后来，印度政府的要求得到了部分满足。印度等国又将关于印度香米的斗争从专利问题转向“Basmati”名称的错用和滥用，提出了地理标志的问题。认为“Basmati”是在印度和巴基斯坦特定地区栽种的一种稻类名称，美国水稻技术公司所用的“Texmati”“Kasmati”概念与“Basmati”均具有相似性。美国的这种不正确使用对消费者造成了损害。美国联邦贸易委员会认为，“Basmati”稻是一种发香的稻子，是不限于在特定国家种植的稻子。标示为“Basmati”的稻类产品，像“美国 Basmati”稻这种准确的描述，就构不成对其来源的歪曲。
>
> 资料来源：严永和：《论传统知识的知识产权保护》，法律出版社 2006 年第一版，第 148～153 页。

2001 年 11 月，在卡塔尔多哈举行的世界贸易组织第四次部长级会议启动了新一轮全球多边贸易谈判，即多哈回合。世贸组织承诺，多哈回合要给发展中国家带来真正的好处。因此这一轮谈判也被称为“发展回合”或“多哈发展议程”。世界银行行长沃尔福威茨最近表示，多哈回合成功结束将使世界经济额外增加3 000亿美元的好处，将使发展中国家受益。（实例链接如上页框）

多哈回合是1995年1月1日成立的世贸组织主持的第一轮多边贸易谈判。此前，在世贸组织前身关税及贸易总协定主持下，已举行过8轮多边贸易谈判。多哈回合谈判范围包括8个具体议题，即农业、非农产品市场准入、服务贸易、规则谈判、贸易与发展、争端解决、知识产权、贸易与环境问题。

多哈回合按最初计划应在2005年1月1日前结束。但2003年9月在墨西哥坎昆举行的第五次世贸组织部长级会议上，由于各成员在农业等问题上没有达成一致，会议无果而终，多哈回合谈判随后陷入僵局。

经过世贸组织和各成员的努力，2004年8月1日，各成员就多哈回合谈判达成框架协议，为削减农业补贴和取消关税、降低工业品关税、推动服务贸易自由化和贸易便利化确定了基本原则，从而使多哈回合谈判重回正常轨道。各成员同意将结束谈判的时间推迟到2006年底。

在多哈回合的谈判中就地理标志保护问题提出了两个议题：（1）建立一个有关葡萄酒和白酒产品之上的地理标志的多边登记制度；（2）将对葡萄酒和白酒产品上地理标志的高水平保护扩大到其他商品上。这两个议题在世界贸易组织成员国中存在很大争议，支持者和反对者之间能否达成协议还无法预料。

另外，地理标志与传统知识和农产品国际贸易都有直接关系，这也使地理标志保护问题趋于复杂化。

结　　语

地理标志是指某种商品来源于某地区，该商品的特定质量、信誉或者其他特征，主要由该地区的自然因素或者人文因素所决定的标志。从广义上讲地理标志包括货源标记和原产地名称。作为一项重要的无形财产，它不仅仅是企业经济效益的基础，而且还往往同某个地区、某个国家的经济利益直接相关。只有正确认识它的价值并能充分利用它，才能使企业、地区或者国家在国内或国际的商战中获得更强的核心竞争力。

资料链接

［1］吴汉东等．知识产权基本问题研究［M］．北京：中国人民大学出版社，2005.

［2］董炳和．地理标志知识产权制度研究［M］．北京：中国政法大学出版社，2005.

[3] 王莲峰．商标法［M］．北京：法律出版社，2003.

[4]《中国地理标志》课题组．第一次全国地理标志调研报告，2005年7月.

[5] 奥拉夫，索斯尼查．德国及欧盟法律对地理标志的保护．http://www.nipso.cn/gnwzscqxx/dlbz/t20050822_52715.asp.

思考题

1. 简述地理标志的概念和特征。
2. 简述地理标志权的概念。
3. 地理标志权有哪些特征？世界各国对地理标志保护的模式主要有哪些？
4. 我国如何保护地理标志？

第六章　工商企业名称与商号权制度

【学习目的与要求】 通过本章的学习，要求学生掌握商号的概念和商号权的特征，注意商号与姓名、商标、地理标志、域名等范畴的区别；了解商号权的性质、取得和内容；理解商号权与相关权利发生冲突的解决方法，结合有关法规分析我国对商号权的保护。

【内容提要】 商号是企业名称的组成部分，是商事主体在进行商事活动中用于将自己与其他商事主体相区分的识别性标记。商号权是企业所享有的对商号予以使用、转让的专有权利，是一种无形财产权。在我国，商事主体要取得商号权，必须经过核准登记。商号权的内容一般应包括商号专用权、商号变更权、商号转让权、商号许可使用权等内容。作为一种商业标志权利，商号权与商标权、域名权等存在着冲突，为此需要确立解决冲突的法律规则。

【关键词】 商号　商号权　企业名称

2001年9~10月，福州和泉州的一些媒体上发布了这样的广告："商业航母——著名的上海第一百货进军当地，将举办全国首创超市式服装商品博览会，演绎服装时尚盛典"，博览会的入场券上写有"素有'中国第一百货'之美誉的'上海一百'第一次进军福建"等广告语，标明的主办单位为上海第一百货公司、上海荣立商贸中心。展会现场悬挂着"上海一百献真情，质优价低推新品"的巨幅广告条幅。在此期间，上海荣立商贸中心分别在福州经贸会展中心、泉州六中菲友体育馆、福州花开富贵大厦等地，三次举办大型商品博览会，历时一个多月，在当地影响广泛。博览会举办不久，上海市第一百货商店股份有限公司就将上海荣立商贸中心告上法庭，指责对方非法冒用其名义来举办展览会。[1] 在这个案件中，上海荣立商贸中心在举办博览会时不使用自己的真实名称而使用上海市第一百货商店股份有限公司的名称，其目的无非是想借上海市第一百货商店股份有限公司在公众中的美好声誉来为自己推销商品，这就是人们通常说的"挂羊头卖狗肉"。这里所讲的"上海市第一百货商店股份有限公司"的名称就是我们下文所要谈到的企业的商号，这个商号是如何设定的，企业有了商号后会享有

---

[1] 新华社："冒用他人商号名称上海一商贸中心被判侵权赔偿"，资料来源于：http://www.gzms.southcn.com/law/yagz/200305230309.htm。

哪些利益，商号被别人盗用后会产生什么样的不良影响，企业如何来维护自己的权利，这就是本章所要讨论的内容。

第一节　企业的名称——商号

人生在世，必有其姓名，姓与名乃人们表明其人格存在的一种媒介，也是人与人之间进行交往的一种载体。因此自古以来，人们都对自己的姓名十分珍爱。古人云："名正则言顺，言顺则事成。"俗话也说："人如其名。"由此，我们可以看出，姓名对于一个人的生活和事业具有多么重要的意义。就企业而言，企业无论是从事商品的生产、交换还是从事服务的提供，都必须通过一定的名义来对外交往。因此，企业需要给自己起一个名称。

一、商号的概念与功能

商号是随着社会经济的发展而产生的。商号，在我国古代被作为对一个人或对一个组织的尊称和美称。在春秋战国时期，出现了商品生产者为区分同类产品的不同产地和生产者，而在产品上刻上自己的姓名和记号的现象，这可以看作是商号形成前期的雏形阶段。到汉唐时期，商品经济空前繁荣，生产者和经营者已比较普遍地在一些商品上作上各种记号，以此来招揽顾客，也与其他经营者区别开来，如唐朝就有著名的"杏花村"酒家。到宋元时期，封建商品经济得到进一步发展，各种为商人经营提供服务的设施、机构纷纷出现。在商品的经营者和生产者中出现了一些出名的商号和品牌，如北宋著名酒楼"丰乐楼"，南宋名店"宋五嫂鱼羹"、"周五郎蜜煎铺"等。明清以后，涌现出更多知名的商号，如由晋商首创的"都一处"、"六必居"、"乐仁堂"等都十分有名。在文字记载上，我国古代宋魏秦撰写的《东轩笔录》中就有着关于"商号"的记载。该录谓："京师置杂物，置内所需之物，而内东门复有字号，经下诸行市场，以供禁中。"❶

在13世纪的欧洲，也出现了作为商业标记使用的特殊标记，因为当时行会的盛行，要求行会加入者必须在其产品上刻有一定的标记。为了区别生产者和所有者，个体工匠和商人也必须在商品上刻上自己的标记。到了16~17世纪，行会几乎成了欧洲经济的支柱，商品标记的使用也十分普遍，并显示其重要的商业作用。欧洲现代意义上商号的起源可以追溯到中世纪，当时，意大利和地中海沿岸的其他城市国家，商业经济的繁荣过程中出现了多种多样的从事商事经营的组织形式，公司便是其中一种，当时的公司还不具有现代公司那种较为明确的法定

---

❶ 任先行、周林彬：《比较商法导论》，北京大学出版社2000年版，第250页。

分类和相应的基本概念，主要是由几个股东合伙组成。为了商事交易的方便，同时也为了明示公司的所有人，需要给公司取一个名称，人们便将几个股东的姓联合在一起，组成一个新的、表明一定内容的商业名称，这成为现代意义上商号的始祖。❶ 随着商业日益发展，对于商号的使用便由商业公司，扩展到商人个人和商业合伙组织。

到了现代社会，商号的形式更是多种多样，如大家常见的“可口可乐”（公司）、“松下”（集团）、“长虹”（集团）等等，都是所谓的商号。

人们在对商号这一概念在理解时通常有两种看法。一种观点认为商号仅指企业名称中的“字号”，如在“上海大众汽车有限公司”这一名称中，只有“大众”才是商号。另一种观点则认为，商号，是指工商活动中的企业的名称，如“中兴通讯股份有限公司”、“北京瑞星科技股份有限公司”等等。世界知识产权组织在《发展中国家商标、商号和不正当竞争行为示范法》第1条第1款第（4）项中，对商号作了一个界定：“商号是指识别自然人或法人的企业名称或牌号。”在各国法律中，有关商号概念的规定也不尽一致。《德国商法典》第17条规定，“商人的商号，是商人以此为自己的商行进行署名的名称。商人可以用自己的商号，进行起诉或应诉”。❷《日本商法典》第16条规定，“商人可以以其姓、姓名或其他名称作为商号”；第17条规定，“公司的商号，应按其种类，使用无限公司、两合公司或股份公司等字样”。❸《美国1946年商标法》第45条规定：“‘贸易名称’和‘商业名称’包括个人姓名、商号名称以及制造者、工业家、商人、农业家等用以识别他们的企业、行业或职业的商行名称；还包括个人、商号、协会、有限公司、公司联合组织以及从事贸易或商业并能向法院起诉或被诉的制造、工业、商业和农业等组织依法采用的名称或牌号。”❹

我国的《企业名称登记管理规定》第7条规定，“企业名称应当由以下部分依次组成：字号（或者商号，下同）、行业或经营特点、组织形式”、“企业名称应当冠以企业所在地省（包括自治区、直辖市，下同）或者市（包括州，下同）或者县（包括市辖区，下同）行政区划名称”。根据这一规定，字号或者商号是企业名称中的一个组成部分。我们认为，商号的主要功能是作为一种识别性标记，商号是商事主体独具特征的反映，而行政区划、行业经营特色、组织形式等都不具有识别价值和经济价值，不具有专有的意义。因此民事主体在使用其名称

---

❶ 范健：《德国商法：传统框架与新规则》，法律出版社2003年版，第237页。

❷ 杜景林译：《德国商法典》，中国政法大学出版社2000年版，第16页。

❸ 王书江、殷建平译：《日本商法典》，中国法制出版社2000年版，第5页。

❹ 商标宝典网：《美国商标法》，http://www.marketbook.net/new_info.asp?id=688。

时，只对商号才有专属使用权，而对于组织形式、行业特点等内容不享有专用权。也就是说，商号是企业名称的组成部分，是商事主体在进行商事活动中用于将自己与其他商事主体相区分的识别性标记。(实例链接如右框)

商号与商业名称

在“青岛海尔科技有限公司”这一商业名称中，“青岛”是商事主体的注册地、“海尔”属于商号、“科技”属于行业特征、“有限公司”表示组织形式，该主体只能对“海尔”这一商号享有独占的权利。

从这一概念我们可以看到，商号通常由从事生产经营的个人或企业所拥有。只有参与生产经营活动的自然人或法人才拥有商号，普通人所拥有的姓名与生产经营无关而不能作为商号看待。例如，张三、李四、王五等人合伙开了一家个体餐馆，取名为“凤凰酒店”，那么张三等人所开的这家店子的商号就是“凤凰”而不是“张三”。其次，商号是经营主体对外从事生产经营活动所采用的名称。在上述“凤凰酒店”中，如果张三从百货超市购买一批大米用以经营，那么，张三在与百货超市签订合同时应当以“凤凰酒店”的名义签订而不能以“张三”的名义签订。这是因为，“凤凰酒店”代表一个经营主体的名称，而“张三”是个人的姓名，不同的主体在承担法律责任时的规定不同。再次，商号具有识别性，不同的企业应当采用不同的名称而不能使用同一名称。如果有两家企业都命名为“襄樊市长虹百货商场”，则消费者会在购物时发生混淆，与这些企业有经济来往的企业也将不知如何处理往来的经济纠纷。所以，企业在设定名称时应当注意与其他企业的商号有所区别。

企业设定了商号有哪些好处呢？我们认为至少有以下两方面的好处：

首先，商号可以帮助消费者和经营者识别自己的企业。正如人的姓名的设定是为了方便他人认识自己并进行交流一样，商号设定后，企业就有了对外交流的名片，企业可以用这些名片对外进行交往。例如，同样是金融企业，“中国工商银行”、“中国农业银行”、“上海浦东发展银行”、“招商银行”就是几家不同的银行的商号，这些银行的客户可以通过比较这些商号来确定接受服务的对象。如果这几家银行没有设定商号或者大家都叫一个名字，那么麻烦就来了，客户可能会把自己应当存在招商银行的钱存在了建设银行，这样就产生了混乱。所以，有了商号，人们就可以很轻松地辨别清楚交易的对象。在生活中，有些企业在经营方面不想靠自己的本事闯牌子，却总琢磨着投机取巧，一听说某家企业的经营很红火，就想打个擦边球来搭搭便车，混个脸熟。当然，这也从另一个侧面证明了商号在市场经营中的重要性。

其次，商号具有财产价值。企业在经营中长期使用自己的商号，久而久之，商号就在消费者心目中留下了深刻的印象。俗话说，“好酒不怕巷子深”，这就是说，如果一个企业能够生产出好的商品，那么，无论地理位置多么偏僻，大家都知道企业的商号，都会慕名而来。长此以往，消费者就愿意购买知名企业所生产的商品，知名企业就能在市场上获得超过一般企业的超额利润。例如，提到中药，人们都知道北京“同仁堂”制药厂所生产的中药质量特别好，都愿意购买“同仁堂”的药。就此而言，“同仁堂”这一商号就具有巨大的财产价值，可以帮助企业在市场上获得超过一般制药厂的超额利润。我国许多著名的企业名称老字号如“全聚德”、“王麻子”，之所以在世界上享有盛誉，其原因就在于这些商号已深入人心。所以，在企业进行资产评估时，会计师事务所会将知名企业的商号作为一项重要的无形资产计入企业的资产总额。在该企业资产发生转让时，商号可以作为一项资产而连同企业的其他资产一并转让。

二、商号与相关概念的区别

我们在学习商号这一概念时应当注意将它与相关概念相区别，这些相关的概念包括姓名、商标、地理标志、域名等。

（一）商号与姓名

所谓姓名，即个人的姓氏与名。姓名是个人对外交往的名义，如“张小泉”即张小泉本人对外交往所使用的姓名。姓名通常由个人的监护人来命名，也可由自己在成年后予以更改。姓名起好后公民通常需要在公安机关去登个记，但这种登记仅是一种备案手续而已，即使不登记公民也可以使用自己的名字。而商号是识别自然人或法人的企业名称或牌号，商号虽然可以由经营者自行设定，但必须在工商行政管理机关进行登记后才能使用并受到法律的保护。

（二）商号与商标

我们在购买商品时通常会选择一定品牌的商品，商品上的这种牌子我们通常称为商标。例如，“长虹”、“飞利浦”、“海信”即电视机生产企业在所生产的电视机上使用的商标。有时，一些服务企业如电视台、银行、保险企业也在提供服务时标明一定的牌子，如“CCTV”即中央电视台的服务商标。这种商标可以在国家工商总局商标局登记注册，注册后的商标受商标法的保护，其保护期限一般为10年，期满可以续展。而商号是指识别自然人或法人的企业名称或牌号，商号的登记机关是全国各地工商行政管理机关，这与商标的登记机关不同。商号一经登记，只要企业存在，就可以一直使用下去。

（三）商号与地理标志

地理标志也是一种商业标志，但它与商标不同，它主要是用来标明企业所生产的商品来源于某个地方，而且该商品与该地的特殊的气候、土壤等自然条件或商品的生产工艺等存在一定的联系。那么，这种标志我们就称为地理标志。例如，宁夏中宁县由于气候特别适合枸杞的生产而成为中国的“枸杞之乡”，中宁所生产的枸杞香甜可口而畅销海内外，消费者往往在购买时认准“中宁枸杞”这一标志，可见“中宁”之所以成为枸杞的地理标志乃是因为当地特殊的气候、土壤等自然条件及培育条件形成的，而并非登记形成。类似的地理标志还有像盛产蜜橘的“南丰”、出产名酒的“茅台”等等。地理标志可以由企业使用，但有一个条件，即企业生产的商品必须是原产于该地并应达到一定的质量水平。至于质量的检验，通常由当地的行业组织来检验。而商号是指识别自然人或法人的企业名称或牌号，它可以由企业自行命名，在经过登记程序后才能使用并得到法律的保护。商号一经登记，只要企业存在，就可以一直使用下去。

（四）商号与域名

我们在上网时通常要在浏览器的地址栏中输入要访问的计算机的地址，如“www. yahoo. com. cn”、“www. microsoft. com”等等，这些地址可以用中英文字母、数字或符号来代表，其设计目的是便于人们收发邮件或访问某一网站。我们习惯上将它们称为域名。有了域名，网民就能够通过它们方便地访问某一计算机来获取信息。要想获得域名，人们需要向域名管理机构申请来取得。在国外，域名的管理机构通常是一些民间组织，仅在个别国家如我国，政府机关是域名的管理机构。而商号的设计目的是识别自然人或法人的名称或牌号，商号是由企业或个人向工商行政管理机关申请获得的，这与域名的取得存在明显的不同。

第二节　商号权的概念、性质与权利的取得

如同人的姓名受法律保护一样，商号作为企业的名称也应当受到法律的保护。否则的话，就会出现假冒他人商号、欺骗消费者、扰乱市场秩序的行为。作为一种知识产权，商号权在性质和权利的取得上，有一些特别的要求。

一、商号权的概念与性质

商号是商事主体在进行商事活动中用于将自己与其他商事主体相区分的识别性标记，商事主体对商号所享有的专有权利就是商号权。商号权与其他知识产权相比，也有其特殊性。这体现在以下几个方面。（资料链接如下页框）

（一）商号权的客体具有无形性

商号凝结了商事主体经营管理水平、资信状况以及市场竞争力等多种经营要素，这具有无形性特征。商号权作为市场经济的产物，其财产价值也只有在市场经济的条件下产生。在市场经济环境下，商事主体凭借长期的经营以及富有成效的管理，使其产品质量好、服务优，备受顾客青睐，消费群体、交易和服务对象

也逐渐扩大，市场竞争力不断增加，最终使企业获得了良好的市场形象和商业信誉。在市场经济中，商号是企业市场形象的代表，它同时也是企业对外交往以及表示其自身财产价值的标志。公众选择商号所标识的商品或服务，就是选择商事主体的商业信誉。

关于商号权的法律性质的讨论

对于商号权，有人认为商号权属于姓名权，还有人认为它属于财产权，我们认为商号权应当作为知识产权的一种权利类型。这是因为，商号权是企业依法对其注册商号所享有的各项专有权利，其权利内容既具有人身性又具有财产性。就人身性而言，商号权是企业人格权的一种体现，较商标权、专利权具有更强的人身性。就财产性而言，商号作为企业经营能力、资信状况等的象征，是企业无形资产的重要组成部分，商号权也因此具有财产权属性。商号权的取得一般由国家主管机关授予，其权利的行使通常有地域限制和时间限制。因此，商号权应属于知识产权中的识别性标记权。

（二）商号权具有一定专有性

商号权与其他知识产权一样具有排他性。我国的《企业名称登记管理规定》，企业名称经核准登记注册后方可使用，在规定的范围内享有专用权。“企业只准使用一个名称，在登记主管机关辖区内不得与已登记注册的同行业企业名称相同或者近似”。在商号登记的辖区内，商号权具有排他效力，享有一定的专有性。对于一些知名的商号，法律上有时会赋予其更高水平的保护。例如，一些知名的商号，由于权利人的卓有成效的经营管理，其影响力和消费群体都超出了其登记管辖区的范围，在更大的范围内享有知名度。如《企业名称登记管理规定》第7条第3款第（2）项规定，历史悠久、字号驰名的企业可以不冠以企业所在地行政区划名称。《浙江省知名商号认定暂行办法》第3条规定：“浙江省知名商号在全省范围内受保护，未经其所有人同意，其他企业名称不得使用相同或相近的字词作商号。”

（三）商号权没有时间性

商号权与企业共存亡，而企业的存续在各国立法及实践中多无时间限制，所以商号权依附于企业无限期地受法律保护。其次，商号权的主体具有单一性。商号是商事主体资格的表征，由其主体识别功能所决定，同一商号在核准注册范围内只能为一个商品生产经营者所拥有，而不存在多个商事主体共有一个商号权的情况。

（四）商号权的转让具有特殊性

这表现为：（1）商号权的转让不可重复进行，只能转让给一家企业，这是商号权主体的单一性所决定的；（2）商号权的转让须与企业全部资产的转让一并进行，否则将出现受让人与出让人之间的竞业局面，这对受让人来说是不公平的，对消费者权益的保护也是不利的；（3）商号权的转让只能在同一注册地域内的同行业企业之间进行，这是由商号权的行使范围所决定的。

二、商号权的取得

商号权的取得与商标权的取得类似，即必须经过登记才能享有商号权，这种制度称为登记生效主义。采取该制度，一方面有利于确定商号权的归属、减少纠纷，另一方面也有利于通过登记而向公众公示，便于维护交易的安全和交易的秩序。例如，《民法通则》第33条规定，个人合伙可以起字号，并依法申请核准登记，其应在核准登记的经营范围内从事经营活动。《企业名称登记管理规定》第3条也规定，企业名称经核准登记注册后方可使用，在规定的范围内享有专有权。其第26条还规定，如果使用未经核准登记注册的企业名称而从事生产经营活动的，责令停止经营活动，没收非法所得或者处以罚款。对于外商投资企业，应在开业登记之前办理独立的企业名称登记。

在市场竞争中，为了保障交易安全，各国往往在商号权的取得上还规定了若干基本原则，其内容如下。

（一）商号真实性原则

商号真实性原则是指商号必须反映经营主体的真实情况，不能给公众造成一种假象或使其产生迷惑。采取商号真实性原则，便于公众了解企业的真实经营情况，有利于维护交易的安全，避免损害社会公共利益。我国目前在《企业名称登记管理规定》中也采用了该原则。该规定第7条规定，企业名称应当由以下部分依次组成：字号（或者商号，下同）、行业或者经营特点、组织形式。企业名称一般应冠以企业所在省（包括自治区、直辖市，下同）或者市（包括州，下同）或者县（包括市辖区，下同）的行政区域名称。此外，企业名称不得含有下列内容和文字：损害国家和社会利益的；有可能对公众造成欺骗或者误解的；外国国家（地区）名称、国际组织名称、政党、党政军机关、群众组织、社会团体名称及部队番号，汉语拼音字母、数字，其他法律行政法规禁止的。在有正当理由的情况下，企业名称可以使用本地或异地地名作字号，但不得使用县级以上行政区划的名称作为字号。（实例链接如右上框）

> **“资本家”不能作为商号注册**
>
> 2003年9月，陆某到上海浦东新区工商行政管理局，为自己即将成立的公司取名“上海资本家竞争力有限公司”并办理注册登记，但其申请因企业“字号不当”而被拒绝核准。就此，上海市工商行政管理局表示，“资本家”一词有特定含义，与我国的社会主义本质相悖，易造成消极影响，有损国家、社会公众利益，并且可能造成公众的误解，因此不能作为企业字号使用。

（二）商号单一性原则

所谓商号单一性原则，是指在一定地域内的商号彼此之间应存在差异，避免引起混淆。该原则的适用旨在以商号区分不同的经营主体，保护经营者及消费者的利益。我国《企业名称登记管理规定》第6条规定："企业只准用一个名称，在登记主管机关辖区内不得与已登记注册的同行业企业名称相同或者近似。确有特殊需要的，经省级以上登记主管机关核准，企业可以在规定的范围内使用一个从属名称。"我们认为，该条规定明确界定了商号权的地域范围，有利于保护企业对之所享有的专用权。

（三）一企业一商号原则

该原则是指，一个企业只得使用一个商号，不得同时使用多个商号。商号由文字组成，而文字作为一种资源有其限度，如果一个企业故意申请多个商号，则会垄断社会信息资源而妨碍公共利益。同时，一企业使用多个商号，常常会引起市场交往中的混乱，最终损害社会利益。为此，各国法律都只允许企业使用一个商号。我国《企业名称登记管理规定》第9条也作了同样的规定。

（四）商号公开性原则

商号公开性原则是指商号必须经过登记而公布，使社会公众知晓。实行该原则，便于社会公众对企业商号的使用进行监督，也有利于保护先取得商号权人的利益。例如，我国《企业名称登记管理规定》明确要求企业在设立时进行名称登记，在企业名称变更或终止时也应进行商号登记。

（五）先申请原则

该原则是指两个以上的企业向同一登记主管机关申请相同的符合规定的商号时，登记主管机关应依照申请在先的原则核定。采取先申请原则，有利于敦促企业早日申请商号，也便于国家主管机关依据登记情况尽快解决纠纷。如果两个以上的企业在同一天申请商号登记，我国《企业名称登记管理规定》要求企业协商解决；协商不成的，由登记主管机关作出裁决。两个以上企业向不同登记主管机关申请相同的企业名称，登记主管机关依照受理在先的原则核定。属于同一天受理的，应当由企业协商解决；协商不成的，由各该登记主管机关报共同的上级登记主管机关作出裁决。

根据以上原则，企业一般应在进行开业登记时同时进行商号登记，但有特殊原因的，可在开业登记以前预先单独申请企业商号登记，如股份公司、保险公司、证券公司及外商投资企业等可在设立之前申请商号登记。（知识链接如上框）

> **我国的商号登记主管机关**
>
> 在我国，商号登记主管机关是国家工商行政管理总局和地方各级工商行政管理局。我国实行分级登记管理制度，全国性公司、国家级大型进出口公司和企业集团及全国性企业、外商投资企业由国家工商行政管理总局专属核定管辖。除上述企业外的其他企业由所在地省、市、县工商行政管理局核准登记。

第三节　商号权的内容

商号权的内容，即商号权人对商号所享有的专有权利的内容，其一般应包括商号专用权、商号变更权、商号转让权、商号许可使用权等内容。只有建立这样完整的权利体系、并使商号权的各项权利内容得到充分实现，才能充分地发挥商号权在现代市场经济活动中的重要作用。

一、商号专用权

商号专用权是商号权的核心内容，它是指经营主体对于其商号所享有的独占使用的权利，其他任何人不得干涉和非法使用。但是，商号权的取得须以进行商号登记为前提，只有经过登记注册的商号才受法律保护。

具体而言，商号专用权包括积极权利和消极权利。积极权利是指商号权人有权使用其业已登记的商号。商号权人可在牌匾、商品、印章、银行账户等处使用其商号，还可以在广告中或对外交往中使用其商号。消极权利是指商号权人在核准登记的地域范围内有权禁止他人使用与自己的商号相同或近似的名称。这种禁止性权利来源于商号的单一性原则，其目的在于避免一定地域内的商号相同或近似，从而引起消费者的混淆，损害社会公共利益。消极权利又表现在两方面：一是排斥他人在核准登记的辖区内登记与同行业已有的商号相同或近似的商号。例如，我国《企业名称登记管理规定》第 6 条明确要求："企业只准许使用一个名称，在登记主管机关辖区内不得与已登记注册的同行业企业名称相同或近似。" 二是排斥他人未经许可、以营利为目的在核准的辖区内使用与自己商号相同或近似的商号。例如，我国《反不正当竞争法》第 5 条将擅自使用他人的企业名称或姓名造成误认的行为视为不正当竞争行为，商号权人有权要求其承担法律责任。我国的《企业名称登记管理规定》第 27 条第 1 款规定："擅自使用他人已经登记注册的企业名称或者有其他侵犯他人企业名称专用

> **"欧美大地" 商号纠纷案**
>
> 原告欧美大地仪器设备中国有限公司 1994 年 10 月正式注册，主要业务是为在引进世界先进的基础设施建设工作中提供中国使用的各种检测与测试仪器设备。经过长期的苦心经营，原告已经在国内同行业中积累了良好的商业信誉。"欧美大地" 字号已经被业内其他经营者及相关用户所公认。2001 年 12 月被告北京欧美大地仪器设备有限公司注册成立，并且还从事与原告相关的经营，并已经给原告实际造成了客户的混淆与误认。原告认为，被告的行为已经构成了不正当竞争，请求人民法院判令被告停止侵权，并赔偿经济损失人民币 10 万元等。

权行为的，被侵权人可以向侵权人所在地登记主管机关要求处理。登记主管机关有权责令侵权人停止侵权行为，赔偿被侵权人因该侵权行为所遭受的损失，没收非法所得并处以五千元以上、五万元以下罚款。”该条第2款还规定：“对侵犯他人企业名称专用权的，被侵权人也可以直接向人民法院起诉。”（案例链接如上页框）

二、商号变更权

商号经登记后不得擅自变更，但如果商事主体因生产经营需要，也可以依法申请变更。关于商号的变更，各国立法上都是允许的，只要拟变更的商号符合商号申请登记时所应具备的条件即可。但从商号变更的程序来看，各国的规定却不完全一致。德国、法国等国家公司法一般规定，要变更公司名称首先要修改公司章程，而修改公司章程要由股东大会通过决议，变更的名称还应履行商事登记手续才可有效。我国法律关于商号的变更，也以办理变更登记手续为生效前提。根据我国《企业法人登记管理条例及其实施细则》的规定，企业法人名称变更，应首先经过所属主管部门或审批单位同意。并应于经同意后的30天内向登记主管机关提出申请。经登记主管机关审核，符合条件的予以核准。

三、商号转让权

各国法律一般都规定企业有权依法转让其商号。商号转让是指商事主体将其商号权利全部让与受让人，受让人取得商号权，出让人丧失商号权的法律行为。虽然商号作为一种特殊的财产形式，各国立法都肯定其转让的合法性；但各国对商号转让的规则又有不同的规定，主要有以下两种规则。

1. 不得单独转让的原则

商号只能与其营业一起转让，不得与使用该商号的营业分离而转让；或者在其营业废止时转让。如《德国商法典》第23条就有规定商号不得与其营业分离而让与。《日本商法典》第24规定：“商号只能和营业一起转让或在废止营业时转让。商号的转让，非经登记，不得以之对抗善意第三人。”❶ 世界知识产权组织的《发展中国家商标、商号和不正当竞争行为示范法》第49条第（1）项也规定：“商号可以转让或移转，但只能随同由该商号所指的企业或部分企业一起移转。”

2. 商号可单独转让的原则

此又称相对转让主义。即商号不必连同营业一起转让。也就是说，商号可以

---

❶ 王书江、殷建平译：《日本商法典》，中国法制出版社2000年版，第6页。

与其营业相分离而转让，企业不仅可以单独转让商号而不转让营业，而且多处营业也可以共同使用一个商号，商号转让后，转让人仍享有商号使用权和其他权利，受让人也取得商号使用权和其他权利。❶

我国《企业名称登记管理规定》第23条规定："企业名称可以随企业或者企业的一部分一并转让。企业名称只能转让给一户企业。企业名称的转让方与受让方应当签订书面合同或者协议，报原登记主管机关核准。企业名称转让后，转让方不得继续使用已转让的企业名称。"可见，在我国立法中采取的是商号权不可单独转让原则。

四、商号许可使用权

商号权作为一种财产性权利，也可以许可他人使用。当事人双方可采用协议的方式准许被许可人在特定范围内使用其商号。这种许可使用合同既可以是有偿使用合同，也可以是无偿使用合同，以当事人的约定为准。不过，为了维护第三人的利益，这种使用合同应采书面形式，并经登记主管机关的登记而生效。

第四节　我国立法对商号权的保护

商号是企业的重要无形资产，好的商号是企业的"金字招牌"，保护企业的商号就是保护我国的宝贵资源。目前，我国涉及商号保护的法律规范主要有《民法通则》、《企业名称登记管理规定》、《企业名称登记管理实施办法》、《企业法人登记管理条例》以及《反不正当竞争法》，还有国家工商行政管理总局的《关于解决商标与企业名称中若干问题的意见》（工商标字〔1999〕第81号）等等。（知识链接如右框）

> **商号权的法律保护模式**
>
> 对于商号权的法律保护，立法例上主要有四种做法：一是适用民商法保护，即把商号权作为一种民商事权利予以保护。二是适用商标法保护，将商标和商号等同规定在《商标法》中。三是适用反不正当竞争法保护。在《反不正当竞争法》中将侵犯商号权的行为作为一种不正当竞争行为予以规制。四是制定专门法予以保护，即以《商号法》或者在经营性标记的专门法中规定商号权及其保护措施。

一、《民法通则》的规定

《民法通则》涉及商号保护的法条主要是第26条和第33条，而且均是以"字

❶ 范健、王建文：《商法论》，高等教育出版社2003年版，第484页。

号”的字眼出现。《民法通则》第26条规定：“个体工商户可以起字号。”第33条规定：“个人合伙可以起字号，依法经核准登记，在核准登记的经营范围内从事经营。”从中可以看出，《民法通则》规定的商号权是放在民法的主体制度中规定的。民法意义上的商号权是指商事主体对商号设定、变更和专用的人格权，仅系就其人格权的意义而言的。[1] 民法上的商号权与自然人的姓名权本质上没有太大的差别，《民法通则》对商号权保护的确定恰恰忽略了商号权最重要的权能——财产权的保护。要完善对商号权的保护首先要突破这种思维定势，对商号权的保护要立足于知识产权的立法。

二、有关企业名称登记管理的规范

《企业名称登记管理规定》、《企业名称登记管理实施办法》、《企业法人登记管理条例》均是以行政法的手段对涉及企业名称登记的问题作出规定。如《企业名称登记管理规定》第6条规定：“企业只准使用一个名称，在登记主管机关辖区内不得与已登记注册的同行业企业名称相同或者近似。”第7条规定：“企业名称应当由以下部分依次组成：字号（或者商号，下同）、行业或者经营特点、组织形式。企业名称应当冠以企业所在地省（包括自治区、直辖市，下同）或者市（包括州，下同）或者县（包括市辖区，下同）行政区划名称。”第10条规定：“企业可选择字号，字号应当由两个以上的字组成。企业有正当理由可以使用本地或者异地地名作字号，但不得使用县以上行政区划名称作字号。私营企业可以使用投资人姓名作字号。”《企业法人登记管理条例》第10条规定：“企业法人只准使用一个名称。企业法人申请登记注册的名称由登记主管机关核定，经核准登记注册后在规定的范围内享有专用权。”《企业名称登记管理实施办法》第14条规定：“企业名称中的字号应当由2个以上的字组成。行政区划不得用作字号，但县以上行政区划的地名具有其他含义的除外。”这些法规不仅立法层次比较低，而且对商号的保护仅为只言片语，缺乏对商号的具体、详细、系统的规定。另一方面，这些行政法规主要是从行政管理的角度出发对商号权人的行为进行规范，这样的保护方法忽略了商号权的私权本质。作为商号权主体的商事主体应该享有对商号权的使用转让的权能，行政法不宜过多干预商号权主体对商号的选择使用。其次，有关商号权的保护不应仅限于对商号权人在选择使用商号时作出种种限制，而应该从保护商号权人的角度出发，对商号权的定义权能等作出界定，以法律对抗侵害商号权的第三人，以实现对商号权人利益的保护。

---

[1] 张俊浩主编：《民法学原理》，中国政法大学出版社1998年版，第143页。

三、《反不正当竞争法》的规定

《反不正当竞争法》涉及商号保护的规定主要从第 5 条体现。《反不正当竞争法》第 5 条将“擅自使用他人的企业名称或姓名，引人误认为是他人的商品”的行为认定为不正当竞争行为。《反不正当竞争法》只是对民事权利保护方法不足的一种补充保护。《反不正当竞争法》的价值取向是保护经营者公平、平等竞争的权利，而不是保护商号的专有权。因而，《反不正当竞争法》确立的行政责任也多是没收违法所得、罚款，而不可能给予侵犯商号权的行为以撤销或纠正违法注册的商号的规定。这也造成了实践中出现的很多商标与商号之间“傍名牌”、“搭便车”现象虽在本质上构成了不正当竞争，但因《反不正当竞争法》未将商号列为禁止仿冒的商业标识而难以定性为《反不正当竞争法》规定的不正当竞争行为的情况。根据商号权的发展趋势以及对完善商号权保护的呼声越来越高，将商号权纳入知识产权统一立法保护应是完善对商号权保护的必由之路。

第五节　商号权与相关权利的冲突

由于商号和商标、域名等均是一种商业标识，在实践中，同样的标志既可能作为商号使用，也可以作为其他标志使用，这样，商号权和商标权、域名权等权利就会出现冲突和竞合，为此需要采取措施解决和处理商号权和上述相关权利的冲突。

一、商号权与商标权的冲突

商号与商标都是一种标志，其不同之处在于，商号是企业名称的标志，而商标是区分商品或服务来源的标志。既然同属于一种标志，那么在生活中两种标志在使用上有可能会发生重合。例如，美国可口可乐公司既将“可口可乐”作为企业的商标使用，也将它们用于企业的名称。在我国，像青岛海尔集团、四川长虹集团等企业的名称中都包含了商品的商标。这样做的好处是能在商号中对商标进行宣传。

在实践中，商号权与商标权的冲突表现为以下两种情形：一是故意将他人的商号作为商标来使用，这样就可能对他人的商号造成一定的损害。例如，北京的一家老字号企业的商号“信远斋”被他人注册为服务商标，其教训之深令这些经营者时有切肤之痛。二是故意将他人在先注册的商标作为企业的商号进行登记。现在，一些企业“傍名牌”的手段非常高明，如宁波某商人，竟在香港注册了“香港苏泊尔集团有限公司”、“香港樱花集团有限公司”、“香港海尔集团有限公司”等数十家与大陆知名企业相同商号的所谓香港公司，然后打着上述香港公司的名称，在大陆市场推销其在大陆企业生产的同类产品。（实例链接如右框）

> **商号权与商标权的冲突**
>
> 江苏三笑集团有限公司生产的“三笑”牌系列牙刷产品在1996年、1997年、1998年连续保持全国销量第一，产品覆盖全国，并出口十个国家和地区。1998年广东、湖南、浙江等地相继登记注册了“××市三笑实业有限公司”“××市三笑塑胶有限公司”“××省××市三笑实业有限公司”等企业，上述企业都以生产牙刷为主，这些企业在产品外包装上醒目地标注了“三笑公司全新推出”“三笑公司全新包装”等字样，造成了消费者的误认和误购。

如何来规制上述现象呢？我们认为在处理该问题时应当注意保护他人的在先权利，对于注册在先的商标，不应当允许他人再作为商号而予以登记，从而达到减少冲突的目的。反之，若是商号登记在先，则商标行政管理机构须判断，核准将他人的商号作为商标来注册是否会和原商号相混淆、是否会对在先拥有该商号的企业造成损害。对于可能构成混淆或者对在先拥有商号的企业造成损害的，应不予核准。

二、商号权与域名权的冲突

随着互联网的广泛运用，域名作为经营者在网络空间的新标识，已经越来越体现出其巨大的经济价值。由于域名的特殊性，其与商号的冲突又更显复杂。某个域名的字符组成，在万维网中具有惟一性，一家使用，就意味着不可能再由另一家使用。所以，允许市场主体在不同地域或不同行业使用相同的商号在万维网的空间里是不可能的。如此，若不建立起系统的商号权法律制度，那么依附于企业的商号在互联网上就有可能得不到有力的保护。（实例链接如右上框）

> **“上海东方网股份有限公司”诉“济南开发区梦幻多媒体网络技术开发中心”案**
>
> 2000年，在“上海东方网股份有限公司”诉“济南开发区梦幻多媒体网络技术开发中心”抢注网上域名、实施不正当竞争一案中，原告的诉讼理由之一是，被告以与原告相似或相近的企业名称来注册自己的域名，其通过这种“搭便车”的行为而获取收益，故意造成市场的混淆，应构成不正当竞争行为，被告的行为侵害了原告的名称权（被告网站的域名为 www. eastdays. com，而原告为 www. eastday. com，两者仅相差一个字母“s”）。

由于目前网络服务标识特别是中文域名系统的广泛应用，越来越多的企业的商号被注册为域名在互联网络上使用，由此导致的域名权与商号权之间的冲突越来越剧烈。为了解决这些争议，中国互联网络信息中心于2000年11月1日发布了《中文域名争议解决办法（试行）》，通过民间机构解决在 CNNIC 注册的中文域名与商标、商号之间的争议。CNNIC 还指定了中国国际经济贸易仲裁委员会为域名争议的仲裁机关。根据《中文域名争议解决办法》的规定，“被投诉的域名与投诉人享有民事权益的名称或者标志相同，具有足以导致混淆的近似性；被投诉的域名持有人对域名的注册或者使用具有恶意”的投诉应得到支持。这里的“恶意注册”是指“多次将他人享有合法权益的名称或者标志注册为自己的域名，以阻止他人以域名的形式在互联网上使用其享有合法权益的名称或者标志”的行为。

结　语

商号作为企业的名片，在市场经济中具有越来越重要的作用。商号具有识别不同的经营主体的功能，通过长期的使用还可以产生广告宣传的功能，从而促进商品的销售。正是由于商号中融入了企业的信誉，商号权具有一定的经济价值，进而对于商号的保护产生了法律上的需要。尽管我国目前已对商号权的法律保护作出了一些规定，但这些规定还不足以充分保护商号权人的利益，还有待于进一步通过立法予以完善。

资料链接

[1] 沈达明编著．知识产权法［M］．北京：对外经济贸易大学出版社，1998.

[2] 吴汉东主编．知识产权法［M］．北京：中国政法大学出版社，2004.

[3] 程合红．商事人格权论［M］．北京：中国人民大学出版社，2002.

[4] 丁宇翔．商号权的性质辨析及法律定位．http：//www. chinalawedu. com.

[5] 胡成中．关于加强企业名称权管理和法律适用的建议．http：//past. people. com. cn.

[6] 北京兰台律师事务所．商标权与商号权的冲突探析．http：//www. cnipr. com/zsyd/xslw/shangbiao/t20051128_ 61391. htm.

思考题

1. 简述商号和姓名的区别。
2. 简述商号权和商标权的区别。
3. 简述商号权的内容。
4. 试述我国现行法对商标权的保护及其模式选择。

第七章　种植技术成果与植物新品种权制度

【学习目的与要求】 通过本章的学习，要求学生了解植物新品种保护的现实意义，掌握植物新品种权的概念和特征；了解植物新品种知识产权法律保护模式，掌握我国对植物新品种的法律保护的基本特色；掌握我国植物新品种权的取得条件、取得程序；理解侵害植物新品种权的主要行为及其法律责任。

【内容提要】 植物新品种是指经过人工培育的或者对发现的野生植物予以开发，具备新颖性、特异性、一致性和稳定性并有适当命名的植物品种。植物新品种权是一种授予植物新品种育种人的知识产权。植物新品种培育完成后，不能自动取得品种权，必须经过申请、受理和审批的程序。植物新品种保护的最终目的是鼓励更多的组织和个人向植物育种领域投资，从而有利于育成和推广更多的植物新品种，推动我国的种子工程建设，促进农林业生产的不断发展。

【关键词】 植物新品种　植物新品种权　植物新品种法律保护模式

1972 年，我国农学家袁隆平先生成功培育了中国第一个大面积应用的水稻新品种，1973 年又育成了第一个可以大面积推广的强优组合新品种，并研究出整套制种技术。1975 年，袁隆平和协作组成员一起攻克了制种技术关，从而成为世界上第一个成功利用水稻杂种优势的科学家。杂交水稻的成功培育，对我国乃至全世界粮食产量的提高作出了重大的贡献。由于杂交水稻获得巨大成功，他先后获得迄今惟一的国家特等发明奖和联合国教科文组织“科学奖”等 8 项国际奖，在国际上被誉为“杂交水稻之父”。[1] 从这个事例我们可以看出，一个新品种的育成，对于解决我国的温饱问题，对于促进我国的经济发展具有多么重要的战略意义。正如袁隆平先生所言：“依靠科学技术进步就能养活中国。”袁隆平先生所培育的杂交水稻品种，就属于我们下面要讲述的植物新品种，而有关种植技术成果及为其提供法律保护的植物新品种权法律制度，正是本章要讨论的问题。

---

[1] 《袁隆平：依靠科学技术进步就能养活中国》，http：//news. xinhuanet. com/newscenter/2005 -01/16/content_ 2467911. htm，2005 年 1 月 16 日访问。

第一节　植物新品种的概念和受保护的条件

一、植物新品种的概念

植物品种作为一种自然界中的客观存在何以需要法律保护？现代社会，人口数量迅速增长，生态环境急剧恶化。为满足人类生存的需要，提高农林作物产量和质量的需求空前迫切；另一方面，片面地以扩展种植面积的方式增加产量，必然导致生态恶化加剧。为满足人类的食物需求，同时又尽可能小地影响生态，培育优质、高产的植物新品种便成为当务之急。而培育一个优良的植物品种，不仅要付出艰苦的创造性智力劳动，而且还需高额的资本投入，且培育的时间周期也相当长。如果没有相应的法律制度保护科研人员的创造性成果，则必将严重挫伤科研单位和科研人员从事品种培育的积极性。因此各国多以不同形式的立法保护植物新品种。

这里所称的法律保护，并非指为防止物种消亡而采取的法律保护手段，而是从知识产权法的角度赋予品种培育人对其培育的植物新品种享有在商业利用中的专有权，使品种的培育人从中获利。品种权人一般是新品种的培育人员或机构，但有时也可能是投资培育新品种的人。

所谓植物新品种，是指经过人工培育的或者对发现的野生植物加以开发，具备新颖性、特异性、一致性和稳定性并有适当命名的植物品种。在我国，可以将其分为农业植物新品种和林业植物新品种。就农业品种而言，包括粮食、棉花、油料、麻类、糖料、蔬菜（含西甜瓜）、烟草、桑树、茶树、果树（干果除外）、观赏植物（木本除外）、草类、绿肥、草本药材等植物以及橡胶等热带作物的新品种。而林业品种则包括林木、竹、木质藤本、木本观赏植物（包括木本花卉）、果树（干果部分）及木本油料、饮料、调料、木本药材等植物品种。由于我国农业部和国家林业局分别负责农业和林业品种的保护工作，故具体的受保护品种的目录亦分别由这两个机构制订、公布。（知识链接如下页框）

二、植物新品种受保护的条件

从上述定义可以看出，植物新品种仍然是植物品种的一个组成部分，它是对自然界中发现的野生植物进行研究开发或人工培育所形成的新的植物品种。例如，为了培育猕猴桃新品种，从20世纪80年代起，中科院武汉植物所的研究员黄宏文等人，经过不断的筛选、培优，终于培育出了品质、性状均为最优的猕猴桃品种——“金桃”品种。意大利金色猕猴桃集团公司为了买断“金桃”在欧洲的繁殖权，要向武汉植物所支付近400万元人民币。从该例子可以看出，“金桃”品种是在自然界中已有的猕猴桃品种的基础之上经过科学家长期的筛选、培优而形成的一个新型品种，其中蕴含了科学家大量的创造性劳动，所以我们将这些品种称为“植物新品种”，它不同于自然界中已有的品种。上述案例也形象地说明了新经济时代知识所具有的经济价值。

> **生物技术与知识产权法**
>
> 生物技术是21世纪科学技术发展的热点领域。与之相关的知识产权保护问题已经成为当今知识产权法学界的重要课题。生物技术是指利用自然科学原理，依靠生命体，包括微生物、动物、植物体作为反应器，将物料进行加工以提供产品和服务的技术。现代生物技术成果同其他技术一样，也可以分为方法发明和产品发明。其中后者包括基因技术产品发明以及其他生物技术产品发明。兴起于20世纪70年代的基因遗传工程，更确切地说是DNA重组技术，是现代生物技术的核心。由于生物技术与人口、粮食、资源、环境、健康等问题直接关联，对世界各国的经济增长发挥着日益重要的作用，并正日益深刻地影响和改变着人类的生存方式和生活方式，于是21世纪被预测为属于生物工程技术的世纪。以保护发明创造、激励创新、鼓励知识的生产和传播为己任的知识产权法对生物技术的进步作出了回应，为生物技术的持续发展提供了制度支撑。

从各国立法及国际公约的规定来看，受保护的植物新品种具有如下几个特征。

1. 特异性

此指申请保护的植物新品种应当有一个或数个显著的特征，使其明显区别于在递交申请日以前已知的植物品种。例如，杜鹃花是一种世界闻名的花卉，全世界已见报道的有1 104种，我国已见报道的有560种，仅云南省就有野生杜鹃花属植物260余种。目前，中国科学院昆明植物研究所的张长芹研究员等人经过十余年的努力，在成熟的杂交育种技术基础上，注重芽变品种的选育，选育出的“茶菊杜鹃”、“梅瓣杜鹃”、“中国红杜鹃”3个杜鹃花以及“白毛毡”和“香牡丹”等5个花卉新品种。经查新报告所知，此次选育的杜鹃花芽变新品种以及从实生苗选育出的紫金牛科和马鞭草科植物新品种研究成果国内外未见报道。该实例中的5个新的花卉品种明显不同于自然界中已有的或生活中已栽培的现有品种，因此可以作为植物新品种而申请保护。

2. 新颖性

此指植物新品种在申请保护前没有商业化，或者没有被推广使用。法律上之所以对植物新品种予以保护，是为了调动科研人员从事植物新品种开发研究的积极性，激励其开发培育出更多的植物新品种。社会上已经推广应用的商业化的植物品种属于现有的科技成果，不具有新颖性，所以不能授予植物新品种权。因此，凡能申请植物新品种权的品种应为未商业化，或者未被推广应用的品种。根据我国《植物新品种保护条例》的规定，在申请之日以前该品种繁殖材料未被销售，或者经育种者许可，在中国境内销售该品种繁殖材料未超过1年；在中国境外销售藤本植物、林木、果树和观赏树木品种繁殖材料未超过6年，销售其他繁殖材料未超过4年的，具备新颖性。从上述规定还可以看出，发明专利的新颖性与植物新品种的新颖性不同，凡是在申请日前出现了发明技术公开的事实，该发明一般都不能取得专利权，这里的公开包括使用公开、出版公开等各种公开事实。上文提到的中国科学院昆明植物研究所培育的新的杜鹃花品种以前未在市场上推广应用，因此具有法律所规定的新颖性。（实例链接如右上框）

> **玉兰花的新颖性**
>
> 在我国嵊州市，有一个人称“玉兰王”的花卉专家王飞罡。天然的玉兰一年只开一次花，而他培育的玉兰花一年开三次。培植的飞黄玉兰，将白玉兰花自然芽变成黄颜色；培植的丹馨玉兰开花是一簇一簇地开的；培育的景新玉兰，一朵可开17～33瓣，比原来常规性一朵开6～9瓣增加了好几倍。这些新品种如果在申请品种权之前未商业化，就符合新颖性要求。
>
> 资料来源：《王飞罡种的“树”受“世界”保护》，http：//www.huamu.cn/cgi－bin/hmxx/info/1942－1.htm，2006年3月8日访问。

3. 一致性

此指申请保护的植物新品种经过繁殖（有性或无性），其相关的特性或特征保持一致。例如，“香牡丹”杜鹃花品种的特征是“植株矮小，花重瓣，且具浓郁的薰衣草香味”，该品种如果经过繁殖还能保持这些特征，则符合一致性的条件。植物新品种如果具备该特征，则说明该品种的特征能经过繁殖保留下来，从而便于推广培育。1998年，南阳市小麦育种专家周中普、李航父子培育的黑、绿、蓝、紫、咖啡五大品系彩色小麦在试验田内研制成功。2003年，彩色小麦搭载卫星进行太空试验，其杂交所培育的新麦种产量高出原种30%。如果这些特征在繁殖前后能保持一致，则该品种就符合申请品种权所要求的一致性条件。

4. 稳定性

此指经过重复繁殖或者在育种者特定的繁殖周期结束时，品种的基本特性仍与原来所述的保持不变。例如，我国著名大豆育种家王连铮研究员等人花费10年心血，以“豫豆8号”为母本，以“中90052－76”为父本精心培育出了新的品种“中黄13”。该品种集高产、高蛋白、适应性广等诸多优点于一身，具有抗倒伏、抗涝、耐旱、增产潜力大等特点，亩产可达250～300千克，2004年在山西襄垣创亩产312.4千克的高产纪录。在2001年通过全国农作物品种审定委员会审定的12个大豆新品种中，“中黄13”增产幅度位居首位，比对照增产16%。该品种还抗花叶病和霜霉病、中抗孢囊线虫和根腐病。近两年来，该品种在黄淮海地区得到迅速推广。这说明，该品种具有稳定性特征，可以大规模地推广和繁衍。

5. 适当的名称

此指植物新品种应当申请登记其名称，且新品种命名应符合有关规定。也就是说，植物新品种在请求保护时应当有一个适当的名称。例如，“金桃”猕猴桃、“茶菊杜鹃”、“梅瓣杜鹃”、“中国红杜鹃”都是合乎法律规定的植物新品种名称。

如果植物新品种具有上述条件，则可以得到法律的保护。其保护范围，既可以是整个植物，也可以是植物的一部分，还可延及到那些依赖新品种的品种。例如，一些植物在生产中需要不断使用受保护的品种，则其属于依赖新品种的品种。不过，植物新品种的保护不能延及其所收获的最终产品，比如从受保护的果树品种所获得的果实就不在被保护的范围之内。

第二节　植物新品种的保护模式

植物新品种对于人类的生活具有非常重要的意义，因此对植物新品种给予法律保护十分必要。但由于历史上的种种原因，有关植物新品种的法律直到20世纪60年代才逐渐确立。

传统的专利法是以发明为保护中心的法律，但在20世纪30年代以前，植物新品种一直被排除在外。这是因为，传统理论认为植物新品种具有不同于其他发明的生物活性，其繁育的稳定性和一致性易受自然环境的影响，因而不宜像其他人工制品一样授予专利权。到了20世纪80年代，一大批从事生物科学基础研究的科学家和那些在生物技术研究开发领域中投入巨资的产业界人士，对于专利法不保护自然属性很强的生物技术基础研究成果、过分强调发明在工业上的应用表示出极大的异议，认为这与专利法促进生物技术信息交流和知识传播的目的相背离。

当前，在对植物新品种给予知识产权保护的国家中，其立法模式可以分为三种：（1）单一法保护模式。它又可分为两种：其一为以意大利和匈牙利等国为代表的以专利制度来保护植物新品种的模式；其二为以阿根廷、智利、乌拉圭、巴西等一些农业不太发达的国家为代表的以特别法来保护植物新品种的模式。（2）以德、法、荷、日等国为代表的双轨制保护模式，虽然这些国家既采用专利法又采用特别法来保护植物新品种，但在专利法中仅保护未被列入政府颁布的植物品种明细表中的植物品种。例如，德国的帝国专利局在1934年首次对人工培育的新植物授予专利权，之后又授予用专门培植方法获得的植物的繁殖权利要求以专利权。但在1973年，联邦专利法院在“非洲紫罗兰”一案的判决中明确否认了此类“繁殖权利要求”的专利性，认为该类繁殖方法本身不是发明，而真正有发明性的培育方法则不可重复；❶ 另外，德国在1953年出台的《种子材料法》中率先对育种者的权利给予了特别法的专门保护。(3) 以美国为代表的既采取专门法也兼用专利法来保护植物新品种的双轨制立法模式。美国在20世纪30年代以前，一直将植物品种排除在专利法的保护范围之外。但在1930年，美国国会颁布了植物专利法，宣布对用无性繁殖所得的植物新品种，诸如花卉和果树授予专利。这是世界上第一个采用植物专利制度来保护植物新品种的国家。植物专利所提供的保护是授予发明人“排除他人以无性方式繁殖该植物或者销售、使用无性繁殖获得的植物”的专有权。❷ 除了对无性繁殖的植物品种授予植物专利之外，美国还授予某些植物以普通专利。通过该立法，美国在专利法框架内给予植物品种以植物专利和普通专利两种形式的保护。随着《保护植物新品种国际公约》(UPOV) 的缔结，为了适应多数国家以专门法的形式保护植物新品种的趋势，美国通过了植物品种保护法，对有性繁殖的植物品种授予植物品种保护证书，于是形成了植物品种知识产权保护的三种制度，即保护无性繁殖的植物品种的植物专利、保护有性繁殖的植物品种的专门立法以及用普通专利保护植物发明。

就植物新品种而言，它与一般的产品发明不同，它是有生命之物，具有自身生长繁殖的特性，并非普通的技术解决方案；鉴于上述原因，大多数国家的专利法都明确规定对动植物新品种不授予专利权，而是寻求在专利制度框架之外采用特别法来保护植物新品种，这种状况最终导致了《保护植物新品种国际公约》的诞生。该条约允许成员国通过专利方式或专门方式来保护和确认育种家的权利，但缔约方通常都主张采用专门法的形式来保护植物新品种。1994年通过的《知识产权协定》所确立的保护模式与《保护植物新品种国际公约》基本一致，为国际上开展优良品种的研究开发、技术转让、合作交流和新产品贸易提供了基本框架。这两个国际条约的缔结，必将对国际范围内植物新品种的保护产生巨大的推动力。

---

❶ 乔德喜：“试论植物品种的知识产权保护”，见中国专利局条法部编：《集成电路与植物品种知识产权保护专辑》，专利文献出版社1996年版。

❷ 黄革生：“美国对植物的知识产权保护”，载《知识产权》1997年第1期。

就我国而言，《专利法》对植物新品种本身不授予专利权，但对植物新品种的生产方法可授予专利权。1993年3月，我国向国际植物新品种保护联盟递交国书，宣布加入《保护植物新品种国际公约》，至此，我国成为国际植物新品种保护联盟的第39个成员国。1997年3月20日，国务院颁布了《植物新品种保护条例》，规定对符合条件的植物新品种授予植物新品种权，由完成育种的单位和个人对其授权品种享有独占的权利。由此可见，我国在植物新品种保护方面采取的是专利法与专门法相结合的方式。在实践中，我国已有一些企业向国外申请植物新品种保护方面的专利，如前文提到的中科院武汉植物所就“金桃”猕猴桃品种向欧洲申请了专利，大豆育种家王连铮研究员等人培育的品种“中黄13”向韩国申请了植物新品种权。（资料链接如右上框）

我国对植物新品种的保护

为了实施《中华人民共和国植物新品种保护条例》，我国分别在农业部和国家林业局成立了植物新品种保护办公室、植物新品种复审委员会，形成了以审批机关、执法机关、中介服务机构和其他维权组织相结合的保护组织体系。农业部负责农作物新品种的审批，国家林业局负责林木新品种的审批。同时，建立了由农业植物新品种繁殖材料保藏中心、植物新品种测试中心和14个测试分中心，以及林业植物新品种测试中心、5个测试分中心和2个分子测定实验室组成的技术支撑体系。我国先后发布并实施了五批农业植物新品种保护名录和四批林业植物新品种保护名录，使受保护植物属和种的数量达到119个，其中农业植物品种41个、林业植物品种78个，远远高于《保护植物新品种国际公约》规定的最低数量。

我国植物新品种保护制度的建立具有深远的意义。（1）它的建立与实施调动了育种者的积极性，促进了农作物育种科研投入渠道的多元化。山东省农科院玉米所、里下河农科所、宜宾市农科所等单位的授权新品种，其单项品种权转让金额均突破上千万元。从品种权的申请来看，企业和个人的品种权申请占了近1/3。从对500多个授权品种和申请品种的调查情况来看，在新品种研发经费投入中，政府投入仅占17%，企业、育种单位、合作方及其他方式投入高达83%。由此可以看出，农作物科研育种和开发的投入已由国家的长期大包大揽向企业、事业单位和个人投入为主转变。（2）随着该制度的实施，我国种业格局发生了明显的变化，一批具有较强竞争力的育、繁、销一体化的种子公司正在崛起，涌现出了山东登海、四川国豪、北京奥瑞金等一批拥有自主知识产权、竞争力强的种子企业。山东登海种业，5年来纯利翻两番；北京奥瑞金种子科技有限公司1997年成立时，仅是一个资产300万元的小公司，发展到今天，已成为总资产超亿元的大型种子企业。（3）植物新品种的社会效益巨大。据对500个授权品种和申请品种的统计，几年累计推广面积达6.4亿亩，增产粮食563.2亿千克，实施单位所得效益达19.7亿元，社会新增效益223.7亿元，为农民增收和国家粮食安全作出了积极贡献。

第三节　植物品种权的主体

一件植物新品种开发出来后，往往需要确定谁对该品种享有权利。我国目前对植物新品种的开发者授予植物新品种权，因此需要在法律上界定植物新品种权的主体。

一、植物新品种的培育人、申请人和品种权人

培育人即完成植物新品种培育的人员。在法律上，只有在植物品种培育过程中对新品种作出了创造性贡献的人才能被称作培育人。那些没有参与培育工作，或者仅仅提出非创造性的一般性意见的人，或者单纯从事辅助性工作（如按照培育人的要求进行耕地、除草等）的人，或者只是负责组织管理工作的人，或者仅仅为培育工作的物质条件提供了方便的人均不能被称为培育人。（知识链接如右框）

> **保护植物新品种权人具有重要意义**
>
> 植物新品种的研制过程，是一个需要付出大量创造性劳动的过程。一个优良的植物新品种的培育，不仅需要几年甚至十几年的时间，而且还需要科研人员付出大量的心血，需要投入价值不菲的资金。据统计，一个农作物新品种的培育至少需要3～5年，每年需要花费15～20万元，而且其研制和开发具有很大的风险性，既有市场风险也有自然灾害的风险。如果不能在植物新品种的推广和应用中保护科研人员的创造性成果，则必将严重挫伤农业科研单位和科研人员从事品种培育的积极性，最终妨碍我国农业现代化目标的实现。据人事部统计，近10年来，农业科技人力资源的增长速度远低于全国科技人才资源的增长速度，农业科研、教学单位出现了明显的“断层”，科研后劲乏力，从而直接影响了农业科研及农业的发展。

申请人，是指就一植物新品种向品种权的审批机关提出申请的人。在专门颁布了植物新品种保护法的国家，法律都承认培育人有权对其完成的植物新品种申请品种权。但是，现实中也确实存在着培育人与申请人不是同一人的情况。不仅如此，在许多国家这种不一致的情况占品种权申请量的大多数。造成这种情况的原因主要有三个方面：（1）培育人以外有其他人通过合同从培育人那里取得了植物新品种的申请权，并就该植物新品种提出了品种权申请。（2）培育人的继承人通过继承取得植物新品种的申请权。（3）法律直接将专利申请权赋予培育人以外的其他人，这种

情况主要发生在职务育种的情形。这其中，第三种情况最为常见，因为现实中绝大多数植物新品种都属于植物育种，育种工作非常复杂，仅靠个人很难培育出有价值的品种；第二种情况极少出现；第一种情况时有发生，但转让方为个人的也非常罕见。

所谓植物品种权人即指享有植物品种权的人。植物品种权人与植物品种权申请人是两个不同的概念。一个品种权的申请提出后，未必一定能获得批准。相应的，品种权申请人也就未必一定能够成为植物品种权人。反之，植物品种权人未必都曾经是申请人，如前所述，植物品种权也可以通过转让或继承获得。

需要指出的是，尽管植物新品种的申请权和品种权可以依法转让，但是相关法律对其转让程序作了限制性的规定。《植物新品种保护条例》第9条规定："中国的单位或者个人就其在国内培育的植物新品种向外国人转让申请权或者品种权的，应当经审批机关批准。国有单位在国内转让申请权或者品种权的，应当按照国家有关规定报经有关行政主管部门批准。"《中华人民共和国植物新品种保护条例实施细则（农业部分）》（以下简称《实施细则（农业部分）》）第11条规定："中国的单位或者个人就其在国内培育的新品种向外国人转让申请权或者品种权时，属于职务育种的，需经省级人民政府农业行政部门审核同意（中央单位需经主管部门审核同意）后报农业部审批；属于非职务育种的，直接报农业部审批。国有单位在国内转让申请权或者品种权的，由其隶属的上级行政主管部门批准。转让申请权或者品种权的，由农业部公告，并自公告之日起生效。"《中华人民共和国植物新品种保护条例实施细则（林业部分）》（以下简称《实施细则（林业部分）》）第8条规定："中国的单位或者个人就其在国内培育的植物新品种向外国人转让申请权或者品种权的，应当报国家林业局批准。转让申请权或者品种权的，当事人应当订立书面合同，向国家林业局登记，并由国家林业局予以公告。转让申请权或者品种权的，自登记之日起生效。"

二、植物品种权的归属

法律规定的植物品种权的产生在程序上取决于有权申请人是否提出品种权的申请。因此在品种权的产生过程中，申请的资格直接决定了植物品种权的归属。原则上，各国都承认培育人对于完全依靠自己的智力劳动以及相关设备、资金等外部条件所培育完成的植物新品种享有申请品种权的权利。即通常情况下，新品种的权属归植物新品种的培育人。培育人因其劳动而对其创造的财富拥有权利。但是，如果培育人未提出申请并获得批准，这种申请权是不能对抗善意第三人的。比如，他人通过自己的劳动也培育出同样的植物品种，培育人是无法与之对抗的。

现实中，培育植物新品种的过程是非常复杂的。根据不同的具体情况，法律对于提出品种权申请的资格作了不同的规定。下面分别就各种具体情况进行简要介绍。

（一）合作育种

当一个植物新品种为两人或两人以上共同培育完成时，这一植物新品种即是这里所称的合作育种，也被称作共同育种。共同完成植物新品种的人即是合作培育人。通常情况下，合作育种的权利由合作人在其合作合同中约定，若合同约定不明或者没有约定，则为共同培育人所共有。类似地，合作育种在申请品种权时，也应当按照合同约定办理；合同未约定或者约定不明的，则应取得权利共有人的一致同意。权利共有人在转让其共有份额时，其他共有人在同等条件下应享有优先购买权。

（二）职务育种

职务育种，即职工在履行职务过程中所培育出的植物新品种，或者是在执行所在单位的指令中所完成的新品种。我国《植物新品种保护条例》明确给出了职务育种的定义，并对其权利归属作出了规定。该条例第 7 条第 1 款规定：“执行本单位任务或者主要是利用本单位物质条件所完成的职务育种，植物新品种的申请权属于该单位。”据此，我们可以把职务育种分作两类，一类是执行本单位任务所完成的职务育种；另一类是主要利用本单位物质条件所完成的职务育种。这里，“执行本单位任务所完成的职务育种”至少应当包括：（1）在本职工作中所完成的育种；（2）履行本单位交付的本职工作之外的任务所作出的育种；（3）退职、退休或调动工作后，3 年内作出的与其在原单位承担的工作或原单位分配的任务有关的育种。而“本单位物质条件”则是指本单位的资金、仪器设备、试验场地以及单位所有或者持有的尚未允许公开的育种材料和技术资料等。对于职务育种，申请权利应当归单位，但单位应当给予培育人相应的物质和精神奖励。

（三）委托育种

所谓委托育种，是指以合同方式委托他人完成的育种。对于这类育种的权利归属，同前面合作育种一样，采取了合同优先的原则。即完全依照合同约定来确定委托育种的权利归属。如果合同约定不明或合同未对权利归属予以约定，我国现行法律作了对受托方更为有利的规定，即权利归接受委托而完成育种的一方。

第四节　植物品种权的产生

品种权不会自动产生。植物新品种培育完成后，必须由拥有植物新品种申请权的单位或者个人向国家主管部门提出申请，提交必要的文件，经过形式审查和实质审查，符合法定条件，由审批机关作出授权决定后，才能取得植物新品种权。整个申请过程应当向社会公开，但是中国的单位和个人申请品种权的植物新品种涉及国家安全或者重大利益需要保密的，应当按照国家有关规定办理。外国人、外国企业或者外国其他组织在中国申请品种权的，应当按其所属国和中华人民共和国签订的协议或者共同参加的国际条约办理，或者根据互惠原则办理。由于我国已经参加了《保护植物新品种国际公约》，该公约成员国间应当相互承认优先权，故在跨国申请品种权时是可以要求优先权的。这一点同《巴黎公约》的优先权规定基本相同。(资料链接如右上框)

我国受理植物新品种权申请情况

截至2004年底，农业部共受理品种权申请2 046件。按年度划分，1999年仅有115件，2004年达到735件，平均每年递增44.9%。到2004年底，国家林业局受理品种权申请305件，其中来自法国、德国、荷兰、比利时、美国等国家的申请64件，授予植物新品种权72件。

资料来源：国务院新闻办公室：《中国知识产权保护的新发展》，2005年4月。http：//politics. people. com. cn/GB/1026/3338425. html，2006年2月1日访问。

一、植物品种权的申请

（一）植物品种权申请的原则

1. 书面原则

书面原则，是指植物品种权的申请人及其代理人在办理有关申请的各种手续时，都应当采用符合审批机关规定格式和内容的书面文件。而不得采用口头形式，也不得以电报、电话、电传、胶片等形式代替书面形式，更不得以向审批机关提交植物新品种实物的方式代替书面形式。采用书面原则，有利于品种权申请文件的阅读、处理和长期保存，又有利于管理品种权的部门用科技手段对申请文件进行利用和管理。

具体而言，申请植物品种权的，应当向审批机关提交符合规定格式的请求书、说明书和该品种的照片。申请文件应当使用中文书写，并采用国家统一规定的科学技术术语和规范词。外国人名、地名和科学技术术语没有统一中文译文的，应当注明原文。提交的各种证件和证明文件是外文的，应当附送中文译文；未附送的，视为未提交该证明文件。文件的纸张只限单面使用。申请林业植物品种权的，当事人提交的各种文件可以打印，也可以使用钢笔或者毛笔书写，但要整齐清晰；申请农业植物品种权的，当事人提交的各种文件应当打字或者印刷，字迹呈黑色，并整齐清晰，而不得手写。当事人提交的各种文件和办理其他各种手续，应当由申请人、品种权人、其他利害关系人或者其代表人签字或者盖章；委托代理机构的，由代理机构盖章。

2. 先申请原则

植物品种权是一种具有排他性的独占权利，在同一法域内，符合授权条件的同一植物新品种只能被授予一项植物品种权。如果有两个以上的申请人就同一植物新品种分别申请品种权，则采用先申请原则，排除在后申请人的申请资格。《植物新品种保护条例》第 8 条规定："一个植物新品种只能授予一项品种权。两个以上的申请人分别就同一个植物新品种申请品种权的，品种权授予最先申请的人；同时申请的，品种权授予最先完成该植物新品种育种的人。"

在先申请以不同申请人申请日的先后顺序予以确定。审批机关收到品种权申请文件之日为申请日；申请文件是邮寄的，以寄出的邮戳日为申请日。邮寄时，应当使用挂号信函，不得使用包裹，一件信函中应当只包含同一申请文件。信封上寄出的邮戳日不清晰的，除当事人能够提供证明外，以审批机关收到日期为申请日。

申请人主张优先权的，该申请人的申请日为审批机关审查认可的优先权日。《植物新品种保护条例》第 23 条规定："申请人自在外国第一次提出品种权申请之日起 12 个月内，又在中国就该植物新品种提出品种权申请的，依照该外国同中华人民共和国签订的协议或者共同参加的国际条约，或者根据相互承认优先权的原则，可以享有优先权。"申请人要求优先权的，应当在申请时提出书面说明，并在 3 个月内提交经原受理机关确认的第一次提出的品种权申请文件的副本；未依照本条例规定提出书面说明或者提交申请文件副本的，视为未要求优先权。申请人应当在申请中写明第一次提出品种权申请的申请日、申请号和受理该申请的国家；未写明的，视为未要求优先权。在中国没有经常居所或者营业所的申请人，申请品种权或者要求优先权的，审批机关认为必要时，可以要求其提供下列文件：（1）国籍证明；（2）申请人是企业或者其他组织的，其营业所或者总部所在地的证明；（3）外国人、外国企业、外国其他组织的所属国，承认中国单位和个人可以按照该国国民的同等条件，在该国享有品种申请权、优先权和其他与品种权有关的权利的证明文件。

如果就同一植物新品种分别申请品种权的两个以上申请人的申请日相同，则品种权授予最先完成该植物新品种育种的人。无法确定最先完成该植物新品种的育种人的，则由数个申请人协商确定申请人。协商的结果一般有两种情况，一种是数个申请人作为共同申请人，品种获得授权后，该数个共同申请人成为同一品种权的共有人；另一种情况是由一人或者数人作为申请人，品种获得授权后，申请人成为品种权人，未参与申请的育种人可以免费对该品种进行商业性利用或者可以获得一定的补偿。数个同时申请人不能达成协议的，则驳回数个申请人的申请。

需要注意的是，在两个以上申请人的申请日相同的场合，按照其申请的植物新品种是属于农业新品种还是林业新品种，我国法律规定了不同的处理程序。《实施细则（农业部分）》规定：“同一个新品种由两个以上申请人分别同时申请品种权，农业办公室可以要求申请人在指定期限内提供证据证明自己是最先完成该新品种育种的人。逾期不提供证据或者所提供证据不足以作为判定依据的，由申请人自行协商确定申请权的归属；协商达不成一致意见的，农业办公室可以驳回申请。”《实施细则（林业部分）》规定：“两个以上申请人就同一个植物新品种在同一日分别提出品种权申请的，植物新品种保护办公室可以要求申请人自行协商确定申请权的归属；协商达不成一致意见的，植物新品种保护办公室可以要求申请人在规定的期限内提供证明自己是最先完成该植物新品种育种的证据；逾期不提供证据的，视为放弃申请。”可见两规定在字面上的含义并不一致，尽管上述规定均源自《植物新品种保护条例》第8条的精神。

3. 单一性原则

为了便于审批机关对植物新品种的新颖性、特异性和名称进行检索和审查，以及满足建立检索数据库的技术要求，同时为了防止申请人以不正当的手段逃避申请费、审查费、检测费和年费的缴纳。我国确立了植物新品种权申请的单一性原则。单一性原则指一份植物品种权的申请文件只能就一个植物新品种提出申请，不能在一份申请文件中就两个以上的植物新品种提出申请。一件植物品种权申请包括两个以上新品种的，审批机关应当要求申请人提出分案申请。申请人在指定期限内对其申请未进行分案修正或者期满未答复的，视为撤回申请。

（二）审批机关与申请人

国务院农业、林业行政部门是植物新品种权的审批机关，分别负责农作物新品种和林木新品种的审批。农业部设立植物新品种保护办公室，国家林业局设立植物新品种保护办公室，负责受理和审查植物新品种的品种权申请，组织与植物新品种保护有关的测试、

> **申请品种权应提交的申请文件**
>
> 申请人申请品种权的，应当按照植物新品种的类别，依照规定的格式向审批机关提交请求书、说明书（包括说明书摘要、技术问卷）、照片各一式二份。对不符合或者经修改仍不符合规定的品种权申请，审批机关不予受理，并通知申请人。申请人可以在品种权授予前修改或者撤回品种权申请。根据《实施细则》的规定，除了上述申请文件以外，在审批机关认为必要时，申请人应当送交申请品种和对照品种的繁殖材料，用于申请品种的审查和检测。

保藏等业务，按国家有关规定承办与植物新品种保护有关的国际事务等具体工作。

中国的单位和个人申请品种权的，可以直接或者委托审批机关指定的代理机构提出申请。在中国没有经常居所的外国人、外国企业或者其他外国组织向农业办公室提出品种权申请的，应当委托审批机关指定的涉外代理机构办理。申请人委托代理机构向审批机关申请品种权或者办理其他有关事务的，应当同时提交委托书，明确委托权限。申请人有两个以上而未委托代理机构的，应当明确一方为代表人、为申请提交人。（知识链接如上页框）

二、审查制度

（一）初步审查

对符合规定的品种权申请，审批机关应当予以受理，明确申请日、给予申请号，并自收到申请之日起1个月内通知申请人缴纳申请费。

审批机关在受理品种权申请后，应当在6个月内完成对申请的初步审查。初步审查的内容包括：是否属于植物品种保护名录列举的植物属或者种的范围；是否符合新颖性的规定；植物新品种的命名是否适当；是否属于有资格申请品种权的外国人、外国企业或其他外国组织。对经初步审查合格的品种权申请，审批机关予以公告并通知申请人在3个月内缴纳审查费。对经初步审查不合格的品种权申请，审批机关应当通知申请人在3个月内陈述意见或者予以修正；逾期未答复或者修正后仍然不合格的，驳回申请。

（二）实质审查

申请人按照规定缴纳审查费后，审批机关对品种权申请的特异性、一致性和稳定性，以及品种权申请是否具有不应授权的消极条件进行实质审查。根据《植物新品种保护条例》的规定，进行实质审查时，审批机关主要依据申请文件和其他有关书面材料进行实质审查。审批机关认为必要时，可以委托指定的测试机构进行测试或者考察业已完成的种植或者其他试验的结果。可见，在我国对植物新品种申请进行实质审查的方式是书面审查和DUS测试相结合。由于在《植物新品种保护条例》制定初期，我国尚无测试中心，因此相当一部分授权品种是单纯依靠书面审查进行的。现在，随着测试中心和测试分中心的建成，DUS测试将成为实质审查的主要手段，书面审查将变为辅助手段。

为了配合实质审查，两个实施细则还规定了异议制度。自品种权申请初审合格公告之日起至授予品种权之日前，任何人均可以对不符合《植物新品种保护条例》规定的品种权申请向审批机关提出异议，并说明理由。

（三）授权、驳回与复审

对经实质审查符合规定的品种权申请，审批机关应当作出授予品种权的决定，颁发品种权证书，并予以登记公告。具体而言，审批机关发出办理授予品种权的通知后，申请人应当自收到通知之日起3个月内办理领取品种权证书。对按期办理的，审批机关授予品种权，颁发品种权证书，并予以公告。品种权自颁发品种权证书之日起生效，品种权的保护期限也自品种权证书颁发之日起开始计算。期满未办理的，视为申请人放弃取得品种权的权利。

品种权申请经实质审查发现有下列应当驳回的情形之一的，审批机关应当作出驳回的决定，并通知申请人：（1）不属于国家植物品种保护名录中列举的植物的属或者种的；（2）不具有新颖性、特异性、一致性或者稳定性的；（3）危害公共利益、生态环境的；（4）修改申请或者分案申请在实质内容上超出原说明书记载范围的。

对审批机关驳回品种权申请的决定不服的，申请人可以自收到通知之日起3个月内，向农业部或者国家林业局设立的植物新品种复审委员会请求复审。复审请求人应当提交复审请求书，说明理由并附具有关的证明文件。申请人还可以修改被驳回的品种权申请文件，但是修改应当仅限于驳回申请的决定所涉及的部分。植物新品种复审委员会应当自收到复审请求书之日起6个月内作出决定，并通知申请人。申请人对植物新品种复审委员会的决定不服的，可以自接到通知之日起15日内向人民法院提起诉讼。

三、无效宣告程序

自审批机关公告授予品种权之日起，植物新品种复审委员会可以依据职权或者依据任何单位或者个人的书面请求，对已经授予品种权的植物新品种经审查认为不具有新颖性、特异性、一致性或者稳定性的，或者认为该授权品种将危害公共利益、生态环境的，应当宣告品种权无效；对不符合名称规定的，应当决定予以更名。宣告品种权无效或者更名的决定，由审批机关登记和公告，并通知当事人。当事人对植物新品种复审委员会的决定不服的，可以自收到通知之日起3个月内向人民法院提起诉讼。

被宣告无效的品种权视为自始不存在。宣告品种权无效的决定，对在宣告前人民法院作出并已执行的植物新品种侵权的判决、裁定，省级以上人民政府农业、林业行政部门作出并已执行的植物新品种侵权处理决定，以及已经履行的植物新品种实施许可合同和植物新品种权转让合同，不具有追溯力。但是，因品种权人的恶意给他人造成损失的，应当给予合理赔偿；或者依照前述规定，品种权人或者品种权转让人不向被许可实施人或者受让人返还使用费或者转让费，明显违反公平原则的，品种权人或者品种权转让人应当向被许可实施人或者受让人返还全部或者部分使用费或者转让费。

第五节　植物品种权的内容和限制

一、植物品种权人的权利

（一）保护的范围

我国是《保护植物新品种国际公约》1978年文本的参加国。根据该公约第4条的规定，保护的范围原则上适用于一切植物的属和种，但允许成员国采取必要措施逐步对尽可能多的植物属和种进行保护。尽管如此，公约还是规定了有关种属的最低要求。在公约生效时，成员国至少应对5个属或种实施保护；此后逐渐扩大，公约生效3年内至少保护10个属或种，6年内至少有18个属或种，8年内至少有24个属或种等等。

我国作为《保护植物新品种国际公约》的成员国，一直按照这些规定执行。根据《植物新品种保护条例》第13条和第3条的规定，国务院农业、林业行政部门是植物新品种权的审批机关，植物品种保护名录由审批机关确定和公布。申请品种权的植物新品种应当属于国家植物品种保护名录中列举的植物的属或者种。在我国现阶段，农业和林业植物新品种的保护名录分别由农业部和国家林业局确定和公布。

（二）植物品种权的内容

植物品种权是一种具有排他性的专有权利。法律规定这种权利的意义主要是为了排除他人未经许可使用受保护的植物品种。因此禁止权在这里表现得尤为重要。事实上，整个知识产权都是这样。因此也有学者认为知识产权的核心就是禁止权。鉴于此，植物品种权的内容可以表述为：任何人未经植物品种权人的许可，不得为商业目的生产或者销售该授权品种的繁殖材料，也不得为商业目的将已授权品种的繁殖材料重复使用于生产另一品种的繁殖材料。

至于品种权人通过自己可以使用其享有权利的植物品种、转让品种权等积极行为，理论上讲也属于品种权人的权利，但从操作层面上看法律无需就此作出明确规定，因为权利人凭借自己对受保护的植物品种的繁殖材料的占用就可以行使类似行为，且他人在没有法律依据的情况下是无法禁止其行为的。

一般而言，植物品种权的效力应当延及为销售目的而生产受保护的植物品种、为销售目的而提供植物品种和直接在生产上销售植物品种。这里所称植物品种主要指植物的繁殖材料，比如种子。对于无性繁殖材料，则应当包括整株植物。

前述植物品种权的效力仅及于繁殖材料。但在观赏植物或切花生产方面存在例外。即观赏植物或其植株部分作为繁殖材料用于商业目的时，育种者的权利可扩大到以一般销售为目的而不是繁殖用的观赏植物或其植株部分。这是《保护植物新品种国际公约》中的规定。

二、保护的期限

任何一项排他性的知识产权在时间上存续期间都是有限的，植物品种权也不例外。在我国，品种权的保护期限自授权之日起，藤本植物、林木、果树和观赏树木为20年，其他植物为15年，见表7-1。根据《保护植物新品种国际公约》1978年文本第8条，“育种者所得权利有一定期限。自授予保护权之日起，保护期限不少于15年。藤本植物、林木、果树和观赏树木，包括其根茎，保护期为18年”。可见，我国关于植物品种权保护期限的规定完全符合国际条约的规定。

但是，现实中往往存在在法定保护期届满前品种权就提前终止的情形。这些情形主要表现为：品种权人出于某种原因以书面声明放弃品种权的、品种权人未按照规定缴纳年费致使权利终止的、品种权人未按照审批机关的要求提供检测所需的该授权品种的繁殖材料致使权利不能被维持的、经检测该授权品种不再符合被授予品种权时的特征和特性而被终止的等。在我国，当品种权终止时，审批机关将予以登记并向社会公告。

表7-1　　植物品种权保护期限

权利类型	具体内容	保护期限
生产权	为商业目的生产该授权品种的繁殖材料	植物新品种权的保护期，自授权之日起，藤本植物、林木、果树和观赏树木为20年，其他植物为15年
销售权	为商业目的销售该授权品种的繁殖材料	
使用权	为商业目的将该授权品种的繁殖材料重复使用于生产另一品种的繁殖材料	

三、植物品种权的限制

权利限制在知识产权法中普遍存在，这是为了维护公共利益和社会公平所必须设立的制度。一般而言，权利限制是指在法律授权规范所初步确定的权利范围内进一步划定出一些例外区域，在这些例外区域中不受权利人权利的约束的规定。在知识产权法中，有关权利限制的具体制度主要有合理使用、法定许可以及强制许可等。就植物品种权而言，针对受保护品种的繁殖材料的商业行为原则上均属于权利人的权利范围。未经权利人许可进入这一领域即属侵权行为。但考虑到公共利益，各国及有关国际条约均对品种权作出了一定的限制。

在我国，植物品种权的限制主要体现为合理使用和强制许可。其中，合理使用具体表现为：利用授权品种进行育种及其他科研活动，或者农民自繁自用授权品种的繁殖材料的行为，可以不经品种权人许可，不向其支付使用费，但是不得侵犯品种权人享有的其他权利。需要说明的是，这里的合理使用是有条件的，超越了这些条件则需承担相应的法律责任。比如，以农业或林业种植为业的个人、农村承包经营户超出自繁自用的范围接受他人委托代为繁殖侵犯品种权的繁殖材料。这种行为显然不属于合理使用。无论是在国际条约，还是在其他国家的法律中，农民特权的适用都是有着苛刻的条件的。且不说超越自繁自用的范围，有的甚至规定只能繁殖一代，不允许繁殖第二代。

我国《植物新品种保护条例》中关于合理使用的两种类型在国际上也被称作"研究者豁免"（也有称育种者豁免的）和"农民豁免"（也有称农民权、农民特权的）。我国现行的规定是符合《保护植物新品种国际公约》1978 年文本的。但若根据《保护植物新品种国际公约》的 1991 年文本，这些豁免将在一定程度上受到限制。

强制许可的适用同样有其相对严格的条件。我国《植物新品种保护条例》第 11 条规定，"为了国家利益或者公共利益，审批机关可以作出实施植物新品种强制许可的决定，并予以登记和公告"。"取得实施强制许可的单位或者个人应当付给品种权人合理的使用费，其数额由双方商定；双方不能达成协议的，由审批机关裁决。"

第六节　有关植物品种权法律纠纷的解决

一、民事纠纷

有关植物品种权的民事法律纠纷有多种。最为常见的就是侵犯植物品种权的纠纷。对于这种侵权纠纷，其事实认定往往涉及植物学方面的专业知识。如何判断被控侵权品种的全部性状特征与某受保护品种的繁殖材料的全部性状特征相同或者性状特征的不同是因非遗传变异原因所致？如何判断被控侵权品种的全部性状特征与受保护品种的繁殖材料的全部性状特征不完全相同，但该差异是因重复以受保护品种的繁殖材料为亲本与其他亲本另行繁殖所致？所有这些事实都需要通过田间观察检测、基因指纹图谱检测等方法进行技术鉴定。只有在认定了相关事实后才能考虑法律适用问题。因此，这类案件的审理常常会通过法院委托鉴定，或者聘请专家作为人民陪审员，或者双方在庭审中均邀请了专家证人并在庭上作了完全清楚的陈述，或者双方当事人提供的证据经过质证后足以证明案件事实。法院可以根据这些认定案件事实。（实例链接如右框）

> **“淮麦20号”种子品种权纠纷**
>
> 2003年3月，农业部授予淮阴农科所研制生产的“淮麦20号”植物新品种权。同年7月1日，淮阴农科所与辽宁东亚种业公司订立“淮麦20号”品种实施许可合同，约定被许可人永久独占销售这一小麦新品种。当年10月7日，蚌埠龙海公司以每千克0.45元的单价，把标注蚌埠龙海公司为生产单位的包装袋包装的“淮麦20号”种子2 500千克销售给江苏客户许某。12月15日，两原告向合肥市中级法院提起诉讼，要求龙海公司赔偿20万元损失。在该案中，被告未经原告的许可就擅自以营利为目的生产、包装、销售“淮麦20号”种子，侵犯了原告的植物新品种权。

对于侵犯植物品种权的民事责任的行为，侵权人应当依照民法通则的相关规定，结合案件具体情况承担停止侵害、赔偿损失、消除影响等民事责任。这同其他侵犯民事权利的行为没有原则性区别，因为植物品种权也是一种民事权利。

在确定损害赔偿额度时，原则上仍然是按照侵权行为造成的损害数额来决定赔偿额。但当损害额度无法确定时，则可根据侵权人因侵权行为所得利益确定赔偿数额。现实中常常出现被侵权人因被侵权所受损失和侵权人因侵权所得利益均难以确定的情况。在这种状况下，权利人可以要求法院综合考虑侵权人侵权的性质、期间、后果，植物新品种实施许可费的数额，植物新品种实施许可的种类、时间、范围及被侵权人调查、制止侵权所支付的合理费用等因素在法律规定的范围内酌定赔偿数额。

考虑到植物品种的特殊性，以及我国长期以来流传民间的节约粮食的文化传统，对于正处于生长期或者销毁侵权物可能导致严重后果的，人民法院不宜责令销毁侵权物。如果侵权作物已经成熟或者可以正常利用，被侵权人可以采取将侵权物折价方式来抵扣被侵权人所受的损失。但若被侵权人不同意折抵损失，则可要求侵权人对侵权物作消灭活性、混入粮食等等技术处理，使其不可能再被用作繁殖材料。当然，这种做法仅仅在我国尚未加入《保护植物新品种国际公约》的1991年文本的现阶段采用，一旦我国加入《保护植物新品种国际公约》1991年文本，品种权的效力将不再局限于繁殖材料，还将扩展到产品本身乃至其衍生物等。

除了侵权案件之外，在诸多民事纠纷中还有权属纠纷、合同纠纷。无论是权属纠纷，还是合同纠纷，都涉及植物品种申请权和植物品种权两个方面。这些纠纷的解决同其他民事纠纷在本质上没有区别，都适用《民事诉讼法》的相关规定。其中有关转让申请权或者品种权的合同纠纷，根据合同中是否有仲裁条款或者是否达成仲裁协议，可以由约定的仲裁机构通过仲裁程序解决纠纷。

二、行政纠纷

在我国，违反有关知识产权法律法规的行为往往还会受到行政处罚。《植物新品种保护条例》赋予了省级以上人民政府农业、林业行政部门依据各自的职权，在处理品种权侵权案件时，为维护社会公共利益，责令侵权人停止侵权行为，没收违法所得，可以并处违法所得5倍以下的罚款。对于假冒授权品种的行为，县级以上人民政府农业、林业行政部门可依据各自的职权责令停止假冒行为，没收违法所得和植物品种繁殖材料，并处违法所得1倍以上5倍以下的罚款；情节严重，构成犯罪的，依法追究刑事责任。此外，政府农业、林业行政部门依据各自的职权在查处前述案件时，可根据需要封存或者扣押与案件有关的植物品种的繁殖材料，查阅、复制或者封存与案件有关的合同、账册及有关文件。这为行政执法提供了方便。如果被处罚人对于前述行政处罚不服，还可以依据行政诉讼法对作出行政决定的行政机关提起行政诉讼。(资料链接如右上框)

> **加强我国植物新品种权保护的对策**
>
> (1) 大力营造新品种保护法制与政策环境，尊重他人品种权，大幅度提高我国自主品种权的数量和质量。
>
> (2) 完善组织体系，保证新品种保护制度运行。
>
> (3) 加强行政执法，为种子产业化提供良好的市场环境。
>
> (4) 要加强国际交流与合作，在新品种保护国际规则的制定和调整过程中赢得主动权，维护国家长远利益。
>
> 资料来源：陈凤秀：《陈凤秀副司长：农业植物新品种保护现状及发展对策》，http://www.cnpvp.cn/gzdt/xcpx/t20041130_279471.htm，2005年12月6日访问。

由于植物品种权的产生涉及行政机关的审批，还可能因此而产生若干种行政诉讼。比如：应否授予植物新品种权的纠纷、因宣告品种权无效或者维持品种权所生的纠纷、授予品种权的品种更名所引发的纠纷等。此外，由于我国的《植物新品种保护条例》还涉及强制许可的问题，故在法律上还存在产生应否实施强制许可和因强制许可费用所生的纠纷。对于这类纠纷，根据《最高人民法院关于审理植物新品种纠纷案件若干问题的解释》的规定，由北京市第二中级人民法院作为一审法院，北京市高级人民法院作为终审法院。

结　　语

随着现代生物技术的飞跃发展及国际化进程的加快，对农业科技成果创新、占有和推广应用已逐渐成为国家取得农业竞争优势的重要因素，植物新品种保护工作面临着新的机遇和挑战。正如温家宝总理在山东考察工作时所指出的那样，“世界未来的竞争就是知识产权的竞争”。面对新的形势，我们应当及时调整农业结构，培育和发展一批有竞争力的农业企业包括种子企业，加强对植物新品种权的保护，促进农业的现代化和产业化，以应对入世后农业国际竞争的新局面。

资料链接

[1] 王汝锋，崔野韩．国际植物新品种保护的起源、现状与发展趋势 [J]．中国种业，2003 (1)．

[2]《保护植物新品种国际公约》，1961 年 12 月 2 日制定，1972 年 11 月 10 日、1978 年 10 月 23 日、1991 年 3 月 19 日修订．

[3]《中华人民共和国植物新品种保护条例》，1997 年 3 月 20 日国务院第 213 号令．

[4] 詹映，朱雪忠．转基因作物新品种知识产权的技术措施保护初探．http：//www.iprcn.com/new2005/view.asp？idname＝567．

[5] 昆明植物所．昆明植物所培育出 5 个花卉新品种．http：//www.cas.cn/html/Dir/2005/03/21/12/64/21.htm．

思考题

1. 简述植物新品种保护的法定条件。
2. 简述植物新品种权的内容。
3. 植物新品种权与植物专利权有何区别？
4. 简述植物新品种权的保护模式。

第八章　半导体产业与集成电路布图设计权制度

【学习目的与要求】 通过本章的学习，要求学生了解集成电路布图设计的概念和特征，把握集成电路布图设计权的概念和特征；了解集成电路布图设计法律保护的背景，以及在我国保护集成电路布图设计的意义；掌握集成电路布图设计权的取得条件、取得程序及权利的撤销程序；掌握集成电路布图设计权的限制；理解侵犯集成电路布图设计权的行为及其责任。

【内容提要】 集成电路布图设计须具有原创性才能被授予相应的权利。布图设计专有权人享有复制权和商业利用权。该复制权不同于著作权法上的复制权，是指重新制作含有该布图设计的集成电路的权利；商业利用权则主要包括进口权、销售权和发行权。法律规定的对集成电路布图设计专有权的限制包括反向工程、合理使用、权利穷竭、善意买主、强制许可等制度。

【关键词】 集成电路　布图设计　布图设计权

1947年2月23日，在美国的贝尔实验室，巴丁、布拉顿和肖克莱发明了世界上第一只晶体管，这一发明拉开了20世纪后半叶电子技术革命的序幕。1958年，美国得克萨斯仪器公司首次在一块硅片上制成包括晶体管、电阻、电容的振荡器，标志着集成电路的诞生。1959年，美国仙童公司利用PN结隔离技术在氧化膜上制作连线，发明了制作集成电路的硅平面工艺技术并申请了专利，从而奠定了现代集成电路发展的基础。在此后三十多年的时间里，集成电路作为一个产业迅速发展，集成规模也越来越大。集成电路广泛应用于计算机、通讯设备、机械、化工、家用电器等领域，并成为核心组成部分，取代了晶体管与电子管，成为电子技术领域革命的推动力与领头羊。有统计显示，目前发达国家GDP的65%与集成电路有关。本章的内容就是围绕集成电路布图设计权展开，以求让大家对集成电路及其布图设计权的知识有一个基本的了解。

第一节　集成电路技术概述

一、现代电子信息产业的核心——集成电路

何谓集成电路？各国立法不尽相同，学界理解也是见仁见智。按照1989年5月世界知识产权组织在美国华盛顿所通过的《关于集成电路的知识产权条约》（以下简称《华盛顿条约》）的解释，集成电路是指“一种产品，不管是最终形式还是中间形式，是将多个元件，其中至少有一个是有源元件，与部分或全部元件相互连接集成在一块半导体材料之中或之上，以执行某种电子功能”。该公约的规定涉及了集成电路的最终产品和中间产品这两大类型。按照要求，集成电路至少应包含一种有源元件，且所有的元件都集中在一块基片上，而不是由多个分立的元件构成。我国于2001年3月28日通过的《集成电路布图设计保护条例》规定，集成电路是指半导体集成电路，即以半导体材料为基片，将至少包含一个有源元件的多个元件，和部分或全部元件的互联线路集成在基片之中或者基片之上，以执行某种电子功能的中间产品或者最终产品。由于目前绝大多数集成电路是半导体集成电路，所以实行集成电路立法的国家，也多针对半导体集成电路进行立法。

集成电路属于微电子技术的范畴，是现代电子信息的基础，它具有体积小、速度快、能耗低的特点，被广泛应用于各种电子产品之中。作为电子设备中最重要的部分，集成电路承担着运算和存储的功能，其应用范围几乎覆盖了军工和民用的所有电子设备，成为计算机业、数字家电业、通信等行业的绝对“心脏”。在国防方面，无论是巡航导弹、相控阵雷达，还是飞机、舰艇，都严重依赖计算机控制，而决定计算机性能的主要是集成电路。此外，由于现代战争已经发展到信息化战争阶段，所以，以集成电路为基础的电子战和信息战对战争的进程起着决定性作用。

随着国民经济信息化潮流的出现，集成电路高速发展，集成度更高、工作速度更快、功能更强、功耗更低，但价格越来越低，规模越来越大，性能稳定，智能化程度越来越高，这使得通信技术与电脑科技的结合成为可能，为国民经济的信息化

集成电路的战略地位

有学者认为集成电路工业不仅是现代国际技术、经济竞争的战略制高点，而且是影响各国未来“球籍”的基本因素。如果把石油比作近代工业的血液的话，那么完全可以把小小的芯片（集成电路）比作现代和超现代工业和生活的某种“母体”，它是一个国家高附加值收益的富源，也是其综合国力的基石。

解决了技术瓶颈问题，极大地提高了信息产品的信息存储量，加快了产品的处理速度。同时，显著地缩小了信息产品的体积，减少了能源消耗与生产成本，降低了信息产品的消费价格。可以毫不夸张地讲，在一切技术领域，乃至日常生活中的每一个角落，无不有集成电路的身影。（知识链接如上页框）

二、“吞金”工业和“吐金”工业——集成电路产业

集成电路固然重要，但集成电路工业却是一个“吞金”工业。集成电路对设备生产、原材料以及生产环境的要求十分苛刻，制造的工序有800多道，只要一道工序出现问题或者一粒尘埃落在产品上，都会导致产品报废，造成巨大的经济损失，这也直接导致集成电路产业几乎成为世界上最昂贵的产业。一般来说，投资一条8英寸的集成电路生产线需要10亿美元，而建设一条12英寸的集成电路生产线所需的资金更是高达15亿至20亿美元，因此集成电路的生产实际上也是对一个国家整体工业水平和经济实力的考验。但在市场及利润的驱动下，世界各个大公司并没有望而却步，反而掀起投资热潮，因为这一工业同时还是“吐金”工业，当达到一定的产业规模时，先前积累的集成电路生产、设计经验可以积累，并呈累加式状态。在我国台湾地区《天下》杂志2001年第2期的“科技百强”大调查中，全球有28家半导体企业入选，这28家半导体企业的资金都在50亿美元以上，平均营业收入增长率高达87.9%，平均税后纯利润增长率为409.8%。由此可见，集成电路工业必须形成规模效应才能实现盈利，这就需要有好的产品设计和大量的需求订单来满足设备昂贵的生产线的需要。

具体来说，集成电路产业链由设计、制造、封装测试、销售等产业组成，设计业处于产业链的上游，制造与封装测试分处中、下游。三大产业对资金的需求比例为1∶100∶10，而资金增值程度在三大产业中则为4∶3∶3。可见，集成电路设计业是低投入、高产出的行业，其在产业链上游的位置决定了布图设计在集成电路产业中的知识与技术密集程度，也使集成电路呈现出研发投资巨大、工艺技术复杂、产品附加值高的特点。产业分工还反映布图设计具有独立的技术价值，这使得围绕布图设计展开的利益争夺异常激烈。集成电路诞生后的40多年中，除了20世纪80年代后半期日本曾一度超过美国之外，美国一直在世界上占绝对优势。今天，就整个集成电路产业而言，日本总体实力仍排名第二。

三、集成电路与布图设计

集成电路技术是现代工业的“粮食”，是“电子革命的原动力”，是微电子技术乃至整个电子信息产业的核心，构筑了整个国民经济信息化的基础。它的迅猛发展以及广泛应用，极大地促进了国民经济的发展和国防实力的壮大，其技术

水平和产业规模已经成为衡量一个国家经济发展、技术水平和国防实力的重要标志。

集成电路是一种综合技术成果，包括布图设计和工艺技术两大组成部分，其中布图设计是指集成电路中至少一个是有源元件的两个以上元件和部分或者全部互联线路的三维配置，或者为制造集成电路而准备的上述三维。布图设计是一系列以任何方式固定或编码的相互图像，这些图像反映了用以构成集成电路产品的那些材料层之间的三维配置模式。（知识链接如右框）

集成电路芯片设计的步骤

第一个步骤称为逻辑设计，它是根据该集成电路芯片所要执行的功能，利用导线将一些基本逻辑组件连接在一起，最后列出所有逻辑组件的连接网表。

第二个步骤称为布图设计，它是根据第一个逻辑设计所提供的网表，根据所选择电路，根据具体的工艺条件，对芯片里所有的逻辑组件及其之间的连线进行几何配置和布局，在设计中，组件的位置和尺寸应满足电路的设计要求和设计规则（主要指极限尺寸）。互连层次应满足工艺规定，而整个芯片应以尽可能小的面积实现原设计的性级要求。布图设计的“产品”是一套类似于照相底片那样的掩膜，但比照相底片更为精细，目前工艺可以做到0.4μm或更细。

工艺技术部分实际上是将布图设计出来的掩膜以三维复制的方式嵌入到硅片或其他半导体材料中，使之“固化”。除此之外，工艺技术还包括封装与测试两个流程。目前集成电路芯片的制造主要是用硅材料，它是在硅单芯片上按光掩膜的图形利用生长和沉积等技术一层一层地做。因此，芯片的光掩膜以组为单位形成一个三维的图形。布图设计人员的工作就是根据半导体芯片制作原理将多个电路在空间的位置作出合理的安排，即将三维的电路图转化为三维的分层掩膜图，这一转换过程需要耗费大量的时间，是开发芯片的主要投资。

结合集成电路的生产工艺与技术特征，我们可以看出，集成电路布图设计至少有如下特征。

（一）表现形式的复杂性与非任意性

布图设计虽然以图形的方式存在于集成电路芯片中或掩膜版上，但其表现形式受到诸多因素的限制，且这些限制多为技术性的，需要研究开发人员投入大量智力活动才能突破，所以，布图设计的表现形式具有非任意性的特征：（1）集成电路受到集成电路参数要求的限制。由于集成电路用于执行电子功能，如果要求集成电路具有较高的击穿电压，研发人员在完成布图设计时就必须将晶体管的基区图形设计为圆形，以克服结面曲率半径较小处电场过于集中的影响。而那些用于功率放大的集成电路，其功放管图形的面积必须较大，使之得以承受较大电流的冲击。（2）集成电路还受到生产工艺水平的限制。世界上第一块半导体集成电路由7个元件组成，此后，随着集成电路的技术水平与功效程度越来越高，表现出体积小、规模大、功能强而稳定的技术特征。为了提高集成电路的集成度或追求高频特征，常常需要将集成电路中各元件的面积减小。这样，布图设计的线条也相对较细，目前国外已达到亚微米的数量级。由于工艺复杂、难度较大，因此对设计人的智力要求也相应较高。（3）布图设计还受一些物理定律、材料类型及其特征等多种因素的限制。比如，晶体管可能因为基区自编区效应而导致发射极间的电位不等。为克服基区自编区效应，布图设计还需再加上均压图形。（知识链接如右框）

> **摩尔定律**
>
> 在计算机领域有一个人所共知的"摩尔定律"，它由英特尔公司创始人之一戈登·摩尔（Gordon Moore）于1965年提出。摩尔定律最现代和流行的表达即是：在价格不变的情况下，计算机芯片（集成电路，即IC）的运算能力每18个月提高1倍；或是，芯片上的晶体管数量每18个月翻一番。从实际数据来推算，英特尔公司在1971年生产出的第一块可以投入实际运行的硅芯片上只含2 300个晶体管，而在2005年则推出了含有17亿个晶体管的芯片，其速度几乎恰好符合摩尔定律的表述。摩尔定律被人们称为计算机革命的基础。

（二）可复制性与易被复制性

集成电路布图设计的载体可以是掩膜版等半导体材料，也可以是磁带、磁盘、芯片等介质。当载体为掩膜版时，布图设计以图形方式存在，这时只需对全套掩膜版加以翻拍，即可复制出全部的布图设计；当以磁盘与磁带等介质为载体时，则同样可以用相同的介质拷贝复制布图设计；但当布图设计被"固化"到已制成的集成电路产品之中时，复制过程虽然相对较为复杂，但仍然可以进行：去除集成电路的外封装，再去掉芯片表面的钝化层，然后采用不同的腐蚀液逐层剥蚀芯片，并随时拍下各层图形的照片，这样就可获得这种集成电路的全部布图设计了。

> **集成电路的仿制之害**
>
> 1989年，日本的集成电路产品占世界份额的39.8%，超过美国的35.5%，美国认为日本后来居上的原因之一就是对美国半导体芯片布图设计的仿制，这使得美国半导体工业损失巨大。英特尔公司推出8088芯片时每片售价60美元，但当复制品上市之后，它就骤跌至每片30美元。

集成电路具有较强的通用性和兼容性。这种利用特殊技术手段，从集成电路成品着手了解集成电路功能设计特点，获得布图设计的方法，被世界各国厂商广泛采用，被称为"反向工程"。反向工程为集成电路的生产厂商了解其他厂商的产品状况提供了可能，这也正是集成电路易被复制性特征的原因所在。（知识链接如右上框）

（三）无形性

布图设计的创作过程是一个复杂的智力活动过程，布图设计可以固定在磁盘、磁带、掩膜上，也可以固定在集成电路产品中，但这些介质与掩膜仅仅是布图设计的载体，是智力活动成果的表现形式，即物化了的智力成果，布图设计本身是无形的，这与著作权法上的作品有类似之处，都属于知识产品的范围。由于作品与作品载体分别属于著作权与物权的客体，布图设计也具有无形性的特征，这为区分布图设计和按布图设计制造出来的集成电路产品提供了分析工具。

（四）创造性与实用性

第一块集成电路虽然只有7个元件，并且只是使用了平面化的技术进行布图设计，但其新颖性与实用性是显而易见的。现今的高度集成与三维构造可以说是更具新颖性、创造性与实用性。受法律保护的布图设计，要求必须是设计人自己创作的，有自己的独特之处，与以往的布图设计相比较还要有一定的进步性与新颖性。这种新颖性，仅要求比以往的布图设计有一定的进步性和不同即可，即在布图设计创作者和集成电路制造者中不是常规的设计。一个集成电路是由很多基本单元组成的，除了一部分集成电路及布图设计具有新颖性、创造性和实用性之外，其他大部分的创造性并不高。

第二节　世界各国集成电路布图设计保护模式

集成电路的布图设计，通常需要相当大的资金投入和专业的人力资源投入，而复制这种布图设计所需经费很少，依照拍摄电路涂层所得到的照片掩模即可便捷地完成复制工作。因此有必要采用立法形式保护集成电路布图设计。

布图设计的可复制性特点，使得它容易与著作权法上的作品联系在一起受法律的保护。较具独创性的布图设计，因其工商业价值应受到著作权法的保护；同时又因其更新换代快，新产品中的新布图设计有一定的新颖性、部分符合专利法保护的条件，故宜对之实行注册保护制和较短的保护期。但是，绝大多数布图设计方案没有体现根本性的改进，缺乏显著性特点，很难达到专利法所要求的创造性高度。结合著作权法与专利法之长，规定一种二者的“折中”机制，即运用文学产权与工业产权交叉形成的“工业版权”机制来保护布图设计是较具有说服力的。

1984年美国率先通过了《半导体芯片保护法》，将集成电路布图设计以单独立法的方式进行保护。这部法律虽然作为《美国法典》第17编（版权法）的最后一章，即第九章，但该法实际上是一个独立于著作权法与专利法的体系，它是既包含版权又包含专利权内容的混合法。这虽然是出于本国工商业利益与国际竞争的考量，但我们应看到，这种设定新型权利的做法在世界范围内也具有普遍的适应性，而且这一立法模式已经影响到了1989年缔结的《关于集成电路的知识产权条约》（即《华盛顿条约》）和1994年达成的《知识产权协定》。（知识链接如右框）

> **与集成电路布图设计有关的主要国际公约**
>
> 1989年5月，世界知识产权组织在华盛顿召开的专门会议上通过了《关于集成电路的知识产权条约》（《华盛顿条约》）。《华盛顿条约》规定了集成电路布图设计的保护范围，界定了权利限制的范围，确立了缔约方给予保护所要求的正式手续，规定了至少8年的保护期，等等。《知识产权协定》第36条以排除方式反向规定了集成电路布图设计权人的权利保护范围：在符合下文第37条第1款的前提下，成员应将未经权利持有人许可而从事的下列活动视为非法：为商业目的进口、销售或以其他方式发行受保护的布图设计，为商业目的进口、销售或以其他方式发行含有受保护布图设计的集成电路，或为商业目的进口、销售或以其他方式发行含有上述集成电路的物品（仅以其持续包含非法复制的布图设计为限）。

距美国1984年的《半导体芯片保护法》出台不久，日本也于1985年5月31日颁布了《半导体集成电路的线路布局法》。该法体例和内容与美国法非常相似，也是将布图设计视为单独的民事权利的客体来进行立法保护。受美、日的影响，在不到2年的时间内，欧共体也于1986年12月16日颁布了《关于保护半导体芯片产品拓扑图的委员会指令》，要求各成员国根据指令的规定，通过授予专有权的形式来保护半导体产品的布图设计。各成员国可以自行决定保护布图设计的立法模式。两天后，瑞典以专门立法的形式颁布了《半导体布图设计保护法》，德国、荷兰、法国、西班牙等国也陆续以专门立法的形式出台了保护布图设计的法律。

鉴于以专门立法保护集成电路布图设计已成为该领域的国际立法范式，我国也采取了这一立法模式。我国于2001年4月19日颁布了《集成电路布图设计保护条例》（同年10月1日施行），其第1条就表述了该条例的立法目的：保护集成电路布图设计专有权，鼓励集成电路技术的创新，促进科学技术的发展。

第三节　集成电路布图设计专有权

集成电路布图设计专有权作为知识产权家族里的新成员，是指权利持有人对其布图设计进行复制和商业利用的专有权利。该项权利制度的构建，涉及权利的取得（包括主体、客体、取得方式与程序等内容）、权利的内容及其行使、权利的保护以及权利限制这四个方面的内容，以下分述论之。

一、集成电路布图设计专有权的取得

（一）集成电路布图设计权的主体

根据各国保护集成电路布图设计法的一般规定，布图设计专有权通常由布图设计的创作人享有，即完成布图设计的人被视为专有权人。这一规定体现了“谁创作谁受益”的原则。我国《集成电路布图设计保护条例》也采纳了这一原则，即布图设计专有权属于布图设计的创作者，该条例另有规定的除外。

在确定创作者身份的问题上，该条例的规定与著作权法的规定类似，即由自然人创作的布图设计，该自然人是创作者；由法人或者其他组织主持、依据法人或者其他组织的意志而创作并由其承担责任的布图设计，该法人或者其他组织是创作者。如果布图设计由多人共同完成，允许合作者约定布图设计专有权的归属，如果未作约定或者约定不明的，该权利由合作者共同享有。对于受委托完成的布图设计，其专有权的归属由委托人和受托人双方约定，未作约定或者约定不明的，该项权利由受托人享有。（知识链接如上框）

> **布图设计权的原始主体与继受主体**
>
> 上述之创作人、共同创作人、雇主、受托人（即包括了自然人、法人及其他组织，也包括了本国人和外国人）为布图设计权的原始主体，因为他们是根据创作行为或者依合同而直接对布图设计享有专有权。这些原始主体可以通过继承、转让等方式将该权利移转于他人，新取得布图设计权的人可称为布图设计权的继受主体。

对于外国人所完成的集成电路布图设计，按照我国《集成电路布图设计保护条例》第3条之规定，中国自然人、法人或者其他组织创作的布图设计，依照本条例享有布图设计专有权；外国人创作的布图设计首先在中国境内投入商业利用的，依照本条例享有布图设计专有权；外国人创作的布图设计，其创作者所属国同中国签订有关布图设计保护协议或者与中国共同参加有关布图设计保护国际条约的，依照本条例享有布图设计专有权。

> **我国法律对独创性的规定**
>
> 我国《集成电路布图设计保护条例》第4条第1款规定：“受保护的布图设计应当具有独创性，即该布图设计是创作者自己的智力劳动成果，并且在其创作时该布图设计在布图设计创作者和集成电路制造者中不是公认的常规设计。”第2款同时规定：“受保护的由常规设计组成的布图设计，其组合作为整体应当符合前款规定的条件。”

（二）布图设计权的客体

布图设计专有权的客体为符合法定保护条件的布图设计。各国法律及国际公约一般都规定，布图设计须具有原创性或独创性才能受到法律的保护。

所谓原创性，也称独创性，本是著作

权法对受保护的作品的要求，即作品必须是个人独立创作的才能受到法律的保护。但是，布图设计的原创性不仅具有作品的独创性的含义，而且兼有专利法所要求的创造性的含义。专利法所规定的创造性是指，“受保护的技术发明具有突出的实质性特点和显著的技术进步”。根据多数国家法律及国际公约的规定，受保护的布图设计不仅应为各设计人独立创作的技术成果，而且该成果应在集成电路行业中属于非普通的或非常规的设计，或者说，该布图设计可由常规的元件和互连组合而成，但作为一个整体具有非常规的特点。(知识链接如上页框)

（三）集成电路布图设计专有权的取得方式与程序

1. 取得方式

一项集成电路布图设计完成后，并不能当然取得专有权，往往还必须履行一定的手续。从目前各国保护集成电路的法律规定来看，布图设计权的取得方式通常有三种。

（1）登记制。布图设计创作完成后，创作人或其他欲取得专有权的人必须向有关部门办理登记手续后，才能取得专有权。多数制定集成电路布图设计保护法的国家，采用了登记制，我国的《集成电路布图设计保护条例》规定的也是登记制。(知识链接如右框)

> **采用登记制的理由**
>
> 布图设计发展速度较快，通过登记制度便于确定布图设计的创作完成时间，还能通过登记制确定该布图设计是否符合法定的受保护条件，使设计人的权利趋于稳定；反之，若不进行登记，则布图设计的专有权处于一种不稳定的状态之中，故在实际运用过程中容易出现法律纠纷。不过，为了给权利人以必要的准备时间，各国法律一般允许当事人在布图设计首次商业利用的2年内提出申请。

（2）有限的使用取得与登记制相结合的方式。布图设计专有权的取得，应通过登记取得，但对未登记的布图设计，在其首次商业利用后的一段时间内，给予法律保护，超出该期间仍不进行登记的，法律不再给予保护。荷兰、美国等国的法律采取此种立法模式。

（3）自动取得制。布图设计自其创作完成后，自动取得布图设计专有权，不需要经过任何程序或手续。这种制度类似于著作权的自动取得制。目前，只有英国、瑞典等少数国家采取此种立法模式。这种制度虽然能对布图设计的开发人提供及时的法律保护，但在发生纠纷时举证相当麻烦，这是大多数国家不采用的原因。

2. 取得程序

在我国，办理布图设计登记手续的机关是国家知识产权局。根据《集成电路布图设计保护条例》规定，布图设计专有权应当按照下列程序登记取得。

（1）申请。向国家知识产权局申请布图设计登记的申请人，应当提交布图设计登记申请表和该布图设计的复制件或者图样；布图设计在申请日以前已投入商业利用的，还应当提交含有该布图设计的集成电路样品。国家知识产权局收到布图设计申请文件之日为申请日。如果申请文件是邮寄的，以寄出的邮戳日为申请日。布图设计自其在世界任何地方首次商业利用之日起 2 年内，未向国家知识产权局提出登记申请的，不再予以登记。

（2）初审。国家知识产权局收到布图设计登记申请后，对申请进行初步审查，而且主要是形式审查，基本不涉及其实质内容。

（3）登记并公告。布图设计登记申请经初步审查，未发现驳回理由的，由国家知识产权局予以登记，发给登记证明文件，并予以公告。布图设计登记申请经初步审查，不符合法定要求的，国家知识产权局予以驳回。

（4）对驳回申请的复审。申请人对驳回申请的决定不服的，可以自收到通知之日起 3 个月内，向国务院知识产权行政部门请求复审。对复审决定仍不服的，可以自收到通知之日起 3 个月内向人民法院起诉。

（5）登记的撤销。布图设计获准登记后，国务院知识产权行政部门发现该登记不符合本条例规定的，应当予以撤销，通知布图设计权利人，并予以公告。布图设计权利人对撤销登记的决定不服的，可以自收到通知之日起 3 个月内向人民法院起诉。（知识链接如右上框）

登记撤销的理由

布图设计获准登记后，国务院知识产权行政部门发现该登记不符合规定的，由专利复审委员会予以撤销，通知布图设计权利人，并予以公告。这些情形主要包括：（1）不属于集成电路或者集成电路布图设计；（2）不具备权利主体资格；（3）不具有独创性；（4）该布图设计自创作完成之日起已满 15 年；（5）该布图设计自其在世界任何地方首次商业利用之日起 2 年内，未向国家知识产权局提出申请。

二、集成电路布图设计专有权的内容及其行使

（一）集成电路布图设计专有权的内容

布图设计权的内容，也就是布图设计权的权能，是指权利的持有人对于权利的客体所能够行使的权利。从各国有关立法及国际条约的规定来看，布图设计权的内容主要包括两种权利：复制权和商业利用权。

1. 复制权

复制权是布图设计专有人所享有的一项最为重要的专有权利，是权利人防止他人非法复制的最重要的手段。所谓复制权，是指民事主体对布图设计依法所享有的复制其布图设计之一部分或全部的权利。如果复制取得了权利人的许可，则

可以按照布图设计图纸去重新制作含有该布图设计的集成电路；如果未经权利人的许可，复制者则可以通过反向工程（关于反向工程的问题将在后文“布图设计权的限制”中探讨）获得集成电路的布图设计，然后根据这一设计重新制作相同的或简单修改的集成电路。我国《集成电路布图设计保护条例》对复制权进行了明确的规定。(知识链接如右框)

> **集成电路布图设计复制的特点**
>
> 对集成电路布图设计的复制，不同于著作权法意义上的复制。著作权法所规定的复制是指以复印、拓印、临摹、手抄、翻拍等方式将作品制成一份或多份的行为。它包括将平面作品复制成平面作品、将平面作品复制成立体作品、将立体作品复制成平面作品、将立体作品复制成立体作品等几种方式。而集成电路布图设计的复制，实际上是重新制作含有该布图设计的集成电路。

2. 商业利用权

所谓商业利用权，是指专有权人为商业目的而利用布图设计或含有布图设计的集成电路的权利。布图设计的创作，其目的就是为了工业利用，即其具有实用性的特点。目前，各国法律及国际公约一般都规定了布图设计所有人的商业利用权。我国《集成电路布图设计保护条例》将“商业利用”定义为“为商业目的进口、销售或者以其他方式提供受保护的布图设计、含有该布图设计的集成电路或者含有该集成电路的物品的行为”。和当前各国集成电路法的规定相同，我国的布图设计权中不包括精神权利。

此外，权利人按照集成电路法所享有的权利，并不影响权利人根据其他法律对布图设计所享有的权利，如专利权、工业设计权或者版权。

（二）布图设计权的行使

布图设计权作为权利人的一项个人权利，在许多国家里甚至被视为个人财产或者动产，各国法律规定允许依法行使。布图设计权的行使，主要包括三种形式：自己对布图设计进行复制或者商业利用、将布图设计权转让给他人所有以及许可他人对布图设计进行复制和商业利用。后两者亦称为布图设计权的利用，现分述之。

1. 布图设计权的转让

所谓布图设计权的转让，就是权利人将其全部权利转让给受让人，其后果表现为受让人成为该布图设计权的新的持有人。布图设计权的转让实际上就是布图设计权的主体发生变化，原权利人丧失了对集成电路布图设计的一切权利，全部权利都由受让人享有。布图设计权的转让，只能是全部权利的转让、不允许只转让部分权利。绝大多数国家要求，布图设计权的转让必须以书面方式进行；同时，在实行登记制的国家，布图设计权的转让还必须经过有关机构的登记，转让自登记之日起生效，否则这种转让不得对抗经过登记的转让。我国《集成电路布图设计保护条例》就是如此规定的。

2. 布图设计权的许可

所谓布图设计权的许可，是指权利人通过许可合同，将其权利的一部分或全部授予他人行使。由于布图设计权的许可属于技术转让行为，主要在技术转让法或相关法律中规定。我国《集成电路布图设计保护条例》也只是简单的规定，许可他人使用其布图设计的，当事人应当订立书面合同。

三、集成电路布图设计专有权的保护

（一）保护期限

关于布图设计权的保护期限，各国法律一般都规定为10年。根据《集成电路知识产权条约》的要求，布图设计权的保护期至少为8年。《知识产权协定》所规定的保护期则为10年。我国《集成电路布图设计保护条例》规定，布图设计专有权的保护期为10年，自布图设计登记申请之日或者在世界任何地方首次投入商业利用之日起计算，以较前日期为准。但是，无论是否登记或者投入商业利用，布图设计自创作完成之日起15年后，不再受保护。

（二）侵权行为

侵犯布图设计权的行为，主要包括非法复制和非法进行商业利用。世界知识产权组织《关于集成电路的知识产权条约》第6条规定："任何缔约方对下述未经权利持有人授权的行为，均应认为非法：（1）复制行为，不论是以将一个受保护的布图设计的全部或者一部分结合在集成电路中的方法还是其他方法，但复制的该部分不符合第3条第2款所规定的独创性要求的除外；（2）对一个受保护的布图设计或者结合有受保护的布图设计的集成电路产品而进行的任何进口、出售或者其他商业目的的分销行为。"（知识链接如右框）

> **我国法律对于侵犯布图设计行为的规定**
>
> 我国《集成电路布图设计保护条例》第30条规定了侵犯复制权和商业利用权的两种行为，即"未经布图设计权利人许可，复制受保护的布图设计的全部或者其中任何具有独创性的部分的行为"，"未经布图设计权利人许可，为商业目的进口、销售或者以其他方式提供受保护的布图设计、含有该布图设计的集成电路或者含有该集成电路的物品的行为"。

（三）侵权责任及制裁措施

1. 侵权责任的形式

我国《集成电路布图设计保护条例》规定了侵犯布图设计专有权的民事责任和行政责任。

（1）民事责任。根据《集成电路布图设计保护条例》第30条规定，侵权行

为人必须立即停止侵权行为，并承担赔偿责任。侵犯布图设计专有权的赔偿数额，为侵权人所获得的利益或者被侵权人所受到的损失，包括被侵权人为制止侵权行为所支付的合理开支。

（2）行政责任。《集成电路布图设计保护条例》第31条规定，国务院知识产权行政部门在处理因侵权而引起的纠纷时，如果认定侵权成立，可以责令侵权人立即停止侵权行为，没收、销毁侵权产品或者物品。当事人不服的，可以自收到通知之日起15日内依照《行政诉讼法》向人民法院起诉；侵权人期满不起诉又不停止侵权行为的，国务院知识产权行政部门可以请求人民法院强制执行。

2. 即发侵权的制止

《集成电路布图设计保护条例》第32条规定，布图设计权利人或者利害关系人有证据证明他人正在实施或者即将实施侵犯其专有权的行为，如不及时制止将会使其合法权益受到难以弥补的损害的，可以在起诉前依法向人民法院申请采取责令停止有关行为和财产保全的措施。

四、集成电路专有权的限制

各国立法大多基于社会公益的立场规定了对布图设计权的法定限制，一般包括反向工程、合理使用、权利穷竭、善意买主、强制许可等。

（一）反向工程

即利用特殊技术手段，从集成电路产品着手了解他人集成电路产品的功能设计特点，获得布图设计。运用反向工程对布图设计进行复制，不构成侵权，但该行为须具备以下条件：一是其目的在于对他人的布图设计进行分析、评价、用于教学或在他人设计的布图设计的基础上创作新的布图设计，单单出于商业目的不能对他人的布图设计运用反向工程；二是利用反向工程所创作出的新的布图设计必须符合原创性的要求；三是对于所复制他人的布图设计不能进行商业利用。（知识链接如右上框）

> **反向工程的存在理由**
>
> 法律之所以允许反向工程存在，其理由在于：人们通过反向工程可以分析、研究集成电路产品的结构、功能、设计思想，可以在此基础上开发更新更好的产品。通过反向工程开发新产品，比较经济容易。若不允许反向工程存在，则可能引起技术开发者在某些领域的垄断，不利于工业的发展。而且，反向工程在集成电路领域中已成为一种普遍的实践。目前，各国的集成电路法律也多承认反向工程的合法性，《关于集成电路的知识产权条约》和《知识产权协定》也采用之。

（二）合理使用

为个人学习目的或为教学研究所进行的复制或利用他人受法律保护的布图设计的行为有别于以营利为目的的商业利用，不会对权利人的利益造成太大的损害，而且，允许这种使用的存在，会促进全社会科学、文化和技术的进步。例如，我国《集成电路布图设计保护条例》第23条第1款规定，为个人目的或者单纯为评价、分析、研究、教学等目的而复制受保护的布图设计的，可以不经布图设计权利人许可，不向其支付报酬。

（三）权利穷竭

布图设计权利人或经其授权的人将布图设计或含有该布图设计的集成电路或含有该集成电路的产品投放市场后，对与该布图设计有关的商业利用行为，不再享有控制权，即进口、销售或以其他方式来使用该布图设计的行为无需征得布图设计权利人或其授权人的许可。就此而言，该原则限制了布图设计人在产品销售后对布图设计的控制权，购买者可以行使所有权为自由处分行为。

（四）善意买主

对于购买含有非法复制的受保护的布图设计的集成电路产品者，如果其购买时并不知情，并将该产品进口、销售或从事其他商业利用，不追究其法律责任。我国《集成电路布图设计保护条例》也高度关注布图设计权利人与善意买主之间的利益平衡问题，并采取了维护布图设计权利人经济利益的价值取向。条例第33条规定，在获得含有受保护的布图设计的集成电路或者含有该集成电路的物品时，不知道也没有合理理由应当知道其中含有非法复制的布图设计，而将其投入商业利用的，不视为侵权。前款行为人得到其中含有非法复制的布图设计的明确通知后，可以继续将现有的存货或者此前的订货投入商业利用，但应当向布图设计权利人支付合理的报酬。

（五）强制许可

强制许可是指国家主管机关根据法定情形，不经布图设计权人的许可，以向权利人付费为代价，授权他人利用布图设计的一种法律制度。规定强制许可的目的一般是为了维护本国的社会公共利益，使公众可以利用先进的集成电路产品。（知识链接如右框）

我国法律的特殊规定

除了5种国际通行的限制外，为了保护独立创作人的利益，我国《集成电路布图设计保护条例》还规定了一种特殊的权利限制制度，对自己独立创作的与他人相同的布图设计，即使其未通过登记取得专有权，但由于其付出了创造性的劳动，仍然应该予以肯定。《集成电路布图设计保护条例》第23条第3款规定，对自己独立创作的与他人相同的布图设计进行复制或者将其投入商业利用的，可以不经布图设计权利人许可，不向其支付报酬。

结　语

在我国的国民经济发展过程中，电子信息产业是龙头，而集成电路产业则是整个电子信息产业的核心和基础。在中国，每1元人民币的集成电路产值可以带动10元电子产品产值，并创造100元国内生产总值，因此集成电路产业的振兴对一个国家的经济发展有着重要战略意义。我们要着眼长远发展集成电路工业，在新一轮的国际竞争中占据有利地位，就必须高度重视集成电路布图设计的法律保护。只有在一个完善的法律环境下从事技术革新与创造，在自主知识产权的基础上进行集成电路的技术贸易与产品贸易，才能逐渐从“中国制造”走向“中国创造”。

资料链接

[1] 郑胜利．集成电路布图设计保护法比较研究［M］//郑胜利．北大知识产权评论第1卷．北京：法律出版社，2002.

[2] 刘文．集成电路布图设计的知识产权性质和特点［J］．法商研究，2001（5）.

[3] 郭禾．中国集成电路布图设计权保护评述［J］．知识产权，2005（1）.

[4] 国家软件与集成电路公共服务平台，http：//www. csip. org. cn.

[5] 中国集成电路设计网，www. csia－iccad. net. cn.

思考题

1. 为什么要对集成电路布图设计进行保护？
2. 简述集成电路布图设计专有权的内容。
3. 简述对集成电路布图设计专有权限制的内容。
4. 简述集成电路布图设计专有权的产生和终止。

第九章　未披露的信息与商业秘密权制度

【学习目的与要求】 通过本章的学习，要求学生掌握商业秘密的概念、范围和构成要件，理解商业秘密权与专利权的联系和区别，掌握侵犯商业秘密权的表现形式及其法律责任，同时能够联系司法实践中的案例，探讨与商业秘密保护密切相关的员工跳槽和竞业禁止的问题。

【内容提要】 商业秘密是指不为公众所知悉、能为权利人带来经济利益、具有实用性并经权利人采取保密措施的技术信息和经营信息。构成商业秘密的技术信息和经营信息应具备秘密性、商业价值性，并已采取保密措施。侵犯商业秘密行为的多发地带是在经济领域，尤其以竞争行业为多，因此各国立法一般通过民法、反不正当竞争法、商业秘密法、刑法等对商业秘密进行调整。赋予商业秘密持有人以独占性权利，是现代商业秘密保护的基本途径，而商业秘密权具有知识产权的本质特征，属于知识产权的范畴。侵犯商业秘密行为包括以不正当手段获取商业秘密、对不正当获得的商业秘密的披露、来源正当但使用不正当以及第三人恶意或过失的获取、使用或披露等行为。由于员工跳槽已成了泄漏企业商业秘密的重要原因，所以理清员工跳槽、竞业禁止与商业秘密保护之间的关系就尤为必要。

【关键词】 商业秘密　商业秘密保护　商业秘密权　竞业禁止

深圳市润天智图像技术有限公司（以下简称润天智公司）于2001年4月任命徐某某为副总经理，同年5月，又聘任龚某某为机械开发部的工程师。2002年4月间，在向润天智公司购买喷绘机的过程中，沈阳市辽宁金龙电脑喷绘广告有限公司总经理李某某结交了徐某某。后来，李某某就提议徐某某获取润天智公司的“彩神数码喷绘机”生产技术等相关资料，并带该公司技术人员一起前往沈阳工作，初步商议给徐某某的报酬为年薪人民币30万或公司20%的股份。于是，徐某某就怂恿龚某某以及该公司电子开发部工程师马某某一起前往沈阳为李某某的公司生产喷绘机。2002年5月某日晚下班后，徐某某指使龚某某在润天智公司拷贝了软件工程师赵某某、机械工程师颜某某电脑上的生产喷绘机的相关技术资料，并将拷贝好的硬盘交给了徐某某。之后，徐某某、龚某某及马某某三人在未办理辞职手续的情况下便前往了李某某正在筹备的沈阳市辽宁柯宝科技实业发展有限公司（以下简称柯宝公司）。徐某某将含有润天智公司喷绘机技术资料的硬盘交予了李某某，随后，龚某某及马某某也开始在柯宝公司工作。柯宝公司生产的“赛特”3200数码彩色喷绘机与润天智公司产品软件的核心算法参数文件完全一样，并给润天智公司造成了重大损失。据此，法院判决李某某、徐某某、龚某某的行为均已构成了侵犯商业秘密罪。[1] 本案涉及一种特殊的知识产权，即商业秘密（tradesecret）。由于商业秘密蕴含着巨大的经济价值，商业秘密已成为能给经营者带来巨大竞争优势的“秘密武器”，这也使得它日益成为不正当竞争行为所侵害的对象。据有关报道，近些年来我国法院受理的涉及侵害商业秘密的侵权案件日益增多。随着世界科技经济一体化的发展和知识经济时代的到来，商业秘密在国际竞争中的重要性也是与日俱增。这正是本章要讨论的问题。

第一节　商业秘密概述

一般而言，对大多数知识产权的保护都要公开其保护的内容，比如对专利、商标、著作权的保护等等。但是，对于商业秘密的保护，其保护的内容却可以是秘而不宣的，因此，商业秘密具有更大的竞争性。随着科技革命和市场经济竞争的白热化，商业秘密越来越成为市场竞争中的极为重要的因素，商业秘密保护已引起了人们越来越大的关注。

一、商业秘密的概念

商业秘密虽然受到了广泛的关注，但其含义如何，世界各国的法律定义并不完全一致。我国《反不正当竞争法》第10条规定，商业秘密是指不为公众所知悉、能为权利人带来经济利益、具有实用性并经权利人采取保密措施的技术信息和经营信息。这里的“不为公众所知悉、能为权利人带来经济利益、具有实用性并经权利人采取保密措施”是商业秘密的构成要件，而“技术信息和经营信息”则是商业秘密的范围。

国家工商行政管理总局颁布的《关于禁止侵犯商业秘密行为的若干规定》的第2条对商业秘密的上述定义作了进一步的解释：不为公众所知悉，是指该信息不能从公开渠道直接获取；能为权利人带来经济利益、具有实用性，是指该信息具有确定的可应用性，能为权利人带来现实的或者潜在的经济利益或者竞争优势；权利人采取保密措施，则包括订立保密协议，建立保密制度及采取其他合理的保密措施；而所谓的技术信息和经营信息，则是指设计、程序、产品配方、制

[1] 最高人民法院典型案例：《广东省深圳市中级人民法院审理李明光等侵犯商业秘密案刑事裁定书》，资料来源于：http：//www. court. gov. cn/popular/200502050016. htm。

作工艺、制作方法、管理诀窍、客户名单、货源情报、产销策略、招投标中的标底及标书内容等信息。(实例链接如右框)

> **神奇的“可口可乐”配方**
>
> “可口可乐”饮料，是100多年前美国人彭伯顿偶然发明的，现已成为一种风靡全球的国际著名饮料。每年都有巨额的利润滚滚流入美国的可口可乐公司。该公司将“可口可乐”的秘方保存在一个安全的地方，原液配方只有总经理和一技术负责人知道，而且二人外出时不搭乘同一架飞机。至今知道可口可乐配方的也不过10人，而且公司还有一套严格的保密制度，以防失秘。为了破译该秘方，世界上有不少化学家花费了多年时间，仍一无所获。
>
> 资料来源：张贰群：《专利战法八十一计》，知识产权出版社2005年版，第200～201页。

《知识产权协定》首次将商业秘密进行了国际化的保护。《知识产权协定》在第39条中将其称之为未披露的信息（undisclosedinformation），并给出了它的商业秘密定义：只要有关信息符合下述条件，则自然人和法人应有可能禁止他人未经允许以违背诚实商业行为的方式，披露、获取或者使用处于其合法控制下的信息：（1）其在下列意义上是具有秘密性的，即其作为一个整体或作为其组成部分的确切构造或组合，未被通常从事该类信息工作的领域内的人们普遍知悉或者容易获得；（2）由于是秘密而具有商业价值；（3）合法控制该信息的人根据情况采取了合理的保密措施。由此可见，我国法律关于商业秘密的定义与《知识产权协定》中的规定基本上是一致的。

二、商业秘密的范围

根据我国《反不正当竞争法》和国家工商行政管理总局的《关于禁止侵犯商业秘密行为的若干规定》的相关规定，商业秘密包括技术信息和经营信息两个方面：技术信息是指在生产经营过程中所总结或发现的某种技术性成果。包括设计、软件程序、产品配方、制作工艺、制作方法等。例如，计算机软件就是一种重要的技术信息。在我国，对计算机软件的著作权保护并不排斥同时依照商业秘密的保护。只要计算机软件符合一定的条件，即商业秘密的构成要件，就可以得到商业秘密的保护。[1]

经营信息则是指促进经营活动，具有竞争优势的信息。经营信息所包含的范围是非常广泛的，事实上包括技术信息以外的能够为权利人带来竞争优势用于经营活动的各类信息，像管理诀窍、客户名单、货源情报、产销策略、招投标中的标底及标书内容等信息。此外，市场调查资料也是一种经营信息，也可以成为商

---

[1] 孔祥俊：《反不正当竞争法原理》，知识产权出版社2005年第一版，第392～399页。

业秘密。(知识链接如右框)

这里还需要特别注意的是，商业秘密作为一种处于保密状态的信息，既可以存在于某种实物性载体之中，如图纸、资料、胶卷、软件等，也可以留存在知悉商业秘密特定人员的头脑里。

作为商业秘密的客户名单

客户名单，即经营者的客户名录、地址和交易习惯等资料，就是经营信息中的一个重要种类，可以成为经营者的商业秘密。当然，经营信息中的客户名单是否能得到保护，还要看其是否符合商业秘密构成要件的要求。

三、商业秘密的构成要件

商业秘密包括技术信息和经营信息，但是，与市场竞争有关的技术信息和经营信息浩如烟海，形形色色，并不是所有这些信息都是商业秘密，都能得到法律的保护。这些信息要获得法律的保护还需满足一定的条件，换句话说，就是要符合法律规定的商业秘密构成要件。

我国《反不正当竞争法》在第10条和《刑法》第219条都同样地规定，商业秘密，“是指不为公众所知悉、能为权利人带来经济利益、具有实用性并经权利人采取保密措施的技术信息和经营信息”。这些规定就揭示了我国法律对于商业秘密的构成要件的要求，一般认为包含秘密性（不为公众所知悉）、能为权利人带来经济利益、实用性和权利人采取保密措施这4个要件。但《知识产权协定》对商业秘密只规定了3个要件，即秘密性、具有商业价值和采取了保密措施。因此，最高人民法院2004年12月23日公布的《最高法院关于审理技术合同纠纷案件适用法律若干问题的解释》对商业秘密的技术秘密的构成要件重新予以了界定，它认为，“技术秘密，是指不为公众所知悉、具有商业价值并经权利人采取保密措施的技术信息”。实际上这是将《反不正当竞争法》和《刑法》所确认的商业秘密的构成要件中的“能为权利人带来经济利益、具有实用性”的要求统一规定为“具有商业价值”。事实上，这种规定更符合国际标准和惯例，有利于按照我国加入世界贸易组织承诺加强对包括技术秘密在内的商业秘密的法律保护。❶ 因此我们就可以将商业秘密的构成要件概括为三点：秘密性、商业价值性和采取保密措施。

（一）秘密性

我国法律规定的商业秘密第一个也是最基本的构成要件，是所谓的“不为公众所知悉”，亦即具有秘密性。商业秘密的这一特征所反映的是某种信息的一种客观性状。如果一种技术信息或者经营信息，是相关领域的技术人员或者经营

❶ 石国胜：“技术秘密须具有商业价值（法律解读）”，载《人民日报》2004年12月24日。

者能够在公共渠道以普通方式获得，且任何人都可以自由使用，那么，这样的技术信息或经营信息就是公共信息，不属于商业秘密之范围。商业秘密则不然，它是处于保密状态的，相关领域的技术人员或经营者只能以某种法律方式与商业秘密持有人签订许可使用协议获取，不可能在公共渠道以普通方式获得。

为使商业秘密的利益发挥出来，持有人在可以不破坏保密状态的前提下，以某种方式利用其商业秘密。当然，对商业秘密的利用可能导致其他人以合理的手段获知该秘密，例如，反向工程。此外，商业秘密被申请专利、含商业秘密的作品出版或登记等，都可能导致商业秘密的披露，从而使之进入公知公用领域。

商业秘密的相对秘密性

商业秘密的秘密性是相对的，常见的知悉商业秘密的一定范围内的特定人群有：(1) 负责实施权利人商业秘密的雇员或员工，包括过去和现在与权利人产生过雇佣或者劳动关系的人；(2) 根据合同约定负有保密义务的人，如技术合同的受让方；(3) 法律规定或者行为的性质决定了其负有保密义务的人，比如参加学术研讨会、成果鉴定会、法庭庭审等活动而知悉商业秘密的人。

应该注意的是，商业秘密的秘密性只是一种相对秘密性，它并不要求商业秘密必须是除去权利人之外绝对没有其他人知悉，而只要不是在本行业内众所周知即可。这里有两个方面的含义：一方面，其他行业的人知悉，并不影响商业秘密的秘密性。另一方面，即使是在本行业内，商业秘密也是不可能仅由其权利人一人知悉的。出于生产、销售等方面的需要，它必须被提供给一定范围内的人群，通常包括企业的员工、合伙人或经销商等人。也就是说，凡出于业务需要，不管是为企业内部的有关员工知悉，还是为外部原料供应商、产品销售商等依照约定或当地的行业习惯，在该外部人员负有明示或默示的保密义务情况下的知悉，均不构成为公众所知悉，仍然具有秘密性。换言之，商业秘密是可以为一定范围内的特定人群所知悉的。这个一定范围内的特定人群到底可以有多大，应视具体情况而定，但知悉商业秘密的人是否承担了保密义务，则是一项重要的判定标准。(知识链接如右上框)

此外，商业秘密的相对秘密性还表现在商业秘密可以多人同时拥有，可以有多个权利人。如两人同时或先后发明了某项技术，或者某人通过反向工程获得了他人的商业秘密，等等。几个人同时拥有某项商业秘密时，只要各自采取了保密措施，其相对秘密性的存在是不受影响的，因为这并没有达到在本行业内众所周知的程度。比如，A 和 B 两家钢厂同时各自掌握了某项冷轧板板型控制方面的技术秘密，分别又都采取了保密措施，当 C 钢铁公司需要这项技术时，A 厂和 B 厂均可以分别以商业秘密转让合同的方式将该项技术转让给 C 公司使用，因为该公司并不掌握这项技术，所以它仍是商业秘密。

为什么对于商业秘密只要求相对秘密性呢？因为要求绝对秘密性是行不通的。我们知道，商业秘密是一种有用的信息，其价值是通过使用而体现出来的。而在商业秘密的使用过程中要求不为任何人所知悉，这显然是行不通的。

（二）商业价值性

商业秘密的价值性，是《反不正当竞争法》第10条第2款所规定的“能为权利人带来经济利益，具有实用性”这段话的概括，包含着价值性和实用性两方面的含义。（实例链接如右下框）

> **不具有商业价值性的火腿染色技术不是商业秘密**
>
> 曾有一个日本火腿肠公司，发明了一种火腿染色技术，自我感觉良好，后被一位跳槽的员工窃走并自立门户，该公司就把此员工告上法庭。后经法庭调查顾客在购买此种火腿肠时根本没把颜色考虑在内，所以法庭判定此项技术不是商业秘密，这就是关于商业秘密应该蕴涵价值的一个典型案例。

所谓价值性，是指通过对商业秘密现在或者将来的使用，能够带来现实和潜在的经济利益。商业秘密价值性的本质是商业秘密要能给其权利人带来经济利益或者竞争优势。事实上，商业秘密的价值性也有着多方面的含义，主要有：（1）商业秘密的价值包括现实和潜在的两方面的内容。不管是现实的直接就已能使用的信息，还是尚处在研究开发中但具有可预期价值的信息，都可以说是具备了价值性。（2）积极性和消极性的信息都可以说是具有价值性。所谓积极性信息，是对生产经营活动直接有用的信息；而消极性信息，则是经营者经过挫折、花费成本获得的有关反向的经营方向的信息，如失败的试验报告、设计图纸等。（3）无论是长期持续有用的信息，还是生命力很短暂的信息，也都有可能具有价值性。如《关于禁止侵犯商业秘密行为的若干规定》第2条第5款规定的“招投标中的标的及标书”，就是一种典型的短暂信息。（4）商业秘密的价值性是一种客观价值性，亦即不能是权利人自认为有实用价值，必须是客观上确有实用价值。（5）商业秘密是使经营者获得经济利益或者竞争优势的信息，其他与此无关的信息，即使经营者将其作为秘密来管理，也不具备价值性，就不是商业秘密。在这里首先应注意区分国家秘密和商业秘密的范围界限，协调好保护国家秘密和保护商业秘密的关系。其次，还应注意区分商业秘密与个人隐私的范围界限。个人隐私是个人不愿意让外界知道，而且公开的结果将带来不利的事项。个人隐私最大特征是秘密性，这种秘密的保留并不影响、妨碍他人的生活、并不违背法律的规定。个人隐私一般来讲包括人身隐私、财产隐私、生活隐私、心理隐私、个人经历隐私以及社会关系方面的隐私等等。商业秘密和个人隐私有许多共性。除秘密性是二者的根本特性外，两者都包含有涉及经济方面的秘密，因此，商业秘密与个人隐私的范围界限就较难区分，需要我们慎之又慎。

> **尚处于概念、原理阶段的设想不能成为商业秘密**
>
> 尚处于概念、原理阶段的设想或构想还不能具体实施，更不能带来竞争上的优势，因此也就没有具体性，就不是商业秘密。在这里就是要将商业秘密与抽象性的一般知识和经验区分开来。因为如果给予了抽象、模糊性原理商业秘密的保护，尤其是如果给予权利人自己都还处在探索阶段还无法具体实施的信息以法律保护，就会妨碍他人的正当商业机会，阻碍社会的发展。

实用性，又称有用性，是指商业秘密的客观有用性。商业秘密的运用要能为权利人带来经济上的价值或者竞争优势，换句话说就是，商业秘密必须能够用于生产、贸易或管理，并能产生积极的经济效益。实用性与价值性存在着密切的关系，实用性是价值性的基础，而价值性则是实用性的结果。具体来说，商业秘密的实用性又主要表现在它的具体性和确定性。所谓具体性，在这里是说商业秘密必须要能转化成具体可实施的方案或办法。所谓确定性，则表现在商业秘密的权利人要能够界定商业秘密的具体内容和界限。就是要能说明商业秘密由哪些信息组成，各组成部分之间的关系，该信息与其他相关信息的区别，如何具体实施，等等。（知识链接如右上框）

（三）采取保密措施

所谓采取保密措施，又称秘密管理性、保密性等，是指权利人为保持商业信息的秘密性采取了合理的保密措施，这是确认其是否构成商业秘密的关键因素之一。具体来说，采取保密措施这一商业秘密构成要件包含着两个层次的含义。首先，权利人必须要有将信息作为商业秘密进行保护的主观意识；其次，客观上还要有具体已实施了的保密措施，只有采取了保密措施将商业信息控制了起来，使其成为独占状态，法律才认可它是商业秘密。（实例链接如下页框）

至于在商业秘密保护中到底可以采取哪些保密的措施，国家工商行政管理总局的《关于禁止侵犯商业秘密行为的规定》第2条第4款规定，保密措施包括订立保密协议、建立保密制度及采取其他合理保密措施。在实践中保密措施的具体形式是多种多样的，可以根据所要保密的内容特征而采取不同的措施。在形式上大体可以将保密措施分为“软”“硬”两种形式的措施。所谓软措施主要是指制度层面上的措施，如签订保密协议、在许可合同中约定保密条款、建立保密制度、在资料上加盖保密章、限制商业秘密的知悉范围、对计算机的有关数据和文件进行加密等；所谓硬措施是指物理措施，如设立隔离区、建立门卫、安装保险箱等等。此外，从主体的角度来看，保密措施既可以是针对权利人的，也可以是针对雇员和第三人的。

从《关于禁止侵犯商业秘密行为的规定》第2条第4款的规定我们可以看出，权利人对其技术信息与经营信息所采取的保密措施的程度是以合理为标准的，并不要求做到天衣无缝。事实上，我国的行政执法机关和司法机关判定保密措施所采取的都是合理性标准，❶ 而且各国的立法和实践也表明，商业秘密的权利人只要采取了合理的保密措施就够了。因为要求采取万无一失的保密措施过于苛刻，实际上也是做不到的。只要所采取的保密措施与具体的技术信息和经营信息相适应，足以防备可以预见的泄露，就应该认为是已经尽到了保密义务，属于采取了合理的保密措施。而且，不侵犯他人的合法权益是相对人的义务，只要所采取的保密措施客观上能识别出来，也就应认为是合理的，相对人就不应实施侵权行为。

没有采取保密措施的技术不是商业秘密

某开发中心与某医院共同设计、试制A－100型ACT监测仪，开发中心获得了这项产品的注册证和生产许可证。张某某曾经为开发中心法定代表人，但后来张某某又担任了某研究所的法定代表人。于是开发中心就认为，被告研究所利用在原告处所掌握的技术信息和经营信息，在违反保密制度的情况下，生产出了与原告所生产产品原理及内部结构完全相同的医疗器械，侵犯了原告的商业秘密，以此提起了诉讼。但后来法院查明，原告单位的资产评估师在评估本单位资产时，并未将该项技术列入本单位的无形资产项下的“商业秘密”中。尤其是原告所提供的科学技术成果鉴定书，在成果鉴定证书的成果登记表中对ACT监测仪成果确定的密级为公开。因此，原告不能举证证明自己采取了保密的措施，所以该商业秘密并不存在。据此，法院判决驳回了原告的诉讼请求。

第二节　商业秘密的法律保护

现代社会，商业秘密在市场竞争的浪潮中被商品化、价值化，运用法律手段保护商业秘密已成为世界各国的共同选择。近几年来，我国法院受理的涉及侵害商业秘密的侵权案件每年以150%的速度增长。这一异乎寻常的增长速度提醒人们，保护商业秘密任重道远。

一、商业秘密保护的法律体系

侵犯商业秘密行为的多发地带是在经济领域，尤其以竞争行业为多，因此各国立法一般是通过民法、反不正当竞争法、商业秘密法、刑法等对商业秘密进行

❶ 郭寿康主编：《知识产权法》，中共中央党校出版社2002年第1版，第331页。

调整的。由于我国对于商业秘密的知识产权性质认识比较一致，因此，与世界上大多数国家或者地区一样，我国主要是通过反不正当竞争制度来实现对商业秘密的法律保护的。

（一）民法保护

侵犯商业秘密的行为有很多是发生在民法领域，主要是通过违约和侵权等方式对商业秘密构成侵犯的，所以民法是商业秘密保护的一种重要手段。如《民法通则》第118条规定："公民、法人的著作权（版权）、专利权、商标专用权、发现权、发明权和其他科技成果受到窃取、篡改、假冒等侵害时，有权要求停止侵害、消除影响、赔偿损失。"《反不正当竞争法》第10条规定了商业秘密的定义和侵犯商业秘密的类型，第20条还规定："经营者违反本法规定，给受到侵害的经营者造成损害的，应承担损害赔偿责任，受到侵害的经营者的损失难以计算的，赔偿额为侵权人在侵权期间因侵权所获得的利润；并应当承担被侵害的经营者因调查该经营者侵害其合法权益的不正当竞争行为所支付的合理的费用。"此外，《合同法》对商业秘密的保护也有规定，如第43条就规定，当事人在订立合同过程中知悉的商业秘密，无论合同是否成立，不得泄露或者不正当地使用。泄露或者不正当地使用该商业秘密给对方造成损失的，应当承担损害赔偿责任。

（二）行政法保护

侵犯商业秘密行为大多是不正当竞争行为，不符合公平竞争的市场经济规则。所以我国在行政立法和行政管制方面都对商业秘密予以大力的保护。比如，《反不正当竞争法》第25条规定："侵犯商业秘密的，监督检察部门应当责令停止违法行为，可以根据情节处以一万元以上十万元以下的罚款。"与此同时，又规定了县级以上人民政府的工商行政管理部门中的监督检查部门依法对侵犯商业秘密的处罚立法。此外，国家工商行政管理总局《关于禁止侵犯商业秘密行为的若干规定》也明确规定，职工违反合同约定或保密条款、侵犯商业秘密给用人单位造成经济损害的，要承担赔偿责任。

（三）刑法保护

我国《刑法》第219条规定了侵犯商业秘密罪的具体行为以及相应的刑罚。2004年12月22日施行的最高人民法院、最高人民检察院《关于办理侵犯知识产权刑事案件具体应用法律若干问题的解释》则对刑法的相关规定作了进一步的解释。

二、商业秘密保护的特点

保护自己的秘密是人类的天性。早期的手工业者一旦掌握了某种技术诀窍，为避免因被他人获得诀窍而丧失竞争和盈利优势，就自然会产生保密的意识，以便维持对这种技术诀窍的垄断性占有。这样的自我保护对于信息不流畅、竞争不激烈的社会可能尚有作用，但是在信息社会中就显得捉襟见肘。自20世纪50年代以来，以信息的生产、储存、加工和传播为主要内容的信息技术革命方兴未艾，技术的力量使信息的传播越出语言、国界、时间与空间的障碍，信息就是财富的观念已经深入人心，围绕信息、人才和市场的争夺将商业秘密的保护提上日程。在这样的背景下，商业秘密在市场竞争的浪潮中被商品化、价值化，逐渐走出个体经济的狭小圈子，其保护不再是简单秘密地进行嫡系转让。[1] 一种新的知识产权类型——商业秘密权得以萌生。它是指权利人享有的对其商业秘密的占有、使用、收益和处分的权利，是法律赋予商业秘密持有人的一项知识产权。(知识链接如右上框)

> **商业秘密权的性质**
>
> 对于商业秘密权的认识，在国际上曾有过激烈的争论。由于对商业秘密是借助保密的方式进行保护的，其内容并不为别人所知悉，因此许多的国家开始并不将其当作的财产权利的客体，而主要是把商业秘密看作是一种由合同所确立的债权，不承认其为财产权利。但随着商业秘密在现代竞争中的重要作用日益凸显，尤其是《知识产权协定》将商业秘密以未披露信息的名称纳入其调整的对象之后，商业秘密权逐渐被认可为是一种知识产权。由于我国知识产权制度建立较晚，对商业秘密权的法律性质的看法比较一致，并没有太多的争论。商业秘密尽管在我国被规定在诸多的法律法规之中，如《反不正当竞争法》、《合同法》、《刑法》等等，但其法理的基础都是将商业秘密权看作是一种知识产权。

商业秘密权具有知识产权的本质特征，是对创造性成果给予保护的权利形态。但是，商业秘密权不同于一般的知识产权，具有以下的独有特征。

(1) 商业秘密权的权利主体不是单一的，同样的商业秘密可能既为甲所掌握，也为乙所控制，并且二者均采取了保密措施，则同一商业秘密的多个权利主体都可以对商业秘密进行占有、使用、处分和收益。

(2) 商业秘密权的客体——技术信息和经营信息——本身也具有其个性特征。一般的智慧创作物均具有一定的创造性，而在商业秘密中，技术秘密的创造性有高有低，经营信息通常无明显的创造性，在确定一项信息是否属于商业秘密时，其秘密性和价值性成为关键。

(3) 商业秘密权的保护期限具有不确定性。商业秘密权的保护期限在法律上没有规定，期限的长短取决于权利人的保密措施是否得力及商业秘密是否被公

[1] 吴汉东等：《知识产权基本问题研究》，中国人民大学出版社2005年版，第717页。

开，只要商业秘密不被泄漏出去，商业秘密就一直受到法律的保护。与此不同的是，专利权、集成电路布图设计权、植物新品种权等创造性成果权往往有时间限制，当法定的保护期限届满，该权利即不再受法律保护。

（4）商业秘密权的确立无须国家审批，自商业秘密产生之日自动取得。与此不同的是，专利权、集成电路布图设计权、植物新品种权等创造性成果权的取得，往往需要经过国家机关的审批，具有国家授予的特点。之所以出现这样的差异，主要因为商业秘密具有秘密性，不可能由国家来审批。

三、商业秘密权与专利权的关系

在一般知识产权中，与商业秘密保护最为密切相关的应当说是对于专利权的保护，所以我们有必要对商业秘密权与专利权的关系作进一步的探析。

实践中对于发明创造的保护一般有两种方式：一种是申请专利，试图获得专利权以取得专利法强有力的保护；另一种是作为商业秘密，通过有效的保密手段，根据反不正当竞争法进行保护。一项技术成果申请专利的好处在于，一旦申请被授予专利权后就享有了独占性的权利，在专利权有效的地域与时间范围内，仅此一家，别无分号，保护的力度较强。但申请专利往往也有一些不利的影响，一是要公开专利的技术内容；二要支付有关费用，如专利申请费、维持专利权的年费；三要冒是否授予专利权的风险，假如既公开了技术内容，又交付了申请费用，结果却没有被批准授予专利权，就会“赔了夫人又折兵”；四是专利权保护有一定的期限，我国发明专利权保护期为20年，实用新型和外观设计专利权的保护期限为10年，保护期满后即进入公知领域，人人均可无偿使用；五是专利权保护有地域性，在哪个国家授予了专利权就在哪个国家得到保护，在未申请和不授权的国家得不到保护。

> **经营者如何选择专利保护与商业秘密保护**
>
> 经营者在决定是采用专利保护还是商业秘密保护时要考虑多个方面的因素，主要包括：
>
> （1）技术信息是否易于研发。如果产品的技术很容易被破解，或通过反向工程获取，则应酌情考虑采用专利保护。
>
> （2）技术信息是否能达到申请专利所要求的条件。如果无法达到专利的要求，则应采用商业秘密保护。
>
> （3）技术信息的寿命长短。如果一项技术信息的“寿命”比较短，则采用商业秘密保护可以避免申请专利繁琐的程序。
>
> （4）技术信息的效益程度。如果一项技术信息所能带来的经济效益有限，则较适宜采用商业秘密保护。

一项技术成果作为商业秘密保护的好处，首先在于只要对商业秘密进行有效的保密，就可以一直拥有权利，永不过期。美国可口可乐公司100多年来对其拥有的可口可乐主要配方从未申请过专利，而是作为商业秘密进行严格的保密，使该公司100多年来一直拥有对其配方的商业秘密权。另外，商业秘密不必公开、不用交费，且无地域性。还有商业秘密无需满足专利权保护严格的三性要求。但一项技术成果作为商业秘密保护也有不利的一面：一是法律保护的力度不强；二是商业秘密的所有人必须采取保密措施，一旦不慎被他人知晓，即不成为商业秘密；三是商业秘密的范围界定较难，发生诉讼时，要由法院来判定，而不是由所有人自己来圈定；四是商业秘密内容往往不被他人所知悉，难于以技术贸易方式为企业取得更大的经济效益。总之，一项技术成果如何保护，不宜一概而论，应视具体情况权衡利弊，预测得失，择优从之，也可以采用专利和商业秘密的互补式知识产权策略。一般而言，对于那些适销对路、量大面广、市场前景好又容易被他人“破译”和仿制的技术，应申请专利保护；而对于那些可以严格保守秘密，不易简单仿制的技术，则应作为商业秘密加以保护。(知识链接如上页框)

第三节　侵犯商业秘密权的行为及其法律责任

一、概述

《反不正当竞争法》第10条及国家工商行政管理总局《关于禁止侵犯商业秘密行为的若干规定》第3条都对侵犯商业秘密权的不正当竞争行为作了列举式的规定。具体包括下面5种形式：(1) 以盗窃、利诱、胁迫或者其他不正当手段获取权利人的商业秘密；(2) 披露、使用或者允许他人使用以前项手段获取的权利人的商业秘密；(3) 与权利人有业务关系的单位和个人违反合同约定或者违反权利人保守商业秘密的要求，披露、使用或者允许他人使用其所掌握的权利人的商业秘密；(4) 第三人明知或者应知前述4种违法行为，获取、使用或者披露他人的商业秘密；(5) 权利人的职工违反合同约定或者违反权利人保守商业秘密的要求，披露、使用或者允许他人使用其所掌握的权利人的商业秘密。其中，前四种是《反不正当竞争法》所规制的基本的侵犯商业秘密的行为，将第五种行为也视为侵犯商业秘密则表现了我国法律对商业秘密的全方位的保护。我国法律的规定可以说是基本上囊括了实践中的各种侵犯商业秘密的行为，但为理解的方便，也常常将法律所规定的侵犯商业秘密行为概括为这样4种类型：(1) 以不正当手段获取商业秘密的行为；(2) 对不正当获得的商业秘密的披露等行为；(3) 来源正当但使用不正当的行为；(4) 第三人恶意或过失的获取、使用或披露行为。

事实上，实践中上述各种侵权行为并不是各自孤立发生的，而往往是相互交织在一起的，形成了错综复杂的对商业秘密的连环侵权局面。对商业秘密的连环侵权大致有这样常见的情形：是从盗窃（或其他不正当手段）以至披露或允许他人使用再至获取或使用权利人的商业秘密的侵权链条。这些行为既相互联系，又都分别构成了对权利人商业秘密的侵权。（实例链接如上框）

> **商业秘密的连环侵权案**
>
> 1995年5月由青岛市市南区人民法院审结的一起跳槽赔偿案，就涉及了5名被告的三种侵权行为。其中有4名被告原系原告山东省某进出口公司的业务人员。该四被告在共同申请辞职未获原告批准的情况下，擅自离职并带走原告与国内外客户签订的大量合同、订货单、客户资料及样品。另一被告青岛某工艺品有限公司明知上述四被告以不正当手段获取原告商业秘密，仍加以使用，严重影响了原告的经营和出口业务。在此案中，原系原告职工的四被告的行为构成了以不正当手段获取商业秘密和对不正当获得的商业秘密的披露；另一被告的行为则构成了第三人恶意或过失的获取、使用或披露。
>
> 资料来源：王春燕："对商业秘密法律保护若干问题的再认识"，载《科技与法律》1996年第4期。

需要注意的是，根据有关法律的规定，下列行为并不构成对商业秘密的侵犯：（1）使用或许可他人使用自己独立开发所获得的商业秘密。从前述法律所规定的侵犯商业秘密的行为中可以得知，侵犯商业秘密的行为所涉及的商业秘密均源于不合法的渠道。（2）善意第三人的使用。如果第三人不知道所涉信息为他人商业秘密而加以使用或者披露，则因其无过错而不构成《反不正当竞争法》第10条第2款针对第三人所规定的侵犯商业秘密的行为。（3）通过信息所有人自己泄密或者通过反向工程获得有关信息。如前所述，有关信息作为商业秘密的要件之一是采取了合理的保密措施。倘若因所有人自己的疏忽而导致信息的泄露，则该信息不复为商业秘密，它即进入公有领域而可以为公众自由使用。反向工程是一种通过对从合法渠道获取的产品进行逆向工程分析，从而探得产品中所包含的技术秘密的行为，由此获得的商

> **商业秘密的司法认定方式**
>
> 为平衡双方的利益关系，司法实践中一般以推定的方式认定商业秘密，即由原告证明双方信息相同以及被告接触原告信息可能的事实，推定被告信息来源于原告，除非被告证明自己信息另有来源。这种推定一般被简称为"相同+接触-合理来源"的认定方式。接触，一般指接触的可能，在有员工跳槽的条件下，只要员工有接触的可能性即推定为信息来源于原告，而接触的内容为原告诉请保护的秘密；合理来源包括公知信息、自行开发、反向工程所得、受让以及不知他人获取、披露非法而使用等，这些均构成被控侵权人的法定抗辩理由。

业秘密也不构成对权利人商业秘密的侵犯。（知识链接如上页框）

在我国，对于商业秘密侵权的认定有两种方式。其一是行政认定。《关于禁止侵犯商业秘密行为的若干规定》第5条第3款规定，权利人能证明被申请人所使用的信息与自己的商业秘密具有一致性或者相同性，同时能证明被申请人有获取其商业秘密的条件，而被申请人又不能提供或者拒不提供其所使用的信息是合法获得或者使用的证据的，工商行政管理机关就可以根据证据认定被申请人有侵权行为。其二就是司法认定。商业秘密权利人主张他人侵权时不仅要证明对方实施了获取、披露或使用等涉讼信息行为，而且还要证明该信息来源于自己。如果要直接证明信息来源于原告，从实践和证据的角度来看都是非常困难的，所以一般都是采取推定的方式认定商业秘密。（知识链接如上页框）

二、商业秘密侵权行为的表现形式

（一）以不正当手段获取商业秘密的行为

以不正当手段获取商业秘密的行为，是指《反不正当竞争法》第10条第1款第（1）项所规定的，以盗窃、利诱、胁迫或者其他不正当手段获取权利人商业秘密的行为。这种行为的本质特征是指对他人商业秘密的不正当获取，也就是说这里的获取行为本身就是违法的，而是否披露、使用则并不过问。

这里所谓的盗窃，通常意义上就是指行为人采取权利人不容易发现的方法，秘密地窃取权利人的商业秘密。盗窃商业秘密的常见形式有：直接偷取载有商业秘密的文件，或者将文件偷偷复制之后又将原件送回，或者将商业秘密的内容偷偷地记录下来（或记在脑子里）。由此也可以看出，盗窃商业秘密的方式有着不同于盗窃有体物的特点。利诱则是指以给予各种利益的方式诱使他人告知其商业秘密，这种方式的实质就是贿赂。而胁迫是指以损害他人的财产或者人身为要挟，迫使他人告知其商业秘密。这里的胁迫既包括对知悉商业秘密者本人的胁迫，又包括对知悉商业秘密者亲属朋友等其他相关人员的胁迫。至于这里的其他不正当手段，则是指与盗窃、利诱和胁迫类似的获取商业秘密的手段，应以公认的商业道德和合乎常理的行为方式为判断标准，凡以违反商业道德、超越合理界限的方法获取商业秘密的，均构成侵权。例如，明明知道知悉商业秘密的人有酒后多话的习惯，而有目的地将其灌醉，让其在醉酒之后说出其商业秘密，这种行为也是一种侵权行为。[1]

（二）对不正当取得的商业秘密的披露等行为

所谓对不正当取得的商业秘密的披露等行为，就是指《反不正当竞争法》

---

[1] 郭寿康主编：《知识产权法》，中共中央党校出版社2002年第1版，第333页。

第10条第1款第（2）项所规定的披露、使用或者允许他人使用以前项手段获取的权利人的商业秘密的行为。这种侵权行为是建立在前一种行为基础之上的，往往是不正当获取行为的目的行为。使用或允许他人使用一般以非法牟利为目的，而披露的动机常常是为报复他人，或以挤垮竞争对手为目的，性质更为恶劣一些。但需要注意的是，这些行为的主观动机并不影响对其侵权性质的认定。只要对不正当获取的商业秘密加以披露、使用或者允许他人使用，均构成侵权行为。（实例链接如右上框）

葛兰素史克公司菌株商业秘密被披露案

葛兰素史克公司曾就其被盗菌株寻求过商业秘密的保护。该公司首先在科罗拉多州的联邦地区法院控告制药巨头 Novartis 公司及其两家下属企业——Geneva 制药公司和 Biochemie 公司使用了他人从原告处盗窃来的菌株，用于生产抗生素药物——奥格门汀的仿制药。不久，葛兰素史克公司又在费城县法院控告印度 Ranbaxy 实验室和以色列 Teva 制药公司使用了他人从原告处偷窃来的菌株，用于科研、生产活动。尽管这两个诉讼中的菌株都是第三人偷来的，而且全部被告都没有介入菌株的偷窃活动，但是原告仍要求全部被告承担商业秘密的侵权责任。

资料来源于王瑜：《商业秘密完全手册（之一）》，http：//www. nipso. cn/gnwzscqxx/symm/t20060321_ 66331. asp.

披露是指不正当获取商业秘密的人将其所获得的商业秘密又向他人进行扩散的行为，既包括在要求对方保密的条件下向特定人的披露，又指向不特定的公众公开的行为。由于这里的商业秘密本身就是通过前述不正当手段所获得的，对其的披露显然是违背权利人意思的。而这里的使用，则是指将采取不正当手段所获取的他人的商业秘密用于自己的经营生产。所谓的允许他人使用，就是指将其采取上述手段所获得的商业秘密有偿或无偿的方式提供给第三人使用。

（三）来源正当但不当使用的不正当行为

这就是《反不正当竞争法》第10条第1款第（3）项所规定的，违反约定或者违反权利人有关保守商业秘密的要求，披露、使用或者允许他人使用其所掌握的商业秘密的行为。这种行为一般是指违反合同约定的保密义务的行为。

这种违法行为主要有三个特征：（1）这里的行为人是商业秘密权利人以外的人。（2）这里被侵犯的商业秘密是行为人合法知悉或者所获得的商业秘密。我们已经知道，商业秘密实质上是一种相对秘密，商业秘密可以为一定范围内的特定人群所知悉。比如，由于企业与员工之间存在雇佣劳动合同法律关系，员工包括在职雇员、离职雇员以及离退休雇员在职时因为工作需要而掌握企业的商业秘密是合法的，在不违背约定的情况下，不会构成对企业商业秘密权的侵犯；但是如果其将该商业秘密披露给他人、自己使用或允许他人使用，未经企业许可，违反保密义务的，就会构成对企业商业秘密权的侵犯。又比如，因加工承揽、联营或者技术合同等知悉他人的商业秘密，本不影响商业秘密的秘密性，也是合法的，但如果他们违反保密约定将商业秘密向第三人披露或者允许第三人使用，就构成了对商业秘密的侵犯。（3）这里的行为人都是承担了保密义务的特定人群。需要注意的是，按照《反不正当竞争法》第10条第1款的规定，这里的保密义务是指合同的约定或者权利人的要求。（实例链接如下框）

（四）恶意或重大过失第三人的获取、使用或披露行为

所谓第三人恶意获取、使用或披露行为，就是《反不正当竞争法》第10条第2款规定的第三人在明知或应知商业秘密是由非法手段得来的，而获取、使用或者披露他人的商业秘密的行为。明知是一种恶意（故意）的主观状态，而应知（即应当知道但因为过失而没有知道）是一种过失的主观状态。

> **一得阁厂诉高某某案**
>
> 高某某是北京一得阁墨汁厂（以下简称一得阁厂）副厂长、副经理，主管生产、市场开发等工作。一得阁厂于1967年研制成功了“北京墨汁”，又于20世纪80年代研制开发了“一得阁墨汁”和“中华墨汁”。1996年，上述两种产品被列为北京市国家秘密技术项目。1997年，一得阁厂成立了保密委员会，高某某任副组长。一得阁厂采取主、辅料分别提供的办法对墨汁配方进行了保密。但在2002年的时候，高某某自己出资20万元作为最大股东成立了北京传人文化艺术有限公司（以下简称传人公司），高某某妻子为该公司的法定代表人。2002年底传人公司生产出了“国画墨汁”“书法墨汁”“习作墨汁”三种产品。一得阁厂认为上述三种产品的品质、效果与其生产的“一得阁墨汁”“中华墨汁”“北京墨汁”相同或非常近似，于是向法院提起了商业秘密侵权的诉讼。法院经过调查后认为，一得阁墨汁厂开发的“一得阁墨汁”“中华墨汁”“北京墨汁”等的配方均符合商业秘密的构成条件，应受法律保护。高某某与一得阁厂虽未签订保密协议，但他曾长期担任一得阁墨汁厂主管技术的副厂长，且在1997年后还担任了一得阁厂保密委员会的副组长，接触过一得阁公司的上述商业秘密，不管在离职前或离职后均应承担保守一得阁公司商业秘密的义务。因此，法院根据《民法通则》和《反不正当竞争法》的规定，判决高某某不得披露其掌握的原告北京一得阁厂的商业秘密，亦不得参与墨汁产品的生产。传人公司也不得披露、使用高某某向其披露的原告北京一得阁厂的商业秘密，并停止生产、销售墨汁产品并销毁其库存的墨汁产品，传人公司和高某某共同赔偿一得阁厂经济损失3万元。

按照现行的法律规定，善意第三人获取、使用或者披露他人非法获取的商业秘密并不直接承担法律责任。判断是否善意，首先要分析行为人在主观上是否明知或应知商业秘密的来源是非法的。其次，还要有明确的时间界限。一旦商业秘密权利人将非法窃取或违约披露等事实通知善意第三人，

其善意的行为即自行终止。因此，商业秘密权利人发出的通知是划分善意与恶意第三人的时间标准。

三、侵犯商业秘密的法律责任

由于侵犯商业秘密行为不仅损害了权利人的民事权益，而且扰乱了市场竞争秩序，损害了公共利益，因此，侵犯商业秘密的法律责任应当包括民事责任、行政责任和刑事责任三个方面的内容。事实上，随着知识产权法律制度的不断发展，世界上许多国家为了保护公平竞争，加速科技发展，都在立法中规定了侵犯商业秘密的法律责任，主要有这样几种责任类型：（1）通过民法保护，将商业秘密作为一项民事权利予以保护，追究侵权行为人的民事责任。（2）通过竞争法保护，将侵犯商业秘密的行为归为不正当的交易行为，追究侵权者的民事责任和刑事责任。（3）通过刑法保护，即设立侵犯商业秘密罪或泄密罪，追究侵权者刑事责任。与此类似，根据我国相关法律的规定，侵犯商业秘密行为人也应承担民事责任、行政责任和刑事责任。

（一）民事责任

根据《民法通则》以及《反不正当竞争法》的相关规定，侵犯商业秘密的民事责任形式主要有停止侵害、排除妨害、赔礼道歉、赔偿损失、支付违约金等。其中，司法实践中最常用的是停止侵害和赔偿损失。关于赔偿损失，《反不正当竞争法》第22条规定："经营者违反本法规定，给被侵害的经营者造成损失的，应当承担损害赔偿责任，被侵害的经营者的损失难以计算的，赔偿额为侵权人在侵权期间因侵权所获得的利润；并应当承担被侵害的经营者因调查该经营者侵害其合法权益的不正当竞争行为所支付的合理费用。"侵犯商业秘密属于不正当竞争行为之一种，理应根据这一规则确定损害赔偿范围。关于侵犯商业秘密行为的损害赔偿额的确定，根据上述规则主要有两种方法：一是以权利人的实际损失额计算；另一种是在损失额难以计算时，以侵权人在侵权期间因侵权所获得的利润作为赔偿额。此外，被侵害者因调查侵害人侵犯商业秘密行为所支付的合理费用，也属赔偿的范围。

这里需要注意的是，《反不正当竞争法》第20条第2款规定："被侵害的经营者的合法权益受到不正当竞争行为损害的，可以向人民法院提起诉讼。"由此可见，《反不正当竞争法》并没有赋予行政机关关于商业秘密侵权民事赔偿的处理权。《关于禁止侵犯商业秘密行为的若干规定》第9条只是规定，权利人因损害赔偿问题向工商行政管理机关提出调解要求的，工商行政管理机关可以进行调解。因此，受害人如要请求民事赔偿就只能向人民法院提起民事诉讼。而且，请求损害赔偿的人必须是被侵害的经营者。

(二) 行政责任

所谓侵犯商业秘密的行政责任，是指由行政机关（监督检查部门）对侵犯商业秘密行为进行的行政处罚，包括罚款、没收违法所得等。侵犯商业秘密行为由县级以上工商行政管理机关负责认定处理。

根据《反不正当竞争法》第 25 条和《关于禁止侵犯商业秘密行为的若干规定》的相关规定，当权利人认为其商业秘密受到侵害，可以向工商行政管理机关申请查处侵权行为。行政处罚的形式有：(1) 责令停止违法行为；(2) 根据情节处以 1 万元以上 20 万元以下的罚款；(3) 对侵权物品的处理：责令并监督侵权人将载有商业秘密的图纸、软件及其他有关资料返还权利人；销毁使用权利人商业秘密生产的、流入市场将会造成商业秘密公开的产品，但权利人同意收购、销售等其他处理方式的除外。此外，《关于禁止侵犯商业秘密行为的若干规定》第 6 条还规定，对违法披露、使用、允许他人使用商业秘密将给权利人造成不可挽回的损失的行为，应权利人请求并由权利人出具自愿对强制措施后果承担责任的书面保证，工商行政管理机关可以责令被申请人停止销售使用权利人商业秘密生产的产品。

值得一提的是，根据《关于禁止侵犯商业秘密行为的若干规定》第 8 条的规定，如果侵权人拒不执行处罚决定，继续实施侵犯商业秘密行为，将被视为新的违法行为，法律将从重予以处罚。

(三) 刑事责任

基于对侵犯商业秘密的危害性的认识，目前世界上许多国家都对商业秘密给予了刑法保护。我国《反不正当竞争法》虽然也有对于不正当竞争行为刑事责任方面的规定，但并不适用于侵犯商业秘密的行为，但我国的《刑法》却规定了侵犯商业秘密罪。《刑法》第 219 条规定，侵犯商业秘密给权利人造成重大损失的，处 3 年以下有期徒刑或者拘役，并处或者单处罚金；造成特别严重后果的，处 3 年以上 7 年以下有期徒刑，并处罚金。《关于办理侵犯知识产权刑事案件具体应用法律若干问题的解释》第 7 条进一步解释道："侵犯商业秘密给权利人造成损失数额在 50 万元以上的，属于给商业秘密的权利人造成重大损失，应当以侵犯商业秘密罪判处 3 年以下有期徒刑或者拘役，并处或者单处罚金。给商业秘密的权利人造成损失数额在 250 万元以上的，属于《刑法》第 219 条规定的'造成特别严重后果'，应当以侵犯商业秘密罪处 3 年以上 7 年以下有期徒刑，并处罚金。"

根据我国《刑法》第 219 条和第 220 条的规定，侵犯商业秘密的刑事责任分为个人犯罪责任和单位犯罪责任。(1) 个人犯罪的刑事责任。侵犯商业秘密，给商业秘密的权利人造成重大损失的，处 3 年以下有期徒刑或者拘役，并处或者单处罚金；造成特别严重后果的，处3年以上7年以下有期徒刑，并处罚金。（2）单位犯罪的刑事责任。单位侵犯商业秘密，给商业秘密的权利人造成重大损失的，实行双罚制，既对单位判处罚金，又对其直接负责的主管人员和其他直接责任人员，依照个人犯罪的规定予以处罚。侵犯商业秘密罪在主观上是故意，而过失则不构成此罪。

由此可见，如果侵犯企业的商业秘密的行为构成了犯罪，权利人就可以向公安机关控告，要求立案侦查，追究其刑事责任。此外，在追究刑事责任的同时，权利人还可以提起刑事附带民事诉讼，要求侵权人承担民事赔偿的责任。

第四节　员工跳槽、竞业禁止与商业秘密保护

一、员工跳槽与商业秘密的保护

长期以来，商业秘密一直被视为与商业活动联系在一起，商业秘密保护与普通民众无关或者关系不大。特别是在我国，计划经济体制的残留影响还让很多人向往抱着“铁饭碗”，以图“从一而终”。但是市场经济的基本特征是市场在资源配置中起主导作用，其中对人力资源的优化配置必然导致劳动力的自由流动，这也是实现社会整体经济效益最大化的客观要求。随着市场经济体制的确立和深入发展，人们的思想得以解放，劳动者在市场的驱动下开始作为独立的经济利益主体出现了流动的诉求。一度以来的“跳槽”热反映了人力资本市场波动的频繁。劳动力在流动的同时，商业秘密的保护也面临着巨大的威胁，尤其是在快速发展、竞争激烈的高科技信息领域，因雇员跳槽而引发的商业秘密被泄漏、盗窃等现象，已引起人们的广泛关注。

应当看到，员工跳槽是其行使劳动权利的表现，任何人不得非法干预。其次，又必须十分清醒地意识到，商业秘密权是企业的知识产权，是企业的无形财产，员工跳槽不能侵害企业的商业秘密。

因此，为了防范员工跳槽对企业商业秘密的侵犯，我们应当未雨绸缪，至少要注意这样几点：（1）划清自己的商业秘密范围。如前所述，法律对商业秘密的构成要件是有特殊要求的，并非所有的技术和经营信息都能成为商业秘密。这里需要注意区分的是，员工在工作中所掌握的一般知识、经验和技能，已成为其人格的组成部分，是他的劳动和生存能力，并不属于企业的商业秘密。（2）增强经营者的保密意识，制定保密规章制度、签订保密合同、限制文件的发放范围和数量、采取技术性防范措施、加强保密教育等。在这里需要说明的是，如果员工在职期间就负有保密义务，并知悉了企业的商业秘密，那么员工离职之后也应

当继续承担保密义务。这是因为商业秘密本来就是企业的财产，所以员工离职之后也不能侵犯他人的财产。这种保密义务属于不侵犯他人财产的一般义务，无需当事人的特别的约定。❶（3）注意保留与秘密信息有关的文件资料，以便为将来可能的诉讼保存证据等。

二、竞业禁止与商业秘密的保护

（一）什么是竞业禁止

什么是竞业禁止？它与员工的跳槽以及企业的商业秘密的保护又有什么关系呢？（实例链接如右下框）

竞业禁止，又称竞业避止、竞业限制，是对与特定的经营内容有关的特定人的某些行为予以禁止或者限制的一种制度。通俗地说，竞业禁止是禁止本公司的某些人员在职或离职后到另一公司从事与本公司具有竞争业务关系的业务。竞业禁止制度的目的就要保障市场经济健康的发展。竞业禁止的限制对象负有不从事特定竞业行为的义务，产生这种义务的原因主要有两种：一种是由于法律的直接规定，称之为法定的竞业禁止义务。比如，《中华人民共和国公司法》第 149 条第 1 款第（5）项就规定了董事、经理等的竞业禁止义务，即董事、高级管理人员不得未经股东会或者股东大会同意，

李开复跳槽事件

2005 年 7 月 19 日，互联网搜索引擎巨头 Google 公司宣布，将在中国设立一个研究和开发中心，原微软全球副总裁、掌握微软核心技术的核心人物之一李开复将出任中心主任，并出任中国区总裁。李开复的跳槽立即引发轩然大波，就在 2005 年 7 月 19 日李开复出任 Google 中国区总裁的第一天，微软就立即谴责李开复违背与微软签订的保密协议和竞业禁止协议，并向美国华盛顿州地方法院提起诉讼，指控 Google 和李开复违反了竞业禁止协议。据微软称，李开复现在 Google 的职位与当初在微软所从事的工作构成最直接的竞争关系。而李开复与微软签订了竞业禁止协议，协议内容包括，在离职一年之内不得从事与微软展开竞争的工作。为此，微软要求获得经济赔偿，并请求法院支持微软同李开复签署的竞业禁止协议以及其他合同条款，包括禁止李开复泄露微软的商业机密等。此外，微软还要求法院禁止李开复泄露微软商业秘密及其他机密信息、令其归还所有从微软获取的文件、资料、报告。

资料来源于新华网：“微软全球副总裁李开复跳槽竞争对手 Google”，http：//www. news3. xinhuanet. com/newmedia/2005 -07/21/content_ 3246541_ 1. htm.

❶ 孔祥俊：《反不正当竞争法原理》，知识产权出版社 2005 年第 1 版，第 416 ~418 页。

利用职务便利为自己或者他人谋取属于公司的商业机会，自营或者为他人经营与所任职公司同类的业务。另一种是基于当事人之间签订的竞业禁止协议约定，即约定的竞业禁止义务，约定竞业禁止的合同就称之为竞业禁止协议。约定竞业禁止的理论基础是契约自由原则，但这里需要注意的是，由于竞业禁止是对营业自由或者择业自由的限制，因此，竞业禁止协议禁止业务的范围和对时间的限制必须控制在合理的限度之内，而且还不能违反公共秩序或善良风俗，损害员工的生存，否则，该协议就是无效的。

（二）竞业禁止协议与商业秘密保护的关系

竞业禁止协议是保护商业秘密的手段之一。如果知悉商业秘密的员工在离职之后从事与原单位相同或者相关的职业，他们就极有可能会使用或泄漏原企业的商业秘密，或者因他们熟悉原企业的经营情况从而会使得原企业处于不利的竞争地位。因此，原企业就可以通过与员工签订竞业禁止协议的方式保护自己的利益，约定在一定的时期内禁止该员工从事与原企业相关的职业，并同时给予其必要的补偿。企业通过对其员工离职后经营和择业的合理限制，就能够在一定程度上保障企业所获得的竞争优势。

需要注意的是，虽然竞业禁止协议是保护商业秘密的一种重要手段，但竞业禁止协议与商业秘密的保密协议却是两种不同的协议。前者是限制特定的人从事某些职业，而后者则是要求保守企业的商业秘密，签订了保密协议就可以视为企业采取了保密措施。首先，竞业禁止协议虽然是企业保护商业秘密的一种重要手段，但是即使没有竞业禁止协议，只要有保密义务，员工离职到与原企业有竞争关系企业任职或自行创立有竞争关系的企业，也负有不泄漏和不使用原企业商业秘密的义务。其次，保护商业秘密不过是竞业禁止协议的目的之一，而且，是否具有保密义务也并非竞业禁止协议成立的必要条件，竞业禁止协议还有其他保护企业经营利益的目的，比如防止因离职员工熟悉企业的情况而在竞争上使其处于不利的状况，这就未必与保护商业秘密有太多的关系。（实例链接如下页框）

除此之外，竞业禁止协议与保密协议还有着两个重要的区别：

（1）竞业禁止协议必须有一定的期限，而保密义务是没有期限的，只要商业秘密存在，义务人的保密义务就存在。竞业禁止协议之所以要有一定的期限，是由于竞业禁止事关员工的生存，因此，竞业禁止的时间原则上不能过长，国际通行的惯例认为不应当超过离职后的 3 ~ 5 年。应当根据员工所从事行业的不同有所区分地确定限制期限，从而防止企业规避法律阻碍新技术的开发、传播与利用，防止企业限制员工参与正当的市场竞争。只有在特殊情况下，竞业禁止才可以不受时间的限制。比如，员工接触到了企业的核心的、具有重大利益的商业秘密，一旦该秘密泄露，就会给企业造成致命的重大损失，只有在这种情况下，用人企业才可以要求员工签订长期或终身的竞业禁止协议。

(2) 要进行竞业禁止，还必须要给员工支付合理的补偿费。由于竞业禁止在一定程度上限制了员工的自由择业等劳动的权利，对员工的损害可能是一定时间内不能从事自己所擅长的专业或所熟悉的工作，其所掌握的赖以谋生的知识、经验和技能不能发挥，收入就势必降低，因此企业必须给予其一定的合理的经济补偿金。关于合理补偿的标准，应当是在因竞业禁止给员工所造成的损失范围之内。但员工无论离职与否，给予补偿却并不是其承担保密义务的前提，这是因为承担保密义务既不要付出成本和代价，也不会危及员工的择业自由和生存条件。❶

思特奇公司与冯某之争

冯某于1999年8月到北京思特奇信息技术股份有限公司（以下简称思特奇公司）工作，负责电信计费及管理软件系统的开发。工作期间，双方签订了一份《保密协议》，在协议中约定了商业秘密范围、保守秘密义务、保密措施、竞业禁止义务、补偿费用、违约责任等内容。在竞业禁止方面，协议约定，冯某在离开思特奇公司后一年内不得在生产同类产品或经营同类业务且有竞争关系或其他利害关系的其他单位内任职；作为补偿，思特奇公司在冯某离职时应向冯某一次性支付1万元的竞业禁止补偿费；如冯某不领取，思特奇公司可将应付款项以冯某的名字办理银行储蓄；如果冯某违反竞业禁止条款应向思特奇公司支付违约金1万元，违约金的给付并不意味冯某对思特奇公司竞业禁止义务的解除或终止。冯某于2001年10月办理离职手续，但未领取竞业禁止补偿费。思特奇公司为其办理1万元补偿金储蓄存款，但因受存款实名制限制无法办理，故思特奇公司在公证处为冯某办理了该款提存。2001年12月至2002年3月期间，冯某在亚信科技（中国）有限公司（以下简称亚信公司）工作，担任工程师，负责电信计费及管理软件系统的开发，月薪为8 000元。2002年4月4日，思特奇公司向劳动争议仲裁委员会申诉。仲裁委员会认为，因亚信公司与思特奇公司属于同行业有竞争关系的单位，故冯某的行为已违反了《保密协议》中有关竞业禁止的相关规定，应承担违约责任。因此裁决：(1) 冯某向思特奇公司支付违约金1万元；(2) 冯某继续履行《保密协议》，在约定的竞业禁止期限内（即2001年10月10日至2002年10月10日）不得在亚信公司工作。

实例来源于陈特、马军："浅谈竞业禁止与商业秘密保护"，见《审判前沿》(2005年第4期)，法律出版社2005年版。

❶ 孔祥俊：《反不正当竞争法原理》，知识产权出版社2005年第1版，第418页。

结　语

商业秘密，是指不为公众所知悉、能为权利人带来经济利益、具有实用性并经权利人采取保密措施的技术信息和经营信息。商业秘密权是权利人享有的对其商业秘密的占有、使用、收益和处分的权利，是法律赋予商业秘密持有人的一项知识产权。自商业秘密权勃兴以来，针对商业秘密权的不正当竞争行为无外乎是侵犯商业秘密权和违反保密义务，但社会的发展使得侵权和违反合同义务行为的具体表现形式日新月异。面对纷繁复杂的不正当竞争行为，企业除应在侵害行为发生后采取法律救济措施外，还应根据现代信息技术发展的新特征，对竞业禁止等有关内容进行规定，尽量做到防患于未然，防止各种不正当竞争行为的发生。

资料链接

[1] 罗伯特，P. 墨杰斯，彼特，S. 迈乃尔，马克，A. 莱姆利，托马斯，M. 乔德. 新技术时代的知识产权法 [M]. 北京：中国政法大学出版社，2004.

[2] 谢铭洋，丁中原，等 [M]. 台湾：营业秘密法解读. 月旦出版社，1996.

[3] 刘春田，郑璇玉. 商业秘密的法理分析，http://www.iprcn.com/new2005/view.asp?idname=636.

[4] 崔明霞，彭学龙. 商业秘密法律保护世纪回顾. http://www.iprcn.com/new2005/view.asp?idname=173.

[5] 蒋志培. 论网络环境下的商业秘密保护. http://www.chinaiprlaw.com/fgrt/fgrt29.htm.

思考题

1. 简述商业秘密的概念和特征。
2. 试比较商业秘密权与专利权的异同。
3. 简述商业秘密侵权行为的表现形式。
4. 如何理解竞业禁止协议和保密协议？

第十章　市场秩序规范与反不正当竞争法

【学习目的与要求】 通过本章的学习，要求学生掌握根据知识产权法律制度对市场竞争秩序的规范性需求，了解企业如何正确利用知识产权制度，如何防止他人利用知识产权进行不正当竞争，重点理解知识产权法律制度与市场竞争的关系，以及与知识产权有关的不正当竞争行为的类型和构成。

【内容提要】 市场经济要求以法律的手段管理市场，形成市场秩序规范，尤其是生成竞争的规则。竞争是两个以上主体之间为了各自的利益而相互竞赛、争夺的关系，包括正当竞争和不正当竞争。反不正当竞争法就是调整市场交易活动中经营者之间竞争关系的法律规范的总称。反不正当竞争法是对知识产权的补充保护和兜底保护。在我国《反不正当竞争法》所列举的 11 种不正当竞争行为中，亦多处涉及与知识产权有关的不正当竞争行为。

【关键词】 竞争　市场秩序规范　不正当竞争行为　反不正当竞争法

原告河南省民权葡萄酒厂于1985年3月份设计的黄河故道白葡萄酒（精制、佐餐）的瓶贴装潢，独特醒目，为广大消费者熟知，此酒质优价廉，在市场上广为畅销。被告河南省民权县葡萄果酒厂于1989年设计的龙阁白葡萄酒（精制、佐餐）瓶贴装潢，除注册部分与封口外，瓶贴、颈签的结构、图文组合及色彩都与原告黄河故道白葡萄酒（精制、佐餐）的瓶贴装潢该部分完全一样，两者有极大相似之处，足以使人误认误购。1991年5月21日，被告又与第三人进行联营，收取联营费12 000元。在联营期间，被告为第三人提供龙阁白葡萄酒瓶贴（精制、佐餐）共14 500套。由于该厂生产的葡萄酒质量低劣，严重影响了原告河南省民权葡萄酒厂的声誉，给原告造成了极坏的影响和经济损失。[1] 本案就是一起典型的破坏市场秩序的不正当竞争案件。市场的本质特征就是竞争，但是竞争必须遵守规则。只有在平等、自由环境下的竞争，才能促进市场的健康发展，而违反规则的竞争就是“犯规”，会导致不公平的后果，从而违背自由、平等的市场准则，对市场秩序造成破坏。如何在市场竞争中防止利用知识产权进行不正当竞争，这正是本章要讨论的问题。

---

[1] http：//www. ndcnc. gov. cn/datalib/2002/Prejudication/DL/DL－71301，2006 年 3 月 17 日访问。

第一节 市场秩序规范

一、市场经济与秩序

所谓市场经济秩序就是在市场运行过程中，市场行为者自觉或不自觉地遵循的某些规则。这种规则在经济学看来集中体现为交易规则，从法学看就是市场主体必须遵循的行为规则，主要是竞争的规则。竞争规则是市场主体普遍遵循的市场行为规范，应当具有强制性，属于社会规范大范畴，这就是法律规范。所以，市场秩序的规范，就是指市场秩序的法律规范，是指以法律的手段管理市场秩序。

我们国家实行的是社会主义市场经济，市场需要良好的秩序才能健康发展，而良好的秩序需要市场规范。国家和地方政府经常会发布治理整顿市场秩序的文件，采取维护市场秩序的措施等，就是一种政府的行政执法行为，目的是维护市场的合法竞争秩序，体现市场经济法制化的特点。

（一）市场经济是法治经济

> **法学与经济学的交叉**
>
> 法制与市场经济的关系同于法与经济的关系，就是要在符合经济规律的前提下规范经济活动，在法制规范的基础上，促进经济发展，所以是法学和经济学领域的共同研究课题，以致产生了经济法学和经济学两门科学相互交叉的新兴学科。如美国学者罗伯特·考特、托马斯·尤伦所著的《法和经济学》就是这一领域的研究成果。我国学者也有尝试，出现了经济学分析法学的研究领域。法学与经济学的交叉，是法与经济现象交叉的实际反映。通过使用经济学的方法对法学的研究，以及以法律的准则和价值规律分析经济问题，使得两门学科进一步趋向融合，并对市场经济规律的揭示进一步深化，可促进市场经济活动在追求利润最大化的同时有规可循，有据可依。

市场经济的秩序体现的是法治，国家对市场秩序的管理调控必须按照法治原则和法律规范进行，政府的调控和管理是规范市场经济有秩序发展的重要手段。市场经济法制是一种由国家政权为后盾的强制调整经济活动的制度，当然，政府制定规则以及对规则的执行必须要尊重市场经济规律，尊重经济管理中以经济利益引导为特征的经济控制过程，使得市场法制建立在科学基础之上。

“市场经济是法治经济”的命题尽管有不同理解，甚至存在分歧或争议，但其核心始终是明确的，就是指市场经济必须有秩序，只要实行市场经济，就必须依靠法治，而并非因为我们实行的是社会主义市场经济，才需要法治。市场经济的共性是：市场经济具有自由性、统一性、开放性、竞争性、可控性。[1] 而这些特征均需要以法治为手段去调整，自由需要法治保障，统一需要法治规范，开放需要依法进行，竞争需要法治引导，控制需要法治干预和制约。离开法治，市场经济就无从谈起。(知识链接如上页框)

(二) 规范是市场的内在要求

规范市场秩序的法律制度，既有目的性又有工具性。作为市场竞争的规范而言，应当强调其目的性，不能仅仅理解为“法律是达到某种目的的手段，是可以使用的工具”[2]。当然，它具有工具的作用，无论何种制度的国家，法治都是市场的规则，法治都是维护社会各种秩序的基本手段。但是，市场作为社会经济活动最基本的要素，是经济发展的基本保障，是一个国家制度的重要组成部分，所以，统一、稳定、规范有序的市场，是国家和人民追求的目标。

作为市场经济活动主体，各个国家的核心力量有所不同，在资本主义国家主要是以资本家为代表，在中国则是以企业为代表。资本主义经济发展和资本家的成长的历史已经证实了以下一些崇尚法治的观点：“资本主义和资本家是在严肃的法律基础中崛起的，在庄严的法律轨道上，各种血腥性逐渐消失殆尽”，“资本主义法律至上的文化精神滋润着一代又一代的资本家”。[3] 法律和自由的观念在一些市场经济发达的资本主义社会深入人心。资本家既遵纪守法，又动用法律手段维护自己的权利。充分使用法律这柄“双刃剑”，成为资本家的一大特点。

中国的市场主体是企业，改革开放以后国家通过一系列改革措施，通过立法形式使中国的企业真正成为独立运作的市场主体，要使企业从政府的干预与呵护下摆脱出来，重新构建政企关系，使企业成市场主体、营利性实体。近年来的市场经济法制建设都是围绕这一目标展开的，我国已经基本建立起了较为完善的市场经济法制体系，其中规范市场秩序的法律法规是主体。

二、市场秩序规范与经营管理

建立和维护市场秩序的主要目标是保护市场主体的合法产权、维护其在市场活动中的合法地位，保障市场活动的安全、有序。所以，市场秩序是管理者和经营者共同面对的问题。在知识经济时代，市场的要素变得复杂，市场经营管理的内容与对象变得多样化。对于企业管理而言，未来的管理者不是简单地管理经济活动而是管理这些活动中的人，台湾塑胶集团总裁王永庆讲：“一个公司经营的

---

[1] 王保树主编：《经济法律概论》，中国经济出版社 1997 年 9 月出版，第 4～5 页。

[2] [美] 弗里德曼著，《法律制度》，中国政法大学出版社 1994 年 6 月出版，第 247 页。

[3] 贺雄飞：《资本家的秘密》，经济日报出版社 1997 年 12 月出版，第 63 页。

成败，人的因素最大，属于人的经验、管理、智慧、品行、观念、勤劳等无形资源比有形的更重要。因此，企业经营首需人才。”提倡“以人为本管理”，首先对作为管理者的“人”的素质就会有更高的要求。如何尊重人、调动人的创造性，提高管理水平、技能，做到科学管理、合法自主经营，使中国的企业走向世界市场，使中国的管理者也能登上世界舞台，是其追求的目标。实现这一目标需要提高管理者的综合素质，其中法律素养是最重要的。管理的模式尽管可以多种多样，但是其基本的要求是依法管理，尊重和保护被管理对象的合法权利是一切管理底线。对人的任何激励和惩罚机制都必须建立在法制基础之上。如果不了解中国与市场经济相关的各种法律制度，就会到处遇到障碍。近年来一些著名企业家(既有国有企业，也有民营企业）频频中“箭”落马，就证实了这一点。如果不了解国际经济、贸易的法律规则、惯例，就无法参与国际市场的竞争。我国作为世界贸易组织成员国，就要担当起成员的责任，遵循这个世界经济舞台上的竞争规则。企业家必须面对高水平的竞争对手，抓住机遇，迎接挑战，熟悉、遵守、利用世界贸易组织这一国际法律框架，趋利避害，完善自我。实践已经证明，“无法无天”的管理、兢兢业业的蛮干，充其量是一个短期的个人英雄主义者，不可能成为今后经济活动的主旋律。(实例链接如右上框)

安然公司倒闭案

2001年12月，美国最大的能源公司——安然公司，突然申请破产保护。安然公司（ENRON）成立于1985年，总部设在美国得克萨斯州的休斯敦。该公司曾经是世界头号天然气交易商和美国最大的电力交易商。它还从事煤炭、纸浆、纸张、塑料和金属交易，为世界各地的客户提供金融和风险管理服务。安然利用对外巨额借款大肆扩张，并做假账掩饰，最终陷入财务危机，并遭到美国证券交易委员会的调查，一个属于世界500强又是美国第七大公司的大企业不得不宣告破产。

资料来源：《安然公司倒闭案》，http://www.e521.com/cjkx/haiwai/0114083854.htm，2006年3月19日访问。

对于政府而言，对市场的管理仅限于依照市场主体法、宏观调控法和市场行为规制法，依法对市场进行调控、监管，政府的职能更多的是建立和维护市场秩序，而不是微观管理。政府不能够替代市场主体的任何行为。

市场竞争越充分，对市场的规范性要求就越高，只有当市场法治观念、意识渗透到管理活动乃至日常经济生活的每一个环节中，才能实现真正的法治经济，市场的主体和管理者才能自主、自律、自我保护。因此，规范的市场秩序是法律界、经济界、管理界乃至全社会共同追求的目标。

第二节　不正当竞争与反不正当竞争法概述

一、不正当竞争的概念

竞争是自然界和人类社会存在的普遍现象，是两个以上主体之间为了各自的利益而相互竞赛、争夺的关系。生物界的竞争遵循的是“物竞天择，适者生存”的规律，在人类社会中不同领域有不同表现。在商品经济领域表现突出，处处充满竞争，它是一切市场经济制度的本质特征，我国社会主义市场经济体制也不例外。经营者为了求得生存与发展，必然会想方设法参与市场竞争，并且为了不断提高自身的竞争能力，在竞争的过程中会采取各种手段和方式，开拓市场、提高产品质量和生产效率，谋取最大利益。但是，竞争具有两面性，除为市场经济发展提供建设性动力外，也会表现为尔虞我诈、弱肉强食，并对市场秩序产生破坏。由此可见，竞争包括正当竞争与不正当竞争。

所谓正当竞争，是指经营者为追求自身利益的实现，在不违背市场竞争的基本原则的前提下进行的竞争活动。开展正当竞争，能够最大限度地调动经营者的积极性，促使其通过不断完善管理，不断开发和采用新技术、新工艺等手段，向市场提供质优价廉的商品；通过优胜劣汰，使社会资源得到合理的配置，并使经济活动充满活力，健康发展，为消费者和全社会带来最大福利。[1] 正当竞争应当是一种合理的竞争、合法的竞争、积极的竞争。否则，就是一种不正当竞争。

不正当竞争作为一个法律概念，是在19世纪末出现的。当时，德国制定的成文法、美国的普通法判例以及一些国家围绕工业产权国际保护问题签署的《巴黎公约》都相继使用了“不正当竞争”一词。[2] 综观各国的反不正当竞争法，一般是从违反善良风俗和诚实信用等商业惯例的角度来定义不正当竞争的。例如《德国反不正当竞争法》称不正当竞争为“在营业中为竞争目的采取违反善良风俗的行为”；前南斯拉夫的《防止不正当竞争和垄断协议法》认定不正当竞争是“联合劳动组织为了从事商品交换和服务或其他经济活动，而作出的违反良好的经营风尚并给其他联合劳动组织、消费者或社会共同体带来或者能够带来损害的行为。”《瑞士反不正当竞争法》则规定：“不正当竞争是指任何欺骗性的商业行为，或以其他手段违反诚实信用原则的任何商业行为。”《巴黎公约》第10条第2款规定：“任何违反工商业中良好和诚实习惯的竞争行为都是不正当

[1] 曹天玷：《现代竞争法的理论与实践》，法律出版社1993年版，第2页。

[2] 盛杰民：《反不正当竞争法的理论与实务》，中国商业出版社1994年版，第38页。

竞争行为。”由于“善良风俗”“良好的经营风尚”“诚实习惯”“诚实信用”等标准并非法律上的规范术语，在实践中具有难以正确度量的缺点，因此，各国在反不正当竞争法中往往在一般定义之后列举应受处罚的具体的不正当竞争行为。更多的国家和地区，在立法中不明确定义，而是以列举方式予以明确。如日本、韩国和我国台湾地区。

我国的《反不正当竞争法》在规定了商业交易中应遵循的自愿、平等、公平、诚实信用原则以及公认的商业道德之后，将“不正当竞争”定义为“经营者违反本法规定，损害其他经营者的合法权益，扰乱社会经济秩序的行为”。在这一定义之后，《反不正当竞争法》又列举了应予处罚的11种不正当竞争行为。

二、不正当竞争行为的特征

根据不正当竞争的特征，可以将不正当竞争行为的特征以及构成概括如下。

（一）不正当竞争行为的主体是经营者

按照《反不正当竞争法》第2条的规定，所谓经营者是指从事商品经营或者营利性服务的法人、其他经济组织和个人。非经营者不能成为不正当竞争的主体。实践中，如何把握或者认识“经营者”，是能否正确理解和执行该法的关键。对这问题的不同回答直接决定着《反不正当竞争法》所规范的主体的范围。例如，政府及其所属部门能否成为不正当竞争行为的主体？非营利机构包括医院、律师事务所等从事经营行为是否受到《反不正当竞争法》的调整？（知识链接如上框）

> **经营者的法律含义**
>
> 是否只有具备合法经营资格的主体才可以成为经营者，还是不管有无经营资格，只要客观上从事了经营行为，都可以作为经营者？一种意见认为，超越经营范围，不具备合法经营资格者，不属于《反不正当竞争法》所指的经营者，不具备适用《反不正当竞争法》的主体资格。从权利能力角度讲，只有具有“从事商品经营或者营利性服务”的权利能力即主体资格的人，才能成为经营者，其他没有此种资格的人即使从事了“商品经营或者营利性服务”，也不是经营者。另一种意见认为，凡是实际上从事了经营活动，不论是否为合法的经营者，都在《反不正当竞争法》的规范之内。这是从行为性质角度理解的，是指只对行为是否具有经营性质进行衡量，不管是否具有资格，只要实施的行为属于经营行为，即被认为属于经营者，就属于《反不正当竞争法》的调整范围。

我们认为，界定“经营者”，不应当从其固有资格上界定，从行为角度界定经营者更为合理，即只要参与或者从事了市场经营活动，都应属于《反不正当竞争法》上的经营者。因为在市场上活动着大量没有经营资格却实际从事经营活动的主体，尽管从法律角度讲这些行为是非法的，但并不能否认其实际上从事了经营活动的基本事实。经营行为是事实状态，合法性是法律状态。《反不正当竞争法》是从维护竞争秩序角度出发调整经营行为的，因此，从经营行为认定经营者是合理的，这符合《反不正当竞争法》的立法目的。故不论是以经营活动为职业的行为人，还是代表、代理他人从事经营活动的行为人，以及并无法律意义上的经营资格而从事经营活动的行为人，只要其行为对正常竞争秩序构成了危害，都应当属于不正当竞争行为，否则《反不正当竞争法》的作用就不能得以充分发挥。而且，没有经营资格的人从事不正当竞争行为不但与有合法资格的经营者一样，会对竞争造成危害，其危害后果往往更为严重，如果不予以制裁，不利于维护竞争秩序。

国家工商行政管理总局2001年对安徽省工商行政管理局的《关于非营利性医疗机构是否属于〈反不正当竞争法〉规范主体问题的答复》中明确指出："无论是营利性医疗机构，还是非营利性医疗机构，只要在购买药品或者其他医疗用品中收受回扣的，都应当按照《反不正当竞争法》的规定依法查处。"这就说明，反不正当竞争法的主体，主要特征是"经营"行为，而不是"营利性"，只要是实施了不正当竞争行为，无论是否营利性，都进入其调整范围。所以，我国各个行业都制定了反不正当竞争行为的规范。

（二）不正当竞争行为是一种违法行为

不正当竞争行为的违法性，主要法律依据是《反不正当竞争法》第一章第2条的概括规定和第二章对不正当竞争行为的具体列举。凡是不正当竞争行为，必然是违反了该法第2条第1款所确立的自愿、平等、公平、诚实信用原则和公认的商业道德。这是判断是否属于不正当竞争的基本原则，也是基本标准。这一原则揭示了不正当竞争的本质特征，就是违法并且损害其他经营者的合法权益，扰乱社会经济秩序的行为。第二章列举的不正当竞争行为属于具体表现，都是需要依法禁止的不正当竞争行为。司法实践中，主要以法律规定中列举的具体行为为依据，判断经营者在市场交易中的行为是否属于不正当竞争行为。但是，由于现实经济生活的复杂多样性，《反不正当竞争法》不可能将所有的不正当竞争行为全部列举出来。因此，在实践中，如果经营者的某项行为难以被确认为该法所明确列举的不正当竞争行为，那么，还可以依据该法第2条第1款所确立的自愿、平等、公平、诚实信用等基本原则来认定。倘若经营者的某项行为从根本上有悖于这一基本原则，同样可界定为不正当竞争行为。

（三）不正当竞争行为侵害的客体是其他经营者的合法权益和正常的社会经济秩序

不正当竞争行为是一种有目的的、排他性或者伤他性的行为，是以侵害

“其他经营者”合法权益为直接目标的行为。这里的“其他经营者”，是指其竞争对手，既包括实际的竞争对手，也包括潜在的竞争对手。这里的竞争对手是指同行业的竞争者，如果是不同各行业，经营不同的商品或服务，不能形成竞争关系，所以不属于不正当竞争行为侵害的对象。当然，有些不正当竞争行为，如虚假广告和欺骗性有奖销售，还同时损害广大消费者合法权益。这些行为虽以侵害竞争对手为目的和特征，但是最终实质上损害的是社会经济秩序，破坏了市场经济的公平竞争原则，所以必须予以严厉禁止。

三、反不正当竞争法的概念

任何法律都是国家为适应调整一定的社会关系的需要而制定的，反不正当竞争法也不例外。在市场经济条件下，竞争是经济活动的常态，是市场经济的本质属性。如同体育竞技要有竞技规则一样，经营者的市场竞争行为也离不开相应的竞争规则。竞争规则是衡量经营者竞争行为正当与否的标准。只有各个经营者都遵循一定的竞争规则，市场经济才会健康有序地发展。反不正当竞争法正是根据市场经济的迫切需要应运而生的。

反不正当竞争法是调整市场交易活动中经营者之间竞争关系的法律规范的总称。在狭义上，它仅涉及反对不正当竞争的内容；在广义上，则包括狭义的反不正当竞争以及反垄断和限制竞争的内容。由于各国政治状况、经济发展水平以及法律传统的不同，其相关立法的法律名称与法律内容等方面存在较大差异。目前我国的反不正当竞争法中规制了两类对象：一类是传统的违背诚信、公平原则的不正当竞争行为；一类是影响市场机能正常发挥的限制竞争行为。我国的反垄断立法正在研究起草之中。

反不正当竞争法的宗旨是规范市场主体的竞争行为，保护公平竞争、维护正常的市场竞争秩序。由于反不正当竞争法以市场经济的核心问题——竞争问题为调整对象，因而一出现就注定会在市场经济法律体系中占有重要的地位。[1]

反不正当竞争法与知识产权法的关系如何？在知识产权法领域有一个著名而又生动的比喻，即传统知识产权的三部主要法律——专利法、商标法和著作权法好比是浮在海面上的三座冰山，反不正当竞争法则是托着冰山的海水。意思是说，凡专利法、商标法和著作权法管不到的领域，都由反不正当竞争法来兜底。这个比喻形象地道出了反不正当竞争法对传统知识产权法的补充作用。

因此，从广义上来理解知识产权法，它应是包括反不正当竞争法的。或者说，狭义上的知识产权法与反不正当竞争法是特别法与普通法的关系。立法中，

---

[1] 吴宏伟：《市场管理法教程》，法律出版社1995年版，第177页。

绝大部分保护知识产权的内容，皆由具体的知识产权法作出了明确规定，只有那些知识产权法未明确规定，然而又确实违反自愿、公平、诚实信用、公序良俗的行为才由反不正当竞争法进行补充保护。归纳起来，反不正当竞争法对知识产权的补充保护大致体现在以下方面。

1. 保护那些不受特别法保护的客体

例如，商品的装潢、作品的标题等。其中，标题是作品的一部分，有些标题很难当然地受到著作权法的保护。但是，如果作品十分成功，则它的标题往往会在市场上获得特别的声誉，这时，它可以作为知名商品的特有名称受到反不正当竞争法的保护。

2. 保护那些虽然可以受到特别法保护，但是尚未获得授权的客体

例如一项技术发明，发明人可以选择多种保护方式：如果申请专利，只有经过国务院专利行政部门审查合格以后才能被授予专利权。如果不申请专利或者申请专利获得授权之前，便可以选择以技术秘密方式受到反不正当竞争法的保护。同样，商品或者服务上的商标，若要受到商标法的保护，需要经过商标局的审查和注册，在获得注册之前，它可以作为有一定市场影响的未注册商标受到反不正当竞争法的保护。

3. 保护那些特别法有遗漏或者不便保护的内容

例如，《商标法》第 51 条规定，“注册商标的专用权，以核准注册的商标和核定使用的商品为限”，故对于在不同种类的商品或者服务上使用相同或者类似商标的行为，商标法则无能为力。但是，如果这种行为违反了公平、诚实信用等原则，可以依据反不正当竞争法来制止。

4. 保护新型智力劳动成果或者工商业成就

新技术、新工艺的进步和采用，会不断地导致新的智力成果和工商业成就。对这种新成果的保护大致有三种方式：其一是扩大解释现有的知识产权特别法律，将其纳入现行知识产权特别法中。例如，对计算机程序的保护就是通过重新定义著作权法中的作品概念来实现的；其二是制定专门法加以保护。例如，对半导体芯片的保护，对植物新品种的保护；其三是直接通过反不正当竞争法来保护。在第一、二种方式实现之前，反不正当竞争法常常可以提供过渡性的保护。

5. 出现竞合时如何保护

在有的情况下，反不正当竞争法的保护可能和特别法的保护同时存在于一项客体之上，发生两种保护机制竞合，例如对注册商标的保护。这时，根据特别法优先于普通法的原则，应优先适用特别法即商标法的规定。

6. 间接保护知识产权

在知识产权权利人不知悉侵权行为，或者虽然知悉但是由于种种考虑不愿意

追究侵权者责任的时候，如果其他竞争者或消费者的正当利益受到损害，例如，侵权者因为假冒他人驰名商标而获得了不应有的竞争优势，或者侵权者因为侵犯他人注册商标而使消费者对商品或者服务来源产生混淆，那么，其他竞争者或者消费者可以依照反不正当竞争法来制止侵权。

总之，反不正当竞争法与知识产权法有着相辅相成的关系。一方面，反不正当竞争法对于保护知识产权，特别是保护那些不能直接获得知识产权特别法保护的智力成果、商业标记等有着不可或缺的作用，故可以说它是知识产权法的一部分；另一方面，知识产权制度本身的建立，也有利于促进市场竞争秩序的健康发展，所以，可以说，它反过来也是竞争法律制度的重要组成部分。当然，它们之间的交叉、重叠只是部分的，其各自的独立个性不应被忽视。

> **反不正当竞争法与传统知识产权法的结合**
>
> 知识产权保护是市场经济秩序的重要组成部分，与知识产权有关的不正当竞争行为不断增多，反不正当竞争法和传统知识产权法日益结合。
>
> （1）美国法中的规定。美国《关于知识产权许可行为的反托拉斯指南》说明了其在执法中采取的一般态度、分析方法和法律适用原则。
>
> （2）欧盟法的规定。欧盟委员会于1996年就若干与知识产权有关的技术转让协议的适用问题制定了第240号规章，此规章明确规定了欧盟反不正当竞争法条文对于知识产权有关的各种技术转让条款的禁止、限制和豁免。
>
> （3）《巴黎公约》中的规定。根据《巴黎公约》的规定，巴黎公约的成员国必须对各该国国民保证予以取缔不正当竞争的有效保护。凡在工商业活动中违反诚实经营的竞争行为，都构成不正当竞争行为。包括：①非法标有商标、厂商名称的行为（第9条）；②假标记行为（第10条）；③特别禁止的行为（第10条之2）。

保护知识产权并不是反不正当竞争法的惟一任务，而知识产权法中的许多制度与竞争秩序也无必然联系。随着科技、信息产业的迅猛发展，知识产品逐渐成为社会的主要财富，不正当竞争行为将会更多地发生在这个充满活力的领域，传统知识产权法和反不正当竞争法对经济生活的规范作用必将越来越重要，越来越密不可分。（知识链接如右上框）

第三节　与知识产权有关的不正当竞争行为

随着科技、信息产业的迅猛发展以及知识产品的不断涌现，与知识产权有关的不正当竞争行为越来越成为各国法律规制的重点。在我国《反不正当竞争法》所列举的11种不正当竞争行为中，亦多处涉及与知识产权有关的不正当竞争行为。

一、采用欺骗性标志从事市场交易的行为

（一）采用欺骗性标志从事市场交易的概念及特征

采用欺骗性标志从事市场交易的行为，是指经营者采用假冒或者仿冒的标志或采用其他虚假的标志从事交易，引起公众的误解、误购，牟取非法利益的行为。采用欺骗性标志从事市场交易，具有以下特征：

（1）采用欺骗性标志从事交易的行为主要表现为在商品或者服务上采用具有欺骗性的标志。比如，在自己的商品或者服务上使用他人的商品商标或者服务商标；在自己的商品上使用他人商品特有的名称、包装、装潢以及其他企业的名称（商号）、质量标志等。

（2）行为人的意图主要是使自己的商品或服务与他人的商品或服务发生混淆，从而借用他人商品或服务的声誉推销自己的商品或服务，牟取非法利益。此外，采用欺骗性质量标志，如产地标志、获奖标志等，其意图也是欺骗消费者，削弱或者非法挤占其他同业竞争者的竞争优势，牟取不当利益。

（3）采用欺骗性标志在客观上造成或者可能造成商品或者服务的混淆，造成消费者误认，从而可能导致其错误地选择商品或者服务，使诚实经营秩序遭到一定程度的破坏。

（4）采用欺骗性标志从事交易的行为是一种典型的违背诚实信用商业道德的不正当竞争行为。

（二）采用欺骗性标志从事市场交易的表现形式

《反不正当竞争法》第5条将此类不正当竞争行为归纳为以下4种情形。

1. 假冒他人的注册商标

假冒他人的注册商标，也是商标法明文予以禁止的行为。既是侵犯注册商标权的行为，也是不正当竞争行为。此外，如果假冒具有一定市场影响的未注册商标，也是一种不正当竞争行为，《反不正当竞争法》虽未明确予以禁止，但是从不正当竞争行为的本质特征、反不正当竞争法的基本原理和立法原意可以判断，这种行为构成了对其他经营者合法权益的侵害，扰乱了市场秩序。（实例链接如下页框）

2. 擅自使用知名商品特有的名称、包装、装潢，或者使用与知名商品近似的名称、包装、装潢，造成和他人的知名商品相混淆，使购买者误认为是该知名商品

如本章前言所引龙阁白葡萄酒侵犯黄河故道白葡萄酒特有的名称、包装、装潢行为，就是属于此种类型。构成此类不正当竞争行为须具备下列条件：

（1）被仿冒的商品须为知名商品。《反不正当竞争法》只保护知名商品的名

称、包装和装潢，也就是说，商品的知名是必要条件。国家工商总局 1995 年 7 月 6 日发布的《关于禁止仿冒知名商品特有的名称、包装、装潢的不正当竞争行为的若干规定》第 3 条规定，“知名商品，是指在市场上具有一定知名度，为相关公众所知悉的商品”。

奇安特电器燃具厂仿冒“松下”注册商标案

2001 年 5 月，两名浙江人在香港注册的“香港松下电器国际集团有限公司”，将其“Paretionic”商标和“香港松下电器”文字标记以许可的方式许可广东顺德市容桂区奇安特电器燃具厂使用。顺德奇安特电器燃具厂随即在其产品及产品包装箱、说明书上使用“Paretionic”商标和“香港松下电器”文字标记，并冠以香港松下电器国际集团有限公司的企业名称，在市场上销售。2002 年 3 月，广东省工商行政管理局接到松下电器（中国）有限公司投诉后在全省范围内组织开展了专项执法活动，查封了涉嫌侵权产品。顺德市工商行政管理局对奇安特电器燃具厂的违法行为进行了处罚。

（2）被仿冒的是知名商品特有的名称、包装、装潢。商品特有的名称、包装、装潢，是商品的重要识别性标志。《关于禁止仿冒知名商品特有的名称、包装、装潢的不正当竞争行为的若干规定》第 3 条第 3 款规定，“知名商品特有的名称，是指知名商品独有的与通用名称有显著区别的商品名称。但该名称已经作为商标注册的除外”。实际中，商品“特有的名称”往往就是其注册商标，或者注册商标的重要组成部分。这种情况下，该“特有名称”就会受到商标法的保护。商品特有的包装对商品具有独特的标示作用，能够帮助购买者识别商品。《关于禁止仿冒知名商品特有的名称、包装、装潢的不正当竞争行为的若干规定》第 3 条第 4 款规定，“本规定所称包装，是指为识别商品以及方便携带、储运而使用在商品上的辅助物和容器”。《反不正当竞争法》不保护没有特色、不具有商品标志作用的包装。因为，不具有商品标志作用的包装不具有竞争意义，他人的仿造不会产生使消费者误认或混淆的后果。

商品特有的装潢也对商品具有标示作用，能够区别商品来源。《关于禁止仿冒知名商品特有的名称、包装、装潢的不正当竞争行为的若干规定》第 3 条第 5 款规定：“本规定所称装潢，是指为识别与美化商品而在商品或者其包装上附加的文字、图案、色彩及其排列组合。”

（3）仿冒的方式是对他人知名商品特有的名称、包装、装潢擅自作相同或近似的使用。实践中，对擅自使用完全相同的名称、包装、装潢很容易认定。认定比较复杂的是“作相近似的使用”。《关于禁止仿冒知名商品特有的名称、包装、装潢的不正当竞争行为的若干规定》第 5 条规定，“对使用与知名商品近似的名称、包装、装潢，可以根据主要部分和整体形象相近，一般购买者施以普通注意力会发生误认等综合分析认定。一般购买者已经发生误认或者混淆的，可以认定为近似”。这是认定“作相近似使用”的法律依据。

(4) 这种仿冒可能或者已经导致市场混淆或者误认。

3. 擅自使用他人的企业名称或者姓名，引人误认为是他人的商品

构成此类不正当竞争行为须具备下列条件：

(1) 被仿冒的是他人的企业名称或者姓名。实践中，被仿冒的企业名称或者姓名一般都具有良好的市场信誉或一定的知名度。此外，有必要指出的是，这里的企业名称或者姓名，不仅包括各种经济组织的名称、字号，还包括个体工商户的名称、字号、自然人的姓名。其中，自然人的姓名应以知名为要件。

(2) 此类仿冒行为的目的是引人误认为是他人的商品。值得注意的是，“引人误认”并不一定要求在市场交易中已经造成购买者误认的实际后果，只要足以混淆或者误认，就构成此类不正当竞争行为。

(3) 仿冒行为人主观上是故意的。

此外，还应注意，这里的“使用”不但包括作同样用途的使用——将他人的企业名称或者商号作为自己企业的名称或者商号，还应包括作不同用途的使用，例如将他人的企业名称或者商号作为自己企业商品的商标。

4. 在商品上伪造或者冒用认证标志、名优标志等质量标志，伪造产地，对商品质量作引人误解的虚假表示

(1) 伪造或者冒用认证标志、名优标志等质量标志。所谓质量标志是指经认证机构或者其他有关组织检验而颁发的表明产品质量状况的证书、标记等。常见的质量标志有产品质量认证标志、优质产品标志、名牌产品标志、企业产品标准号、检验机构检验合格证、产品合格证、生产许可证等。

伪造或者冒用认证标志、名优标志等质量标志的不正当竞争行为主要表现为：一是伪造并使用一种根本就不存在的认证标志、名优标志等质量标志；二是未经产品质量认证或者认证不合格，而在其产品上使用认证标志；三是擅自使用他人的产品标准号；四是未经有关组织授予其名优标志，而在其产品中使用名优标志。此外，产品被撤销认证时，应及时停止使用认证标志，继续使用也属于擅自使用和伪造、冒用行为。

(2) 伪造产地。商品的产地是指商品的制造、加工地或商品生产者的所在地。商品的产地标记，又称货源标记，不仅表明产品的来源地，也是商品的一种质量标志。因为一些商品的品质往往与其所处的地理环境有关，或与其所处地区的技术优势有联系。因此，伪造产品的产地，可能会误导用户、消费者的采购行为和消费行为，也可能会损害被伪造产地的其他生产者的商业信誉，因此《反不正当竞争法》严禁伪造产地。

(3) 对商品质量作引人误解的虚假表示。对商品质量作引人误解的虚假表

示，是指经营者违反诚实信用原则，在商品上或者其包装上以及其他标识物上，对反映该商品质量的各种内容作不真实的表述和标志，从而可能发生误认误购的行为。对商品质量作引人误解的虚假表示，目的在于误导消费者购买其商品。这种行为不但可能使消费者上当受骗，而且必然会损害竞争对手的利益。

（三）法律责任

关于采用欺骗性标志从事市场交易行为的法律责任，我国《反不正当竞争法》作出了明确规定。该法第20条规定，经营者在市场交易中采用假冒或仿冒行为，给被侵害的经营者造成损害的，应当承担损害赔偿责任。第21条规定，经营者假冒他人的注册商标，擅自使用他人的企业名称或者姓名，伪造或者冒用认证标志、名优标志等质量标志，伪造产地，对商品质量作引人误解的虚假表示的，依照《商标法》《产品质量法》的规定处罚。经营者擅自使用知名商品特有的名称、包装、装潢或者使用与知名商品近似的名称、包装、装潢，造成和他人的知名商品相混淆，使购买者误认为是该知名商品的，监督检查部门应当责令停止违法行为，没收违法所得，可以根据情节处以违法所得1倍以上3倍以下的罚款；情节严重的，可以吊销营业执照；销售伪劣商品，构成犯罪的，依法追究刑事责任。

二、引人误解的虚假宣传行为

（一）引人误解的虚假宣传行为的概念和特征

引人误解的虚假宣传行为，是指在商业活动中经营者利用广告或者其他宣传方法对商品或者服务内容作与实际情况不符的宣传，诱使客户和消费者产生误购的行为。这种行为违反了诚实信用的商业道德，是一种严重的不正当竞争行为。（实例链接如右框）

> **天王电子有限公司虚假宣传案**
>
> 2001年，天王电子有限公司在产品简介中对其天王牌手表所获“金桥奖”的评比、颁奖单位及“全国销售量第一”的统计单位作了不真实的宣传。河北省保定市工商局根据查证的事实认定天王电子有限公司的行为违反了《反不正当竞争法》，对该公司作出行政处罚。

这类行为具有以下特点：（1）作引人误解的虚假宣传的人应是商品经营者或服务业的经营者，其中包括广告经营者。（2）引人误解的虚假宣传方法主要是广告宣传和其他方法。广告是经营者最常用最主要的宣传方法，是经营者利用报纸、杂志、广播、电视、广告牌、商品宣传栏、霓虹灯等广告媒介向用户和消费者介绍商品和服务项目，提供商品和服务信息。其他宣传方法包括通过商品信息发布会、商品展销会、产品说明书等推销商品和介绍服务。（3）引人误解的虚假宣传的内容涉及商品的质量、制作成分、性能、用途、生产者、有效期、产地等。（4）引人误解的虚假宣传的表现形式有两类：一类是虚假宣传，是指经营者对商品内容或者服务项目作完全不符合实际情况的虚假宣传，足以导致用户和消费者上当受骗；另一类是作引人误解的宣传，是指利用广告或者其他宣传方法对商品内容或者服务项目所作的宣传可能导致用户和消费者对商品和服务的真实情况产生错误的联想，从而导致误购。例如，据报载，某市有一家家具店作广告称，该店展销的是“意大利聚酯漆家具”，使得许多消费者误认为是从意大利进口的家具而纷纷购买之，实际上只不过是使用意大利进口油漆而制作的家具。（5）引人误解的虚假宣传的受损害对象，从直接受害的角度讲是上当受骗的用户和消费者；从竞争的角度讲，受损害的是遵守诚实信用原则和商业道德的同业竞争者。

引人误解的虚假宣传的目标又可分为两类：一类是自己生产经营的商品或者服务。表现为，经营者利用广告或者其他宣传方法，故意抬高自己的商品或者服务，引人购买与宣传内容不符的商品，甚至是伪劣商品。另一类是竞争对手的商品或者服务。表现为，经营者利用广告或者其他宣传方法，贬低竞争对手的商品或者服务、诋毁竞争对手的声誉。

（二）认定引人误解的虚假宣传行为的要件

（1）行为主体，有两类：一类是商品经营者或者服务业经营者，另一类是广告经营者。

（2）行为人的主观状态，往往有较为明确的目的性。行为人作引人误解的虚假广告的目的在于推销自己的商品或者服务，损害同业竞争者和消费者的利益。

（3）客观上，经营者确实利用广告或者其他方法实施了引人误解的虚假宣传，广告经营者确实在明知或者应知的情况下，代理、设计、制作、发布了虚假广告。

（4）该行为破坏了正常的竞争秩序，足以使竞争对手和广大用户、消费者的利益受到损害。

（三）法律责任

关于引人误解的虚假宣传行为的法律责任，《反不正当竞争法》第 24 条规定，“经营者利用广告或者其他方法，对商品作引人误解的虚假宣传的，监督检查部门应当责令停止违法行为，消除影响，可以根据情节处以 1 万元以上 20 万以下的罚款”，“广告的经营者，在明知或者应知的情况下，代理、设计、制作、发布虚假广告的，监督检查部门应当责令停止违法行为，没收违法所得，并依法处以罚款”。

三、商业诽谤行为

（一）商业诽谤行为的概念及表现

商业诽谤行为是指经营者自己或者唆使他人，采取捏造、散布虚伪事实等不正当手段，对竞争对手的商业信誉、商品声誉进行诋毁、贬低，以削弱其竞争实力的行为。

商业诽谤行为侵害的客体是竞争对手的商业信誉和商品声誉。商业信誉和商品声誉是社会公众对经营者的积极评价。商业信誉和商品声誉是经营者的无形财产。经营者若拥有良好的商业信誉和商品声誉，就会在市场竞争中占据优势地位，就会给自己的经营带来极大的畅通和效益。也正是因为商业信誉和商品声誉关系到经营者的重大利益，关系到经营者的商品或服务的市场份额，以致会成为某些同业竞争者的侵害对象。（实例链接如右框）

> **宁波顺风压缩机有限公司商业诽谤案**
>
> 当事人宁波顺风压缩机有限公司为削弱宁波欣达螺杆压缩机有限公司的市场竞争能力，增强自己的市场竞争优势，于2001年3月制作了其自己经销的“阿特拉斯”牌37kw功率空气压缩机与宁波欣达螺杆压缩机有限公司生产的“欣达”牌同规格机型（37kw功率）空气压缩机性能比较表。表中虚构“阿特拉斯”牌37kw功率空气压缩机部分性能数据，并在表中列举其空气压缩机的16个性能数据均优于“欣达”牌37kw功率空气压缩机，以此贬低竞争对手。此比较表制作后，当事人在推销自己的空气压缩机时，向宁波欧琳厨具有限公司等7家客户分发了该比较表。当事人的上述非法行为，宁波市工商局江东工商分局根据浙江省反不正当竞争条例有关规定，依法对当事人作出责令改正、罚款1万元的处罚。

商业诽谤行为的表现是形形色色的。主要有：（1）以刊登对比性广告或利用商业说明书等形式，贬低同业竞争对手的商业信誉和商品声誉，抬高本企业的商业信誉和商品声誉；（2）在召开商业信息发布会或者商务洽谈会时，向客户和消费者捏造、散布虚假事实，贬低同业竞争对手的商业信誉、商品声誉，相对吹嘘本企业的商业信誉、商品声誉；（3）故意散布传单或小册子，对同业竞争对手的产品、经营、服务等质量进行诋毁，削弱其市场竞争能力；（4）唆使或收买他人以客户或消费者的名义，投书新闻媒介、质量监督管理部门、消费者协会等，批评其他同业竞争对手的商业信誉和商品声誉，以打击竞争对手，客观上提高本企业的竞争力，占领同业竞争对手失去的市场。

在市场竞争日趋激烈的情况下，商业诽谤现象会经常发生。为了维护合法经营者的正当利益，保障正常的市场竞争秩序，必须依法查处损害他人商业信誉和商品声誉的商业诽谤行为。

（二）认定商业诽谤行为须把握的要件

（1）商业诽谤行为的主体是经营者。从事商品生产经营或者营利性服务的法人、其他经济组织或个体工商户等均可能成为该行为的主体。当然，具体实施商业诽谤的人，可能是经营者自己，也可能是经营者唆使、收买的其他组织或个人。如属于后一种情况，则受唆使者应与唆使者共同承担法律责任。

（2）行为人确实捏造、散布了虚伪事实。

（3）行为人实施商业诽谤，主观上应当有过错。对于捏造事实的行为人来说，主观上应出于故意。但是捏造人与散布人有时并不是同一人，散布人在过失的情况下散布虚假事实也构成商业诽谤。

（4）行为人捏造、散布虚伪事实，诋毁、贬低竞争对手的商业信誉或商品声誉，在客观上足以或者已经造成一定的损害后果，商业信誉或商品声誉的损害表现为社会评价的减损或降低。

（5）实施商业诽谤的行为人与被诽谤人具有某种竞争关系，进行诋毁的目的是进行市场竞争。

（三）法律责任

实施商业诽谤损害他人商业信誉或者商品声誉的，根据《反不正当竞争法》第20条的规定，给被侵害者造成损害的，应当承担损害赔偿责任。此外，还可以依照《民法通则》的规定，要求行为人停止侵害、恢复名誉、消除影响、赔礼道歉。

四、侵犯商业秘密的行为

侵犯商业秘密是指行为人违反法律规定或者合同约定，将权利人的商业秘密予以披露或者使用的行为。关于商业秘密的法律保护，各国采取不同的立法例，有的制定单行法，有的适用一般侵权行为法，有的规定在反不正当竞争法中。在我国，反不正当竞争法是保护商业秘密的最主要法律。它明确规定了什么是商业秘密、侵犯商业秘密的具体表现以及侵权人应当承担的法律责任。有关商业秘密的概念与特征、侵犯商业秘密的行为及其责任等问题，将有专章讨论，在此不再赘述。

结　语

知识产权是经济发展的“催化剂”，但它的催化作用只有在一定条件下才能良好发挥，这个条件便是自由竞争的市场经济秩序。反不正当竞争法是保障自由竞争的一道厚实的法律屏障，它是对知识产权的补充保护和兜底保护，只有建立起有效的反不正当竞争法律制度，才能使知识产权制度在促进市场经济的快速和健康发展方面发挥完整的作用。

资料链接

[1] 王晓晔．竞争法研究［M］．北京：中国法制出版社，1999.
[2] 丁邦开．竞争法律环境论［M］．上海：上海财经大学出版社，1999.
[3] 孙虹．竞争法学［M］．北京：中国政法大学出版社，2001.
[4] 徐士英．竞争法论［M］．上海：上海世界图书出版公司，2000.

思考题

1. 何为不正当竞争行为？其特征是什么？
2. 简述反不正当竞争法与知识产权法的关系？
3. 简述采用欺骗性标志从事市场交易特征及应当承担的法律责任。
4. 简述引人误解的虚假宣传的概念、特征、构成要件及法律责任。

第十一章　国际贸易体制与知识产权国际保护

【学习目的与要求】 通过本章学习，要求学生了解知识产权国际保护的形成，了解国际贸易体制发展与知识产权制度之间的关系，掌握主要知识产权国际保护公约的内容，了解当前国际知识产权保护存在的问题，认识国家知识产权变革和发展的趋向。

【内容提要】 知识产权国际保护是随着国际上政治、经济、文化交流的日益频繁而逐步产生的，先后经历了“巴黎联盟与伯尔尼联盟时期”“世界知识产权组织时期”“世界贸易组织时期”，国民待遇原则、最低保护标准原则、公共利益原则是知识产权国际保护制度的主要原则。知识产权国际保护的主要公约有《伯尔尼公约》、《巴黎公约》、《知识产权协定》等等。

【关键词】 世界贸易组织　知识产权协定　知识产权国际保护

1997年12月9日，欧共体要求就《加拿大专利法》第52条第2款第（1）项和第52条第2款第（2）项不符合《知识产权协定》第27条第1款、第28条和第33条所规定的义务，不能在药品发明专利的整个有效期内充分保护权利人的利益与加拿大进行磋商。❶ 磋商未果后，欧共体于1998年11月11日要求世界贸易组织（WTO）的争议解决机关（DSB）建立解决争端的专家小组。1999年3月25日专家小组成立，除欧共体作为原告方外，澳大利亚、巴西、哥伦比亚、古巴、印度、以色列、日本、瑞典、泰国和美国等国家作为第三方。专家小组报告于2000年3月17日在世界贸易组织成员中散发。专家小组报告认为：《加拿大专利法》的第52条第2款第（1）项规定的所谓强制审查例外没有违背《知识产权协定》第27条第1款；该审查例外还包含在《知识产权协定》的第30条的例外中，因此也没有违背《知识产权协定》第28条第1款。按照强制审查例外，专利权人的潜在竞争者在专利有效期内为了得到政府颁发的进入市场的批准，可以不经过专利权人的同意而使用授予专利的发明，这样他们就被正式允许在专利到期之后销售专利药品以同专利权人竞争。《加拿大专利法》第52条第2款第（2）项所规定的储存例外不属于《知识产权协定》第30条的例外，因而违背了《知识产权协定》的第28条第1款。按照储存例外，竞争者在专利

❶ http：//www.wto.org/english/tratop_e/dispu_e/cases_e/ds114_e.htm.

到期之前的一段时间里，被允许制造和储存专利产品，但是该产品直到专利到期之后才能销售。专家小组认为，与强制许可不同的是，储存例外实质上使根据第28条第1款授予专利权人的独占权期限缩短，超出了《知识产权协定》第30条意义上的有限例外的范围。争端解决机构在2000年4月7日的会议上接受了专家小组的报告，建议加拿大修改其专利法第52条第2款第（2）项有关储存例外的规定，以符合《知识产权协定》的有关条款。在经过仲裁的6个月的实施期内，加拿大对专利法的有关条款进行了修改，并通知各成员方，经过修改的该条款于2000年10月7日生效，按时实施了争端解决机构的建议。这是一个与《知识产权协定》有关的案例。世界贸易组织的成员欧共体发现《加拿大专利法》中的两个条款不符合《知识产权协定》的有关条款，影响了其在药品专利上的利益，就通过世界贸易组织的争端解决机制来促使加拿大修改其专利法，履行其《知识产权协定》下的相应义务。这是世界贸易组织多边贸易体制中有关知识产权贸易的一个典型事例。从这个案例可以看出，知识产权国际保护问题在当今社会已成为国际贸易的一个重要方面，本章将对知识产权国际保护的成因、知识产权国际保护的内容进行讨论。

第一节　知识产权国际保护制度概述

一、知识产权国际保护制度的成因

知识产权的国际保护制度是指以多边国际公约为基本形式，以政府间国际组织为协调机构，通过对各国国内知识产权法律进行协调并使之形成相对统一的国际法律制度。从制度史上说，知识产权国际保护并不是随着知识产权制度的产生而产生的，它是国际经济贸易关系不断发展的产物，也是知识产权制度自身变革的结果。这一制度的建立有以下两个原因。

（一）国际经济贸易的发展与知识产权地域性限制的克服

知识产权的基本特征之一在于它的地域性。这种地域性表现在两个方面：首先，按照一国法律获得确认和保护的知识产权只在该国范围内发生效力，超出这一地域限制，作为该国保护对象的知识财产便被视为公有领域的知识资源；其次，按照一国法律获得确认和保护的知识产权，非经他国的国内法程序，不能得到该国保护。这意味着权利人不可能援引本国法在他国维护自己的知识产权利益，他国没有义务对另一国所授予的知识产权给予保护。在知识产权领域出现国际条约之前，任何人要想在其他国家获得知识产权保护是非常困难的。地域性特征"使得知识产权具有分割市场，阻碍国际贸易发展的内在本质"❶。随着科学技术的日益进步和工商业的迅速发展，在国际经济贸易不断扩大的同时，知识产权贸易市场也开始形成。许多知识产品打破一国界限流入其他国家，促进了各国之间的科技与文化交流。这样，知识产权地域性限制与知识产品的国际性需求之间出现了巨大的矛盾。在这种情况下，国际社会谋求对知识产权保护问题进行国际协调，以最大限度地消除知识产权地域性对国际经济贸易秩序的妨碍，其结果导致以多边国际条约为核心的知识产权国际保护体制的形成。

（二）知识产权保护的国际协调与国内法单独体系的改变

知识产权的保护，最初由国内法规定，现在依然归结为国内法问题。这是因为，知识产权国际保护制度所表现的国际公约，最终要通过国内法程序，才能在一定国家内发生法律效力。❷ 知识产权制度从国内法单独保护体系走向国际法一体保护体系，是国际社会对知识产权保护进行协调的结果。传统理论认为，知识产权国际保护有 4 种途径：一是单方保护，即一国通过其国内立法，单方面对外国知识产权实行保护；二是互惠保护，即根据互惠原则，以外国保护本国知识产权为条件对等保护该外国知识产权；三是双边条约保护，即通过两国政府之间的双边协商，达成双方接受的知识产权保护制度；四是多边条约保护，即通过各国政府之间全球性或区域性的多边协商，形成包含有知识产权实体性国际标准与程序性国际规则的多边国际条约，并通过各缔约方的国内法加以推行的知识产权国际保护制度。❸ 我们认为，后两种方式才是本来意义上的知识产权国际保护制度。这种通过国际协调所产生的国际保护制度，旨在克服基于各国主权的地域限制所带来的知识产权地域限制，建立双边或国际上的一体化保护制度。其主要途径是：通过政府间的双边或多边协商，订立双边或多边国际条约，形成相对一致的知识产权保护标准与规则，并通过缔约方的国内法加以推行。（知识链接如右上框）

知识产权涉外保护不同于国际保护

严格来讲，单方保护、互惠保护仅是一般意义上的知识产权涉外保护，且建立在国内法的基础之上。例如，在单方保护方式中，法国 1852 年版权法令宣布对一切作品给予保护；在互惠保护方式中，美国、西班牙、瑞典等国著作权法规定有互惠原则。以上都属于国内法的单独保护体系。

---

❶ 万鄂湘主编：《国际知识产权法》，湖北人民出版社 2001 年版，第 13 页。

❷ 张乃根：《国际贸易的知识产权法》，复旦大学出版社 1999 年版，第 53～54 页。

❸ 郑成思：《知识产权法》，法律出版社 1997 年版，第 118 页；刘文华主编：《WTO 与中国知识产权制度的冲突与规避》，中国城市出版社 2001 年版，第 43～44 页。

二、知识产权国际保护制度的主要原则

知识产权国际保护制度的原则分为两个类型：一是构建该项法律制度而具有基础性意义的准则；二是存在于该项法律制度之中且本身可以直接适用的原则，见表11－1。

（一）国民待遇原则

国民待遇原则是众多知识产权公约所确认的首要原则。其基本含义是指在知识产权保护方面，各缔约国（成员）[1] 之间相互给予平等待遇，使缔约国国民与本国国民享受同等待遇。例如《巴黎公约》第2条、第3条规定，在工业产权的保护上，每个缔约国必须以法律给予其他缔约国国民以本国国民所享受的同等待遇。即使对于非缔约国的国民，只要他在任何一个缔约国内有法律认可的住所或有实际从事工商业活动的营业所，也应给予其相同于本国国民的待遇。《伯尔尼公约》第5条也规定，公约缔约国应给予以下三种作者的作品以相当于本国国民享受的著作权保护：其他缔约国的国民；在任何缔约国有长期住所的人；在任何缔约国首次发表其作品的人（即使他在任何缔约国中均无国籍或长期住所）。国民待遇原则是不同社会经济制度和不同发展水平的国家都能接受的一项原则。这一原则既不要求各国法律的一致性（不涉及知识产权保护水平问题），也不要求适用外国法的规定（不涉及国家主权的地域限制问题），只是要求每个国家在自己的领土范围内独立适用本国法律，不分外国人还是本国人而给予平等保护。（知识链接如右上框）

> **国民待遇的主要内容**
>
> 所谓国民待遇包含两方面的内容：(1) 各缔约国依本国法已经或今后可能给予其本国国民的待遇；(2) 各该条约所规定的特别权利，即各该条约规定的最低保护标准。关于缔约国国民与本国国民享有同等待遇，国际公约对此有不同的表述，或称为“不低于”、“不歧视”，或称为“不应较为不利”，但总的说来，并不意味着只能给予其他缔约国国民“等同于”本国国民的待遇。换言之，缔约国可以根据本国经济发展的实际状况，给予其他缔约国国民高于本国国民的待遇。

在知识产权国际保护领域，与国民待遇原则相关的还有一个最惠国待遇原则。这是《知识产权协定》独有而其他相关国际公约未予涉及的一项原则。其基本含义是：任何一个国家（不限于缔约方成员）的国民在一个成员所受到的而其他国家享受不到的待遇（包括任何利益、优惠、特权或豁免），都应当立即和无条件地给予其他成员的国民。换言之，不应优待某一特定国家的国民而歧视

[1] 《知识产权协定》的缔约方称为“成员”，包括国家及其他主体。

其他国家的国民。最惠国待遇原则是世界贸易组织的根本原则之一，是为保证贸易的公平竞争所必要，因此“与贸易有关”的《知识产权协定》自然对此加以确认。此外，奉行这一原则，概与20世纪下半叶知识产权国际保护的一些实际做法有关。当时的双边条约保护，常常出现一方给予对方某些优惠的情形。例如，20世纪80年代中期，在美韩双边协议中韩国承诺保护其本国法本来不予保护的美国药品和农业化学产品专利，而这一承诺构成了对欧盟国家相关专利的歧视。20世纪90年代初期，中美知识产权谅解备忘录中中国承诺对美国药品和农业化学物质产品专利给予行政保护，也引起欧盟国家及日本的同样要求。《知识产权协定》关于最惠国待遇的规定，旨在防止此类问题的发生。

国民待遇原则与最惠国待遇原则都是针对外国人知识产权保护所设定的规则，但两者有所不同。前者意在给予外国人与本国人以同等待遇，解决的是“内外有别”的不平等待遇问题；后者意在给予其他外国人与特定外国人以同等待遇，解决的是“外外有别”的歧视性待遇问题。

（二）最低保护标准原则

最低保护标准原则，是指各缔约国依据本国法对该条约缔约国国民的知识产权保护不能低于该条约规定的最低标准，这些标准包括权利保护对象、权利取得方式、权利内容及限制、权利保护期限等。该项原则在《伯尔尼公约》第5条、第19条，《知识产权协定》第1条等条款中均有体现。

最低保护标准原则是对国民待遇原则的重要补充。前者基于各国经济、科技、文化发展不平衡的现状，承认各国知识产权制度的差异，从而保证了知识产权制度国际协调的广泛性和普遍性。但是这种国际协调不仅要求有普遍性，而且要求做到有效性。如果将国民待遇原则推向极端，将导致各国在知识产权保护水平方面差异过大，造成缔约国之间权利义务的不平等，进而使国际条约的有效施行成为不可能。[1] 因

> **最低保护标准与知识产权保护**
>
> 在知识产权国际保护的实践过程中，最低保护标准原则只是说明缔约国采取的是一致性标准，由于国际公约的类型不同，所处的历史背景不同，它与知识产权保护水平的高低并无绝对的关联性，质言之，“最低标准”并非意味着低水平。例如，1886年欧洲国家倡导的《伯尔尼公约》与1952年美国主导的《世界版权公约》都规定有最低保护标准，但就著作权保护水平而言，前者明显高于后者。1995年生效的《知识产权协定》则通过设定的一致性标准，将知识产权保护水平提高到一个新的历史阶段。

[1] 罗文正、古祖雪：“试析国际知识产权法的基本原则”，载《湖南社会科学》2002年第4期。

此，在知识产权制度的国际协调体系中，仅有国民待遇原则是不够的，为了避免因制度差异而给国际协调带来的不利影响，国际公约遂规定了最低保护标准原则。

最低保护标准原则，旨在促使缔约国在知识产权保护水平方面统一标准。缔约国以立法形式将知识产权国际公约（国际法）的相关规定转化为该国知识产权制度（本国法）的具体规范，遵循的即是最低保护标准原则。正是这一原则的适用，才导致各国知识产权制度出现统一保护标准的可能，学者们将上述状况称之为知识产权立法的“一体化”或“国际化”。（知识链接如上页框）

（三）公共利益原则

公共利益原则，是指知识产权的保护和权利行使，不得违反社会公共利益，应保持公共利益和权利人利益之间的平衡。公共利益原则既是一国知识产权制度的价值目标，也是知识产权国际保护制度的基本准则。在传统的知识产权国际公约中，公共利益原则多是通过知识产权限制的有关制度来体现的。例如，《巴黎公约》第5条规定的强制许可制度、《伯尔尼公约》第10条规定的著作权合理使用制度等。而最新的知识产权国际公约，则在保留具体规定的同时，还对公共利益原则作了明确的宣示。例如，1996年世界知识产权组织通过的《版权条约》、《表演与录音制品条约》（概称为《互联网公约》）均在序言中明文规定，有必要保持作者的权利与广大公众的利益尤其是教育、研究和获得信息的利益之间的平衡。《知识产权协定》在序言中确认知识产权保护制度所奉行的公共利益目标：（1）保护公共健康和营养；（2）促进对其社会经济和技术发展至关重要的部门的公共利益。

表11-1　知识产权国际保护制度的主要原则

原　则	基本含义
国民待遇原则	在知识产权保护方面，各缔约国（成员）之间相互给予平等待遇，使缔约国国民与本国国民享受同等待遇
最低保护标准原则	各缔约国依据本国法对该条约缔约国国民的知识产权保护不能低于该条约规定的最低标准
公共利益原则	知识产权的保护和权利行使，不得违反社会公共利益，应保持公共利益和权利人利益之间的平衡

三、知识产权国际保护制度的历史分期

知识产权国际保护制度已经走过了一百多年的历程。世界各国和国际组织先后缔结和制定了30多个全球性或区域性、综合性或专门性的国际知识产权条约和示范法。以上述国际公约及相关国际组织为基础，知识产权国际保护制度可以划分为以下三个阶段。

1. 巴黎联盟与伯尔尼联盟时期：知识产权国际保护制度的形成

知识产权国际保护制度的建立，始于1883年《巴黎公约》与1886年《伯尔尼公约》。两大公约生效后，《巴黎公约》的缔约国组成巴黎联盟，《伯尔尼公约》的缔约国组成伯尔尼联盟。两个联盟分别设有自己的执行机构，称为“国际局”（International Bureau）。两个国际局各自管理上述国际公约，并置于瑞士联邦政府的监督之下。1893年，瑞士联邦政府决定将两个国际局合并，称为“保护工业产权和文学艺术产权联合国际局”，后来该机构名称几经变化，最后定名为“保护知识产权联合国际局”（BIRPI）。联合国际局不仅管理《巴黎公约》和《伯尔尼公约》，而且还管理在《巴黎公约》下缔结的“专门协定”。作为知识产权保护的国际组织，联合国际局的主要任务是促进各国对知识产权的保护，准备公约的修订并加以改进等。第二次世界大战以后，联合国于1945年成立。作为联合国专门机构的教科文组织主持缔结和管理了一些重要的国际公约，也成为一个促进知识产权国际保护的机构。

巴黎联盟与伯尔尼联盟时期，是知识产权国际保护制度的产生与形成阶段。这一阶段的主要特点是：（1）联合国际局着力于各国政府之间全球性或区域性的多边协商，促使保护知识产权的国际协调始终朝着整体化和全面化的方向发展。[1] 通过《巴黎公约》与《伯尔尼公约》的有效运作，从而在联盟内实现了相对统一的知识产权保护制度；（2）国际社会所缔结的一系列工业产权公约，概以《巴黎公约》为主导：或是制定实体性保护条约但只向巴黎联盟成员国开放，如1891年《制裁商品来源的虚假或欺骗性标志马德里协定》；或是制定隶属于《巴黎公约》之下的程序性条约，如1891年《商标国际注册马德里协议》、1925年《外观设计国际注册海牙协议》；或是制定基于《巴黎公约》实施需要的国际分类的专门协定，如1957年《商标注册用商品与服务国际分类尼斯协定》、1958年《保护原产地名称及其国际注册里斯本协议》。（知识链接如右上框）

> **联合国教科文组织主导下缔结的条约**
>
> 除联合国际局主导下缔结的知识产权国际公约外，联合国教科文组织在促进知识产权国际保护方面也发挥了积极作用。它的活动主要在著作权领域，先后主持缔结了1952年《世界版权公约》与1961年《保护表演者、录音制品制作者和广播组织国际罗马公约》。基于前者，产生了与《伯尔尼公约》相并列的另一著作权保护体系；基于后者，邻接权国际保护制度开始创立。

2. 世界知识产权组织时期：知识产权国际保护制度的发展

---

[1] 张乃根：《国际贸易的知识产权法》，复旦大学出版社1999年版，第54页。

世界知识产权组织的建立，意味着知识产权国际保护制度进入新的发展阶段。1967 年，《巴黎公约》和《伯尔尼公约》的缔约国在瑞典斯德哥尔摩签订了《成立世界知识产权组织公约》；1970 年，世界知识产权组织成立，并设立“知识产权国际局”取代原两大联盟的联合国际局；1974 年，总部在瑞士日内瓦的世界知识产权组织成为联合国组织系统的特别机构之一。

世界知识产权组织的建立，使得基于巴黎联盟和伯尔尼联盟所成立的知识产权国际局脱离瑞士联邦政府而独立，并成为联合国的专门机构。创立者认为这可能有两个好处：“一是世界知识产权组织的特权和任务是处理知识产权的事实可以得到全世界的承认，二是世界知识产权组织可能或多或少有与联合国一样多的成员，尤其是许多发展中国家会参加该组织（原来参加保护知识产权联合国际局的发展中国家很少）。”❶

世界知识产权组织与发展中国家的合作

世界知识产权组织建立后，注意向发展中国家提供援助。其援助工作主要是提供咨询意见、培训和提供文件及设备。具体而言，包括帮助发展中国家制定知识产权法律或使这种法律现代化；集体的或个别的培训，使政府、工业和执法部门拥有更多的专家；提供专利信息服务等。值得指出的是，世界知识产权组织通过专家委员会或有关国家政府，先后制定了《为发展中国家制定的突尼斯样板版权法》（1976 年）、修订了《发展中国家保护发明示范法》（1974 年），连同联合国际局此前起草的《发展中国家商标、商号和不正当竞争行为示范法》、《发展中国家外观设计示范法》等，改善和提高了发展中国家相关立法的水平，为知识产权国际保护制度的推行发挥了重要的作用。世界知识产权组织的建立，为发展中国家争取知识产权利益提供了国际舞台。自 20 世纪 60 年代以来，发展中国家通过世界知识产权组织这一讲坛，呼吁修改知识产权国际公约的有关规定，建立新的知识产权国际保护制度，以维护其经济利益和促进本国文化科学技术的发展。

世界知识产权组织的建立，推动了知识产权立法一体化的进程。自 1967 年以来，在世界知识产权组织及其前身保护知识产权联合国际局的主持下，先后缔结了 20 多个国际条约，其中有提供实质性权利保护的条约，还有便于多国获得知识产权保护的条约以及建立国际分类的条约。这些条约通过各缔约国的国内立法加以实施，从而在国际上形成了相对统一的知识产权保护制度。与此同时，在世界知识产权组织的有效运作与影响下，促使更多的国家接受《巴黎公约》与《伯尔尼公约》。在 1967 年时，参加上述两大公约的国家分别为 78 个和 60 个，而到 2002 年时，两大公约的缔约国分别达到 163 个和 149 个。这就

❶ 汤宗舜：《知识产权的国际保护》，人民法院出版社 1999 年版，第 27 页。

大大扩展了知识产权国际保护体系的范围。（知识链接如上页框）

3. 世界贸易组织时期：知识产权国际保护制度的变革

世界贸易组织的建立与《知识产权协定》的形成，标志着知识产权国际保护制度进入到一个高水平保护、一体化保护的新的历史时期。1994 年 4 月 15 日，关税及贸易总协定发起的“乌拉圭回合”谈判的最后文件在摩洛哥的马拉喀什签署。“乌拉圭回合”谈判的一揽子协定有两项主要成果：一是宣布建立世界贸易组织，结束了关税及贸易总协定的临时适用状态；二是达成包括《知识产权协定》在内的“一揽子协定”，并由世界贸易组织管辖。

世界贸易组织在新的知识产权国际保护体制中发挥了主导作用。在“乌拉圭回合”谈判之前，知识产权保护体系在国内与国际上虽已普遍建立，但从总体看来存在明显不足：一是许多国家尤其是发展中国家的知识产权制度不甚健全，保护水平较低；二是许多知识产权国际公约的缔约国数目太少，相关条约缺少有效机构保证其实施，各公约之间缺乏协调机制等。以往的关贸总协定在知识产权国际保护领域基本上没有发挥作用。由于《知识产权协定》的形成并将这一协定置于世界贸易组织管辖之下，上述问题得到显著改变：规定了较高的保护标准的《知识产权协定》，是世界贸易组织法律框架的重要组成部分；世界贸易组织成员广泛遵守《知识产权协定》是“入世”必备条件，从而大大扩展了知识产权国际保护制度的适用范围；世界贸易组织建立了比较有力的监督执行机制，保证了《知识产权协定》在各缔约国的实施。这一状况将对 21 世纪新的国际贸易体制与知识产权国际保护制度带来深远的影响。

世界知识产权组织在保护知识产权的国际协调中注重与世界贸易组织的合作。1995 年 12 月 22 日，上述两个国际组织的总干事在日内瓦签署《世界知识产权组织与世界贸易组织间的协定》。合作协议规定了这两个国际组织之间在法律和规章的交流与利用方面所进行的合作；对于落实《巴黎公约》关于不得作为商标进行注册的徽章和官方印记的规定作出了安排；对发展中国家的法律技术援助和技术合作、国际局与世界贸易组织秘书处之间的合作、信息的交流作出了安排。在寻求合作的同时，两个国际组织就知识产权国际保护还分别做了大量工作：世界知识产权组织致力于全面提高知识产权保护的国际水平，先后主持制定了包括《商标法条约》、《版权条约》、《表演与录音制品条约》在内的一些新条约，解决了《巴黎公约》、《伯尔尼公约》未能涉及的一些问题；世界贸易组织则着力于落实缔约国关于《知识产权协定》的履行，并在协调不发达国家与发达国家在知识产权利益分享方面，对地理标记、传统知识、生物多样化的知识产权保护安排多边谈判方面都作出了努力。

第二节　世界知识产权组织管理下的知识产权国际公约

一、世界知识产权组织管理的联盟及其国际公约

世界知识产权组织是缔约国在相互尊重主权和平等的基础上谋求共同利益，增进了解与合作，加强知识产权国际保护而建立的隶属于联合国的专门机构和国际组织。简言之，世界知识产权组织是负责全球性的知识产权保护的政府间组织。世界知识产权组织管理的国际联盟，在工业产权方面主要有巴黎联盟、马德里联盟、专利合作联盟等，在著作权方面则是伯尔尼联盟。该组织通过其国际局管理的国际公约有：

（1）《保护工业产权巴黎公约》（1883 年于巴黎缔结，1967 年最后修订、1979 年修正完毕，简称《巴黎公约》）；

（2）《制裁商品来源的虚假或欺骗性标志马德里协定》（1891 年于马德里缔结，1958 年最后修订，1967 年再次补充）；

（3）《商标国际注册马德里协定》（1891 年于马德里缔结，1967 年最后修订，1979 年个别修正，1989 年增加议定书，简称《马德里协定》）；

（4）《工业品外观设计国际备案协定》（1925 年于海牙缔结，1967 年最后修订，1975 年增加议定书，1979 年个别修正）；

（5）《商标注册用商品与服务国际分类尼斯协定》（1957 年于尼斯缔结，1977 年最后修订，1974 年个别修正，简称《尼斯协定》）；

（6）《保护原产地名称及其国际注册协定》（1958 年于里斯本缔结，1967 年最后修订，1979 年个别修正，简称《里斯本协定》）；

（7）《工业品外观设计国际分类协定》（1968 年于洛迦诺缔结，1979 年个别修正，简称《洛迦诺协定》）；

（8）《专利合作条约》（1970 年于华盛顿缔结，1979 年、1984 年个别修正及更改）；

（9）《专利国际分类协定》（1971 年于斯特拉斯堡缔结，1979 年个别修正）；

（10）《商标图形国际分类协定》（1973 年于维也纳缔结，简称《维也纳协定》）；

（11）《为专利申请程序的微生物备案取得国际承认条约》（1977 年于布达佩斯缔结，1980 年个别修正，简称《布达佩斯条约》）；

（12）《商标注册条约》（1980 年于维也纳缔结）；

（13）《商标法条约》（1994 年于日内瓦缔结）；

（14）《保护植物新品种国际公约》（1961 年缔结，1991 年最后修订，但 1991 年文本尚未生效，现生效的是 1978 年文本）；

（15）《欧亚专利公约》（1994 年缔结，名称上虽为地区性公约，但系世界知识产权组织主持下缔结，由国际局主管，其成员均为前苏联加盟共和国）；

（16）《保护文学和艺术作品伯尔尼公约》（1886 年于伯尔尼缔结，1971 年最后修订，1979 年个别修正，简称《伯尔尼公约》）；

（17）《保护表演者和录音制品制作者与广播组织公约》（1961 年于罗马缔结，简称《罗马公约》）；

（18）《保护录音制品制作者防止未经许可复制其制品公约》（1971 年于日内瓦缔结，简称《录音制品公约》或《唱片公约》）；

（19）《印刷字体的保护及其国际保存协定》（1973 年于维也纳缔结）；

（20）《关于播送由人造卫星传播的载有节目信号公约》（1974 年于布鲁塞尔缔结，简称《布鲁塞尔卫星公约》）；

（21）《避免对版权使用费收入重复征税多边公约》（1979 年于马德里缔结）；

（22）《视听作品国际登记条约》（1989 年于日内瓦缔结）；

（23）《科学发现的国际登记条约》（1978 年于日内瓦缔结，至今尚未生效）；

（24）《保护奥林匹克会徽条约》（1981 年于内罗毕缔结）；

（25）《集成电路知识产权条约》（1989 年于华盛顿缔结，至今尚未生效）；

（26）《世界知识产权组织版权条约》（1996 年 12 月 20 日于日内瓦缔结，至今尚未生效）；

（27）《世界知识产权组织表演和唱片条约》（1996 年 12 月 20 日于日内瓦缔结，至今尚未生效）。

知识产权国际公约的分类

知识产权国际公约按其性质可以分为三类：一是提供实质性知识产权保护的条约，如《巴黎公约》、《伯尔尼公约》、《日内瓦公约》等；二是便于在多国获得知识产权保护的条约，如《专利合作条约》、《马德里协定》、《布达佩斯条约》等；三是建立相关国际分类的条约，如《尼斯协定》、《维也纳协定》等。

此外，由世界知识产权组织与联合国教科文组织、国际劳工组织共同管理的有：《保护表演者、录音制品制作者与广播组织公约》（1961 年 10 月 26 日于罗马缔结，简称《罗马公约》）。由联合国教科文组织管理的有：《世界版权公约》（1952 年 9 月 6 日于日内瓦签订，1971 年修订）。（知识链接如右上框）

二、《巴黎公约》

《巴黎公约》是知识产权领域第一个世界性的多边公约。到 2005 年 8 月 1 日，《巴黎公约》成员国共有 169 个，中国于 1985 年 3 月正式加入该公约。

《巴黎公约》规定，由缔约国组成保护工业产权联盟，称为“巴黎联盟”，该联盟组织由大会、执行委员会和国际局组成。联盟的每一成员国还应设立专门的工业产权机构和中央服务机构。《巴黎公约》规定了工业产权的保护范围，即发明、实用新型、外观设计、商标、服务标记、厂商名称、货源标记或原产地名称以及制止不正当竞争。《巴黎公约》确立了以下基本原则。

1. 国民待遇原则

即巴黎联盟内任何成员国的国民，在保护工业产权方面，可在联盟其他成员国内享有各该国法律现在或今后给予该国国民的各种利益。非成员国的国民如果在成员国领土内有住所或真实、有效的工商业营业所的，也享有与成员国国民同等的待遇。

2. 优先权原则

即成员国的国民向一个缔约国首次提出申请后，可以在一定期限（发明和实用新型为 12 个月，外观设计及商标为 6 个月）内，向所有其他缔约国申请保护，并以第一次申请的日期作为在后提出申请的日期。

3. 共同遵守的规定

在专利方面：主要有专利独立，发明人在专利证书中的署名权，不授予专利权的条件，在一定条件下授予强制许可，船只、飞机或车辆上使用专利发明而暂时进入另一国家不认为是侵犯专利权等规定；在商标方面：主要有商标权独立和例外，不得因商品性质而影响商标注册，对驰名商标的保护，禁止作为商标使用的标记等规定。

除了遵守上述原则或规则外，各成员国在保护工业产权方面可以自由立法，包括：决定属于一定技术领域的发明不能取得专利权；决定授予专利权前是否要对新颖性或其他专利性条件进行审查；确定专利权期限；决定商标权是否可以通过使用或注册取得；决定是否应审查商标和外观设计注册申请以判定该申请是否与现有申请相抵触；确定外观设计的保护期限；确定一切程序和管理的细节等。

三、主要专利国际条约

专利国际条约，除《巴黎公约》外，主要还有《专利合作条约》、《工业品外观设计国际保存海牙协定》（以下简称《海牙协定》）、《国际承认用于专利程序的微生物保存布达佩斯条约》（以下简称《布达佩斯条约》）、《国际专利分类斯特拉斯堡协定》（以下简称《斯特拉斯堡协定》）。

《专利合作条约》只对《巴黎公约》的成员国开放。到2005年8月为止，已有128个成员。我国于1994年1月成为该条约的成员国。中国专利局即成为该公约的受理局、国际检索单位和国际初步审查单位。《专利合作条约》的宗旨是：通过简化国际专利申请的手续和程序，加快技术信息的传递和利用，强化对发明创造的法律保护，促进各缔约国的科技进步和经济发展。该公约规定的手续和程序包括以下几个方面：（1）统一申请。国际专利申请可以在一个地方（即受理局），采用一种语言，使用一种格式，支付一种货币的费用，提交一份申请，即可以在其他的成员国内取得相当于受理局国家专利申请的效力。（2）两个阶段。国际专利申请分为国际阶段和国内阶段。国际阶段处理专利申请的受理、公布、检索和初步审查，即由国际检索单位对申请进行检索后提出国际检索报告，并由世界知识产权组织国际局在一定期限内公布申请及报告，并将该申请连同报告送交指定国专利局。国内阶段进入实质审查和授权，即由指定国专利局依照本国法律对该申请进行审批。申请人至此可委托指定国的代理人，缴纳该国的申请费用，提交申请译本。上述运行机制有助于避免查找资料的重复劳动，加强成员国就专利批准之前进行审查工作的合作。同时便于申请人通过一次申请就可以在几个甚至所有成员国取得专利权。

《海牙协定》的缔结旨在便于申请人在多国获得外观设计的保护。该协定的宗旨是，规定一件工业品外观设计在数个国家受到保护的必要手续，避免各国专利局保存和登记注册程序的重复，同时可以减轻申请人费用开支的负担。《海牙协定》规定，申请人如果要在成员国内获得工业品外观设计的保护，只需在世界知识产权组织国际局进行一次保存即可。这就是说，申请人向国际局提交一份申请书和有关附件，必要时还要求提供样品；申请书需指明请求保护的国家，指定该外观设计需与何种工业品相结合加以保护。在上述情形下，该申请人所提出的国际保存即具有与在各个指定国分别保存的同等效力。

《布达佩斯条约》的主旨在于解决微生物样品保存的问题，避免各国专利机构重复而复杂的微生物保存程序，减少申请人的费用负担。在此条约产生之前，专利申请涉及微生物发明时，除作出文字说明外，还须提交微生物样品，而保存微生物需要有专门的机构和特殊的设施。如果一件微生物专利申请同时向几个国家提出时，则会给各受理国及申请人带来许多负担。为此，《布达佩斯条约》确认一个保存微生物的国际保存机构，以一处保存微生物代替多处保存，从而在微生物领域内实现了专利国际合作。

《斯特拉斯堡协定》用于专利的国际分类。该协定制定了国际专利分类表，共分8个部、20个分部、118个大类、617个小类和55 000多个组。由专利局确定后标在申请文件和专利上的分类号，即由代表部、大类、小类、组的符号结合构成。国际专利分类表是检索现有技术时查找专利文献所必需的。目前，全世界已有70多个国家和地区使用该分类法。我国虽未加入该协定，但在专利文献上也使用了这一分类法。

四、主要商标国际条约

商标国际条约，除《巴黎公约》外，主要还有《马德里协定》、《商标法条约》、《尼斯协定》、《建立商标图形要素国际分类维也纳协定》（以下简称《维也纳协定》）。

《马德里协定》只对《巴黎公约》成员国开放。到2004年12月31日为止，已有56个成员国。我国于1989年10月正式成为协定成员国。《马德里协定》是对《巴黎公约》关于商标国际保护的补充，其主旨在于解决商标的国际注册问题。协定规定，凡成员国的国民，须在本国注册商标后，才可以向设在日内瓦的世界知识产权组织国际局申请国际注册。注册经批准后，由国际局公布，并通知申请人要求保护的那些成员国，这些成员国可以在1年内声明对该商标不予保护，但需要说明理由；申请人就此可向该国主管机关或法院提出申诉，如果1年内该国未作出上述声明，则国际注册就在该国具有国内注册的效力，期限20年。在国际注册5年内，原先国内注册如予撤销即可导致国际注册的撤销。协定还规定，申请人在其所属国办理了某一商标的注册手续后，只需要用一种语言向国际局提出一次申请并交纳一定费用，就可以要求在各成员国取得保护。

《商标法条约》的主要目的在于使各国商标注册制度更加简化和协调。该条约共有25条，主要规定了由三个阶段组成的商标注册程序：（1）注册申请阶段。条约规定，商标注册申请应包括以下所有或部分内容：注册请求；申请人以及代理人的姓名、地址；有关商标的各个因素；商品或服务分类等。各缔约国应允许属于尼斯国际分类的商品或服务的商标申请。各缔约国所规定的商标申请要求不得超出本条约明确规定的范围。（2）商标注册后的改变。条约对商标持有人的姓名或地址、注册所有权变动等都作了明确规定。同样，各缔约国的相关制度不能超出该条约的已有规定。（3）注册的有效期。条约规定每次续期为10年。到2004年12月31日，《商标法条约》成员国总数为33个。到目前为止，中国尚未加入该条约。

《尼斯协定》主旨是解决商标注册用的商品和服务统一的分类问题。协定按照商品或服务的用途、原料等，将商标注册用商品分为34个类别、服务项目分为8个类别。这一分类方法为各国提供了国际通用的分类标准，不仅便于商标的检索，也有利于商标使用管理及商标国际交流合作。该协定允许《马德里协定》

成员国及非《尼斯协定》成员国采用上述国际分类。2004 年 12 月 31 日，成员国总数为 74 个。我国于 1989 年开始适用《尼斯协定》。

《维也纳协定》缔结于 1973 年。它规定了由图形要素构成的或带有图形要素的商标的分类法。该分类法将商标图形要素分为 29 个大类、144 个小类和约 1 887 个细目。到 2004 年 12 月 31 日，成员国总数为 20 个。《马德里协定》要求商标图形分类应按照《维也纳协定》规定进行。目前，我国也采用这个图形分类法。

五、主要著作权国际条约

著作权国际条约，主要有《伯尔尼公约》、《世界版权公约》、《罗马公约》、《日内瓦公约》、《卫星公约》。而 1996 年 12 月世界知识产权组织在日内瓦通过了《世界知识产权组织版权条约》和《世界知识产权组织表演与录音制品条约》（简称为《版权条约》和《表演与录音制品条约》，合称为《因特网条约》）则成为近 20 年来国际版权和邻接权领域中最为重要的事件。

《伯尔尼公约》是世界上第一个著作权国际公约。到 2004 年 12 月 31 日为止，已有 157 个成员国，我国于 1992 年 10 月参加该公约。《伯尔尼公约》主要内容是：（1）基本原则。一是国民待遇原则，即所有成员国国民的作品，或在某一成员国首先发表的作品，在其他任何成员国内部享有该国法律给予本国国民的作品的同等保护；二是自动保护原则，即享受国民待遇的作者在成员国获得的保护不需要履行任何手续；三是独立保护原则，即成员国按照其本国著作权法保护其他成员国的作品，而不论该作品在其本国是否受保护。（2）最低限度的保护规定。各成员国立法给予著作权人的保护水平不得低于公约规定的标准。其具体规定有：①受保护作品。公约规定保护文学、科学和艺术领域的一切作品，而不论其表现形式或表现方法如何。②保护的权利内容。公约规定的财产权利包括翻译权、复制权、表演权、改编权、广播权、公开朗诵权、摄制电影权等；人身权利包括作者身份权、作品完整权。③保护期限。人身权利的保护期在作者死亡后仍然有效，至少至其财产权利保护届满为止。财产权利的保护期，一般作品保护期为作者有生之年加死亡后 50 年，电影作品保护期为作品放映或完成后 50 年，实用艺术作品和摄影作品保护期不得少于创作完成后 25 年。（3）对发展中国家的特殊规定。为了使发展中国家在不过分增加经济负担的情况下获得对外国作品的合法使用，公约规定了对发展中国家的优惠条款，即翻译和复制的强制许可使用等。

《世界版权公约》是与《伯尔尼公约》相并列的著作权公约。到 2002 年 1 月为止，已有 98 个成员国。我国于 1992 年 10 月加入该公约。《世界版权公约》的主要内容为《伯尔尼公约》所覆盖，且保护水平略低于后者。其区别表现在：（1）国民待遇原则。该公约规定，缔约国可依本国法律将在该国有惯常住所的任何人视为本国国民。与《伯尔尼公约》不同，是否给予在本国有住所的外国人以国民待遇，该公约缔约国有选择的权利。（2）权利主体与客体。该公约规定著作权主体为“作者及其他版权所有人”，与《伯尔尼公约》将主体限定为作者不同。同时，该公约并未像《伯尔尼公约》那样详细列出受保护作品的种类，其客体范围的规定较为笼统。（3）权利内容与期限。该公约未明确规定作者的人身权利，是否保护人身权利由各国立法决定；对财产权利也未详细列举，仅强调了复制权、表演权、广播权、翻译权等。此外，该公约规定的保护期较短，一般作品为作者有生之年加死后25年，实用艺术作品和摄影作品的保护期不得少于10年。（4）版权标记。该公约要求作品在首次发表时，其每一复制件均须注明著作权标记“©”、著作权人姓名、首次出版时间。此外，该公约还规定《世界版权公约》不具有追溯力，且成员国对公约规定不得声明保留。

《罗马公约》是世界上第一个保护邻接权的国际公约，只对《伯尔尼公约》和《世界版权公约》的成员国开放。到2004年12月为止，已有79个成员国。我国未加入《罗马公约》。该公约是关于邻接权保护的国际公约，其主要内容有：（1）邻接权与著作权保护的关系，该公约给予的邻接权保护将不改变也不影响文学、艺术作品的著作权保护。凡依据著作权法使用作品而需要取得作者许可时，这种许可需要不因《罗马公约》而受影响。（2）对表演者权利的保护。表演者是指演员、歌唱家、音乐家、舞蹈家以及其他表演文学艺术作品的人。表演者的权利主要有：不得未经表演者同意而广播或向公众传送“实况”表演、不得未经表演者同意对表演实况进行录制、不得复制未经表演者同意而录制的原始制品或是复制品超出他们允许的范围。（3）对录音制作者权利的保护。录音制品是指专门用于听觉的表演声音或其他声音的录制品。录音制作者是指首次将表演的声音或其他声音录制下来的自然人或法人。凡录音制作者有权许可或禁止对他们的录音制品进行直接或者间接的复制。（4）对广播组织权利的保护。广播是供公众接收的声音或图像和声音的无线电波播送，包括广播电台和电视台的播放，但不涉及有线播放。广播组织有权许可或禁止转播其广播节目、对其广播节目进行录制、复制未经许可的广播节目录制品或为非法目的复制合法制作的广播节目录制品、在向公众收费的场所传送广播节目。（5）邻接权保护期限。上述三项权利的保护期不少于20年。

《日内瓦公约》是关于录音制品保护的国际公约。到2002年1月为止，已有67个成员国。我国于1993年4月正式加入了该公约。公约规定，未经制作者许可，不得以向公众发行为目的复制或进口制作者的录音制品。录音制品只指专门用于听觉的录制品，不包括电影或录像。公约的实施方法由成员国国内立法确定。可以通过对录音制品给予著作权或邻接权或适用反不正当竞争法以及刑法加以保护。公约规定录音制品的最低保护期限同于《罗马公约》的相关规定。

《卫星公约》是关于广播节目保护的国际公约。我国尚未加入该公约。公约规定，缔约国有义务采取适当的行动制止任何广播组织在本国转播由卫星发射的、但并非为该组织专门提供的载有节目的信号。公约不适用从卫星上直接传送、用户可以直接接收到发射的信号，而是适用地面广播组织接收卫星信号后再播出的间接信号。公约规定，由各成员国自行决定采取何种法律形式制止上述侵权行为。

《因特网条约》的主要内容

《版权条约》的实质性条款主要包括以下几方面的内容：（1）序言；（2）与《伯尔尼公约》的关系；（3）版权的保护范围；（4）经济权利；（5）摄影作品的保护期限；（6）权利的限制与例外；（7）关于技术措施的义务；（8）关于权利人管理信息的义务；（9）其他规定。《表演与录音制品条约》的实质性条款主要包括以下几方面的内容：（1）序言；（2）与其他公约的关系；（3）定义；（4）本条约的受益人；（5）表演者的权利；（6）唱片制作者的权利；（7）保护期限；（8）权利的限制与例外；（9）关于技术措施的义务；（10）关于权利人管理信息的义务；（11）其他规定。

《因特网条约》（或称《互联网条约》）是《版权条约》和《表演与录音制品条约》的合称。其中，《版权条约》共计 25 条，其中实质性条款 14 条，程序性条款 11 条；《表演与录音制品条约》共计 33 条，其中实质性条款 23 条，程序性条款 10 条。两个条约的程序性条款基本相同。上述两条约的制定，主要是为了解决由于新传播技术，尤其是在数字技术和网络环境下使用作品所引起的版权和邻接权问题，这两个条约的通过是近 20 年来国际版权和邻接权领域中最为重要的事件：首先，它们适应了信息传播技术发展的需要，提高了对版权和邻接权的保护水平；其次，发展中国家越来越重视对版权的保护，并在国际版权保护领域中发挥着越来越重要的作用。世界知识产权组织的《版权条约》和《表演与录音制品条约》，已分别于 2002 年 3 月和 2002 年 5 月正式生效。2004 年 12 月 31 日，《版权条约》的成员国总数为 50 个，《表演与录音制品条约》的成员国总数为 48 个。（知识链接如右上框）

第三节 世界贸易组织框架下的《知识产权协定》

一、《知识产权协定》与世界贸易组织其他协定的关系

《知识产权协定》与《货物贸易协定》、《服务贸易协定》构成世界贸易组织制度框架中的三大主体制度。世界贸易组织法是一个由组织法、货物贸易法、服务贸易法和多边贸易协定组成的庞大法律体系。《知识产权协定》作为有关世界贸易组织一系列协定中的一个分协定，是这一法律体系中的重要组成部分，并与其他相关协定产生紧密的联系。到2005年8月为止，已有148个成员。

《知识产权协定》与其他相关协定的统一。《知识产权协定》规制的是与贸易有关的知识产权保护事项。它既要与世贸组织协定这一基本法保持一致，又要与其他同为部门法的多边贸易协定有所协调。其具体表现在：首先，世贸组织的成员资格与多边协定缔约资格的一致。按照《建立世界贸易组织协定》的规定，只有同时接受该协定和其附录一、二、三的多边贸易协定，包括明确接受《关税和贸易总协定》基本文件的，才能成为世贸组织的原始缔约成员；只有同时接受该协定和其附录一、二、三的多边贸易协定，才具有世贸组织的成员资格。❶ 这就是说，一国只能是"一揽子协定"的缔约国，不能只接受世界贸易组织章程而不接受《关贸总协定乌拉圭回合谈判结果最后文件》（以下简称《最后文件》）附件一的多边贸易协定，反之亦然；同时，一国只可能同时具有世贸组织成员资格与多边协定缔约资格。如果不具备或退出各项多边协定的缔约国资格，也就意味着丧失世界贸易组织的成员资格，反之亦然。其次，知识产权理事会与世贸组织总理事会的协调。依《知识产权协定》规定所设立的"与贸易有关的知识产权理事会"是世界贸易组织总理事之下的一个机构，在其领导、监督和协调下，负责督促《知识产权协定》的运作和实施。这表明，知识产权保护的管理机制是相对独立的，但与世界贸易组织的管理机制依然保持一致。最后，《知识产权协定》对世贸组织的基本原则与争端解决机制的适用。在基本原则方面，《知识产权协定》遵循世界贸易组织所确定的共同基本原则，如非歧视性原则、优惠待遇原则、透明度原则等。非歧视性原则作为世界贸易组织的基本原则，亦是《知识产权协定》的首要原则；优惠待遇原则是世界贸易组织处理发达国家与发展中国家之间关系的基本准则，《知识产权协定》对此也作了原则性规定；透明度原则是世界贸易组织争端解决机制中的基本原则，《知识产权协

---

❶ 参见《建立世界贸易组织协定》第11条、第12条的规定。

定》亦有相应的具体规定。此外，根据《知识产权协定》的规定，世界贸易组织争端解决机制的具体做法，也毫无例外地适用该协定下争端的磋商和解决。

《知识产权协定》与其他相关协定的冲突。在世界贸易组织框架内规范知识产权，势必涉及总协定所形成的规则和多边贸易体系。《建立世界贸易组织协定》第 16 条对此作出规定："当本协定的某一规定与任何多边贸易协定的某一规定发生冲突时，本协定规定应在冲突的范围内优先"。由此，相关冲突及其处理规则如下：(1)《知识产权协定》与《建立世界贸易组织协定》。在世界贸易组织的法律体系中，世界贸易组织的章程是基本法，其地位高于其他部门法。这就是说，其他多边贸易协定，包括《知识产权协定》在内，都属于部门法，不得与作为世贸组织章程的基本法相抵触，如有与世贸组织章程相抵触者，应以章程的相应规定为准。(2)《知识产权协定》与《1994 年关税与贸易总协定》。总协定的基本内容与 1947 年总协定相比并无多大变化，对知识产权问题也未涉及。《知识产权协定》所确立的是与贸易有关的一种全新法律制度，该协定下的争端解决适用关贸总协定中有关争端解决的规则和程序，除此之外，其规范概与关贸总协定无涉。(3)《知识产权协定》与其他贸易协定。在世界贸易组织章程之下的各多边贸易协定，包括《知识产权协定》，在该法律体系中处于平行地位，在冲突发生时无优先与否之分。❶

二、《知识产权协定》与其他知识产权国际公约的关系

《知识产权协定》是世界贸易组织体制下多边贸易规则的有机组成部分，也是现今国际知识产权保护体系中的重要法律文件。《知识产权协定》与传统知识产权国际公约存在着许多差别，为此，协定的制定者就该协定与原有国际公约的适用性问题制定了相应的规则及原则，❷ 以防止和解决该协定与相关公约之间的冲突。这里讲的原有国际公约，是指由世界知识产权组织管理的 4 个公约，即《巴黎公约》、《伯尔尼公约》、《罗马公约》和《集成电路知识产权条约》。《知识产权协定》与原有国际公约之间的关系表现在以下几个方面。

（一）《知识产权协定》对原有公约的继承与保留

《知识产权协定》强调协定必须与世界知识产权组织管理的 4 个公约所确认的现有义务保持一致。上述规定体现了协定对原有公约的继承与保留。也就是

---

❶ 有关《知识产权协定》与其他相关协定的统一与冲突，其资料引自曾令良：《世界贸易组织法》，武汉大学出版社 1996 年版；古祖雪：《国际知识产权法》，法律出版社 2002 年版。

❷ 参见《知识产权协定》第 2 条、第 9 条、第 35 条的规定。

说，凡协定的缔约方，不论其是否为这些公约的成员国，都应遵守该类公约的实质性规定。换言之，涉及知识产权的效力、范围、取得与保护等问题时，协定的规定是以上述公约的实质性规定所产生的现有义务为起点，表现为对原有公约相关内容的一种肯定。此外，对于世界知识产权组织管理的其他公约，如《巴黎公约》的“子公约”。《知识产权协定》条文本身并未明确指出其效力问题，但协定第2条第1款强调在协定第二、三、四部分的范围内，全体成员均应符合《巴黎公约》第19条。关于协定与《巴黎公约》之“子公约”之间的效力问题，学术界有不同认识：一种观点认为协定承认这些“子公约”的有效性，其成员应遵守“子公约”所产生的现存义务；❶ 另一种观点认为，协定所承认的不是“子公约”的有效性，而是《巴黎公约》第19条的有效性，因此成员没有遵守“子公约”的义务。❷ 笔者认为，协定第2条第1款要求成员遵守《巴黎公约》第19条的规定。该规定是，在与《巴黎公约》不相冲突的情况下，缔约国可缔结一些保护工业产权的专门保护条约。实际上，由世界知识产权组织所管理的工业产权公约中，除《保护植物新品种国际公约》外，基本上都是依《巴黎公约》第19条而产生的专门条约，包括《专利合作条约》、《商标国际注册马德里协定》、《保护原产地名称及其国际注册协定》等。《知识产权协定》强调的不是成员必须遵守这些《巴黎公约》的“子公约”，而是允许成员在不违反其最基本义务和知识产权保护的最低标准的范围内，得以就工业产权保护签订专门条约。

（二）《知识产权协定》对原有公约的修正与补充

《知识产权协定》在继承与保留原有公约的“合理内核”的基础上，就知识产权国际保护的制度设计与规范制定有了新的突破与发展，这是协定区别于原有公约的最为重要之处。具体说来表现在两个方面：一是就同一事项对原有公约的相关规定进行修正。在这种情况下，协定的缔约方必须适用《知识产权协定》的新规定；二是对原有公约未能涉及的某一事项进行补充规定。在这种情况下，缔约方毫无疑问地应适用协定所作出的规定。《知识产权协定》对原有公约的突破与发展表现在各个方面，包括基本原则、实质性义务、保护措施与执法程序、对发展中国家和最不发达国家的优惠等。❸《知识产权协定》作为新的知识产权保护制度，其特点将在下文述及。

---

❶ 郑成思：《关贸总协定与世界贸易组织中的知识产权：TRIPS详解》，北京出版社1994年版，第44页。

❷ 张汉林、黄玮著：《智慧财产的卫士——知识产权国际保护的比较研究》，中国经济出版社1997年版，第60页。

❸ 孔祥俊：《WTO知识产权协定及其国内适用》，法律出版社2002年版，第101页。

（三）《知识产权协定》对原有公约的回避与否定

《知识产权协定》对于原有公约的现有义务主要是继承和发展，仅就个别内容不予确认，具体说来表现在两个方面：一是否定《伯尔尼公约》第 6 条第 2 款所规定的作者精神权利。关于其立法动因，协定制定者未予说明。学者们认为，其缘由有二：首先，世界贸易组织框架下的知识产权保护，皆为与贸易有关的知识产权。《知识产权协定》强化了全球市场的思想，即在全球市场中，受知识产权保护的无体商品与商品和服务共同纳入考虑范围。这种状况带来的结果是，协定强调著作权的商业和经济内容，同时将作者的精神权利放置于次要地位；其次，英美法系国家关于作者精神权利保护制度与大陆法系国家相比存在明显差异。由于著作权立法传统的差异，英美等国长期不保护作者精神权利，后因参加《伯尔尼公约》的需要而在其国内法中增列了该项制度，但保护水平较低。[1] 可以说，《知识产权协定》的这种规定比较适合于美国的传统做法。二是否定《罗马公约》第 20 条关于“无追溯力”的规定。根据《罗马公约》第 20 条，一方面，《罗马公约》不影响在某个成员国参加该公约之前已经受到保护的那些权利；另一方面，《罗马公约》也不要求成员国对其参加该公约前已发生的表演、广播或录音制品给予保护。《知识产权协定》基本上肯定《罗马公约》的效力，但是同时规定《伯尔尼公约》1971 年文本第 18 条关于“追溯力”的规定适用于表演者权及录音制作者权。《伯尔尼公约》规定的“追溯力”，是指各成员国不仅要保护其参加公约之后来源于其他成员国的受保护作品，而且还要保护其参加公约之前就已经存在于其他成员国而在其来源国又尚未进入公有领域的作品。这就意味着，《知识产权协定》的成员不能再援引罗马公约的“无追溯力”条款，只要表演、广播或录音制品在来源国尚处于专有领域，新参加协定的成员都必须给予追溯保护。[2]

三、《知识产权协定》的基本特点

《知识产权协定》是乌拉圭回合谈判形成的最终文件之一，也是世界贸易组织的基本文件之一。在历史上，该协定不仅是第一个明确与国际贸易相联系的知

---

[1] 英国 1956 年版权法已有了反假冒署名的规定。1988 年版权法虽专章规定了精神权利，但对此设置了诸多限制：例如，署名权的行使须以事先申明为前提；擅自修改作品只有在造成作者声誉损害时才构成对作品完整权的侵害；精神权利可以放弃。美国 1990 年颁布的可视艺术品权利法，严格限制精神权利的保护范围，诸如文学、戏剧、音乐作品、视听作品以及电子出版物均被排除在外；精神权利保护仅仅及于作品原件和 200 件以内签名编号的复制品。

[2] 参见《知识产权协定》第 70 条第 2 款。

识产权公约，而且也是第一个将著作权、专利权、商标权等各项知识产权制度融为一体的国际公约。根据《知识产权协定》的内容，可以将其基本特点作如下概括。

（一）与国际贸易体制紧密结合

该协定的全称应为《与贸易有关的知识产权协定》，顾名思义，协定与国际贸易有关。其实，该协定的基本条款并未直接涉及贸易问题，而全部是知识产权保护的内容。从一定意义上说，"与贸易有关的知识产权协定"是名不符实。[1]尽管如此，学者们普遍认为，《知识产权协定》不同于传统的知识产权公约，其本身即是新国际贸易体制的重要组织部分，并以推进经济全球化与立法一体化为主要目标。首先，协定确立了期望减少国际贸易中的扭曲与阻力，需要促进对知识产权充分、有效的保护，并保证知识产权执法措施与程序不至于变成合法贸易的障碍之目的。[2] 这就是说，协定提升知识产权保护水准和统一知识产权保护制度的主要意图，在于推进世贸体制下知识产权的一体保护，使所有成员的保护水平达到以往只有发达国家才具备的标准。这样，通过世界贸易组织体制的有效运作，知识产权保护得以成为国际贸易制度的一部分。其次，协定将关贸总协定与世界贸易组织关于货物贸易的原则和机制延伸到知识产权保护。例如，最惠国待遇原则作为国际贸易领域的首要原则，第一次引入知识产权公约，成为协定各成员必须履行的基本义务；透明度原则原为关贸总协定为实现贸易行为的公平性而要求缔约方承诺实施的基本原则，而在协定中引用这一原则则在于公开各成员的司法体系及制度，避免法律说明和冲突；世界贸易组织体制下的争端解决机制不仅直接适用于一般贸易的纷争，而且延伸适用于知识产权纠纷。这种制度化的多边争端解决机制，有助于防止诸如美国"301 条款"之类的单方报复行为。[3]

（二）构建了新的知识产权保护体系

《知识产权协定》不是就某一具体知识产权保护所缔结的国际公约，它涉及著作权、商标权、地理标记权、工业品外观设计权、专利权、集成电路布图设计权、商业秘密权等知识产权各个领域。在协定达成以前，所有的知识产权国际公约均是仅涉及某一类型或某些类型的知识产权保护。例如，《巴黎公约》只涉及有关工业产权的规定，不涉及著作权和邻接权；《伯尔尼公约》则只涉及文学、艺术作品的版权保护问题；《罗马公约》仅是邻接权保护的专门公约。从协定所

[1] 孔祥俊：《WTO 知识产权协定及其国内适用》，法律出版社 2002 年版，第 2 页。

[2] 参见《知识产权协定》序言。

[3] 孔祥俊：《WTO 知识产权协定及其国内适用》，法律出版社 2002 年版，第 8 页。

构建的知识产权体系来看，它不仅包含有著作权、专利权、商标权等传统知识产权制度，也囊括了植物新品种权❶、集成电路布图设计权等新兴知识产权制度，甚至将从未为专门国际公约承认的商业秘密也置于知识产权体系之中。值得注意的是，协定没有规定《成立世界知识产权组织公约》认可的发明权、发现权，也未规定《巴黎公约》保护的商号权。或许可以认为，前者不具有私人产权形式，后者与贸易联系不多，故而协定未予考虑。尽管如此，《知识产权协定》仍为迄今为止构建知识产权体系最为完善、健全的一部国际公约。

（三）提升了知识产权保护水平

从《知识产权协定》的内容来看，无论是保护标准还是保护期限，基本上顾及和参照了发达国家的要求和做法。其具体表现为：（1）权利范围的拓展。在著作权与邻接权领域，将计算机软件和数据库作为文字作品给予保护，新增加了计算机软件、电影作品、录音制品的出租权；在商标权领域，规定具有“识别性”的任何标记或其组合在一般情况下均应能获得商标注册，对驰名商标予以特别保护，并将驰名商标的适用范围扩大到服务商标；在地理标记权领域，要求成员负有禁止混淆地理标记（尤其是在酒类与酒精类商品上）的义务；在外观设计权和专利权领域，授予权利人以进口权；在集成电路布图设计权领域，规定的保护范围超出了布图设计和由布图设计构成的电路本身，进而延伸到使用布图设计的物品；在商业秘密权领域，规定此类知识产权保护应涉及药品和农业化学产品。（2）保护期限的延长。包括计算机软件在内的著作权保护期限至少为50年，专利权保护期限不少于20年，工业品外观设计权保护期限不少于10年，集成电路布图设计权保护期限亦不少于10年。（3）保留条款形同虚设。协定第72条规定，未经其他成员同意，不得对协定的任何条款作出保留。这一规定与以往国际公约的保留条款不同，其潜在含义是，成员如欲在其国内法就该协定作出保留，必须征得其他成员同意。从一定意义上说，协定所规定的保留条款实为禁止保留条款。（4）对权利限制进行限制。尽管协定允许成员基于社会公益、防止权利滥用等考虑，对知识产权进行限制，但同时又对这种权利限制给予反限制，即明确要求权利限制不得与权利的正常使用相冲突，不得不合理地损害权利人的利益，不得损害第三人的合法利益。

（四）强化知识产权的执法程序和保护措施

为促使各成员加强知识产权保护制度的实施，《知识产权协定》详细规定了有关行政和司法程序的具体义务、临时措施、边境措施等，这是协定的一大特色

---

❶ 根据《知识产权协定》第27条的规定，成员对植物新品种可采取专利保护或专有权保护，或采取两者的组合保护模式。

和重要革新，是世界知识产权组织管辖的各国际公约所没有的。具体说来，主要有如下内容：（1）司法复审制度。即对于行政性的终局决定以及至少是对案件的初审司法判决的法律问题，诉讼当事人有权提请司法复审。（2）民事程序。即实行公平、公正的民事程序，要求保障被告的诉讼权利，允许当事人聘请律师参与诉讼，保证当事人的证明权，对秘密信息进行识别和保护。（3）损害赔偿。即司法当局有权命令侵权人向知识产权人支付足以补偿其损失的损害赔偿金。（4）临时措施。即司法当局或行政当局对于“即发侵权”之类可预见到又并非无根据地推断出来的侵权准备活动，采取诉前禁令、财产保全和证据保全的“临时措施”。（5）边境措施。即由司法当局或行政当局对进出口的侵权产品采取由海关执行的中止放行的措施。

四、后《知识产权协定》时代的知识产权国际保护

《知识产权协定》作为世界贸易组织的基本法律文件，对知识产权国际保护进行了新的制度安排。可以认为，《知识产权协定》与原有公约存在着差异，这种差异不仅标志着突破与变革，而且意味着碰撞与冲突。冲突之一：在价值取向方面与国际人权公约的差异。2000年联合国人权促进保护小组委员会发表了《知识产权与人权》的决议，审查了《知识产权协定》对国际人权带来的影响，宣称：“由于《知识产权协定》的履行没有充分反映所有人权的基本性质和整体性，包括人人享有获得科学进步及其产生利益的权利、享受卫生保健的权利、享受食物的权利和自我决策的权利，所以，《知识产权协定》中的知识产权制度作为一方与另一方的国际人权法之间存在着明显的冲突。”❶ 这就是说，知识产权保护应与维护人类尊严和实现其他人权相一致。人权义务的位阶应高于一切经济政策与协定。概言之，国际知识产权公约的履行，应全面考虑国际人权公约所规定的义务；各国立法保护知识产权，其社会作用应符合国际人权义务。冲突之二：在实体条款方面与其他国际公约的分歧。协定规定了它与世界知识产权组织管理的相关公约之间的关系。因此，这些公约的一些规定直接或间接地进入到协定。必须看到，原有知识产权国际公约已经多次修改，如《巴黎公约》经历8次修订而形成现在的1967年文本。《伯尔尼公约》也在多次修改的基础上产生了现有的1971年文本。事实上，世界知识产权组织管理的主要条约的现行文本已处在修订的议程之中。由于世界贸易组

---

❶ 联合国促进和保护人权小组委员会：《知识产权与人权》（第52次会议决议，2000年8月17日）。转引自［美］奥德丽·R. 查普曼：《将知识产权视为人权：与第15条第1款第3项有关的义务》，载国家版权局主办：《版权公报》，2001年第3期。

织的决策方式是以全体成员已接受其他多边协定中已生效的修订文本，且在两年召开一次的部长级会议上协商一致为前提条件，在这种情况下，协定很难适时地与其他条约协调一致。

具体说来，在后《知识产权协定》时代，国际知识产权保护制度存在着以下主要问题。

1. 对创造者权利保护不完整

承认创造者通过智力劳动而获得精神利益和物质利益的权利，这是将知识产权视为人权的重要考量标准，也是《伯尔尼公约》秉承的一贯传统。《知识产权协定》满足了美国版权制度的一贯主张，将作者的精神权利排除在协定之外。这意味着，协定缔约方兼为《伯尔尼公约》成员国时有义务保护精神权利，但非公约成员国而仅为协定缔约方却没有义务遵守这一条款。其后果是，违反该条规定并对精神权利造成损害时，不得提交世贸组织争端解决机制解决。

2. 对传统文化保护不重视

建立与本国传统文化的实践与复兴相一致的知识产权制度，这是人权公约所主张的"参与文化生活权利"的重要实现途径，也是世界知识产权组织努力实现的保护目标。由于现行知识产权制度建立在独创性或首创性要求的基础之上，传统或土著居民的知识或艺术形式，包括考古遗址、古迹、手工艺品、传统设计、民族礼仪、民间传说及地方视听表演艺术等，无法采用著作权或专利权的保护方式。《知识产权协定》对此未予足够重视，这就忽视了对文化与知识多样性保护的原则，导致一些国家或地区、一些民族或种族群体应有权利的丧失。

3. 对公众利益保护不理想

《知识产权协定》规定了公共利益原则，允许成员在制定或修改其国内立法时，可以采取必要措施：(1) 保护公共健康和营养；(2) 促进对其社会经济和技术发展至关重要的部门的公共利益。这一原则体现了基于公共利益所给予的人道主义关怀。但是，对于许多缺乏技术与生产能力的发展中国家和最不发达国家而言，不能适用强制许可、合理使用等措施而获得急需的有专有权的产品时，协定并没有像制裁侵犯知识产权行为那样，为非权利人利用知识产品提供一个有效的措施。

4. 对发展中国家利益考量不充分

乌拉圭回合谈判及《知识产权协定》给发展中国家与最不发达国家提供了协定遵守的过渡期，满足了这些国家的一些诉求。但协定对发达国家的好处是显而易见的。《知识产权协定》的形成，实现了发达国家在发起谈判时意图保护药品业、电影业、通信业的战略目标，在全球范围内建立了一个较高标准与有力保障体系的知识产权制度，从而使得发达国家在国际贸易中继续保持了技术优势，一个以知识产权为后盾的技术优势。这意味着，在知识产权高水平保护的条件下，主要受益者将是外国的跨国公司，而不一定会刺激当地的研究和革新。此外，由于发展中国家往往缺乏利用先进技术的设施和力量，无力充分地分享科学技术进步带来的利益，从而在社会发展问题上总是处于不利的地位。

进入后《知识产权协定》时代以来，国际社会围绕着协定的实施与完善，在规范冲突中探求一致，在利益对立中寻找平衡，为建立合理有效的知识产权国际保护秩序而作出了大量的努力。近年来，就知识产权与公共健康问题上的争端，在第三世界力争下，世界贸易组织部长级会议于2001年11月在多哈通过了《关于知识产权协定与公众健康问题的宣言》。在多哈会议上，以南非为代表的发展中国家关于尊重人的生命权、健康权、维护公共利益的呼吁，得到发达国家在知识产权领域的善意回应。《多哈宣言》确认困扰许多发展中国家和最不发达国家遭受痛苦的公共健康问题的严重性；强调知识产权保护对于新药品开发的重要意义，也承认这种保护对价格的影响所产生的忧虑；同意《知识产权协定》不应成为成员国采取行动保护公众健康的障碍，这些行动包括每一成员国享有“强制许可”的权利，认定何种情况构成“国家处于紧急状态或其他极端紧急的情况”的权利，构建自己的“权利穷竭”制度的权利。

《多哈宣言》的诞生是国际知识产权领域发生的重大事件。首先，它是一个重要的标志，体现了发达国家与发展中国家逐渐开始的合作与协调。对于知识产权保护，东西方国家历来存有差异，发达国家多强调维护其既得利益的重要性，发展中国家则较注重国内社会公众的利益。多哈会议较多考虑到不同国家的利益差异与协调，使得诸如公共健康等社会公众利益问题在知识产权领域得到重视，在一定程度上促使知识产权国际保护更多地关注经济技术落后国家的利益；同时，它也是一个良好的开端，昭示着发展中国家的立场、观点在现行的国际知识产权体系下作为主流意识加以体现。发展中国家（包括一些发达国家）主张对传统知识、生物多样性、地理标记给予有效保护，引发出知识产权国际保护领域更为广泛的权利保护与利益协调的制度空间。这些主张反映了多数国家对协定不足的深刻反思和完善协定的强烈愿望，因而受到国际社会的高度重视。我国参加的国际知识产权公约见表11-2。

表 11－2　　我国参加的国际知识产权公约

领域＼项目	条约名称	订立时间	我国加入时间
工业产权	《保护工业产权巴黎公约》	1883.3.20	1985.3.19
版权	《保护文学和艺术作品伯尔尼公约》	1886.9.9	1992.10.15
商标	《商标国际注册马德里协定》	1891.4.14	1989.10.4
版权	《世界版权公约》	1952.9.6	1992.10.30
商标	《商标注册用商品和服务国际分类尼斯协定》	1957.6.15	1994.8.9
植物新品种	《保护植物新品种日内瓦公约》	1961.12.2	1999.4.23
知识产权	《建立世界知识产权组织公约》	1967.7.14	1980.6.3
外观设计	《工业品外观设计国际分类洛加诺协定》	1968.10.8	1996.9.19
专利	《专利合作条约》	1970.6.19	1994.1.1
专利	《专利国际分类斯特拉斯堡协定》	1971.3.24	1997.6.19
版权	《保护录音制品制作者防止未经许可复制其录音制品日内瓦公约》	1971.10.29	1993.4.30
专利	《国际承认用于专利程序的微生物保存布达佩斯条约》	1977.4.28	1995.7.1
集成电路	《集成电路知识产权条约》	1989.5.26	1989.5.26
商标	《商标国际注册马德里协定有关议定书》	1989.6.27	1995.12.1
知识产权	《与贸易有关的知识产权协定》	1994.4.15	2001.12.11

结　　语

知识产权国际保护制度已有一百多年历史，经历了“巴黎联盟与伯尔尼联盟时期”“世界知识产权组织时期”与“世界贸易组织时期”。它是国际经济贸易关系不断发展的产物，也是知识产权制度自身变革的结果。知识产权国际保护制度的原则，具有其直接适用性和普遍适用性，主要是国民待遇原则、最低保护标准原则、公共利益原则。世界知识产权组织作为负责知识产权国际保护的政府间组织，管理有巴黎联盟、伯尔尼联盟、马德里联盟、专利合作联盟等国际组织，并通过其国际局管理《巴黎公约》、《伯尔尼公约》等近 30 个国际公约。世界贸易组织框架下的《知识产权协定》，与《货物贸易协定》、《服务贸易协定》共同构成该组织的三大主体制度，也是当代最重要的国际知识产权公约。《知识产权协定》将知识产权保护与国际贸易体制紧密结合，构建了新的知识产权体系，提升了知识产权保护水平，对各国知识产权立法产生了深远影响。现今国际知识产权制度与国际人权制度产生冲突，也与其他国际知识产权公约存有分歧，必须进行新的改革与不断完善。

资料链接

［1］吴汉东．知识产权基本问题研究［M］．北京：中国人民大学出版社 2005.

［2］郑成思．世界贸易组织与贸易有关的知识产权［M］．北京：中国人民大学出版社 1996.

［3］世界知识产权组织．知识产权纵横谈［M］．北京：世界知识出版社 1992.

［4］世界知识产权组织网站：www. wipo. org.

［5］世界贸易组织网站：www. wto. org.

思考题

1. 知识产权国际保护产生的原因是什么？
2. 知识产权国际保护的基本原则有哪些？
3. 试分析《知识产权协定》的基本特点。

第十二章　知识产权的管理与营运

【学习目的与要求】 通过本章的学习，要求学生了解知识产权的管理与营运的内容，熟悉知识产权管理和营运的方式，掌握企业知识产权管理的方法。

【内容提要】 知识产权管理是企业为发挥知识产权制度在其发展中的重要作用，对企业知识产权的开发、保护、营运而进行的有计划的组织、协调、谋划和利用的活动。企业的知识产权管理是一个系统工程，其有效的运转有赖于科学的管理体制，这就需要企业建立一套有效的知识产权管理体系。主要包括专利管理、商标管理、著作权管理、商业秘密管理、知识产权纠纷管理以及知识产权战略管理等内容。通过融资、投资、许可和转让等有效的知识产权营运方式，可以使企业获得巨大的经济效益。

【关键词】 知识产权管理　知识产权营运　知识产权投资

石家庄市华行医疗器械厂在其《新产品开发管理条例》中规定，每项新产品开发立项之前都必须进行专利查新。他们在确定本厂医疗器械产品开发方向之前，对国内外相关专利进行了全面调查，并对这些文献进行系统分析，发现在此领域的研究开发中有三个倾向：一是疾病诊断仪器专利申请量大、技术水平高，而治疗疾病的仪器专利申请量小、技术水平低，原因是辅助性治疗手段没有受到足够重视；二是治疗仪器以综合性、通用性物理治疗为主，对症专用的仪器较少；三是临床应用的仪器多数建立在西医神经学和近代物理学理论基础上，结合中医理论与治疗方案的仪器几乎是空白。根据这些分析，厂领导在决策中把常见病、多发病的专用特效电子治疗仪作为本厂产品开发方向，相继开发出“风湿治疗仪”“胆结石治疗仪”“神经仪”等多种电子治疗器械，取得了较好的社会经济效益。[1] 石家庄市华行医疗器械厂之所以取得成功，就在于他们注意到了专利查新等知识产权管理，并通过科学的产品研发管理，开发出几种符合社会需要的电子治疗器械。本章将以此为例，系统介绍知识产权管理与营运的基本知识。

---

[1] 王锋：“技术创新须注重专利文献的调查运用”，载《中外科技信息》1999 年第 5 期，转自于张玉敏主编：《知识产权与市场竞争》，法律出版社 2005 年版，第 81～82 页。

第一节　知识产权管理概述

一、知识产权管理的概念

知识产权管理从广义上讲，包括知识产权主管部门的知识产权管理、企业的知识产权管理和事业单位的知识产权管理等。本章中的知识产权管理仅指企业的知识产权管理。关于什么是知识产权管理，现在仍没有一个统一的定义。《现代汉语词典》中的“管理”有三种含义：（1）负责某项工作使之顺利进行；（2）保管和料理；（3）照管并约束（人或物）。❶ 费里蒙特・E. 卡斯特认为：“管理就是计划、组织、控制等活动的过程。”❷ 因此，“管理”实际上就是管理者对管理对象加以计划、组织、协调和控制，使其发展符合组织目标的活动和过程。知识产权管理就是对知识产权工作加以计划、组织、协调和控制的活动和过程。因此，我们可以将企业知识产权管理作如下定义：企业知识产权管理是企业为规范企业知识产权工作，充分发挥知识产权制度在企业发展中的重要作用，运用知识产权制度的特性和功能，从法律、经济和科技的角度，对企业知识产权的开发、保护、营运而进行的有计划的组织、协调、谋划和利用的活动。（实例链接如右上框）

现代企业重视知识产权管理

在现代企业中，知识产权工作涉及知识产权的开发、利用以及保护等各个层面，需要企业进行有效的管理。实际上，传统的“重开发，轻管理”的观念已不再适应时代的要求，变“消极的保护”到“积极的管理和利用”已成为企业知识产权工作的基本要求。正如施乐（Xerox）公司 CEO 托曼所言：“管理知识产权将使公司创造更多的财富，只有善于管理知识产权的企业才能取得成功。”在现代企业中，知识产权管理已经成为现代企业管理的重要组成部分，有效的知识产权管理有助于企业增强市场竞争力。正因为如此，许多国际性的著名企业（如 IBM、西门子、飞利浦、三菱、松下等公司）都十分重视知识产权管理，并设置有专门的知识产权管理机构，对其知识产权工作进行管理。

---

❶ 中国社会科学院语言研究所词典编辑室编：《现代汉语词典》，商务印书馆 1996 年 7 月版，第 466 页。

❷ 费里蒙特・E. 卡斯特：《组织与管理：系统与权变的方法（第 4 版）》，中国社会科学出版社 2000 年 9 月第 1 版，第 5 页。

二、知识产权管理的特征

企业知识产权管理具有以下几个特征。

（一）法定性

所谓法定性，是指企业对其知识产权工作实施管理应当依据相关的知识产权制度进行。它包括两个方面的内容：一是企业的知识产权管理必须依法进行。这里的“法”是指广义上的“法律”，既包括国家制定的知识产权法律，如《专利法》、《商标法》、《著作权法》以及《反不正当竞争法》等，也包括相关的行政法规、地方性法规、部门规章以及司法解释等。企业的知识产权管理应根据相关的规定进行，特别是应当遵照其中的强制性规定，否则，可能会产生对企业不利的结果。比如，企业在制定专利申请策略时，就应当考虑到各国关于授予专利权的条件、申请的程序以及该国实行的是先申请原则还是先发明原则等，否则该申请就可能被驳回，或者因为他人的在先申请而无法获得授权。因此，要进行有效的知识产权管理，企业首先要熟悉和掌握有关国家的知识产权制度，并根据相关的规定，对本企业的知识产权工作进行管理。二是企业的知识产权管理不仅要依靠法律制度，而且要依靠符合企业自身发展特点的企业内部规章制度。企业内部的规章制度可以明确各部门、各岗位的具体职责以及管理的程序、方法等，从而使企业的知识产权管理能有序进行。世界上很多著名企业都就本企业的知识产权管理制定了相应的规章制度。比如，美国的 IBM 公司和日本的三菱公司都就知识产权管理制定了相当完备的内部规章制度。

（二）市场性

知识产权制度是市场经济的产物，同时又服务于市场经济。企业投入资金和人力进行技术开发和创新、商标的推广和宣传以及对其知识产权实施管理的目的都在于为其市场竞争服务，使其在竞争中占得主动。因此，企业进行知识产权管理应当遵循市场经济原则，以市场机制为导向，以市场效益为目标，实施市场化的管理。比如，企业确定本企业产品和技术的研发项目时，应当进行市场前景和技术发展趋势的预测，并考虑消费者的需要，这需要企业市场部门的参与。与法律制度的相对稳定不同，市场是善变的。因此，企业的知识产权管理也要根据市场环境的变动而作出相应的调整，以适应这种变化。

（三）动态性

企业知识产权管理的动态性体现在三个方面：一是由于企业的知识产权管理具有市场性的特点，这就要求企业应当根据市场情况的变化而对其知识产权管理作出相应的调整。二是由于法律所赋予的各项知识产权都具有时间性，企业以及企业的竞争对手所享有的知识产权的法律状态（如有效期限、权利的有效性等）

会随着时间而变化。企业应当根据这种权利状态的变化而采取相应的对策，以实现企业利益的最大化限度。比如，企业的一项基本专利即将到期或者已经到期时，企业的专利战略可能就有必要作出相应的调整；在企业的注册商标的保护期限即将届满时，企业应及时续展。三是国家的知识产权制度和政策的调整可能也会影响到企业的知识产权管理。比如，按照专利法的规定，某些不具有可专利性的发明主题如果在专利法修改时被赋予了可专利性，若企业就这些技术发明申请专利，则企业的知识产权管理工作就有必要作相应的变动。因此，要有效地发挥知识产权管理的作用，企业应当从经营管理机制上对其实施动态管理，这就要求企业的知识产权管理人员关注市场状况、法律制度以及相关权利状态的变动，并对其管理工作及时作出调整。

（四）从属性

企业的知识产权管理是企业经营管理的一部分，其目的是为企业获得最佳的市场效益。因此，企业的知识产权管理要符合企业的经营计划，应当根据企业经营管理的指导思想与目标运作，并注意与企业其他领域的管理结合起来。所以说，企业的知识产权管理具有从属性的特征。当然，这种从属性并不否定企业知识产权管理的特殊性和独立性。由于知识产权工作本身具有较强的技术性和法律性，且与其他工作具有较大的差异，这就决定了企业的知识产权工作具有一定的特殊性。

（五）文化性

不同企业在知识产权管理的客体、管理的基础法律制度、管理的操作流程等方面具有某些共性，但由于各企业在企业实力、经营理念以及企业文化等方面有各自的特点，可导致各企业的知识产权管理有着与众不同的特点。知识产权制度是鼓励创新的机制，管理是一门艺术，知识产权管理会自然地融入其企业文化之中。IBM公司专业缜密的作风和日本富士通公司务实创新的理念均在各自企业内部知识产权管理的规章制定、人员聘用与培训方面得到了充分的体现。

三、知识产权管理的目标和手段

（一）知识产权管理的目标

企业的知识产权管理属于企业经营管理的一部分，其目标在于协调相关资源，实现知识产权资源的优化配置，为企业的市场竞争服务。具体而言：（1）通过知识产权管理，增强企业的知识产权意识。企业在知识产权管理的过程中，可以通过宣传、培训、教育等方式来增强员工的知识产权意识，从而为企业知识产权工作的顺利开展奠定基础。（2）通过知识产权管理，大力发展自主知识产权。企业知识产权管理的重要组成部分就是技术开发的管理、商标品牌的宣传和推广。通过企业的自主研发以及品牌的推广，可以促进企业自主知识产权的发展，从而增强企业的市场竞争力。（3）通过知识产权管理，防止企业无形资产的流失。由于我国的市场经济起步较晚，社会公众及许多企业的知识产权观念和意识不强，这导致我国许多企业的无形资产，特别是知识产权的大量流失。比如，我国的许多驰名商标在境外被抢注，企业的技术因未申请专利而被他人无偿使用，企业的商业秘密因保密不力而泄漏等等。企业可以通过知识产权管理来规范企业及其员工的行为，进而防止企业无形资产的流失。（4）通过知识产权管理，提高企业知识产权的收益。知识产权是企业的重要无形资产，但知识产权本身只有通过实际利用才能为企业带来实际的收益。企业通过知识产权的营运，如用企业的知识产权进行融资、投资，或者许可他人使用，或者进行转让等，都可以为企业带来巨大的收益。（5）通过知识产权管理，加强企业知识产权的保护。（6）通过知识产权管理，增强企业应对知识产权“战争”的能力，尤其是应对竞争对手的知识产权攻势。

（二）知识产权管理的手段

企业对其知识产权进行管理可以采用多种手段。一般而言，包括以下几种：（1）行政手段。这里所说的行政手段并非法律意义上的行政管理机关所实施的行政管理手段，而是指企业依托自身内部的知识产权管理部门制定有关人员聘用、奖励或惩罚、知识产权的利用与保护等的管理制度，构建企业的知识产权管理体系，以保证其有效运作。比如，企业相关部门对那些为企业作出贡献的研发人员给予奖励，对失职员工予以惩罚、企业知识产权管理岗位及职责的分配等。（2）法律手段。法律手段是指企业运用知识产权的相关制度、政策来处理本企业的知识产权事务。法律手段既可以用来处理企业内部的知识产权管理事务，也可以运用于对外的知识产权管理事务。在内部的知识产权管理中，企业可以法律手段实施管理。比如，企业可以利用《专利法》的规定与企业的研发人员就其职务研发成果的权利归属作出明确的约定，以免日后发生纠纷。在进行对外活动时，企业可以通过签订协议的方式对双方或各方在交易或有关活动中的权利和义务作出约定，比如专利许可的方式、许可实施的范围、商业秘密的保密协议等，以保护本企业的利益。（3）市场手段。市场手段则是指企业以市场为导向，以市场竞争为内容，以市场效益为目标，运用市场手段对其知识产权工作进行管理。由于知识产权并不只是一个法律问题，它还涉及经济、管理等诸多问题，而且在当今时代，知识产权已经成为企业进行市场竞争的手段。因此，实施知识产权管理就必然要求企业遵循市场经济的基本要求，用市场手段对其进行管理，这在企业的对外活动中尤为重要。比如，企业在对外进行知识产权贸易时，应当符合市场交易的一般要求；在发生知识产权纠纷时，可以运用商业手段促使纠纷按照有利于本方的方式解决。实际上，企业在进行知识产权管理时，行政手段、法律手段和市场手段并不是各自独立的，而是相互配合进行的。

四、知识产权管理的意义

随着知识经济和经济全球化进程的加快，知识产权已经成为当今世界各国及其企业发展和博弈的重要手段，知识产权的状况及其发展态势将直接影响到国家和企业的竞争力。在这样的时代背景下，知识产权管理具有重要的意义。

（一）有利于增强企业的创新能力

企业通过知识产权管理，一则可以增强企业员工的创新意识，促使其积极主动地进行技术或产品的创新、改进；二则通过建立有效的知识产权激励机制，鼓励企业员工进行创新和研发，也能调动员工创新的积极性和主动性；三是有效的知识产权管理本身可以为企业的研发提供帮助。以技术开发为例，企业可以通过专利信息的检索和分析，避免进行重复研发，并在他人已有的基础上进行研发。同时，企业通过专利信息的检索和分析，可以了解行业内的整体情况，并预测技术的发展趋势，可以为企业的研发方向提供参考；四是企业可以通过借助外部力量进行创新和研发，比如，对于创新能力不足的企业而言，可以通过产学研相结合的方式来提高自己的创新能力。因此，企业的知识产权管理有助于增强企业的创新能力，使其拥有更多的知识产权。

（二）有利于增强企业的知识产权保护能力

通过知识产权管理，企业可以建立一套有效的知识产权保护体系，以更好地保护自己的知识产权。企业可以通过知识产权管理，建立预防机制，尽可能地避免侵权行为的发生。比如，对其商业秘密采取有效的保密制度和措施，以防止商业秘密因泄漏而失去法律保护；对其商标及时予以注册等；在侵权发生以后，采取相应的措施，将侵权的损害结果降到最低；同时，专门的知识产权管理机构及人员可以使知识产权的维持变得相对容易。因此，企业通过知识产权管理，可以增强知识产权保护的能力。

（三）有利于企业更好地利用和营运其知识产权

知识产权只有通过实际的营运和利用才能为企业带来良好的经济效益，知识产权营运应当成为企业知识产权管理的重要内容。通过有效的知识产权管理，可以提高企业营运知识产权的能力，从而使企业开辟新的财源，谋取丰厚利润，促进各项资产的良性循环。

（四）有利于提高企业应对知识产权纠纷的能力

近几年，我国已经进入知识产权纠纷的高发期，如何应对竞争对手的知识产权诉讼攻势已成为我国企业面临的一个重要问题。通过知识产权纠纷管理，企业可以建立知识产权纠纷的预警机制，在纠纷发生后对其行为是否构成侵权进行调查和分析，并采取相应的措施，比如进行协商和解、提出抗辩、充分利用行业协会和有关政府部门的力量抑或针锋相对，发起反攻等。通过这些法律或者非法律的手段和方式，达到解决知识产权纠纷的目的，并尽可能维护企业的利益。

（五）有利于协调企业各职能部门的工作

企业的知识产权工作涉及企业的研发部门、市场部门、财务部门以及法务部门等各个职能部门，有效的知识产权工作需要各个部门的协调和配合。而实行知识产权管理则有利于在企业的知识产权工作中与各个部门的协调。

（六）有利于企业的对外交流

在知识产权贸易中，企业的知识产权工作人员可以为企业的谈判提供咨询和参考意见；在知识产权的取得，如专利申请或商标注册中，企业的知识产权工作人员可以通过与审查人员的沟通，阐明该技术方案或商标设计的相关内容，以确保获得授权；在发生知识产权纠纷后，企业的知识产权工作人员则可以与对方进行协商和谈判。此外，在一些学术性的会议或者展会上，企业的知识产权管理人员也可以参与其中，并注意保护企业的知识产权。因此，有效的知识产权管理将有利于企业的对外交流。

第二节　知识产权管理的体系

企业的知识产权管理是一个系统工程，其有效的运转有赖于科学的管理体制，这就需要企业建立一套有效的知识产权管理体系。

一、知识产权管理部门

知识产权管理部门，是指企业中专门履行企业知识产权管理职能的部门。该部门不一定以“知识产权管理部”为名称，只要该部门是专门履行企业知识产权管理职能的，即可认为是企业的知识产权管理部门。而企业中代行知识产权管理职能的部门则不是专门的知识产权管理部门。随着知识产权的作用和地位日益突出，企业的知识产权事务越来越多，且越来越复杂，在企业中设立专门的知识产权管理部门就有其必要性了。对于那些有能力和条件的企业，应当在其企业内设立专门的知识产权管理部门，这是做好企业知识产权工作的重要前提；而那些不具备条件和能力的企业则可以将其知识产权工作交由企业内与知识产权相关的部门进行管理，即由其他部门代行企业的知识产权管理职能。（实例链接如下页框）

知识产权管理部门设立以后，应当明确其职能。这是企业知识产权管理部门开展工作的前提条件。一般说来，知识产权管理部门具有以下几个职能：（1）制定企业的知识产权战略和知识产权管理制度；（2）协调企业内各职能部门在知识产权工作中的关系，以保证知识产权工作的顺利开展；（3）实施企业高层关于知识产权重大问题的决定；（4）收集、整理和分析与本企业经营相关的知识产权信息，为本企业知识产权的研发、知识产权工作的计划与调整提供参考；（5）管理本企业的知识产权，包括知识产权的取得（如专利的申请、商标的注册等）、知识产权的维持（如专利年费的缴纳、注册商标的续展）以及知识产权的保护；（6）参与企业的知识产权贸易，为企业的知识产权贸易提供咨询意见；（7）处理与企业有关的知识产权纠纷；（8）负责企业员工知识产权知识和意识的培训；（9）就知识产权工作代表企业进行对外交流。

企业专门的知识产权管理机构

海尔集团早在1992年就正式成立了国内首家企业自办的知识产权部门——海尔知识产权办公室，对其知识产权工作进行组织和管理；华为公司则在1995年成立了知识产权部，对其知识产权工作进行管理。IBM、松下、飞利浦、东芝等国际著名企业都设有专门的知识产权管理部门。IBM公司设有知识产权管理总部，其职责是负责处理所有与IBM公司业务有关的知识产权事务，如专利、商标、著作权、半导体芯片、布图设计保护、商业秘密、字形及其他有关知识产权的事务；东芝公司的知识产权管理部门包括知识产权本部和4个研究所、11个事业本部以及在各研究所和各事业部下属分别设置专利部、科、组；拜耳公司则设有专利委员会和专利处。

二、知识产权管理人员

企业的知识产权事务具有一定的特殊性。以专利事务为例，它有一定的技术性，涉及相关技术领域的专业性问题；另一方面，它又具有一定的法律性，专利的申请、保护以及利用等都必须依法律的有关规定进行。这种技术性与法律性的双重特征就要求企业专利事务的管理人员既具备一定的技术知识，又必须熟悉有关的专利制度知识。这就决定了企业的知识产权事务具有高度的专业性，并非任何人都能对企业的知识产权事务实行有效的管理。因此，企业，特别是高科技企业，应配备专门的知识产权管理人员，以适应其知识产权管理的需要。正因为如此，跨国公司和众多外国企业都有一个强大的知识产权管理机构，并配备由知识产权专家、律师、资产评估师、市场分析员等组成的管理队伍。美国的高通公司，庞大的知识产权专业队伍甚至超过从事研究开发的科技人员总数，德国西门子公司也有400名知识产权管理人员等。

鉴于企业知识产权工作的特殊性，知识产权管理人员必须具备一定的知识结构和背景：(1) 法律知识。知识产权事务具有专业性的特点，其中法律性是其重要的特征。知识产权工作人员不论是从事知识产权管理的总体规划，还是进行具体的知识产权事务的管理，都需要以法律知识为基础，特别是应当具备和熟悉知识产权的有关制度。(2) 专业技术知识。企业的专利事务具有很强的技术性，从专利信息的检索到专利申请文件的撰写以及专利侵权的判断等都要用到相关的专业技术知识；商标事务中，商标的设计可能涉及具体的专业知识。因此，这些岗位的知识产权管理人员和工作人员都需要具备一定的专业技术知识，特别是从事专利管理的人员最好具有一定的理工科方面的知识。(3) 语言能力。语言能力包括书面表达能力、沟通能力以及外语能力几个方面。在企业的著作权登记、专利申请以及商标注册等实务中，都要按照法律的规定填写文件。一方面，申请文件是否符合规定将直接影响到著作权登记、专利申请以及商标注册实务的成功与否；另一方面，书面文件的文字表达在一定情况下将决定到相关权利的权利范围，比如发明和实用新型专利权的权利范围以权利要求书为准。这就要求从事这些工作的人员应当具备较强的书面表达能力。同时，企业的知识产权工作人员不仅要对企业知识产权内部事务进行管理，而且在很多情况下，还要进行一些对外事务。比如，参与知识产权的贸易谈判、对外的知识产权交流、在专利申请或商标注册中与审查人员的沟通等，这都要求从事这些工作的人员应当具备较强的沟通能力。此外，随着经济全球化的发展，各国间的经济交流日益频繁，企业也应当适应这种潮流。在进行跨国贸易时，企业不可避免地要面对国外的知识产权制度，而专利的国外申请、商标的境外注册、著作权登记、国外专利信息和商标信息的检索与查询以及知识产权的跨国贸易等都要求企业的知识产权工作人员必须具备一定的外语能力。(4) 管理知识和能力。

当然，并非每一个知识产权工作人员都必须具备这些知识和能力，企业在组建其知识产权人才队伍时应综合考虑本企业的行业特点、经营规模、工作岗位以及知识产权状况来决定具体的人员配置。比如，从事企业著作权、商标事务管理的知识产权管理人员就不必强调理工科专业知识背景。

企业知识产权管理人员的数量应当根据企业的规模、行业特点以及企业本身知识产权工作的多少来决定。大型企业可以配备为数较多的知识产权管理人员，中小企业可以只有几名甚至一名专职的知识产权管理人员。

三、知识产权管理制度

制度保障是企业知识产权管理的关键。企业需要建立一套有效的知识产权制度来规范和指导知识产权管理工作，以保证企业知识产权管理顺利、有效地进行。企业的知识产权管理制度，应当包括以下几个方面。

（一）专项知识产权管理制度

企业应当根据自己的实际情况和相关的法律法规，制定与其相适应的专项知识产权管理制度。

1. 专利管理制度

在企业的专利管理制度中，应当对企业的专利管理机构、员工管理、专利申请、专利维护、专利转让与利用、奖惩制度、专利信息的收集与服务、技术资料档案管理、发明人的奖酬以及专利战略规划等内容予以规定。

2. 商标管理制度

在企业的商标管理制度中，应当对商标及包装的设计、商标的注册、商标的印制和发放、商标的使用、商标标识与档案的管理、商标资产的运营、商标权的维护等内容作出规定。

3. 著作权管理制度

企业的著作权管理制度，应当对创作过程中的档案材料的存档和管理、著作权的登记、技术保护措施的采用与实施、权利管理信息的添加和完善、委托作品和职务作品权利归属的处理、作品的开发与利用以及是否加入特定的著作权管理组织等内容作出相应的规定。

华为公司的知识产权管理制度

华为公司在1995年成立了知识产权部，负责专利、商标、著作权、域名、商业秘密保护、科技情报、合同评审、对外合作、诉讼事务等。知识产权部与技术开发部、流程管理处、安全管理部、总体技术办公室等相关部门联合成立了领导小组，协调运作，加强知识产权管理人员与公司技术人员、管理人员以及各个部门领导的业务联系、信息沟通，并使知识产权管理贯穿于整个公司的技术研发、生产、服务、销售等全过程中，将知识产权管理融入企业经营管理的科学化管理轨道。同时，华为公司还制定了《华为知识产权管理办法》、《关于接触尖端技术、商业秘密、管理核心机密的有关人员的规定》、《华为公司科研成果奖励条例》、《专利创新鼓励办法》等。华为公司作为国内通信设备领域的优势企业，近年来在国内专利申请量中保持排名第一，累计申请的国内专利3 500多件，同时向外国申请了400多件，注册商标达600多件。

实例来源于刘尚华：“现代企业知识产权战略之三——知识产权管理战略”，http：//www.chinaiprlaw.cn/file/200601036717.html。

4. 商业秘密管理制度

商业秘密管理制度应对商业秘密的认定、商业秘密的接触和使用制度，保密纪律和企业员工的教育、管理，具体的保密措施以及违反规定的责任等方面作出相应的规定。（实例链接如右上框）

（二）与知识产权有关的合同管理制度

企业在进行对内管理和对外交往时，往往要与他人发生各种关系，其中可能会涉及企业的相关知识产权。如果不能很好地处理这些关系，将不利于企业知识产权管理工作的进行。因此，企业有必要建立一套与知识产权相关的合同管理制度。具体而言，这些合同管理制度包括：（1）企业员工的合同管理制度。即要对企业员工进行合同制的管理，应与涉及知识产权事务的员工签订专门的合同，对职务作品、发明或技术等的知识产权归属、员工的保密义务、相关人员的竞业禁止义务以及员工的奖惩制度等内容作出规定，使其行为符合企业知识产权制度的需要。（2）对外许可使用中的合同管理制度。在对外许可他人使用企业的作品、软件、发明、商标或者商业秘密时，应与其签订一份许可使用合同，其中应对许可使用的权利种类、许可使用的方式以及地域范围和期限、许可使用的报酬及支付报酬的方法、被许可方的保密义务以及对方的违约责任等事项予以规定。（3）对外转让知识产权的合同管理制度。企业在向他人转让自己的知识产权时，应订立一份较为完善的合同，明确规定相互间的权利义务关系，以免发生纠纷，尽可能地保护自己的利益。（4）进行对外贸易的合同管理制度。这里的贸易不包括知识产权的转让和许可使用。企业在进行对外贸易时，若该贸易涉及知识产权，应注意在合同中签订专门的知识产权条款或者专门订立与知识产权相关的合同，以保护自己的利益，特别是涉及企业的商业秘密时，更是如此。

（三）知识产权管理人员培训制度

企业要对其知识产权事务进行有效的管理，就必须拥有与其相适应的管理人员。因此，企业应当对自己的知识产权管理人员进行培训，使其具有较高的知识产权意识和知识产权管理能力。美国、日本等发达国家的许多企业大都对企业知识产权管理人员的培训作了专门的规定。企业应当根据自己的情况，制定相应的知识产权管理人员培训制度。（知识链接如右框）

> **日本的知识产权培训制度**
>
> 在日本，知识产权教育有两层含义，一是针对全体新员工或不同层次员工设立的有关知识产权法律知识的课程教育，二是针对知识产权工作部门人员的培训。其中，对知识产权工作部门人员培训的课程内容包括商标、著作权、技术契约、案例研究、专利情报、专利申请文件的写作及专利管理等；并创造条件让员工通过专利代理人资格考试或选派人员去欧美专利事务所进行轮训和研习。
>
> 资料来源于于涛：“国外企业的知识产权管理模式分析”，载《中国知识产权报》2003 年 7 月 10 日。

（四）与知识产权有关的奖励制度

企业要研究开发出更多更好的技术、产品、软件或者创作出更多的作品，并以此在市场竞争中赢得先机，获取利润，前提是其必须具有足够的激励机制和激励因素，使得企业的研究开发人员或创作人员有足够的动力进行创作或研究开发。因此，企业应当制定与知识产权有关的奖励制度，以激励企业的员工积极地进行创作。这里的“奖励”既包括精神上的奖励，也包括物质上的奖励，而且可以采取多种形式。

第三节　知识产权管理的内容

企业的知识产权管理包括专利管理、商标管理、著作权管理、商业秘密管理、知识产权纠纷管理以及知识产权战略管理等内容。

一、专利管理

（一）专利信息的收集与管理

1. 专利信息的概念

专利信息是专利文献中所包含的关于专利的法律、技术以及经济方面的情报信息。通过专利信息，人们可以了解相关专利的权利状态，如权利人是谁、权利的类型以及权利的保护期限等，也能了解该专利的技术及经济价值。在企业研发过程中，通过对相关专利信息的检索和分析，避免重复研究和侵权，寻找技术空隙，并可以预测相关技术的发展程度及未来的趋势；在专利技术贸易中，可以通过专利信息的分析来了解相关专利的价值。也正因为如此，专利信息在企业知识产权管理中占有重要的地位。

2. 专利信息的收集

专利信息的检索和收集是进行专利信息管理的前提。专利信息的检索和收集需要熟悉相关业务的人员进行，必要时可以委托专门机构（如专利事务所）代为进行。在检索完成后，企业可以根据本企业所在的技术领域，有针对性地建立比较完善的专利信息数据库，以方便以后的管理和利用。在专利信息数据库建立以后，专利信息的收集并不因此而完成，企业应当定期对其相关技术领域的专利信息进行检索，并将新的专利信息纳入企业的信息数据库之中。

3. 专利信息的管理

在专利信息收集以后，需要对这些专利信息进行有效的管理。首先，应当对这些专利信息进行分析和整理，以方便以后的利用；其次，随着新专利信息的加入和以往专利的失效，企业应当对其作相应的处理。

4. 专利信息的利用

企业收集和管理专利信息的目的在于有效地利用这些专利信息，为企业的经营管理服务。专利信息的利用包括以下几个方面的内容：（1）技术研发前的分析。通过对专利信息的检索和分析，了解相关技术领域中的已知技术，一则可以避免侵犯他人的专利权，二则可以避免浪费时间与资金去重复开发已知技术，三则可以充分利用已有的技术，从而在更高的起点上进行研究开发。（2）技术追踪预测。企业可以利用已有的专利信息进行技术追踪，了解相关技术领域的技术发展动态，并预测技术发展的方向。（3）投资策略分析。企业可以通过对专利信息的分析，掌握本领域具有投资价值和潜力的技术，为企业的技术投资提供参考。（4）竞争对手分析。企业可以利用专利信息对本领域各个竞争对手的专利状况进行分析，了解自己的主要竞争对手，掌握其专利部署和技术发展状况，并根据这些信息制定企业的专利应对策略。

（二）专利申请的管理

1. 专利申请前的决策分析

企业在完成一项发明创造后，首先应当决定是否申请专利。由于发明创造既可以采用专利的形式予以保护，也可以采用商业秘密的形式加以保护，而两种保护方式又各有优劣，这就需要企业对其保护方式作出选择。一般来说，企业应当考虑该技术获得专利保护的可能性、技术的自身特点、技术的商业前景与生命周期以及所属专业领域的现有技术水平和发展趋势等因素。

其次，应当决定申请何种类型的专利。在我国，专利有发明专利、实用新型专利和外观设计专利之分，这就要求企业在申请前对其申请何种类型的专利作出决定。企业在考虑申请何种专利时，要结合发明创造的内容及各种类型专利权的要求综合考虑。一般来说，在企业经济实力允许的条件下，对创造性高的技术方案应考虑申请发明专利。

第三，何时申请专利。世界上绝大多数国家都实行先申请制，即同样主题的发明创造的专利权应当授予在先申请的人。因此，一般情况下，企业在发明创造完成以后应尽早申请专利，以防止竞争对手抢先申请专利或者避免相关技术的公开而导致其新颖性的丧失。但在竞争对手的技术远远落后于自己时，专利申请应适当延后，这一方面可以使竞争对手在其专利申请前无法获得相关的技术信息，另一方面，可以以此来延长专利技术的实际保护期限。

第四，在哪些国家申请专利。专利权具有地域性，在一国内申请的专利并不当然地在他国产生效力。因此，要想让同样的发明创造在他国也获得保护，必须按照他国专利法律的要求提出申请，并缴纳相应费用。企业在决定是否在国外申请专利以及在哪些国家申请专利时，应当考虑该技术在相关国家获得授权的可能性、企业的市场状况以及该技术的市场前景等因素。

2. 专利申请程序的管理

企业一旦决定申请专利，就必须按照法律规定的程序来办理，比如，专利申请文件的撰写及修改等。由于专利申请既涉及相关的技术问题，又涉及相关的法律问题，因此，一般要求由企业的专业人员对专利申请的程序进行管理，或者委托专门的专利事务所代为申请。

（三）专利权的维护与利用

企业在获得专利权以后，还应当注意对专利权的维护。一方面，法律规定了专利权人按时缴纳专利年费的义务，权利人在法律规定的期限内没有缴纳的，专利权将因此而被终止。因此，企业若要继续维持其专利权，则应当按照法律规定的期限缴纳专利年费；另一方面，在他人就企业的专利权向专利局复审委员会提出无效宣告请求时，企业应当积极进行应对，提出自己的主张和意见，以保证专利权的继续有效。专利权的利用是实现专利权价值的条件，它包括企业自己的实施、许可他人实施、专利权的转让和抵押等方式。

（四）对发明人或设计人的奖酬

发明人或者设计人是企业自主创新的主体，创新性人才是决定企业生存和发展的命脉。企业要想在技术上有所突破，研发出更多的发明创造，获得更多的专利，就必须注重专利产出，而专利产出的源头就在于企业拥有的人力资本，主要是企业的技术型人才的数量和质量。同时，为了激发企业员工进行技术研发和创新的积极性和主动性，企业应对发明人或设计人实行奖酬制度，对那些为企业的发展作出重要贡献的发明人或设计人给予一定的物质性的奖励和精神性的奖励，以激励这些发明人或设计人作出更多更好的发明创造。

（五）专利权的保护

专利权的保护是企业知识产权管理的重要内容：（1）利用诉前禁令，制止即发侵权。所谓“即发侵权”，也就是即将发生的侵权行为，虽然侵权行为并没有实际发生，但行为人行为的正常延续必然构成侵权行为，并将给专利权人造成损害，比如为侵犯他人专利权而做实施专利的准备的行为等。对于这种即发侵权，企业不必等到侵权行为已经发生且给其造成损害后，才去寻求法律的救济。根据我国《专利法》第61条的规定，企业在不及时制止即发侵权行为，将会使其合法权益受到难以弥补的损害时，可以在起诉前向人民法院申请采取责令对方停止有关行为和财产保全的措施；（2）对于已经实际发生的侵权行为，企业可以根据相关情况选择不同的处理方式。比如，企业可以与对方协商处理、请求专利行政主管部门解决或者向法院起诉等。在采用诉讼方式解决时，如果符合《专利法》第61条的规定，企业也可以在起诉前请求法院采取临时性的保护措施，比如责令对方停止侵权行为、采取财产保全措施。为了更有效地保护自己的权益，企业在发现侵权后，应当及时收集相关的证据，在证据可能灭失或者以后难以取得的情况下，企业可以请求法院采取证据保全措施。在侵权成立的情况下，企业可以要求对方停止侵权行为，并赔偿企业因对方的侵权行为而造成的损失。

二、商标管理

(一) 商标的选择和设计

选择和设计商标是企业对商标进行使用和管理的前提和基础，同时也是企业知识产权管理的重要内容。

1. 商标选择与设计应当符合法律的基本要求

(1) 选择和设计的商标应当具有法律上的“显著性”。所谓显著性，又称商标的区别性或者识别性，是指构成商标的文字、图形、字母、数字、三维标志、颜色组合或以上要素的组合具有可识别性，即能够与他人在同种或类似商品上使用的商标区别开来。不具有显著性的商标不能起到商标的识别作用，也就不能获得注册。

(2) 选择和设计的商标必须符合国家法律的有关规定。它包括两个方面的内容：一是商标的构成不得含有《商标法》禁止使用的文字、图形或标志。比如，商标中不得含有中国及其他国家的国家名称、国旗、国徽、军旗，不得带有民族歧视性等。二是企业选择和设计的商标不得与他人在先取得的合法权利相冲突。比如，企业选择和设计的商标应当避免侵犯他人的著作权、肖像权和商号权等。

2. 商标选择与设计的基本原则

商标选择与设计要遵循一定的原则，具体而言：(1) 设计的商标应当符合消费者的心理和风俗习惯。(2) 设计的商标应当与使用该商标的商品或服务的特点相符合。(3) 商标的设计应当注意创新，使其具有独创性，即设计的商标要创意新颖、独具匠心，应避免落入俗套。(4) 设计的商标应当简洁明了，易读、易懂和易记，应避免使用过于复杂的商标。(知识链接如右上框)

> **设计商标的小窍门**
>
> 企业在设计商标时应针对不同消费群体的不同文化素养、不同消费水平来选择和设计商标，使商品或服务的消费主体喜闻乐见、乐于接受。同时，商标设计还应当注意相应国家和地区的风俗习惯，特别是应当避免触犯禁忌。比如，“菊花”虽然在中国是高贵典雅的象征，日本将其视为皇室的象征，意大利将其作为国花，但在法国菊花被当成不吉祥的征兆；数字“6”在我国寓意“顺”，但在圣经中，“6”象征魔鬼，美国甚至有人要求去除“666”的车牌号。因此，企业在设计商标时应避免使用一些禁忌性的文字或图案，尽可能根据不同国家、地区或者民族的风俗习惯设计商标。

3. 商标设计的途径

一般而言，商标的设计途径有三种：一是委托专门的商标设计机构代为设计，其优点在于他们拥有专业的设计人员，其设计的商标质量具有一定的保证；二是对外公开征集商标，这种方式可以给企业提供更大的选择范围，但在选中某一商标时，企业应当与应征人就该商标的著作权等权利归属作出约定，以免日后发生纠纷；三是由企业自行设计，这要求企业具有专门的设计人员。究竟采用何种方式来设计自己的商标，企业应根据自己的情况而定。

（二）商标的注册管理

目前，包括我国在内的世界上绝大多数国家都实行商标专用权的注册取得制度，也就是说注册是企业取得商标专用权的一个基本条件。对于驰名商标而言，注册与否将直接影响到该驰名商标的保护范围。因此，企业进行商标注册非常有必要。

由于我国实行申请在先原则，两个或者两个以上的商标注册申请人，在同一种商品或者类似商品上，以相同或者近似的商标申请注册的，商标权授予申请在先的注册申请人。因此，企业注册商标应当“及时”，以避免自己的商标被他人抢先注册，并给自己带来损害。

商标设计人构思或设计出的商标可能与他人的商标相同或近似，如果他人的商标已经注册，企业将难于获得注册；而他人的商标如果已经提出注册申请，根据申请在先原则，企业若在同种或类似商品上就相同或近似的商标提出注册申请，其申请将会被驳回。此时，企业因商标申请而付出的精力和财产将被浪费。因此，企业在提出注册申请前，有必要对已经注册的商标进行检索和查询，特别是要对与企业经营的商品或服务相同或类似的商标进行检索和查询。

此外，随着经济全球化的发展，我国的许多企业开始进军国际市场。由于现行的知识产权制度都具有地域性的特点，在一国注册的商标在其他国家并不必然受到法律的保护。比如，中国企业在中国境内注册的商标在法国并不必然受到法国法律的保护，其他企业或个人仍然可以使用、注册相同或近似的商标，除非该企业在法国也按照法国法律的规定进行了注册或者按照《马德里协定》的规定进行了商标的国际注册。因此，对于那些进军海外市场的企业来说，就有必要进行商标的境外注册，以避免自己的商标在境外被抢注。一般而言，企业应当根据自身的实力和发展规划来决定是否进行境外注册以及在哪些国家申请注册。

（三）商标权的维持

企业在其商标获得注册以后即获得了该商标的专用权，但并非从此就万事大吉了，企业还必须注意维持自己的商标权，否则，其商标权就可能消灭。

1. 商标权的续展

法律赋予商标注册人的商标权都是有期限的，期限届满，权利就归于消灭。根据我国《商标法》第 37 条的规定，注册商标的有效期为 10 年，自核准注册之日起计算。注册商标的有效期届满前，企业如果继续使用该商标并维持商标专用权，就要依照法律的规定进行续展。企业进行商标续展应当在注册商标有效期的期满前6个月内提出申请；如果企业在这一时间之内没有进行续展，还可以在期满后的6个月内（宽展期）提出续展申请。在宽展期内还没有进行续展的，商标局将注销其注册商标。

2. 商标的有效使用

商标注册人在商标获得注册以后还负有一定的使用义务。根据《商标法》及《商标法实施条例》的规定，注册商标连续3年停止使用的，商标局可以责令限期改正或者撤销其注册商标。因此，商标权人要维持注册商标的权利还要实际使用该商标。同时，这种使用必须是有效的使用，根据《商标法实施条例》的规定，商标的使用，包括将商标用于商品、商品包装或者容器以及商品交易文书上，或者将商标用于广告宣传、展览以及其他商业活动中。只有符合法律规定的使用方式才是有效的。

（四）商标权的利用

商标权的利用和营运是知识产权管理的重要内容。企业可以自行使用其商标，也可以通过商标的使用许可和商标转让的方式获取许可费和转让费，或者以商标权质押的方式进行融资，或者以其商标权对外投资。

（五）商标的保护

企业对商标的保护包括三个方面的内容：一是在侵权发生前采取有效的防御性措施。比如，将其使用的商标及时注册，注册防御商标和联合商标，加强企业商标印制的管理等，以防止他人的抢注或者搭便车的行为；二是防止商标的淡化。商标淡化，是指减少、削弱驰名商标或其他具有相当知名度的商标的识别性和显著性，损害、玷污其商誉的行为。[1] 企业的商标淡化，将直接影响到该商标的形象、声誉以及价值。企业防止商标的淡化，包括利用注册异议程序阻止相同或近似商标的注册或者撤销他人已注册的商标、防止商标转化为商品通用名称、避免商标的丑化以及阻止他人将企业的商标用作企业名称、网络域名等其他商业标志；三是商标侵权的制止。在侵权发生以后，企业应当及时采取措施，以降低侵权对企业商标造成的损害。

三、著作权管理

（一）创作档案、材料的保存

包括我国在内的大多数国家对著作权采用的是自动保护原则，即作品一经创

---

[1] 刘晓军：《商标淡化问题研究》，中国人民大学法学院2001届硕士论文。

作完成就获得著作权法的保护，而无须经过取得专利权、商标权那样的申请、审批程序。因此，某一作品的著作权归属很难通过公告或登记来得到确认。为了避免日后因著作权的归属或者侵权行为而发生纠纷，以维护自己的权利，企业在创作完成后，应当保存自己进行创作的相关档案或材料；当纠纷发生以后，企业可以向法庭提供自己独自进行创作的档案或者材料，以证明自己对该涉讼作品享有著作权。

（二）作品权利归属的约定

职务作品和委托作品的著作权归属在实践中时常发生争议，为了避免这种纠纷的发生，企业可以与其员工或委托创作的对方当事人就相关作品的权利归属作出明确的约定，比如约定相关作品的著作权归企业所有。

（三）对其作品采取必要的技术措施

随着数字技术和网络技术的发展，作品的复制变得异常容易，侵权也变得更加容易。为了有效地保护自己的著作权，企业可以对其作品采取一定的技术措施。所谓著作权保护的技术措施，是指著作权人主动采取的、能有效控制非法进入受著作权保护的作品，并对版权人的权利进行有效保护，防止他人侵犯其合法权利的设备、产品或方法。一般而言，技术措施主要包括控制接触作品的技术措施和控制使用作品的技术措施。控制接触作品的措施主要应用于互联网中，如设置密码、付费浏览等，它可以阻止用户在未获得访问口令、登录密码等验证证明的情况下接触网站或网站的某些内容。控制使用的措施是用来控制用户复制及传播作品的措施。如版权人采用数字水印技术将一串加密数字隐藏在合法文本中，使得用户只能在屏幕上阅读。如果该文本被复制，数字水印就会在文本中央明显地显示版权信息，要想正常阅读复制的文本，只有经过作者授权。[1] 根据法律的规定，这种技术措施本身是受法律保护的。因此，采用这种方式可以在一定程度上防止侵权的发生。

（四）添加和完善权利管理信息

著作权权利管理信息，指作品向公众传播时，随附于作品或作品的复制品所显示的，用以确认作品、作品的著作权人、作品的任何权利人或使用该作品的期限和条件及足以显现任何该等项目的数字、数码等信息。[2] 企业可以通过在作品或者制品及其复制件上标注尽量完善的权利管理信息来公示自己的权利，也便于社会公众查询作品的权利状态，比如，著作权权利管理信息可以显示作品公开发表的日期，并确认著作权人是谁。在需要使用该作品时，使用人可以根据著作权

---

[1] 刘青："因特网上版权保护的新进展"，载《情报科学》2001年第11期。

[2] 郭洁："著作权版权管理信息保护与著作权立法"，载《政法论坛》2002年第2期。

权利管理信息提供的信息与权利人取得联系，并进行协商，能够使作品或者制品尽可能地得到合法利用，这样既可以使权利人获得收益，又便于作品或者制品的传播。

（五）进行著作权登记

在我国，著作权登记不是取得著作权的必要条件，也就是说，登记与否不影响著作权的取得。但是，著作权登记仍有其作用和意义：一方面，著作权登记后取得的著作权证书是作者享有著作权的初步证据，具有公信力。在发生纠纷时，可以此来证明自己的权利。另一方面，对软件进行登记可以享受一定的税收优惠，同时也有利于其得到国家的重点保护。因此，在必要时，企业可以对其作品或软件进行登记。

（六）授权给著作权集体管理组织

著作权集体管理是指著作权人和与著作权有关的权利人把自己享有的著作权和与著作权有关的权利授权给依法成立的组织，以该组织的名义行使这些权利的著作权制度。企业可以将其著作权授权给依法成立的著作权集体管理组织，由其代为管理。比如，由集体管理组织对作品使用的授权进行谈判和收费，在侵权发生后，由其采取法律行动以维护企业的利益等。这样企业就不需要对任何著作权的行使都亲力亲为，既可以减轻著作权人对其著作权实施管理的负担，降低其管理的成本，同时借助著作权集体管理的力量，又可以提高著作权管理的效率。

四、商业秘密的管理

（一）商业秘密的认定

要对商业秘密实行有效的管理，必须首先对企业中哪些信息属于商业秘密予以认定，进而对其加以管理。商业秘密的认定应当根据法律规定的商业秘密的范围、构成条件进行，将符合商业秘密的技术信息或经营信息筛选出来，对其做好标记，以方便日常管理及使用；必要时，可以在企业内部建立保密文件档案，按照一定的标准对其进行分类归档，方便以后的统一管理。

（二）商业秘密的内部管理

1. 保密制度的制定

为了使商业秘密的保管、使用以及保护规范化、制度化，企业应当制定一套适合本企业的有关商业秘密的保密制度，使其成为企业全体员工都必须共同遵守的制度和准则。通过企业商业秘密保密制度的建立，一则可以理顺企业商业秘密管理的相关问题，二则可以提升员工的商业秘密保护意识。

2. 商业秘密“知悉人员”范围的限定

为了有效地保护企业的商业秘密，企业应当对涉及、接触、使用或知悉的人员范围予以严格的限定，尤其要严格限定接触属于绝密级或者核心机密的技术信息和经营信息的人员范围，以防止因知悉人员过多而泄露。

3. 采取有效的保密措施

权利人对自己的商业秘密采取适当的保密措施既是自我保护的手段，也是技术信息或经营信息构成商业秘密并受法律保护的一个条件。因此，企业在对自身的商业秘密进行管理时，必须对其采取一定的保密措施。如应将涉及商业秘密的科研场所、试验基地、生产车间、档案库房等设为保密工作区域，明确管理办法，对员工和外来人员的进出予以限制。只有符合企业规定条件的人员方可进入该区域，禁止无关人员的参观，并对保密工作区域内的活动实行实时监控；对企业重要的商业秘密使用保险柜予以保存；对保存有商业秘密的计算机在程序中加密等。

4. 企业员工的管理

企业员工是比较容易接触到企业商业秘密的人，也是实践中最主要的商业秘密可泄密源。所以，加强企业员工的管理应放在保护企业商业秘密的重要位置。企业应当加强员工职业道德和保密意识的培训，与员工签订保密协议，并与知悉企业重要秘密的员工签订竞业禁止协议，以防止企业的商业秘密在人才流动中泄露。

（三）对外活动中商业秘密的管理

在对外经济活动中，企业的业务伙伴都或多或少会接触或者获知企业的一些商业秘密。为了保护自己的商业秘密，企业可以与自己的业务伙伴，如供应商、加工商、代理商、合作伙伴或客户等签订一份保密协议或者在合同中签订相应的保密条款。此外，在对外宣传或与外部进行交流，或者在接待外来人员采访、参观、考察、实习时，也应当注意商业秘密的保护，避免商业秘密的泄露。

五、知识产权纠纷的管理

（一）作为竞争策略的知识产权诉讼攻击

在现代经济中，知识产权已经成为企业参与市场竞争的重要手段。企业利用知识产权向竞争对手发起进攻是市场竞争的常态，其中，知识产权诉讼攻击是企业竞争策略的重要组成部分。企业可以利用自己的知识产权，起诉竞争对手侵犯了其知识产权，向竞争对手发起攻击，并通过这种方式将竞争对手赶出市场或者挤压其竞争的空间，使自己在竞争中占得主动。通常情况下，企业发动知识产权诉讼攻击应当注意攻击对象和攻击时机的选择，并采用适当的攻击策略。

（二）权利被侵犯后的救济

企业在其知识产权被侵犯后，应当及时采取有力的救济措施，以维护企业的利益。在侵权发生后，首先应及时要求侵权人立即停止侵权行为，以防止侵权的继续发展。其次，应当对被侵权的状况进行全面调查，包括侵犯了哪些权利、侵权的范围以及侵权造成的损害等。第三，选择纠纷的处理方式。企业可以采用诉讼（也即“打官司”）的方式解决该侵权纠纷，也可以采用非诉讼的方式解决。比如，与对方协商解决，或者采用仲裁的方式解决，或者请求行政主管部门解决等。企业可以根据自己的相关情况决定采取哪种方式。

（三）被控侵权的应对措施

在企业被指控侵犯了他人知识产权的情况下，应当采取相应的对策。

1. 分析自己的行为是否构成侵权

这就要求企业对对方的知识产权的权利状态进行调查，如调查对方的知识产权是否有效、对方权利的地域范围、保护期限是否已经届满或者已经失效；如果对方的知识产权确实存在且有效，则需要进一步判断和评估本企业的行为是否构成侵权或者构成侵权的可能性，为企业以后的对策选择提供参考。

2. 诉讼中的对策

（1）充分利用抗辩事由。在知识产权侵权诉讼中，企业应当尽可能地寻找和利用各种抗辩事由，如对方的权利无效的抗辩、对方的权利失效或已过保护期的抗辩、自己的行为不构成侵权的抗辩、法定不视为侵权的抗辩、具有合法来源的抗辩、对方不具备诉讼主体资格的抗辩、诉讼时效已过的抗辩以及权利用尽的抗辩等。如果抗辩事由能够成立，将使对方的诉讼请求不能得到法院的支持或者降低赔偿金额，甚至迫使对方进行和解，从而有力地维护自己的利益。（2）善于利用诉讼程序。比如，根据法律的规定，向法院提出管辖权异议或回避请求，以保证案件的公平审理。（3）提出反诉。在具备一定的条件时，企业可以在诉讼中反诉对方侵犯了其知识产权，变被动为主动，增加谈判的筹码。

3. 寻求和解

如果进行诉讼的成本较高或者对胜诉并无太大的把握，企业在知识产权侵权纠纷中可以考虑与对方进行和解。和解既可以在诉讼外进行，也可以在诉讼中进行。

4. 充分利用法律以外的力量和手段

具体而言：（1）商业手段的运用。如与对方进行交易促使其进行和解或降低赔偿的金额，或者利用自己在市场中的巨大实力和影响迫使对方进行和解。（2）充分利用社会舆论。在纠纷发生之后，企业可以运用媒体广泛宣传，调动社会舆论，使其朝着对自己有利的方向发展，进而对对方和审理法院造成压力。（3）发挥政府机关和行业协会的协调作用。由于政府机关和行业协会在社会经济生活中的特殊地位，由其对争议进行协调可能比较有效。因此，纠纷发生后，企业还可以发挥政府机关和行业协会的协调作用，请求相应的政府机关或行业协会出面对双方的纠纷进行协调，以促使纠纷的解决。

六、知识产权战略管理

企业知识产权战略，是指企业根据自身条件、技术环境和竞争态势，从法律、经济和科技的角度，对其知识产权工作所作的总体部署和统一谋划。它是企业经营管理战略的重要组成部分。（实例链接如右框）

> **佳能与施乐的复印机市场之争**
>
> 从1959年发明了世界上第一台复印机开始，施乐在整个20世纪60年代和70年代初，就一直保持着在世界复印机市场的垄断地位，施乐几乎成了“复印”的代名词。为了阻止竞争公司的加入，施乐先后为其研发的复印机申请了500多项专利，几乎囊括了复印机的全部部件和所有关键技术环节。面对施乐公司强大的实力和几乎无懈可击的专利保护壁垒，佳能却没有望“机”兴叹。一方面，佳能力求在相应的技术基础上有所创新和突破；另一方面，广泛展开对施乐复印机用户的调查，终于发现了施乐的“软肋”——一些现有客户对施乐的复印机抱怨，价格昂贵、操作复杂、体积太大等等。最后，佳能决定抢先占领更有发展前景的小型复印机市场领域，花了3年时间开发出了自己的复印技术，又用3年时间生产出了第一款小型办公和家用复印机产品。虽然佳能这款复印机算不上完美，但它改变了复印机专人操作的历史，让更多人用上了复印机，并最终打破了复印机市场统治者——施乐的统治地位，也令世界开始对佳能刮目相看。
>
> 实例来源于郭巍：“佳能：突破与维持的平衡”，载《当代经理人》2006年第4期。

企业知识产权战略是一个庞大的体系。从企业知识产权战略管理的动态过程来看，企业知识产权战略管理包括知识产权战略的制定、知识产权战略的实施和控制、知识产权战略的评估和调整等几个层次。其中，知识产权战略的制定是知识产权战略管理的起点，知识产权战略的制定需要企业各职能部门的参与，要对企业自身的经济实力、科技实力、经营规模与状况、资源的配置、相关的产业政策与经贸政策、市场状况、技术发展方向和市场前景等方面的情况进行调查研究和综合分析，在此基础上最终确定企业的知识产权战略。在知识产权战略制定以后，进入具体的实施阶段。知识产权战略的实施仍需要各个部门的配合，并应注意在实施过程中对其进行有效的控制。企业在知识产权战略实施以后的一段时间内应当对该知识产权战略方案进行评估，评估的内容包括知识产权战略的实施效果、战略方案的合理与否以及战略方案中存在的问题等。在评估完成以后，企业应当根据评估报告对知识产权战略方案进行适当的调整或制定新的知识产权战略。

从企业知识产权战略的内容来看，它包括专利战略、商标战略、商业秘密战略、著作权战略以及知识产权人才战略和知识产权信息战略，而这些战略又包括许多具体的战略。以专利战略为例，它可以分为进攻型战略、防御型战略和混合型战略。其中，进攻型战略包括基本专利战略、专利网战略、专利转让许可战略、专利收购战略、专利与技术标准相结合的战略、专利与商标相结合的战略等；防御型战略包括绕开对方专利战略、使对方专利无效战略、技术公开战略、利用失效专利战略、防卫申请战略等；混合型战略则是综合战略，它要求企业根据其所处的竞争环境、技术研究能力和经济实力，及时、灵活地运用和调整自己的专利战略。

第四节　知识产权营运

随着知识经济和经济全球化进程的加快，知识产权的地位日益凸显，已成为当今企业的一种极为重要的无形资产和竞争手段。然而，知识产权的价值只有经过有效的营运才能得到体现。发达国家的一些跨国企业都十分注重知识产权这一无形资产的营运，并将知识产权管理有机地融入企业发展战略，将其知识产权与其对外扩展、产品出口紧密结合起来，使知识产权运营成为商务新策略的核心部分。通过有效的知识产权营运，这些企业获得了巨大的经济效益。我国企业参与国际经济的竞争，也应当熟悉知识产权营运的各种方式，以更好地利用知识产权。（实例链接如上框）

知识产权营运：知识创造财富

在美国专利商标局每年公布的企业专利注册排行榜上，IBM公司已连续8年荣登榜首，1999年仅从全球许可权输出中就获利10亿美元，在2000年公司81亿美元的总利润中，专利转让就占了17亿美元，占总利润的20%以上。微软公司仅靠品牌和软件及软件中蕴涵的价值，就使其资产平均每周增加4亿美元。英国电信申请的专利有13 000多项，只有1/4应用到了自己的产品中，而通过出售专利在6个月内就创造了1 400万美元的收入。

资料来源于汪克强：“我国企业知识产权管理方略”，载《中外管理导报》2002年第2期。

一、知识产权融资

资金是企业赖以生存和发展的基础，资金的缺乏将影响到企业的经营管理。在经济生活中，如何满足企业发展的资金需求是许多企业必须面临的重大问题，特别是对那些刚刚进行创业的企业而言更是如此。在企业掌握着具有一定价值的知识产权时，利用其知识产权进行融资无疑是其解决资金问题的一种方式。

（一）知识产权质押

1. 知识产权质押的概念

知识产权质押，是指债务人或第三人将其知识产权出质给债权人，以担保债务的履行，当债务人到期不履行或者不能履行债务时，债权人有权将质押的知识产权折价、拍卖或者变卖，并从所得价款中优先受偿。其中，提供知识产权进行质押的债务人或第三人为出质人，债权人为质权人，而用于质押的知识产权为质物。所谓“优先受偿”，是指在出质人有多个债权人的情况下，质权人就质押的知识产权享有优先于其他一般债权人（不享有质权的债权人）受偿的权利，即处分该知识产权所得的价款应当优先清偿质权人的债权，剩余部分再用于清偿其他债权人的债权。例如，甲企业将其一项专利权质押给乙企业，作为清偿乙企业债权（100 万元）的担保，后来，由于经营管理不善，甲企业被宣告破产，并有乙企业等十余个债权人。由于其所有资产已不足以清偿所有的债权，按照破产法的一般原理，各个债权人的债权应当平等受偿，即将甲企业的财产在债权人之间进行平等分配，各个债权不论其发生先后、数额多寡、其主体性质如何，都要按照债权平等的原则，按债权的比例进行分配。但对于质押给乙企业的专利权，乙企业对其具有优先受偿的权利，即处分该专利权（如拍卖、变卖等）所得的价款应优先清偿乙企业的债权 100 万元，清偿后有剩余的，再用于清偿其他债权人的债权，如果处分该专利权所得的价款还不足以清偿乙企业的 100 万元的债权，乙企业可以就不足的债权部分再参加破产财产的分配。

知识产权质押实例

随着全社会知识产权意识的提高，知识产权的价值日益为社会公众所认同，知识产权质押的实例开始增多。1999 年，中国工商银行山西省忻州分行首开专利权质押贷款之先河，为忻州市云中制药厂办理了一笔商标专用权质押贷款 200 万元的业务。2003 年 7 月 31 日，北京科净源寰宇有限责任公司获得北京市商业银行提供的 100 万元专利权质押贷款，这是北京市企业首次以专利权为质押物获得的银行贷款。

资料来源于朱英法：“知识产权质押贷款问题探讨”，载《金融理论与实践》2004 年第 2 期。

知识产权质押的功能在于为债权人提供担保，在债务人不履行债务或者没有履行债务的能力时，债权人可以通过对质押的知识产权进行折价、拍卖或者变卖，从而实现其债权。而知识产权质押的这种担保功能为企业，尤其是正在创业中的高科技企业利用其知识产权进行融资提供了机会。企业可以用其具有较高价值的知识产权作担保，向银行或者其他企业筹措资金；由于可以从资金的借贷中获取相应的回报，且有知识产权作担保，银行或其他企业也更愿意向其提供相应的资金。因此，知识产权质押是利用知识产权进行融资的一种较好的方式。在以日本为代表的一些发达国家，知识产权质押已经成为一种常见的融资方式。《中华人民共和国担保法》（以下简称《担保法》）对知识产权质押作了相应的规定。同时，为了保障和推动著作权、专利权、商标权质押制度的实施，发挥知识产权质押的作用，国家版权局、专利局和商标局先后制定了《著作权质押合同登记办法》、《专利权质押合同登记管理暂行办法》和《商标专用权质押登记程序》。但在我国的经济实践中，知识产权质押这种融资方式还不是很多。可以预见，知识产权质押这种既能解决企业融资困难，又有助于银行资本和民间资本运作的融资方式将在我国的经济生活中发挥重要的作用。（实例链接如上页框）

2. 知识产权质押的范围

知识产权包括著作权、专利权、商标权、商业秘密、商号权、地理标志、集成电路布图以及植物新品种等权利。其中哪些权利可以成为知识产权质押的对象呢？根据我国《担保法》第75条第（3）项的规定，依法可转让的商标专用权、专利权、著作权中的财产权可以质押。因此，在我国，知识产权质押的范围是有限定的，其仅仅限于依法可转让的商标专用权、专利权、著作权中的财产权。企业设定知识产权质押应当符合这一规定。首先，知识产权质押的范围限定在著作权、专利权以及商标专用权三种知识产权以内，其他知识产权如商业秘密、商号、地理标志、集成电路布图以及植物新品种等权利则不能进行质押。其次，设定质押的知识产权必须是依法可以转让的财产权。著作权中的人身权包括署名权、修改权、发表权、保持作品完整权，而专利权中的人身权可能涉及发明人或设计人的署名权，这些人身权利都是专属于权利人的，具有不可转让的性质。因此，知识产权中的人身性质的权利不能设定质押。此外，地理标志、证明商标也专属于特定的主体，不可转让，因此也不能出质。

3. 知识产权质押的设立

我国《担保法》第79条规定："以依法可以转让的商标专用权，专利权、著作权中的财产权出质的，出质人与质权人应当订立书面合同，并向其管理部门办理出质登记。质押合同自登记之日起生效。"因此，知识产权质押的设立要求双方当事人，即债权人（质权人）和出质人订立书面合同，并且在合同订立后要向其管理部门办理出质登记。只有经过这些程序，质押合同才能生效。根据《著作权质押合同登记办法》、《专利权质押合同登记管理暂行办法》和《商标专用权质押登记程序》的规定，著作权质押合同向国家版权局申请登记，专利权质押合同登记的管理部门是中国专利局，商标专用权质押登记的机关是国家工商行政管理局。著作权质押合同自《著作权质押合同登记证》颁发之日起生效，专利权质押合同、商标专用权质押合同则自登记之日起生

效。(知识链接如右下框)

4. 知识产权质押的效力

知识产权质押合同生效以后就对双方当事人产生约束力：(1) 对出质人的效力。在知识产权质押设立以后，出质人可以继续使用或实施该知识产权，但不得转让该已经质押的知识产权或者许可他人使用该知识产权，经出质人与质权人协商同意的，可以转让或许可他人使用。出质人因转让或许可所得的转让费、许可费应当向质权人提前清偿所担保的债权或者向与质权人约定的第三人提存。此外，出质人还负有维持知识产权效力的义务，比如按照法律的规定对保护期限已届满的商标进行续展、按时缴纳专利年费等。(2) 对质权人（即债权人）的效力。在质押关系存续期间，质权人为了担保自己向其他第三人履行债务，在经过出质人同意后，可以就自己的质权再设定质押，即其享有转质权；在债务履行期限已经届满而债务人仍没有履行债务的，质权人可以按照合同的约定或者法律的规定处分质押的知识产权，并从所得价款中优先受偿，如果所得价款多于自己的债权数额，质权人应当将自己受偿后剩余的价款返还给出质人。

> **知识产权质押合同的主要内容**
>
> 知识产权质押合同主要包括以下几个方面的内容：(1) 当事人及其代理人的姓名或者名称、住址和联系方式；(2) 被担保的主债权种类及数额；(3) 债务人履行债务的期限；(4) 用于质押的知识产权的种类及其范围；(5) 质押担保的范围；(6) 质押担保的期限；(7) 质押的金额及支付方式；(8) 当事人的权利与义务；(9) 质权的实现方式；(10) 解决争议的办法；(11) 当事人认为需要约定的其他事项。

5. 知识产权价值的评估

进行知识产权质押就需要确定用于质押的知识产权的价值，只有在知识产权的价值确定以后才能确定质押担保的范围。与有形财产不同，知识产权价值的确定有其特殊性。知识产权作为一种无形资产，其价值评估不仅存在着方法上的差异，而且还存在对产品市场的估计的差异，不同的评估人可能得出相差很大的评估结果。因此，如何评价用于质押的知识产权的价值就存在一定的困难。为了较为准确地评估知识产权的价值，知识产权质押的当事人可以委托专门的评估机构，或者聘请商标、专利、著作权领域的专家学者、各行业或商业界代表，资产评估师、律师、会计师等人员组成评估组进行评估。

(二) 利用知识产权获取风险投资

风险投资（Venture Capital）又称创业投资，根据联合国经济合作与发展组织科技政策委员会给出的定义，它是指向具有极大发展潜力的新设企业或者中小企业提供股权资本的行为。一般而言，风险投资是由专业性投资机构或人员为具备较大增长潜力的新兴企业，即创业企业提供一定期限的股权性资金支持，并通过经营管理服务对所投资的企业进行全方位培育和辅导，在企业发育相对成熟后，再通过出售股权来退出所投资的企业，以实现资本增值。风险投资的对象主要是新型的、具有快速成长潜力的企业，具有高风险和高收益的特点。它在技术、市场等各方面都存在较大的风险，而一旦获得成功，则会带来高收益。

风险投资起源于美国，并在美国取得了巨大的成功，它推动了美国高科技成果的转化，促进了产业结构的优化，带动了美国经济的发展。微软、英特尔、苹果、戴尔、思科、雅虎等高科技企业在创业之初就是依靠风险投资的支持才获得其“第一推动力”。风险投资逐渐成为高科技产业发展的助推器，风险投资业也迅速成长为一个新兴产业，英国、日本、以色列、韩国等国纷纷移植。现在，风险投资的影响已超出美国一国的范围，远播世界其他国家和地区，对世界经济的发展起到了巨大的促进作用。❶

在当今经济生活中，风险投资已经成为中小企业的一种重要的融资渠道。在众多中小企业发展的初期，由于面临着技术、信息、市场及管理等诸多风险，发展前景还不够明朗，可用于抵押的资产数量又极为有限，很难通过银行贷款等方式筹集到充足的资金。风险投资适应了中小企业融资的需要，由于它主要针对的就是初创型的中小企业，而且不需要任何抵押即可获得相应的资金，只要这些企业具有快速成长的潜力，就可以到市场上寻求风险投资，以获取企业发展所需要的资金。

随着知识产权的地位日益突出，知识产权开始成为风险投资的新一轮目标。❷在高新技术领域，一些企业掌握着具有巨大发展潜力的技术或创意（如专利技术或专有技术），但因缺乏资金而无法实现其价值。这些技术的先进性和巨大的发展潜力，加上知识产权的法定垄断性，使得其成为风险投资者偏好的对象。因此，对于那些拥有较高价值的知识产权而又缺

> **洛克希德—马丁公司的风险投资**
>
> 1997年，从事航空设计的洛克希德—马丁公司积累了一批立体飞行模拟器的专利，这些专利一直没有使用。在投资银行的帮助下，他们成立了一家新公司Real3D。这家公司除专利技术外一无所有，它的目标市场是与其母公司无关的计算机制图和电脑游戏。由于这些动人的专利组合，这个新公司很快就获得了英特尔和硅图（SGI）公司的一亿美元的投资。
>
> 资料来源于王晋刚、张铁军：《专利化生存》，知识产权出版社2005年版，第221～222页。

---

❶ 康伟宏：《风险投资法律问题研究》，对外经济贸易大学2004年法律硕士（JM）学位论文。

❷ “知识产权，风险投资新一轮目标”，载《中国高新技术企业》2005年第3期。

乏足够资金的企业而言，它们可以利用自己手中的知识产权来吸引风险投资，以解决企业的资金需求。(实例链接如上页框)

(三) 知识产权证券化

知识产权证券化是指将知识产权资产转化成如股票方式进行交易，投资者如同买股票模式，选择买进有潜力的知识产权资产证券。知识产权证券化使企业能够以自己的知识产权直接进入资本市场筹措资本，获得广阔的发展空间。[1] 1998年初摇滚歌星大卫·波威以其演艺生涯中创作的300首歌曲的出版权和录制权作为证券化交易基础资产，融资债券达5 500万美元。该笔交易的成功引起了一些艺术家、作家和科学家以及拥有版权的人或能带来版税收入的知识产权的所有者进行类似证券化的极大兴趣。[2]

知识产权证券化是当今国际金融市场最重要的金融创新之一，它是20世纪70年代产生的资产证券化发展的深化。知识产权证券化为挖掘知识产权的价值、促进知识产权成果的转化、推动科技进步，提供了有效的金融支持手段。企业在缺乏资金时，可以通过知识产权证券化的方式进行融资，通过知识产权支持证券的交易来获取企业发展需要的资金。这种新型的融资模式在美国、日本等发达国家已经有了较大的发展，而我国在这方面还没有任何经验。随着我国证券市场的发展和知识产权市场的成熟，知识产权证券化可能成为我国金融市场和知识产权市场发展的一个方向。在我国的知识产权证券化得到发展以后，我国的企业也可以通过这种方式进行融资。

二、知识产权投资

(一) 知识产权投资的概念

知识产权投资是指知识产权的持有人或所有人将其依法拥有的知识产权进行评估后，折成等量的金额，以出资入股等方式进行投资，以获取收益。知识产权投资实际上就是知识产权的资本化，权利人以知识产权作为资本进行出资，根据约定享有相应的股份或出资额，权利人可以通过这种投资行为来获取收益。比如，甲、乙、丙三家公司协议合资成立一家公司，注册资本为1 000万元，甲公司出资400万元、乙公司出资400万元，丙公司则以其一项专利技术出资，折价200万元。其中，丙公司以其专利技术出资就是知识产权投资的一种类型。

在现代的经济生活中，知识产权投资已经成为许多企业的一种重要的知识产

---

[1] 焦洪涛、林小爱："知识产权资产证券化"，载《科技与法律》2004年第1期。

[2] 黄勇："知识产权信贷担保资产证券化若干法律问题探讨"，载《武汉大学学报》2003年第4期。

权营运方式。以知识产权对外投资，企业可以获得一定的收益，增加其利润；以知识产权对外投资还可以减少现金支出，以较少的现金投入获得较大的投资收益，这对那些缺乏资金的企业而言，这种投资方式具有相当的吸引力；在企业缺乏实现知识产权产业化能力的情况下，以知识产权进行投资，则可以借助他人的力量实现知识产权的产业化；在以商标权进行投资的情况下，可以扩大使用注册商标的商品或服务项目的生产经营规模，进一步提高商标的知名度。适应知识产权投资发展的需要，各国法律大多对知识产权投资作了规定，我国也不例外。我国的《公司法》、《合伙企业法》、《中外合资经营企业法》以及《中外合作经营企业法》等都对以知识产权出资作了规定。

(二) 知识产权投资标的的范围

知识产权投资标的也即知识产权投资的对象。我们知道，知识产权包括著作权、专利权、商标权、商业秘密、地理标志、商号、植物新品种等权利类型。其中哪些权利可以进行对外投资呢？我国原《公司法》第 24 条第 1 款规定："股东可以用货币出资，也可以用实物、工业产权、非专利技术、土地使用权作价出资。"因此，原《公司法》允许知识产权投资的范围仅限于工业产权和非专利技术。一般认为，狭义的工业产权仅指专利权和商标权。因此，这条规定就将著作权、计算机软件、商业秘密中的经营信息、商号等知识产权排除在外了。2005 年 10 月 27 日，第十届全国人民代表大会常务委员会第十八次会议对《公司法》进行了修订。为了更有效地发挥知识产权的作用，修订后的《公司法》第 27 条第 1 款规定："股东可以用货币出资，也可以用实物、知识产权、土地使用权等可以用货币估价并可以依法转让的非货币财产作价出资；但是，法律、行政法规规定不得作为出资的财产除外。"这就扩大了知识产权投资标的的范围，使得任何可以依法转让的知识产权都可在公司中作价出资，如著作权、专利权、商标权、商业秘密等。需要注意的是，并不是任何知识产权都可以作价出资，只有可以依法转让的知识产权才能作价出资。著作权中的人身权利如署名权、修改权等是专属于权利人的权利，不能转让，因此不能以这些权利出资；此外，地理标志、证明商标等因其本身具有不可转让的性质，因而也不能作为出资的形式。

与新《公司法》的规定相同，《中华人民共和国合伙企业法》第 11 条规定："合伙人可以用货币、实物、土地使用权、知识产权或者其他财产权利出资；上述出资应当是合伙人的合法财产及财产权利。"因此，在合伙企业中，知识产权投资标的的范围包括所有可以依法转让的知识产权。但是，《中外合资经营企业法实施条例》、《中外合作经营企业法实施细则》以及《外资企业法实施细则》将知识产权投资的范围限定在工业产权和专有技术，即只有专利权、商标权和专有技术这些企业知识产权类型可以作为法定的出资方式。

利用知识产权进行对外投资，既可以以知识产权的所有权出资，也可以以知识产权的使用权出资，在进行知识产权对外投资的过程中需要对知识产权投资的权利形态加以明确。以所有权出资将导致知识产权权利主体的变更，投资者将因此而失去知识产权的所有权，同时被投资的公司或企业则取得该知识产权的所有权，成为新的权利主体；以知识产权的使用权出资的，投资者仍然享有该知识产权的所有权，同时，被投资的企业在合同约定的时间和地域取得该知识产权的使用权。一般而言，在进行知识产权投资时，需要对这一问题作出约定。

（三）知识产权投资中出资比例的限制

以知识产权对公司投资，法律对知识产权出资的比例是有限制的。按照原《公司法》的规定，以知识产权对公司出资的，其出资的金额不得超过公司注册资本的20%，以高新技术成果向有限责任公司出资入股，作价总金额不得超过公司注册资本的35%。为了更好地发挥知识产权等无形资产的作用，修改后的《公司法》对知识产权的出资比例进行了调整，其第27条第3款规定："全体股东的货币出资金额不得低于有限责任公司注册资本的百分之三十。"因此，在诸多的出资形式中，只要全体股东的货币出资金额不低于有限责任公司注册资本的30%，其他的出资形式可以高达公司注册资本的70%。这就废除了原《公司法》有关知识产权出资不超过20%的旧规定，使知识产权出资的比例上限由原先的20%增加到70%，有利于鼓励高科技公司的健康成长。

在以知识产权对合伙企业进行投资时，由于合伙人除了要以自己的出资财产对外承担责任外，在合伙企业的财产不足以清偿债务时，合伙人还要以自己的其他财产对合伙企业的债务承担责任，因此，法律对合伙企业的稳定性要求较低，对知识产权出资的比例没有作任何限制。

（四）知识产权投资的程序

以知识产权对外投资，应当对出资的知识产权进行价值评估，通俗地讲就是评估它们值多少钱，然后根据评估的结果确定知识产权在被投资企业中的出资额，也就是对知识产权进行作价。为了确保知识产权价值评估的公正性，可以将其交由专业的资产评估机构进行评估。在知识产权评估作价以后，应当依法办理知识产权的转移手续。

三、知识产权许可

知识产权许可是指知识产权的所有人或者持有人将其依法拥有的知识产权许可给被许可人，由被许可人在约定的时间和地域范围内以约定的方式使用或实施该权利指向的作品、发明创造或商标等知识产品，而由被许可人向许可人支付一定的使用费，作为使用或实施的回报。

知识产权许可是知识产权的一种重要利用方式。通过知识产权许可，权利人可以获得一定的许可使用费，增加收入，并且知识产权许可不会导致知识产权所有权的转移，知识产权仍归许可人所有。在专利许可中，通过广泛的专利实施许可，专利权人可以推广其专利技术，甚至形成事实上的行业标准；在商标许可中，商标权人可以通过许可提高其商标的知名度和商标的市场占有率，并可以借助被许可人的力量开拓市场。被许可人通过知识产权许可贸易，可以使用许可人的商标，并借助他人已有一定影响的商标销售自己的商品；在专利许可中，被许可人可以使用他人较为先进的技术而不必进行相应的技术研发。在现代经济中，知识产权许可已经成为一种非常重要的贸易形式。据联合国统计，目前世界知识产权贸易中的专利许可贸易在几千亿美元以上。据有关资料统计，美国一年专利许可贸易收入达到了 1 800 亿美

高通公司的“知识产权”专卖店

美国高通公司创立于1985年，总部设在美国圣地亚哥。公司成立3年后，高通公司的创始人艾文·雅各布召集了20多个技术天才进行研发，并成功地将CDMA技术应用在个人移动通信系统中。在技术研发成功后，高通公司将CDMA技术提交到美国标准组织TIA和世界标准组织ITU，申请确立CDMA技术为世界移动通信标准，并且把CDMA研发过程中所有技术都申请了专利，包括美国本土和世界其他战略性国家。随着CDMA产品和市场的逐渐成熟，越来越多的厂商开始接受CDMA，并开始生产CDMA设备。此时，高通公司发现：由于高通公司自己也在生产CDMA设备，这就导致高通公司与其他的手机厂商、网络设备商发生竞争，进而市场上出现了这样的怪圈——有些厂商本身就是高通公司的芯片和软件的买主。因此，高通公司认为，做产品只是公司在发展CDMA之初迫不得已的一种选择，随着CDMA产品和市场的成熟，高通自己生产CDMA设备的历史使命已经完成。于是高通放弃了制造业，将手机部卖给了日本京瓷，将基站部卖给了爱立信，留下来的两大业务是知识产权授权和芯片，这两大业务是高通占绝对优势地位的收益来源。也正是这种商业模式的转变，使得高通成为几乎所有企业艳羡的超一流企业——知识产权专卖店。假如你是一家公司，首先你需要和高通签订知识产权授权协议，交纳CDMA的入门费和使用费。然后你就有权购买CDMA芯片，制造出产品，拿到市场上去卖。高通的知识产权转让费通常在产品售价的6%左右，这是一种明码标价又非常单一的赚钱模式。通过这种方式，高通公司让全世界100多家通信设备生产商和众多的移动电话制造商为它“打工”，其中包括摩托罗拉、爱立信这样的跨国电信巨头，也包括我国的中兴通讯、华为技术、TCL、海尔等业界巨头。

资料来源：“‘知识产权’专卖店”，载《中国知识产权报》2001年11月1日。

元。如果加上商标许可、转让贸易和版权许可，国际知识产权贸易额可谓巨大。[1] 因此，知识产权许可应当成为我国企业的一种重要的知识产权营运方式。

根据知识产权许可中被许可人使用权或实施权的权限范围和大小，可以将知识产权许可分为独占许可、排他许可和普通许可。独占许可是指被许可人在规定的时间和地域范围内取得独占性地使用或实施被许可的作品、软件、专利技术或商标的权利，在该时间和地域范围内，任何其他人都不能使用或实施该作品、软件、专利技术或商标，许可人自己也不能使用或实施，也不能再许可第三人使用或实施。排他许可是指在许可合同规定的时间和地域范围内，许可人授予被许可人排他性地使用或实施被许可的作品、软件、专利技术或商标的权利，许可人不得再许可任何第三人在该时间和地域范围内使用或实施同一作品、软件、专利技术或商标，但许可人自己在此时间和地域范围内有权使用或实施。普通许可是指许可人授予被许可人在许可合同规定的时间和地域内使用或实施被许可的作品、软件、专利技术或商标的权利，同时，许可人在该时间和地域范围内仍有权再许可他人使用或实施同一作品、软件、专利技术或商标，许可人自己也有权使用或实施同一作品、软件、专利技术或商标。因此，独占许可中被许可人的权限最大，排他许可次之，而普通许可最弱。

一般而言，知识产权许可的双方应当签订许可合同，并履行相应的手续，比如商标使用许可合同应当报商标局备案，而专利实施许可合同则应报专利局备案。知识产权许可合同应当对知识产权许可的权利种类、许可使用的方式、许可使用的时间和地域范围、许可使用费的标准及其支付办法、争议的解决方式等作出规定。（实例链接如上页框）

四、知识产权转让

知识产权转让是指知识产权所有人将其拥有的知识产权转让给受让人，受让人向其支付一定的费用，在转让完成后，转让人对该知识产权不再享有权利，而受让人则成为该知识产权的所有人。知识产权转让也是知识产权的一种利用方式，通过知识产权转让，知识产权的所有人可以获得一定的转让费，而受让人则可以取得该知识产权。因此，如果某项知识产权对知识产权的所有人而言不太重要或者没有太大的利用价值，则进行转让无疑是一个不错的选择。

一般而言，知识产权转让的对象仅限于知识产权中的财产权，著作权中的人

---

[1] 陈勇：“建设我国知识产权综合交易平台的思考”，载《中国软科学》2005年1期。

身权如发表权、署名权、修改权等权利因专属于权利人而具有不可转让的性质，不能成为知识产权转让的对象。另外，由于知识产权中的财产权又由多种权利组成，比如著作权中的财产权包括复制权、发行权、出租权、展览权、表演权、放映权、广播权、信息网络传播权、摄制权等13种权利，而专利权中的财产权则由制造权、使用权、销售权、进口权等多种权利构成，因此，知识产权转让既可以是对知识产权中的全部财产权的转让，也可以是对其中一种或几种财产权的转让，这需要当事人在合同中对其作出约定。

转让知识产权需要订立书面的转让合同，并办理相关的手续。转让专利权的，当事人在订立书面合同以后应当向国务院专利行政部门登记，由国务院专利行政部门予以公告。中国单位或者个人向外国人转让专利权的，还必须经国务院有关主管部门批准。专利申请权或者专利权的转让自登记之日起生效；转让注册商标的，转让人和受让人应当签订转让协议，并共同向商标局提出申请。转让注册商标经商标局核准后，予以公告。受让人自公告之日起享有商标专用权。

五、企业自己的使用或实施

通常情况下，企业进行技术研发、作品创作或者商标注册的目的大多在于为其经营管理服务，通过对其知识产权的实施或使用来增强其市场竞争力，并获取利益。因此，企业对其拥有的知识产权的使用或实施是其经营管理中常见的一种知识产权利用和营运方式，而有效的使用或实施将有助于企业增强市场竞争力。比如，企业可以通过对其商标进行品牌经营，提高其知名度和美誉度，进而再借助商标良好的市场声誉和影响力抢占市场，占得市场竞争的主动；而先进的专利技术能使得企业的产品质量和性能在与同类产品的竞争中处于优势地位。

结　语

在现代社会，知识产权的管理在企业中的地位越来越重要。相当多的企业通过设立知识产权管理部门、实施知识产权管理方案而保护了企业的知识产权，促进了知识产权的转化，扩大了企业的对外交流。从今后的发展来看，企业要做大做强，跨出国门，走向世界，必须加强知识产权管理工作，注意知识产权的营运。

资料链接

［1］费里蒙特·E，卡斯特．组织与管理：系统与权变的方法（第4版）［M］．北京：中国社会科学出版社，2000.

［2］王晋刚，张铁军．专利化生存［M］．北京：知识产权出版社，2005.

思考题

1. 什么是知识产权管理?
2. 知识产权管理的方法有哪些?
3. 知识产权营运的方式有哪些?

第十三章　知识产权侵权与救济措施

【学习目的与要求】 通过本章的学习，要求学生掌握知识产权的保护范围，掌握知识产权侵权行为的概念和特征，掌握知识产权侵权行为的归责原则；掌握知识产权侵权的法律责任，理解知识产权民事责任、行政责任、刑事责任的相关内容；理解知识产权诉讼中的管辖问题、起诉和受理问题、诉前禁令问题，了解当前我国知识产权法在相关方面存在的问题及完善的建议，对知识产权侵权与诉讼的知识有一个基本的了解。

【内容提要】 本章主要围绕知识产权侵权及诉讼的主题，讨论了各类知识产权的保护范围，分析了侵犯知识产权行为的概念和特征，对知识产权侵权行为的救济措施作了较详尽的论述。

【关键词】 知识产权侵权行为　知识产权诉讼　法律责任

个体书商李某某、哈某1999年11月在汉中印刷厂盗印了上海辞书出版社出版的《辞海》(1999年版)普及本4 700套，低价批发给新疆、吉林、辽宁、浙江、上海等地的书商销售。该案经上海市版权局和公安机关近两年追查，转由上海市检察机关以侵犯著作权罪提起公诉。2002年8月27日，上海市第二中级人民法院一审以侵犯著作权罪分别判处李某某有期徒刑3年、罚金4万元，判处哈某有期徒刑4年、罚金5万元。在法院追究李某某、哈某刑事责任的同时，依法享有《辞海》著作权以及专有出版权的辞海编委会、上海辞书出版社于2002年9月23日向上海市第二中级人民法院提起民事诉讼，请求判令汉中印刷厂、李某某、哈某赔偿其经济损失99.6万元并相互承担连带责任。2003年3月24日，上海市第二中级人民法院判决汉中印刷厂、李某某、哈某停止侵害由辞海编委会和上海辞书出版社分别享有的《辞海》(1999年版)普及本著作权和专有出版权；被告人承担连带责任，共同赔偿辞海编委会和上海辞书出版社50万元；还作出了对汉中印刷厂罚款6万元的民事制裁决定。这是一个典型的知识产权侵权案例，下面我们结合这个案例，来了解一下知识产权侵权和知识产权诉讼的有关知识。

第一节 知识产权的保护范围

保护知识产权，首先要明确各类权利的效力范围。知识产品是非物质形态的特殊财产，同时又具有公开性、社会性的特点，其所有人无法凭借传统民法上的占有方法来控制。第三人对知识产品的利用，是合法还是非法，是否构成侵权，全都由法律来加以规定。因此，知识产权的有效范围，是确认侵权行为的法律责任和国家机关采取保护措施的依据，对此，法律作出了有别于传统所有权制度的规定。

对于财产所有权来说，其客体为有形的动产或不动产。该类客体本身即可设定权利的保护范围，法律对此无特殊规定。一般而言，有形财产的大小、形状，有形不动产的位置、外观，就可以表明此物与彼物的区别，展示本权与他权的界限。法律保护所有权人对其有形财产进行占有、使用、收益和处分的权能，不问客体物的内容、性能、用途、价值如何，所有权人对各个客体物所享有的基本权能是一样的，所有权制度没有所谓界定保护范围的特别条款。

但作为知识产权客体的知识产品是一种无形财产，它的保护范围无法依其本身来确定，必须要求相关法律给予特别的规定。在限定的保护范围内，权利人对自己的知识产品可以行使各种专有权利；超出这个范围，权利人的权利失去效力，即不得排斥第三人对知识产品的合法使用。

著作权的保护范围与创作者的思想表现形式相联系而存在。“思想表现形式”，也称为“表现形式”，是著作权理论中的最基本逻辑概念，它在文学艺术和科学创作领域具象为作品。关于著作权的保护范围，我们可以从以下几个方面来理解：(1) 表现形式与思想内容无涉。各国著作权法均遵循一条基本原则，即保护思想表现形式，而不保护思想内容本身。尽管目前理论界对思想内容与表现形式的构成尚有争议，但可以肯定的是，对作品保护不扩大到任何思想、程序、方法、体系、操作方法、概念、原理或发现，而不论上述内容在作品中以什么形式描述和说明。(2) 表现形式的类型与保护范围相关。著作权法为作者设定了丰富多彩的财产

作品的思想表现形式

根据现有的学说理论，作者的创作活动被明确地分为两个部分：一部分是存在作者大脑中的思想，而另一部分是作者的思想表现形式。这种思想表现形式是作品完成的最终形态，其基本构成要素是以文字、语言、色彩、线条、韵律、舞谱等为表现形式的符号，但它成为法律保护的作品尚须具备两个条件：一是独创性（或称原创性），二是可复制性。在这里，一定的表现形式就是著作权法特定的保护对象。

权项，包括复制权、表演权、播放权、展览权、影视摄制权、演绎权等。但作品的类型不同，或说是表现形式的差异，其作者享有的财产权项则未必相同。根据多数国家的法律规定，作品的类别有文字的、口头的、音乐的、美术的、图形的甚至是电子的。作者对上述作品的使用方式以至享有的权益受制于作品的类型，例如，口头作品不涉及展览权，图形作品与表演权无关，对美术作品则无法行使演绎权。（3）表现形式不涵盖法律限制的作品。一般意义上的作品在外延上极为宽广，它涵盖了各种各样的作品，甚至包括侵权作品、进入公有领域的作品和不受著作权法保护的作品，其中，后者包括两类：一类是依法禁止出版、传播的作品，如反动、淫秽、违反公序良俗的作品；另一类是不适用著作权法的对象，如法律法规及其官方正式译文、时事新闻、通用表格及公式等。（知识链接见上页框）

专利权的保护范围以专利申请中权利要求的内容为准。专利权客体是发明创造思想具体化之物或方法。其保护范围，应以专利主管机关对于发明创造思想的范围所赋予的意思解释来确定。换言之，就是以权利要求书为具体解释标准。权利要求书是专利申请的重要文件。在授权前，它是申请人意欲获取专利保护的权项请求；授权后，它是专利局确定专利权范围的保护依据。可以说，专利权人的专有实施权范围，就是根据专利权所覆盖的发明创造的技术特征和技术幅度来确定的。（知识链接见右框）

> **专利权保护范围的确定原则**
>
> 各国立法在确定专利权的保护范围时，有三种原则：（1）周边限定原则。根据这一原则，权利要求书即是专利保护的范围，应当根据权利要求书的文字严格、忠实地进行解释。美国采此立法例。（2）中心限定原则。根据这一原则，解释权利要求时不必拘泥于权利要求书的文字记载，而应以权利要求书为中心，全面考虑发明的目的、性质以及说明书和图纸，将中心四周一定范围内的技术也包括在专利保护范围之内。德国曾采此立法例。（3）折中原则。即上述两种原则的折中。根据这一原则，专利权的保护范围根据权利要求书的内容确定，说明书和附图可用作解释权利要求。这一原则考虑到专利权人的利益，也照顾了第三人的利益，克服了上述两种原则的不足。我国采此立法例。

商标权的保护范围与核准注册的商标和核定使用的商品有关，其效力在法律中有着明确的规定。一般认为，商标权包括使用权与禁止权两个方面。前者是指商标权人对其注册商标享有充分支配和完全使用的权利，后者是指商标权人禁止他人未经许可擅自使用其注册商标的权利。在法律上区别使用权与禁止权，在于两者有着不同的效力范围。使用权涉及的是注册人使用注册商标的问题，禁止权涉及的是对抗他人非法使用注册商标的问题。按照立法通例，注册人的专有使用权以核准的注册商标和核定使用的商品为限。这就是说，注册人行使专有使用权受到两方面的限制：（1）只限于商标主管机关核定使用的商品，而不能扩大使用于其他类似的商品；（2）只限于商标主管机关核准使用的文字、图形，而不能超出核准范围使用与其相近似的文字、图形。但是，禁止权的效力范围则不同，注册人对他人未经许可在同一种商品或类似商品上使用与其注册商标相同或近似的商标，均享有禁止权。应该指出的是，注册商标专有权以核准的文字、图形和核定使用的商品为限，此种限定应是商标权人行使专用权的范围，而不是商标权的保护范围。（知识链接见右上框）

> **商标禁止权的效力范围**
>
> （1）禁止在同一种商品上使用相同商标；
>
> （2）禁止在同一种商品上使用近似商标；
>
> （3）禁止在类似商品上使用相同商标；
>
> （4）禁止在类似商品上使用近似商标。

关于知识产权保护范围的规定，其特点不仅表现为一种权项范围的“界定”，而且表现为效力范围的“限制”。为了防止作者、创造者的专有权利成为公众获取知识和整个社会发展、科学文化事业的障碍，知识产权制度还允许权利人以外的其他人在一定的条件下自由使用受保护的知识产品。例如，著作权法中的“合理使用原则”“法定许可使用原则”，专利法中的“专利权用尽原则”“临时过境使用原则”，商标法中的“先用权人使用原则”等，都是在知识产品的使用中对专有权利行使的限制，即是法律对知识产权保护范围的限定。

第二节　侵犯知识产权行为的概念与特征

凡违反法律规定而损害知识产品所有人专有权利的行为，均为侵犯知识产权行为。在这里需要说明的是，侵权行为主要表现为对享有专有权利的知识产品的擅自使用，但对该知识产品的擅自使用并不包括所有的侵权行为。例如，在著作权领域，制作、出售假冒他人署名的美术作品的行为，依法构成对著作权的侵犯。由此可见，侵权行为并非都是直接作用于他人的著作权作品，即是说，它是擅自行使他人的“权利”，而不是使用他人的“作品”。又如，专利权领域中，专利权共有人未经其他共有人同意而许可他人实施该专利技术的行为；商标权领域中，经销明知或者应知是侵犯他人注册商标专用权的商品的行为等。该类行为属于间接侵权行为，虽不因使用知识产品而直接侵权，但因积极诱导或促使他人实施直接侵权，而损害了他人专有权利。因此，就侵害对象而言，将侵权行为表述为“擅自行使或利用知识产品所有人专有权利”，较之“擅自使用受法律保护的知识产品”这一说法更为确切。

侵犯知识产权行为，与一般侵权行为有着相同的法律性质，又有着相似的法律后果。但由于其侵害对象不同，侵犯知识产权行为表现出自己独有的基本特征。

1. 侵害形式的特殊性

> **知识产权侵权行为的特殊表现**
>
> 这种侵权行为作用于知识产品的思想内容或思想表现形式，与知识产品的物化载体无关。例如，非法将他人创作的字画攫为己有，它涉及的是物体本身，即创作的物化载体，该行为应视为侵犯财产所有权的行为；如果行为人虽未占有这一字画，但擅自将其翻印出售，则该行为涉及的是无形财产，即作者的思想表现形式，应以侵犯知识产权认定。

在侵权行为中，对于财产所有权的侵犯主要表现为侵占（即非法占有他人所有物的行为）、妨害（致使所有权人无法充分行使权利的行为）和毁损（侵犯他人所有物使其遭受灭失或损坏的行为）。这些行为往往是直接作用于客体物的本身（如将他人的财物毁坏、对他人财物强占），与客体物之间的联系是直接的、紧密的；侵权行为的具体表现内容，涉及占有、使用、收益和处分各个方面。对于知识产权的侵犯则主要表现为剽窃、篡改和仿制。与有形财产的侵权行为不同，对无形财产的侵权行为在形式上似乎并不影响作者的权利行使。例如，他人对作品的非法“占有”，并不意味着权利人同时失去这种“占有”；对作品的非法使用，也不排斥权利人对自己的知识产品继续使用。这种行为之所以构成侵权，主要在于它是对知识产品所有人“专有”“专用”权利的侵犯，是对知识产权绝对性和排他性的违反。（知识链接见上框）

2. 侵权行为的高度技术性

由于科学技术的不断发展，生产方式的不断革新，公众消费能力大大提高，社会生活内容呈现出科技化、现代化的趋势。在这种情况下，出现了一些新型的侵权行为。❶ 这些新型侵权行为，大多应归属于侵犯知识产权的行为。侵害知识产权的行为与具有智力创造性特征的知识产品的利用相联系，往往有相当程度的技术含量，因而在侵权行为之防范、侵权责任构成之认定、侵害后果之避免等方面带来相当的困难。首先，新信息技术、新传播媒介的发展，对著作权、专利权等带来直接的威胁。运用电子新技术，印刷品、音像制品和图表资料等可以进行无数次扫描、取样、复制。“不正当地使用这些技术，等于盗取版权所有者的版税和收入”❷。随着信息高速公路的兴起，互联网络与电脑黑客相伴而生，借助于电脑和高新技术工具的侵权者，将会轻而易举地将他人的专利技术和经营秘密送上“高速公路”；其次，涉及知识产品的侵权行为大都技术手段高明，较之

---

❶ 张新宝：《中国侵权行为法》，中国社会科学出版社 1998 年版，第 13 页。

❷ 明安香主编：《信息高速公路与大众传播》，华夏出版社 1999 年版，第 159 页。

一般财产权侵害有着更大的隐蔽性和欺骗性。当前，因特网的迅猛发展，使人类信息一体化成为现实，其社会效益与经济效益不言而喻。但是，“网络是一个虚拟的社会，网络犯罪应是高科技给人类带来的一个新的烦恼”❶，网络侵权、网络窃密、网络破坏等造成知识产权的流失，使人们措手不及，防不胜防。（知识链接见右框）

3. 侵害范围的广泛性

由于知识产品的非物质性和公开性特征，对同一知识产品的合法使用与侵权使用通常会在同一时空条件下发生，数个甚至数十个侵权使用可能会在不同地域同时发生。在知识产品利用极为便利的条件下，使用行为极有可能构成侵权行为，且受侵害的对象往往不是某一单项权利。由于现代信息技术、传播技术的出现，侵犯知识产权的行为出现两个重要的趋势：一是静电复印技术和电子录制技术的发展使得个体侵权行为“普及化”。（知识链接见右框）二是高科技侵权行为“国际化”。在国际互联网广泛应用的空间中，知识产品可以以极快的速度、极方便地在全球范围传播，从而为不同国家的不同主体所接收和使用（包括合法使用与非法使用）；信息流跨空间、跨区域的大规模、高速度的运动，使得跨国侵权也就成为一件容易的事情。侵权人足不出户，即可能充当“网络黑客”进入他国国民的

侵犯知识产权行为的因果关系十分复杂

由于知识产品的非物质性特点，权利人无法控制他人的非法使用。本来在传统环境中，无形的精神创造尚可“固化”为商标标识、专利产品、图书资料、唱片乐谱等物质载体，侵权责任的举证就有相当难度；而在网络空间中，一切知识产品都表现为数字化的电子信息，人们感知的只是计算机终端屏幕上瞬时生灭的数据和影像，从而使侵害行为认定带来更多疑难。以至于有人愤而疾呼：“当我查不出是否有人，以及在什么时间、什么地点制造复制品时，阻止他人复制我的作品的法律权利还有何用！”

个体侵权行为“普及化”

静电复印技术的推行，使得大规模复印文字作品变得极为便利，并对社会公众购买复印作品的习惯产生巨大影响。据有关国际组织的调查，每年各国静电复印的数量约为25 000亿张。而电子录制技术的普及，使得私人复制音乐和电视节目成为亿万家庭的嗜好。据英国政府20世纪80年代公布的绿皮书，在英国仅因家庭录制一项就使著作权人损失约5千万英镑。

❶ 侯晓霞等：“迎接知识经济时代，加强知识产权保护”，载《知识产权》1999年第2期。

数据库，以获取所需要的经营信息和技术秘密，或是在计算机上输入、贮存、显示他人的网络作品。即使是针对本国国民的侵权，也可以利用网络从国外迂回以其他身份进入本国。在上述情况下，每一项知识产品都可能处于“国际化”侵权的威胁之中。❶

4. 侵害类型的多样性

在立法上，侵害知识产权有直接侵权行为与间接侵权行为之分，法律对此规定了不同的过错条件及处罚标准。所谓间接侵权行为有两种含义：一是指行为人的行为本身并不构成侵权，但其行为帮助和导致了直接侵权行为的发生，因而对权利人造成了损害，亦称为“二次侵权”。例如，在著作权领域中，故意出售、出租、进口侵权复制品的行为；在专利权领域中，故意制造、销售只能用于专利产品的关键部件的行为；在商标权领域中，故意为他人侵犯商标权的活动提供仓储、运输、邮寄、隐匿等便利条件的行为。二是指“行为人”并没有从事任何侵权行为，但由于特定社会关系的存在，依法须对他人的侵权行为承担一定的责任。例如，法定代理人对无民事行为能力人实施的侵权行为、雇主对雇员因完成本职工作而实施的侵权行为、委托人对受托人因履行委托合同而实施的侵权行为等，均为间接侵权行为人。❷ 上述间接侵权行为人与直接侵权行为人应承担共同侵权责任。

第三节　侵犯知识产权行为的归责原则

侵权行为有一般侵权行为与特殊侵权行为之分。前者是指具有过错、损害事实、因果关系的基本构成要件，适用民法上的一般责任条款的侵害行为；后者是指欠缺一般侵权行为构成要件，适用民法上特别规定或特别法规定的责任条款的侵害行为。侵权行为的性质不同，其适用的归责原则也不相同。

归责原则是确认不同种类侵权行为所应承担民事责任的标准和原则，它决定着一定侵权行为的责任构成要件、举证责任的负担、免责条件、损害赔偿的原则和方法等。关于侵犯知识产权行为的归责原则，我国相关法律未作明确规定，因此，学术界对此主张不一。（知识链接见下页框）

过错责任原则以有无过错或过错大小作为确认是否承担责任或承担何种责任的依据，并在一般侵权行为中实行“谁主张谁举证”的原则。过错责任原则是自然法则，一个人就自己的过失行为所造成的损害，应当负赔偿责任，这是不言自明的道理。侵犯知识产权虽然有其特殊性，但在一般情况下仍然不能排除过错

---

❶ 孙铁成：《计算机与法律》，法律出版社 1998 年版，第 63 页。

❷ 郑成思：《版权法》，中国人民大学出版社 1997 年版，第 212 页。

责任原则的适用。只有这样，才能体现出侵权行为法之真正价值判断标准之所在。行为人只要已尽适当注意义务，即可不必负责；倘若一有损害即要赔偿，就会使行为人在创造活动中瞻前顾后，动辄得咎。这与知识产权制度的保护创造者专有权利与促进科学文化事业发展的二元立法目标是相违背的。

学术界对侵犯知识产权行为的归责原则的争论

有的学者认为，侵犯知识产权行为乃是一般侵权行为，主张适用过错责任原则；有的学者认为，该类侵权行为具有多种属性，主张同时适用过错责任原则与无过错责任原则；还有的学者认为，侵犯知识产权行为中含有特殊侵权行为类型，主张在适用过错责任原则的基础上补充适用过错推定责任原则。

在侵犯知识产权领域，适用过错责任原则有着其国内法与国际法依据。我国《民法通则》对侵权行为采取二元归责原则体系：一般侵权行为适用过错责任原则，法律有特别规定的情形方适用无过错责任原则。一般认为，侵害知识产权（第18条）不属于法律规定的特别情形，因此应适用过错责任原则。对各国相关立法具有普遍指导意义的《知识产权协定》第45条第1款规定："司法机构应有权命令侵权者向权利所有人支付足够的损害赔偿，来补偿由侵权者侵犯其知识产权所造成的损失，且侵权者知道或有充足理由知道他正在从事侵权活动。"❶上述规定表明，知识产权的损害赔偿，其适用条件是侵权人知道或应该知道他从事了侵权活动。换言之，过错责任原则是侵犯知识产权的一般归责原则。

但是，全面适用过错责任原则也有值得检讨之处，其原因就在于举证责任的分配问题。由于过错责任原则采取"谁主张谁举证"，对原告即权利人多有不便。知识产权所有人在一定期限内享有专有权利，但须将其知识产品公开。这样，权利人既难以控制他人对知识产品的利用，也难以对他人这种使用的过错状况进行举证。一些学者对此持批评态度，认为全面适用过错责仟原则，是为未经许可的使用人着想过多，而为权利人着想过少。因此，学术界主张对过错责任原则进行修正和补充，即采用二元归责原则。其中有代表性的观点主要是两种：一是以无过错责任为补充原则，二是以过错推定责任为补充原则。

无过错责任原则不考虑行为人的过错与否，在法律明文规定应承担责任的情况下，仅根据损害事实本身即可确认责任。基于这一认识，权利人无须就侵权人的过错进行举证，侵权人也不得以其无过错为由进行抗辩。有学者主张在侵犯知识产权领域引进无过错责任原则，即对未经许可复制或作为直接传播的第一步如

---

❶ 参见中国科学技术蓝皮书第7号。转引自陈昌柏编著：《国际知识产权贸易》，东南大学出版社1994年版，第485页。

表演等利用作品的行为，以及未经许可制作、使用发明创造专利的行为，适用无过错责任原则；对于其他行为以及对一切间接侵犯知识产权的行为，采取过错责任原则。❶ 其理由是，适用无过错责任原则有助于解决权利人举证之困难，与国际上相关立法趋势保持一致。

但笔者对上述主张持有疑虑：

(1) 现代无过错责任原则是随着工业革命的完成应运而生的，它的重要使命即在于处理现代社会化大生产中诸如高度危险作业、环境污染等致人损害的赔偿责任问题。无过错责任原则主要适用于社会必要经济活动所致之损害，与具有"反社会性"的侵犯他人知识产权行为性质不符。

(2)《知识产权协定》第45条第2款规定："司法机构也应有权命令侵权者向权利所有人支付全部费用，可以包含合理的律师费用。在适当的时候，即使侵权者不知道或无合理理由知道其正在从事侵权活动，缔约方也可授权司法机关发布收回其利润的命令，补偿自己的损失。"❷ 该项条款是否可以作为国际上确认无过错责任原则的准据法，有值得斟酌之处。这里的"适当时候"，主要是指侵权损害特别严重的某些情形：侵权人通过侵权活动获得巨大利润，或者侵权的情节相当恶劣，损害了权利人的名誉，或者法院诉讼费时过长，以致权利人开支很大。❸ 特别应当指出的是，《知识产权协定》关于"损害赔偿"有两项条款，第45条第1款规定的是过错责任原则，以侵权人主观上"知道"或"应该知道"为条件，该条款是强制性条款，缔约方"应以"国内法加以确认。第45条第2款则不同，在某些"适当的时候"，侵权人返还所得利润或支付法定赔偿费用不以主观上是否知情为条件。但这一原则是一个选择性条款，"缔约方不采取这一归责原则，也不能认为违反协定"❹。在法理上，第45条第2款的规定有何意义，学术界存有不同意见。有的学者认为上述情形属于同样不以过错为条件的严格责任，也有学者认为可归类于不考虑行为人过错情况的不当得利。总之，并非当然就是无过错责任。❺

---

❶ 郑成思："侵害知识产权的无过错责任"，载《中国法学》1998年第1期。

❷ 参见中国科学技术蓝皮书第7号。转引自陈昌柏编著：《国际知识产权贸易》，东南大学出版社1994年版，第485页。

❸ 汤宗舜著：《知识产权的国际保护》，人民法院出版社1999年版，第222页。

❹ 同上，第223页。

❺ 在归责原则体系中，大陆法系侵权法分为过错责任、无过错责任和公平责任。英美法系侵权法分为过错责任、严格责任和绝对责任。严格责任并非等同于无过错责任。王利明编著：《侵权行为法》，法律出版社1996年版；张新宝：《中国侵权行为法》，中国社会科学出版社1998年版。

(3) 关于国外立法是否确认无过错责任原则，尚需作具体分析。在大陆法系国家，法国、德国、日本等国民法典及其特别法所规定的无过错责任原则，主要适用于“工作物所有人”的责任，包括动物持有人责任、铁路持有人责任、航空器持有人责任、能源设备持有人责任等。可见，作为基本法的民法典并未涉及侵犯知识产权的情形。在英美法系国家，主要是通过判例的方法确认了严格责任原则。所谓严格责任是一种较之一般责任标准更加严格的归责原则，严格责任表面上不考虑行为人的过错即可以确定其责任，但实际上采取一种过错推定方法，即从损害事实中推定行为人有过错，但允许其通过举证证明损害是由于受害人的过错、第三人的过错和自然原因所造成的，即可减轻或免除责任。可见，美国等国在这一领域所采用的严格责任原则并非是无过错责任原则，而更接近于过错推定责任原则。❶

过错推定责任原则是对过错责任原则的补充和发展，是后者的特殊表现形式。过错推定责任较一般过错责任严格，但不及无过错责任那么绝对。根据这一原则，一旦损害发生，法律推定行为人有过错并要求其提出无过错抗辩，若无反驳事由，或反驳事由不成立，即确认行为人有过错并应承担责任。

过错推定责任是介于过错责任与无过错责任之间的归责方式。就其以过错作为确定责任的最终依据而言，过错推定责任保持传统过错责任所具有的价值和功能；就其虽无过错但可能也要承担责任而言，又具有无过错责任的若干特征。可以说，过错推定责任原则的这种平衡、协调作用，能够纠正过错责任原则对权利人举证要求过苛而对无形财产侵权人失之过宽，与无过错责任原则对权利人保护比较充分而对知识产品使用人失之过严这两者的偏差。在知识产权实务中，让行为人对他不能预见且不希望发生的损害事实承担责任，在大多数情况下是有失公允的，也是违背自然法则的。当然法律上的过错推定，可以使知识产权所有人免除举证责任而处于有利地位，有利于制裁那些虽无主观过错但缺乏反驳事由的侵权行为。(知识链接如右框)

过错推定责任的适用规则

当侵权损害结果发生时，法律责令知识产品使用人举出自己“无过错”的证明，从而免除作为原告的权利人的举证困难；同时，也使得作为被告的知识产品使用人有抗辩的机会，不至于无辜受罚，动辄得咎。由此可见，过错推定责任的基点依然是知识产品使用人有过错即有责任，而不是仅有行为后果就要承担责任。

---

❶ 王利明主编:《民商法研究（第一辑)》，法律出版社 1998 年版，第 664 页；张新宝:《中国侵权行为法》，中国社会科学出版社 1998 年版，第 298 页。

在侵犯知识产权诉讼中，过错责任与过错推定责任应为二元归责原则，两者共同行使认定侵权责任的使命。这种归责体系的具体运行模式是：法律授予作为原告的权利人一种选择权，即假定权利人是自己利益的最佳判断者，他“有权”选择自己举证，以便有力地、有针对性地向侵权人追偿损失。在这种情况下，即适用过错责任原则。同时，权利人也可以放弃这种举证的“权利”，法院即责令侵权人举证，举证不能或举证证明不成立的，推定侵权人有过错。在这种情况下，即适用过错推定责任。

第四节　侵犯知识产权的法律救济

我国《民法通则》、《刑法》与《专利法》、《商标法》、《著作权法》、《反不正当竞争法》等都对相应的侵犯知识产权行为规定了其法律责任，对知识产权权利人的合法权益保护提供了法定救济措施。

知识产权法相对于民法来讲，属于特殊法。民法概括性地规定了民事侵权行为的认定条件，知识产权法则更加具体规定了知识产权民事侵权行为的表现形式及其判定标准。侵犯知识产权的侵权行为，就是“擅自行使或利用智力成果所有人专有权利”的行为，即侵犯知识产权这种“智力成果所有人专有权利”的侵害行为，一般认为包括对著作权、商标权、专利权、商业秘密权等各类知识产权的侵害行为。[1] 知识产权侵权行为人应当对其侵权行为承担相应的法律责任。

法律责任，是指因损害法律上的义务关系所产生的对于相关主体所应当承担的法定强制的不利后果，包括民事责任、行政责任、刑事责任等几种形式。法律对于权益的保护是多层次、多角度的，当知识产权被侵害或有被侵害之虞时，法律得对知识产权权利人给予救济，而救济的主要方式，即为强制知识产权侵权人承担法律上的侵权责任。

一、知识产权侵权的民事救济

侵权的民事责任，指民事主体因实施侵权行为而应承担的民事法律后果。民法对知识产权的保护是最直接最有效的，知识产权权利人主张民事权利和追究侵权人之侵权民事责任也是最主要的救济措施和路径。(知识链接见下页框)

我国《民法通则》第118条规定：“公民、法人的著作权（版权）、专利权、商标专用权、发现权、发明权和其他科技成果受到剽窃、篡改、假冒等侵害的，有权要求停止侵害，消除影响，赔偿损失。”这里明确了侵犯知识产权的“停止

---

[1] 吴汉东：“知识产权保护论”，载《法学研究》2000年第1期，第68~79页。

侵害、消除影响、赔偿损失”的三种主要的民事法律责任承担形式。我国一些知识产权专门法律法规如《著作权法》、《计算机软件保护条例》等对民事法律责任的承担形式作出了较为宽泛的规定。综合这些规定，我国知识产权侵权民事责任形式主要有停止侵害、消除影响及赔礼道歉、赔偿损失等几种形式。

> **《民法通则》规定的承担民事责任方式**
>
> （1）停止侵害；（2）排除妨碍；（3）消除危险；（4）返还财产；（5）恢复原状；（6）修理、重作、更换；（7）赔偿损失；（8）支付违约金；（9）消除影响、恢复名誉；（10）赔礼道歉。以上承担民事责任的方式，可以单独适用，也可以合并适用。

1. 停止侵害

请求停止侵害的范围主要指停止已经出现的侵权行为，但也包括防止尚未发生但可能发生的侵权行为，后者相当于传统民事救济措施中的请求排除妨碍。停止侵害是侵权人承担的最为常见的责任形式，其目的是通过停止正在发生的侵权行为或者防止将要发生的侵权行为，来实现阻止尚未发生的损害发生的目标，其目标主要在于阻止尚未发生的损害发生，而不是对已经发生的损害的救济。

停止侵害的适用条件是侵权人的侵害行为正在进行，或有可能再次发生，或可能将会发生。在诉讼中，法院判决前被告仍然继续其被控侵权行为的，法院应当在判决中判令被告停止侵权；如果在原告起诉前，或者在诉讼过程中，被告主动停止了被控侵权行为，则在确认被告已经在事实上停止侵权的前提下，法院一般不再判令被告停止侵权；但是，只要该行为有再次发生的可能时，经原告请求，法院也应当判令被告停止侵权。

2. 消除影响以及赔礼道歉

消除影响是指当侵权行为给知识产权权利人造成不良影响时，法院判令侵权人承担的以一定方式消除该不良影响的民事责任形式。在知识产权的侵权责任上，消除影响一般适用于侵害人身权、发明权、发现权等知识产权精神权利和侵害知识产权经济权利并且已经造成不良影响的情形，例如侵犯他人注册商标权或者驰名商标权益从而给相关商标权利人的商誉等造成了不良影响的情况。消除影响的目的是，消除因侵权行为已经给知识产权权利人造成的损害其商誉或者名誉等不良影响。赔礼道歉乃至登报道歉往往是消除影响的常见形式之一，赔礼道歉可以采用口头形式，也可以采用书面形式，知识产权权利人常常在诉讼中要求被指控侵权人登报道歉。我国《著作权法》第46条、第47条和《计算机软件保护条例》第23条、第24条明确规定了侵权人赔礼道歉的法律责任形式，而

《专利法》、《商标法》等都没有规定这种责任形式。遵循行为后果与民事责任相适应的原则，如果侵权人实施的不正当竞争行为没有给知识产权权利人的名誉、商业信誉与商品声誉造成不良影响后果，法院不予判决侵权人承担消除影响、赔礼道歉的民事责任，包括登报道歉以消除影响的民事责任。

3. 赔偿损失

赔偿损失是指侵权人因其侵犯他人知识产权的行为而给知识产权权利人造成损害的，侵权人应当赔偿知识产权权利人因其侵权行为所受到的经济损失。我国《民法通则》规定的赔偿原则是补偿原则，其规定的侵权民事损害赔偿范围限于财产的实际损失和精神利益的实际损害，知识产权侵权人应当按照知识产权权利人的实际损失与实际损害给予赔偿。例如我国《著作权法》第48条规定："侵犯著作权或者与著作权有关的权利的，侵权人应当按照权利人的实际损失给予赔偿。"（知识链接如右上框）

知识产权侵权造成的损害赔偿数额的计算方法

知识产权侵权造成的损害赔偿数额的计算，一般有三种方法：一是按照知识产权权利人因侵权行为所受到的实际损失计算；二是按照侵权人因侵权行为所得的非法利益计算；三是在知识产权权利人的实际损失或者侵权人的违法所得难以确定时，由人民法院根据侵权行为的性质、手段、情节、范围以及侵权人的过错程度等，判决适用法定赔偿额。我国《著作权法》第48条、《商标法》第56条第2款、《最高人民法院关于审理专利纠纷案件适用法律若干问题的规定》第21条分别规定了侵犯著作权、商标权、专利权的法定赔偿，其法定赔偿最高额都是不超过50万元人民币。

知识产权侵权赔偿数额可以包括知识产权权利人为制止侵权行为所支付的合理费用和开支，主要包括公证费、物证购买费、材料印刷费、审计费等。

二、知识产权侵权的行政救济

知识产权虽然是民事主体依法享有的专有权利，但有些知识产权侵权行为不仅给知识产权权利人造成了损失，而且还严重扰乱了经济环境和公序良俗，也就是说其不但损害了"私权利"，同时也破坏了"公秩序"，危害到国家或者社会的公共利益，所以客观上要求在知识产权保护中公权力的介入，这就意味着知识产权侵权行为人，不仅应当承担民事责任，还需要承担行政责任和刑事责任。（知识链接如表13－1）

表 13－1　　我国的知识产权行政管理部门

原产地标记	专利权、集成电路布图设计权	商标权	著作权	制止不正当竞争	与进出境货物有关的知识产权	农业植物品种权	林业植物品种权	国际贸易中的知识产权	与科技有关的知识产权
质量监督检验检疫总局	知识产权局	工商行政管理总局商标局	新闻出版总署国家版权局	工商行政管理总局公平交易局	海关总署	农业部	林业局	商务部	科技部

在侵权行为中，国家行政机关有权对这些侵权违法行为给予行政制裁和处罚，侵权与违法行为人要承担相应的行政责任。

1. 行政强制

行政强制，指国家行政机关或者法律授权的组织，为了预防或者制止正在发生或可能发生的违法行为、危险状态以及不利后果，或者为了保全证据、确保案件查处工作的顺利进行而对相对人的人身自由、财产或有关行为予以强行限制的一种具体行政行为。知识产权侵权行政责任上的强制主要有责令停止侵权行为，查封、扣押或扣留侵权物品等形式。

所谓责令停止侵权行为，是指知识产权的行政管理部门在处理侵权纠纷时，如果认定侵权行为成立，可以依法责令侵权人立即停止侵权行为，制止违法行为的继续进行。我国《专利法》第 57 条、第 58 条，《商标法》第 53 条，《著作权法》第 47 条，《集成电路布图设计保护条例》第 31 条等对此都有明确规定。

查封、扣押或扣留都是行政机关限制行政相对人处分其财产的一种强制措施，我国一些知识产权法明确规定了查封、扣押或扣留的行政强制手段。《商标法》第 55 条规定，县级以上工商行政管理部门在对涉嫌侵犯他人注册商标专用权的行为进行查处时，对有证据证明是侵犯他人注册商标专用权的物品，可以查封或者扣押；《植物新品种保护条例》第 41 条也授权农业、林业行政主管部门可根据案件需要查封或扣押与案件有关

《商标法》与《反不正当竞争法》关于行政处罚的规定

根据《商标法》第 53 条，对于侵犯注册商标专用权的行为，工商行政管理部门可以没收、销毁侵权商品和专门用于制造侵权商品、伪造注册商标标识的工具，并可处以罚款。根据该条规定，几乎对于所有的商标侵权行为，工商行政管理部门都可以对侵权人作出行政处罚。

《反不正当竞争法》第 25 条规定：“违反本法第十条规定侵犯商业秘密的，监督检查部门应当责令停止违法行为，可以根据情节处以一万元以上二十万元以下的罚款。”

的植物品种的繁殖材料。

2. 行政处罚

所谓行政处罚，是指行政主体为了维护公共利益和社会秩序，保护公民、法人或其他组织的合法权益，对违反行政管理秩序，依法应当给予行政相对人所应给予的法律制裁。根据我国知识产权法律的相关规定，作为知识产权侵权行政责任的行政处罚种类，主要有没收违法所得，没收、销毁侵权商品和侵权工具，罚款等。在不同的知识产权侵权纠纷中，行政主体作出行政处罚所采取的具体措施和所适用的具体条件不完全相同。(知识链接如上页框)

我国《专利法》、《商标法》等一些知识产权专门法律还规定，对侵犯知识产权的赔偿及其数额，可以由相应的行政管理机关为当事人予以调解。值得注意的是，行政机关仅仅有权居中调解，不能强行责令侵权人作出赔偿，也不能强制确定赔偿的数额；而且，行政调解程序必须根据当事人的请求或根据当事人的自愿才能启动，不能强制进行调解。在调解不成的情况下，知识产权权利人只有向人民法院提起民事诉讼，以获得损害赔偿。但是，应当强调的是，行政机关出面进行的这种调解并不是前置的或者必须的行政程序，也不是具体的行政行为。

三、知识产权侵权的刑事责任

知识产权侵权的刑事责任，与民事责任、行政责任构成了一个制裁知识产权侵权行为的严密法律责任体系，共同筑起了保护知识产权的有力屏障。知识产权侵权行为人应负的刑事责任，表现为刑事处罚，即刑罚。(知识链接如右框)

我国《刑法》关于侵犯知识产权罪的规定

我国《刑法》第 213 条至第 219 条共设有 7 种侵犯知识产权罪：假冒专利罪的刑事处罚有拘役、有期徒刑和罚金；假冒注册商标罪、销售假冒注册商标的商品罪、非法制造、销售非法制造的注册商标标识罪、侵犯著作权罪、销售侵犯他人著作权复制品罪、侵犯商业秘密罪；第 220 条还规定，单位犯侵犯他人知识产权罪的，由单位承担财产刑，对单位判处罚金；对其直接负责的主管人员和其他直接责任人员，依照刑法的相关规定处罚，包括承担自由刑。

根据我国《刑法》规定，侵犯知识产权的刑事责任，主要有管制、拘役、有期徒刑和罚金四种处罚形式可以适用。另外，《专利法》第 58 条、《商标法》第 59 条、《著作权法》第 47 条等也有关于侵犯知识产权犯罪的相应衔接于《刑法》的相关规定。尤其需要强调的是，自 2004 年 12 月 22 日起颁行至今的、由最高人民法院和最高人民检察院联合颁行的《关于办理侵犯知识产权刑事案件具体应用法律若干问题的解释》。这一司法解释不但整合了原来的有关知识产权刑事保护的若干相关司法解释条文，更为举世瞩目的是进一步细化、量化和降低了我国知识产权刑事保护的基本标准和立案门槛。这一司法解释共17条，全面规定了办理侵犯商标权、专利权、著作权、商业秘密权益的知识产权刑事案件所具体适用法律的具体规范和量化标准。根据其第15条的规定，单位实施《刑法》第213条至第219条规定的侵犯各类知识产权的行为，按照该解释规定的相应个人犯罪的定罪量刑标准的3倍定罪量刑。

侵犯知识产权犯罪的刑事处罚种类有拘役、有期徒刑和罚金以及管制。具体而言，假冒专利罪的刑事处罚有拘役、有期徒刑和罚金；假冒注册商标罪的刑事处罚有拘役、有期徒刑和罚金；销售假冒注册商标的商品罪的刑事处罚有拘役、有期徒刑和罚金；非法制造、销售非法制造的注册商标标识罪的刑事处罚有管制、拘役、有期徒刑和罚金；侵犯著作权罪的刑事处罚有拘役、有期徒刑和罚金；销售复制品罪的刑事处罚有拘役、有期徒刑和罚金；侵犯商业秘密罪的刑事处罚有拘役、有期徒刑和罚金。可见，侵犯知识产权罪都有拘役、有期徒刑和罚金三种形式处罚可资适用，但是非法制造、非法销售制造的注册商标标识罪的刑事处罚还有管制这种刑事处罚形式；其余的侵犯知识产权犯罪都只有拘役、有期徒刑和罚金这三种刑事处罚形式。(知识链接如右上框)

> **“顾然地等销售盗版DVD”案**
>
> 美国人顾然地等人通过网络传播的形式，以邮寄的办法，将大量盗版DVD销售到美国、英国、澳大利亚等地。在与美国执法部门的通力合作下，中国司法机关历经两个多月，掌握了顾然地等人向美、英等国大量销售盗版DVD的证据，并抓获犯罪嫌疑人。2005年4月19日上午，上海市第二中级人民法院宣布，美国人顾然地因销售侵权复制品罪被判处有期徒刑两年6个月，并处罚金人民币50万元，驱逐出境。其他3名被告也处以相应刑罚。其中美国人库迪被判处有期徒刑1年，并处罚金人民币1万元，驱逐出境，另两名从犯为中国人。此案是中美两国执法部门首次开展跨国执法的侵犯知识产权案。

侵犯知识产权罪犯罪行为人的刑事责任之追究，一般由检察机关代表国家向人民法院提起刑事公诉，追究侵犯知识产权犯罪行为人的刑事责任。然而，在法律规定的明确范围内，对于较轻的侵犯知识产权犯罪行为，也可以由知识产权权利人依法提起刑事自诉。

第五节　知识产权民事诉讼

诉讼，用通俗的话来说就是“打官司”。解决知识产权纠纷的方式有很多，包括和解、调解、仲裁和诉讼等，但诉讼是最主要的方式之一。在知识产权诉讼中，与其他类型的诉讼案件一样，也要涉及向哪个法院起诉和应诉、谁有资格起诉和应诉、诉讼过程中可以采取哪些措施等重要问题，但由于知识产权案件本身所具有的特殊性，知识产权诉讼在相关方面的规定也与普通诉讼有所不同，存在着许多特殊之处。

一、知识产权诉讼管辖

民事案件的诉讼管辖是指各级人民法院和同级人民法院之间，在受理第一审案件时的分工和权限。我国《民事诉讼法》对民事案件的管辖分为级别管辖、地域管辖、移送管辖和指定管辖。审理知识产权案件，应当遵守《民事诉讼法》及相关司法解释的规定，来确定案件的管辖权。

（一）知识产权诉讼的级别管辖

级别管辖是指人民法院系统内划分上下级法院之间受理第一审诉讼案件的分工和权限。它是法院系统内部的纵向分工，解决的是不同级别的法院之间受理第一审民事案件的范围问题。由于知识产权诉讼不同于一般的民事案件，它具有专业性、技术性强，审理难度大、复杂等特点，我国民事诉讼法以及有关司法解释对知识产权诉讼的级别管辖作出了特别的规定。

《民事诉讼法》第 19 条第（3）项规定，“最高人民法院确定由中级人民法院管辖的案件”以中级人民法院为一审法院。《最高人民法院关于适用〈中华人民共和国民事诉讼法〉若干问题的意见》第 2 条规定，“专利纠纷案件由最高人民法院确定的中级人民法院管辖”。根据最高人民法院的司法解释，相关的专利民事案件主要包括 8 类，❶ 其中，前 4 类案件是专利行政案件，由被告所在地的北京市第一中级人民法院专属管辖；后 4 类案件是民事案件，由最高人民法院指定或批准的中级人民法院作为第一审人民法院，其他法院无权对此类案件行使管辖权。在司法实践中，绝大多数专利纠纷案件都由中级人民法院一审管辖，但也有极少数案件以高级人民法院作为一审法院。（知识链接如右上框）

> 截至 2005 年 8 月，最高人民法院指定审理专利权纠纷的中级人民法院有深圳、珠海、汕头、厦门、大连、青岛、温州、佛山、烟台、葫芦岛、景德镇、宁波、苏州、潍坊、泉州、金华、南通等 17 个人民法院。

---

❶ 根据最高人民法院的司法解释，使用这一规定的专利民事案件包括：（1）是否应当授予发明专利权的纠纷案件；（2）宣告授予发明专利权无效或维持专利权的纠纷案件；（3）实施强制许可的纠纷案件；（4）实施强制许可使用费纠纷案件；（5）专利侵权案件；（6）专利公布后、专利授予前使用发明的费用纠纷案件；（7）转让专利申请权或者专利权的合同纠纷案件；（8）专利申请权和专利权属纠纷案件（包括职务发明创造确认纠纷案件、发明人或设计人身份确认纠纷案件以及合作或委托完成的发明创造申请权确认纠纷案件）。

根据《最高人民法院关于审理商标案件有关管辖和法律适用范围问题的解释》第2条的规定，商标民事纠纷第一审案件，由中级以上人民法院管辖。各高级人民法院根据本辖区的实际情况，经最高人民法院批准，可以在较大城市确定基层人民法院受理第一审商标民事纠纷案件。（知识链接如左框）

截至2005年8月，已确定的基层人民法院有北京市海淀区、朝阳区，上海市黄浦区、浦东新区，山东省济南市历下区，山东省青岛市市南区，广东省广州市东山区、天河区、白云区，深圳市南山区、罗湖区、龙岗区，佛山市南海区、禅城区等14个人民法院。

根据《最高人民法院关于审理著作权民事纠纷案件适用法律若干问题的解释》第2条的规定，著作权民事纠纷案件，由中级人民法院管辖。各高级人民法院根据本辖区的实际情况，可以确定若干基层人民法院管辖第一审著作权民事纠纷案件。

根据《最高人民法院关于审理植物新品种纠纷案件若干问题的解释》第3条的规定，该解释第1条所列第（1）至（5）类案件，由北京市第二中级人民法院作为第一审人民法院审理；第（6）至（11）类案件，由各省、自治区、直辖市人民政府所在地和最高人民法院指定的中级人民法院作为第一审人民法院审理。❶ 截至2005年8月，最高人民法院指定的中级人民法院有酒泉、武威、张掖3个中级人民法院。

根据《最高人民法院关于开展涉及集成电路布图设计案件审判工作的通知》的规定，该通知第1条所列第（5）至（10）类案件，由北京市第一中级人民法院作为第一审人民法院审理；其余各类案件，由各省、自治区、直辖市人民政府所在地，经济特区所在地和大连、青岛、温州、佛山、烟台市的中级人民法院作为第一审人民法院审理。❷

❶ 法院受理案件的范围为：（1）是否应当授予植物新品种权纠纷案件；（2）宣告无效或者维持的纠纷案件；（3）更名纠纷案件；（4）实施强制许可的纠纷案件；（5）实施强制许可使用费的纠纷案件；（6）申请权纠纷案件；（7）权利归属纠纷案件；（8）转让申请权和转让品种权的纠纷案件；（9）侵犯植物新品种权的纠纷案件；（10）不服省级以上农业、林业行政管理部门依据职权对侵犯植物新品种权处罚的纠纷案件；（11）不服县级以上农业、林业行政管理部门依据职权对假冒授权品种处罚的纠纷案件。

❷ 法院受理案件的范围为：（1）权属纠纷案件；（2）转让合同纠纷案件；（3）侵犯专有权纠纷案件；（4）诉前申请停止侵权、财产保全案件；不服国务院知识产权行政部门的下列案件：（5）驳回登记申请的复审决定的案件；（6）撤销登记申请决定的案件；（7）关于使用布图设计非自愿许可决定的案件；（8）关于使用布图设计非自愿许可的报酬的裁决的案件；（9）对侵犯专有权行为处理决定的案件；（10）行政复议决定的案件；（11）其他涉及布图设计的案件。

（二）知识产权诉讼的地域管辖

地域管辖是指确定同级而不同区域的人民法院受理第一审案件的分工和权限，它解决的是同级人民法院之间受理第一审案件的范围问题，属于人民法院系统内部的横向分工。

1. 知识产权诉讼的一般地域管辖

“原告就被告”原则，即原告提起诉讼应到被告所在地的人民法院提出，这是世界各国确定地域管辖的通例。该原则确定了诉讼案件由被告住所地人民法院管辖的一般管辖原则。我国《民事诉讼法》第 22 条也对此作出了明确的规定，“对公民提起的民事诉讼，由被告住所地人民法院管辖，被告住所地与经常居住地不一致的，由经常居住地人民法院管辖。对法人提起的民事诉讼，由被告住所地人民法院管辖。同一诉讼的几个被告住所地、经常居住地在两个以上人民法院辖区的，各人民法院都有管辖权”。民事诉讼法关于一般民事案件管辖范围的确定原则，同样适用于知识产权案件第一审程序确定的管辖法院。如果没有有关知识产权诉讼管辖的特别规定，民事诉讼法的有关规定同样适用于知识产权诉讼。因此，知识产权诉讼同样适用“原告就被告”的原则。

2. 知识产权合同诉讼的地域管辖

知识产权合同诉讼的管辖是一种特殊的地域管辖，根据我国《民事诉讼法》第 24 条的规定，因合同提起的诉讼，由被告住所地或者合同履行地人民法院管辖。知识产权诉讼所涉及的合同纠纷主要有以下几种：知识产权转让合同纠纷、知识产权使用许可合同纠纷、技术开发合同纠纷、技术咨询合同纠纷和技术服务合同纠纷等。当事人订立合同时，应当明确合同的履行地。如果双方当事人按照合同约定的履行地实际履行了合同，就应当按照双方约定的合同履行地确定管辖法院。如果合同没有实际履行，当事人双方住所地又都不在合同约定的履行地，则应当由被告住所地人民法院管辖。（知识链接如右框）

对知识产权合同履行地的确定

在审判实践中，大量合同没有约定履行地点，并且已经实际履行，此时确定合同履行地一般遵循以下标准：

（1）专利权转让合同、商标权转让合同、著作权转让合同等知识产权转让合同以特定的知识产权为合同标的，应当以受让方所在地为合同履行地。

（2）专利实施许可合同、商标使用许可合同、著作权使用许可合同等知识产权使用许可合同，以实施或许可使用智力成果为合同标的，应当以实施或许可使用智力成果一方所在地为合同履行地。

（3）技术咨询合同，以顾问方所在地为合同履行地，技术服务合同以委托方所在地为合同履行地。

3. 知识产权侵权诉讼的地域管辖

由于知识产权侵权案件具有较多的特殊性，因此知识产权侵权诉讼在地域管辖方面除了要适用民事诉讼法的一般规定外，还必须遵守最高人民法院作出的有关司法解释的特别规定。《民事诉讼法》第29条规定，因侵权行为提起的诉讼，由侵权行为地或者被告住所地人民法院管辖。侵权行为地，是指构成侵权行为的法律事实存在地，包括侵权行为实施地和侵权结果发生地。在知识产权案件的审理过程中，侵权行为的确定是一大难点。最高人民法院的若干司法解释对知识产权侵权案件的地域管辖作了特别规定。

（1）专利侵权案件的地域管辖。因侵犯专利权行为提起的诉讼，由侵权行为地或者被告住所地法院管辖。侵权行为地包括：①被控侵犯发明、实用新型专利权的产品的制造、使用、许诺销售、销售、进口等行为的实施地；②专利方法使用行为的实施地，依照该专利方法直接获得的产品的使用、许诺销售、销售、进口等行为的实施地；③外观设计专利产品的制造、销售、进口等行为的实施地；④假冒他人专利的行为实施地；⑤上述侵权行为的结果地。原告仅对侵权产品制造者提起诉讼，未起诉销售者，侵权产品制造地与销售地不一致的，制造地人民法院有管辖权；以制造者与销售者为共同被告起诉的，销售地人民法院有管辖权。销售者是制造者分支机构，原告在销售地起诉侵权产品制造者制造、销售行为的，销售地人民法院有管辖权。

（2）商标侵权案件的地域管辖。因侵犯注册商标专用权行为提起的民事诉讼，由侵权行为的实施地、侵权商品的储藏地或者查封扣押地、被告住所地法院管辖。而侵权商品的储藏地，是指大量或者经常性储存、隐匿侵权商品所在地；查封扣押地，是指海关、工商等行政机关依法查封、扣押侵权商品所在地。对涉及不同侵权行为实施地的多个被告提起的共同诉讼，原告可以选择其中一个被告的侵权行为实施地法院管辖；仅对其中某一被告提起的诉讼，该被告侵权行为实施地的法院有管辖权。

（3）侵犯著作权案件的地域管辖。因侵犯著作权行为提起的民事诉讼，由侵权行为的实施地、侵权复制品储藏地或者查封扣押地、被告住所地法院管辖。而侵权复制品储藏地，是指大量或者经营性储存、隐匿侵权复制品所在地；查封扣押地，是指海关、版权、工商等行政机关依法查封、扣押侵权复制品所在地。对涉及不同侵权行为实施地的多个被告提起的共同诉讼，原告可以选择其中一个被告的侵权行为实施地法院管辖；仅对其中某一被告提起的诉讼，该被告侵权行为实施地的法院有管辖权。

（4）植物新品种权侵权纠纷地域管辖。侵犯植物新品种权的民事案件，侵权行为地是指未经品种权所有人许可，以商业目的生产、销售该授权植物新品种的繁殖材料的所在地，或者将该授权品种的繁殖材料重复使用于生产另一品种的繁殖材料的所在地。

二、知识产权民事案件的起诉与受理

根据《民事诉讼法》及最高人民法院相关司法解释的规定，我国知识产权案件的起诉与受理应当满足以下条件。

1. 原告是与本案有直接利害关系的公民、法人和其他组织

知识产权民事纠纷案件的原告可以是知识产权合同的当事人、知识产权的权利人以及与知识产权有关的利害关系人。利害关系人包括知识产权的独占、排他实施许可合同的被许可人、知识产权的合法继承人等。

2. 有明确的被告

民事诉讼的被告是指经原告起诉称作侵害其合法权益，或者与其发生民事权益争议，由人民法院通知应诉的人。在知识产权侵权诉讼中主要是被指控实施了法律法规禁止的行为的人；在知识产权确权诉讼中，是指就知识产权权属与原告发生争议的人。

3. 有具体的诉讼请求和事实依据

原告向人民法院提起诉讼，应当明确请求的内容，即要求被告履行何种义务，或要求确认变更与被告之间的何种法律关系。知识产权诉讼中，如果因被告的侵权行为造成损失，人民法院不一定要求原告全面掌握赔偿的具体依据，允许原告在人民法院审理过程中通过调查取证或向人民法院申请证据保全，通过鉴定、审计等方式取得相应的证据后，再提出具体的赔偿数额。

4. 属于人民法院受理民事诉讼的范围和受诉人民法院管辖

最高人民法院 1998 年 7 月 20 日在《关于全国部分法院知识产权审判工作座谈会纪要》中指出，人民法院应当依法受理的知识产权民事纠纷案件包括：(1) 关于知识产权的权利归属纠纷案件；(2) 关于侵犯专利权、商标权、著作权和邻接权、科技成果权等纠纷案件；(3) 不正当竞争纠纷案件，指依照《反不正当竞争法》第 5 条、第 9 条、第 10 条、第 14 条的规定受理的案件；(4) 知识产权合同纠纷案件；(5) 其他知识产权纠纷案件。

在日常审判实践中，人民法院受理的知识产权案件类型具体包括：(1) 著作权权属、侵权、合同纠纷案件；(2) 邻接权权属、侵权、合同纠纷案件；(3) 专利申请权纠纷案件；(4) 专利权权属纠纷案件；(5) 专利申请权、专利权转让合同纠纷案件；(6) 侵犯专利权纠纷案件；(7) 假冒他人专利纠纷案件；(8) 发明专利申请公布后、专利权授予前使用费纠纷案件；(9) 职务发明创造发明人、设计人奖励、报酬纠纷案件；(10) 发明人、设计人资格纠纷案件；(11) 商标权权属、侵权纠纷案件；(12) 商标使用许可合同、商标转让合同纠纷案件；(13) 厂商名称、字号或商号、服务标记纠纷案件；(14) 伪造、冒用

质量标志纠纷案件；（15）伪造产地纠纷案件；（16）仿冒、伪造知名商品特有名称、包装、装潢纠纷案件；（17）虚假宣传纠纷案件；（18）侵害商业秘密纠纷案件；（19）损害（竞争对手）商业信誉、商品声誉纠纷案件；（20）技术开发、技术咨询、技术服务、技术培训、技术中介合同纠纷案件；（21）科技成果转化合同纠纷案件；（22）专利实施许可合同、技术秘密转让合同纠纷案件；（23）侵害发明权、发现权以及其他科技成果权的纠纷案件；（24）诉前申请停止侵犯专利权的案件；（25）与计算机网络域名的注册、使用有关的纠纷案件；（26）植物新品种申请权纠纷案件；（27）植物新品种权权属纠纷案件；（28）转让植物新品种申请权和转让植物新品种权的纠纷案件；（29）侵犯植物新品种权的纠纷案件；（30）其他与知识产权有关的纠纷案件。

三、知识产权民事诉讼的举证责任

举证责任是指民事诉讼当事人对自己的诉讼主张，有提供证据加以证明仍无法证明时要承担的责任。当事人的举证责任是根据案件的具体情况而分担的，当事人对其所承担的举证责任如果不能加以证明，应当承担败诉的责任。我国《民事诉讼法》第64条第1款规定了当事人对自己提出的主张有责任提供证据。这是举证责任分担的基本原则，即通常所说的“谁主张，谁举证”原则。我国对于举证责任的分担规则，以“谁主张，谁举证”为一般原则。对于一些特殊侵权案件，则采取所谓“举证责任倒置”规则，即受害人对于损害发生的主观与客观要件均不负举证责任，而由加害人就该客观和主观要件不存在的事实举证，如果加害人不能就此作出证明，则要承担败诉的责任。

我国知识产权实体法中对举证责任倒置的规定

（1）《著作权法》第52条规定复制品的出版者、制作者不能证明其出版、制作有合法授权的，复制品的发行者或电影作品或以类似摄制电影的方法制作的作品、计算机软件、录音录像制品的出租者不能证明其发行、出租的复制品有合法来源的，应当承担法律责任。

（2）《商标法》第56条第3款规定，销售不知道是侵犯注册商标专用权的商品，能证明该商品是自己合法取得的并说明提供者的，不承担赔偿责任。

（3）《专利法》第57条第2款规定专利侵权纠纷涉及新产品制造方法的发明专利的，制造同样产品的单位或个人应当提供其产品制造方法不同于专利方法的证明；第63条第2款规定，为生产经营目的使用或者销售不知道是未经专利权人许可而制造并售出的专利产品或者依照专利方法直接获得的产品，能证明其产品合法来源的，不承担赔偿责任。

知识产权侵权诉讼中举证责任分担的一般原则，基于其从属于民事诉讼的特点，服从于民事诉讼的举证责任分担的一般原则。但1992年7月14日最高人民法院《关于适用〈中华人民共和国民事诉讼法〉若干问题的意见》第74条规定了5种举证责任倒置的情形，其中第一种就是因产品制造方法发明专利引起的专利侵权纠纷；最高人民法院于2001年12月6日通过的《最高人民法院关于民事诉讼证据的若干规定》第4条规定："下列侵权诉讼，按照以下规定承担举证责任：（一）因新产品制造方法发明专利引起的专利侵权诉讼，由制造同样产品的单位或者个人对其产品制造方法不同于专利方法承担举证责任。"从最高人民法院的解释来看，我国在知识产权侵权领域中，诉讼法规定的举证责任倒置的情形仅有一种，即产品制造方法发明专利侵权纠纷。（知识链接如上页框）

四、诉前禁令

知识产权诉前禁令是为及时制止正在实施或即将实施的侵害权利人知识产权或有侵害之虞的行为，经知识产权权利人或利害关系人在起诉前申请，并由法院裁定作出的责令停止侵犯特定知识产权侵权行为的强制措施。

对知识产权权利人而言，制止正在发生的侵权行为的权利比对已经发生的侵权行为获得经济赔偿的权利更为重要。因为在许多情况下，侵权人对受害人的商誉及市场份额所造成的损害是无法用金钱来赔偿的。"迟来的正义便是非正义"，诉前禁令的目的就是及时地制止即将实施或者正在实施的侵权行为，以达到正义迅速实现的目的。知识产权案件与一般民事案件的重要区别，在于其技术含量高、复杂性强、程序规定严格。尤其是知识产权侵权手段越来越隐秘、越来越巧妙，受害人很难就案件的基本事实，如侵权行为、损害后果、因果关系等，全面举证，法院也难以及时准确地予以认定。相当多的知识产权案件涉及专业知识和技术，有时法院需要委托相关的专业机构进行鉴定，才能判定是非。凡此种种，造成知识产权案件审理难度大、期限长、上诉率高。根据我国目前的司法实际，知识产权案件比一般民事案件的审理期限要长，往往要超过6个月。知识产权的重要特征之一是"时间性"。"时间就是金钱，效率就是生命"，用于描述知识产权的确是恰如其分。知识产权案件难以在短时间内解决，本身就影响了权利人的利益，如果权利人无法通过法律途径制止侵权人的侵权，无疑是坐视侵权后果的扩大，将有可能造成"赢了官司输了钱"的悲剧发生。为了切实维护当事人的合法权益，应当建立禁令制度。根据当事人的申请和案件的实际情况，及时发布禁令，制止"即发侵权"和"已发侵权"，在实体争议解决之前，防止侵权的进一步扩展。[1]

[1] 张成立："论知识产权诉讼中的禁令制度"，载《佳木斯大学社会科学学报》2003年第5期。

（知识链接如右下框）

诉前禁令的适用可能会严重影响涉嫌侵权人的生产经营活动，与各方当事人的利益密切相关，适用不当可能会造成难以弥补的损害。为了便于诉前禁令的适用及司法标准的统一，最高人民法院先后颁布了《关于对诉前停止侵犯专利权行为适用法律问题的若干规定》、《关于诉前停止侵犯商标专用权行为及保全证据运用法律问题的解释》以及《关于审理著作权民事纠纷案件适用法律若干问题的解释》三大司法解释确立了该制度的具体操作标准和规范。

> **我国法律对于诉前禁令的规定**
>
> 我国《商标法》第57条规定："商标注册人或者利害关系人有证据证明他人已在实施或者即将实施侵犯其注册商标专用权的行为，如不及时制止，将会使其合法权益受到难以弥补的损害，可以在起诉前向人民法院申请责令停止有关行为的财产保全的措施。"《专利法》第61条、《著作权法》第49条、《集成电路布图设计保护条例》第32条也有类似的规定。

1. 权利人或利害关系人申请

诉前临时禁令是法院依申请作出的强制性措施，非依职权可为。知识产权的私权性质决定了该权利的行使与处分均应尊重权利人自己的意愿，临时禁令的适用也一样。况且司法权的性质是不告不理，无申请即无此强制措施的适用。

另外，由于禁令申请人与之后相应诉讼的原告具有同一性，只有具备诉讼主体资格的主体才具有申请人资格，因此申请人仅限于一定条件下的权利人自己或利害关系人，视其与被控侵权利益是否存在法律上的利害关系确定。❶ 并且，知识产权权利人向法院提出诉前禁令的申请，应当提交书面申请。在申请书中应当载明：当事人的基本状况；申请的具体内容、范围；申请的理由，包括有关行为如不及时制止，将会使申请人合法权益受到难以弥补的损害的具体说明等。（知识链接如右上框）

> **山东省第一例"诉前禁令"**
>
> 2002年7月，山东铝业公司以山东某公司未经许可生产、销售其拥有外观设计专利权的4种窗扇型材，严重影响了其专利产品的正常销售为由，向济南中院提出申请，要求停止其侵权行为、查封库存侵权产品并对相关证据进行保全。同时，山东铝业公司还向法院提供了有效财产担保。依照《专利法》和最高人民法院《关于对诉前停止侵犯专利权行为适用法律问题的若干规定》有关规定，济南中院在48小时内即发出了山东省第一例"诉前禁令"。"禁令"的主要内容是：责令被告山东某公司停止其侵权行为，查封库存被指控侵权产品，并对相关被指控侵权证据进行保全。

---

❶ 房德权、朱红英："诉前临时禁令的适用条件"，载《中国知识产权报》2001年11月1日第3版。

2. 有证据证明对方正在实施或即将实施侵权行为

诉前禁令只能针对“正在实施”或者“即将实施”的侵犯特定知识产权的行为。由于诉前临时禁令的发布是法院在没有对诉讼争议问题进行实体审理，甚至没有接触到被控侵权人的答辩意见的情况下作出的，而被控侵权人的活动往往因禁令而受到极大的限制，因此各国对临时禁令的适用都规定了严格的限定条件。

我国法律的表述是“有证据证明对方正在实施或即将实施侵犯知识产权的行为”，这里的证据应理解为表面证据或初步证据，证明的内容是对方侵权行为存在的合理性，当然申请人权利的有效性是基础。申请人的证据要具有一定程度的可信性，法院只能对表面证据作初步审查，在此基础上推定的胜诉可能性具有一定的主观性和不确定性。❶

3. 损害的难以弥补性

损害的难以弥补性是指不及时采取临时禁令将使合法权益受到难以弥补的损害，它与胜诉可能性一起构成适用临时禁令的实质条件，出于采取该强制措施的紧急性和正当性考虑，它也是各国法律的共同选择。一般认为，申请人证明了胜诉的可能性即可依常规推定其损害的难以弥补性，而且胜诉可能性越大，损害难以弥补性越明显，在美国判例中这种推定表现得尤为明显。但简单地以胜诉可能性推定损害的难以弥补性显然是不恰当的。

胜诉的前提是权利受到损害的主张成立，因而胜诉可能性与损害发生可能性密切相关，两者可以作互为因果的推定。但是损害发生与损害的难以弥补性并不完全等同，可以以金钱赔偿方式弥补的损害显然很难认定其“难以弥补性”，除非被控侵权人支付能力存在问题。而且在共同诉讼中，共同被诉人的法律地位不完全一致，很难笼统认定胜诉可能性。基于胜诉可能性认定的主观性和不确定性，并考虑到司法实践中诉讼所需时间可能因鉴定等因素而过分拖延的事实，在上述类型案件中适用临时禁令应该慎而又慎。作为申请人欲使法院发布禁令，则可将证明的重点放在非财产性利益的损害上，如名誉、商誉等的损害，该类损害的难以弥补性是显而易见的。❷

4. 提交证据和担保

申请人提出诉前禁令申请时，必须提交相应的证据：一是证明申请人资格的证据，如专利证书、商标注册证、转让合同、许可合同、转让或者许可合同的登记

---

❶ 房德权、朱红英：“诉前临时禁令的适用条件”，载《中国知识产权报》2001 年 11 月 1 日第 3 版。

❷ 房德权、朱红英：“诉前临时禁令的适用条件”，载《中国知识产权报》2001 年 11 月 1 日第 3 版。

或备案材料、许可人放弃申请的书面声明等；二是证明被申请人正在实施或者即将实施侵犯知识产权行为的证据，包括被控侵权商品等。同时，申请人还应当提供相应的保证、抵押等合法担保。法院在确定担保范围时，应当考虑责令停止有关行为所涉及的商品收益以及合理的仓储、保管等费用，停止行为可能造成的合理损失等。必要时，法院可以责令申请人追加担保。担保的提供在于保证发布禁令错误时，申请人赔偿责任的承担，同时在一定程度上可以制止权利人滥用权利的行为。其数额应以禁令可能影响到的对方利益为标准计算，应是足额而充分。

结　语

每一个具体的权利制度都必须有相应的保护和救济制度进行配套，否则的话，该项权利只能是一项“空白”权利，其规定于法律之中的实际意义是值得怀疑的。同理，知识产权制度要想落实到实处，对权利人进行救济和保护，对各类侵犯知识产权的行为施以各种法律制裁十分关键和必要。但是，由于知识产权本身所具有的各种特性，知识产权的保护具有一定的困难。当前我国已经按照相关国际公约的规定基本建立了完备的知识产权法律体系，要想确实地推进我国知识产权事业的蓬勃发展，实现科技创新的宏大构想，必须要把知识产权行政保护和司法保护工作摆在全部工作重点的位置。知识产权保护，任重而道远。

资料链接

［1］许海峰．知识产权诉讼指南［M］．北京：机械工业出版社，2004.

［2］张广良．知识产权侵权民事救济［M］．北京：法律出版社，2003.

［3］张军等．知识产权领域侵权行为研究［M］．北京：经济科学出版社，2005.

［4］吴汉东．知识产权保护论［J］．法学研究，2000（1）.

思考题

1. 知识产权侵权行为的特点有哪些？
2. 我国刑法关于侵犯知识产权的具体罪名有哪些？
3. 如何认识知识产权侵权行为的归责原则？
4. 知识产权民事诉讼的管辖如何确定？
5. 知识产权诉前禁令的适用有哪些限制条件？
6. 如何理解知识产权的保护范围？